UM NÃO,
MUITOS SINS

Paul
Kingsnorth

UM NÃO, MUITOS SINS

*uma viagem
aos centros da
antiglobalização*

Tradução de
CYNTHIA CORTES

EDITORA RECORD
RIO DE JANEIRO • SÃO PAULO
2006

CIP-Brasil. Catalogação-na-fonte
Sindicato Nacional dos Editores de Livros, RJ.

K64u Kingsnorth, Paul, 1972-
    Um não, muitos sins / Paul Kingsnorth; tradução Cynthia
Cortes de Barros e Azevedo. – Rio de Janeiro: Record, 2006.

    Tradução de: One no, many yeses
    ISBN 85-01-06727-X

    1. Movimentos antiglobalização. 2. Globalização – Aspectos
sociais. 3. Globalização - Aspectos econômicos. I. Título.

05-3928.
        CDD – 303.484
        CDU – 316.421

Título original em inglês:
ONE NO, MANY YESES

Copyright © 2003 by Paul Kingsnorth

Todos os direitos reservados. Proibida a reprodução, armazenamento ou transmissão de partes deste livro através de quaisquer meios, sem prévia autorização por escrito. Proibida a venda desta edição em Portugal e resto da Europa.

Direitos exclusivos de publicação em língua portuguesa para o Brasil adquiridos pela
EDITORA RECORD LTDA.
Rua Argentina 171 – Rio de Janeiro, RJ – 20921-380 – Tel.: 2585-2000
que se reserva a propriedade literária desta tradução

Impresso no Brasil

ISBN 85-01-06727-X

PEDIDOS PELO REEMBOLSO POSTAL
Caixa Postal 23.052
Rio de Janeiro, RJ – 20922-970

EDITORA AFILIADA

Aos meus pais

SUMÁRIO

Agradecimentos   9

1 "Abrindo uma fenda na história"   13

PARTE 1: UM NÃO

2 Na barriga do monstro   59
3 *Apartheid*: a seqüela   93
4 Uma igreja contra o consumismo   129
5 A revolução das *kotekas*   163

PARTE 2: MUITOS SINS

6 O fim do começo   205
7 Terra e liberdade   237
8 Sonho californiano   269
9 A tempestade iminente   301

Apêndice: Postos de ação   325
Notas   331
Índice   339

AGRADECIMENTOS

Este livro não poderia ter sido escrito, nem publicado, sem a ajuda de muitas pessoas no mundo inteiro que colaboraram do começo ao fim, me acolhendo, me fornecendo informações, me inspirando e fazendo com que essa jornada valesse a pena. Se me esqueci de incluir nesta lista um ou outro nome, peço desculpas e agradeço assim mesmo.

No México, José Maria Sbert me levou para jantar sem saber quem eu era, e Ryan Zinn e Ernesto Ledesma, da Global Exchange em Chiapas, foram imensamente prestimosos. Gustavo Esteva foi generoso e prestativo; aliás, como deixei claro no primeiro capítulo, agradeço a ele pelo título. Sophie Style, Mary Zacaroli e Mantina García López Loaeza me deram importantes orientações antes de minha chegada ao país. Lucy Ginsburg tornou tudo possível com seu apoio e como incansável intérprete, e também me ensinou a beber tequila. Não teria sido tão divertido sem ela.

Na Bolívia, Jim e Lynn Schultz me hospedaram em sua casa por uma semana, e sua cadelinha, Simone, me acordava todas as manhãs, mesmo que eu não quisesse. Sou imensamente grato a eles pela hospitalidade, e a Jim por ter me orientado em relação à política envolvendo a guerra da água em Cochabamba. Na África do Sul, Patrick Bond me recebeu em sua casa, me deu informações, me conduziu e me deixou beber de seu gim sem nunca reclamar: sua ajuda foi inestimável. Heinrich Bohmke me hospedou em seu apartamento, me levou a Chatsworth e me apresentou à deprimente vida noturna de Durban, pelo que eu o perdôo, apesar de tudo. Ashwin Desai tem minha gratidão. George Dot foi prestativo e paciente com minhas perguntas, e Trevor Ngwane, Virginia Setshedi e Dudu Mphenyeke também foram magnânimos.

Nos Estados Unidos, Bill Talen, Bill Brown, Al Decker, David Barsamian, Brian Drolet, Marty Durlin, David Solnit e o sempre evasivo Mike me guiaram através das complexidades do ativismo cultural e das batalhas da mídia, e me mostraram tantas coisas que não consegui incluí-las todas neste livro. Jeff Milchen e Jennifer Rockne, em Boulder, Colorado, foram muito hospitaleiros em minha primeira visita aos Estados Unidos e me apresentaram à mudança de paradigma corporativo e às montanhas Rochosas. Mary Zepernick, Nancy Price e Lois Robins me acolheram sem me conhecer. Virginia Rasmussen, Jan Edwards, Bill Meyer, Doug Hammerstrom, Jeff Kaplan, Paul Cienfuegos e Kaitlin Sopoci-Belknap foram simpáticos e generosos ao me dedicarem tempo e um apoio infalível.

Em Papua Ocidental, muitas pessoas que não podem ser citadas revelaram uma enorme hospitalidade e me ofereceram ajuda vital, quase sempre expondo-se ao risco. Espero, neste livro, ter colaborado com a causa em retribuição. Sou imensamente grato em particular a Galile e a Steve; ambos sabem quem são. No Brasil, Jan Rocha e Sue Branford me deram indicações cruciais, e Daniella Hart prestou-me um serviço de tradução simultânea absolutamente indispensável. Acima de tudo, agradeço aos muitos membros do MST que me dedicaram seu tempo.

De volta para casa, os amigos e a família fizeram aquela diferença. Meu irmão, Neil Kingsnorth, me supriu com resmas de excelente e amplo material de pesquisa. Colegas da *Ecologist*, em especial Stephanie Roth, Malcolm Tait e Zac Goldsmith, comportaram-se como verdadeiros (e pacientes) amigos. Meu agente, Patrick Walsh, me ajudou a chegar onde estou hoje, e meu editor na Simon & Schuster, Andrew Gordon, cuidou com toda a sensibilidade do que hoje você tem em suas mãos para desfrutar. Possíveis erros ou idiossincrasias depois disso tudo são, naturalmente, de minha responsabilidade.

Mark Lynas e Katharine Ainger corajosamente leram tudo que desajeitadamente escrevi, forneceram excelentes conselhos — dos quais acatei a maioria — e evitaram que eu queimasse tudo nos momentos mais difíceis. Não fossem o amor, o apoio e a paciência de Katharine, eu não teria concluído este trabalho. Meus pais, que agüentaram minhas opiniões políticas rebeldes durante uma década, me fizeram ser o que sou hoje, por acaso ou não, e foram solidários sempre. Muito amor e gratidão tenho por eles, por tudo que fizeram por mim ao longo dos anos.

Por último, este livro escora-se nos ombros de centenas de pessoas com quem conversei nas minhas viagens, nos campos e fazendas, em lares e escritórios, florestas e aldeias autônomas, em centros de convenção e convergência. E também nos ombros de outros milhares que construíram o movimento que tentei descrever, muito além dos holofotes e do interesse pessoal. Sua coragem, seu envolvimento, sua visão e trabalho árduo quase nunca são reconhecidos. Se o mundo mudar para melhor, terá sido por obra dessas pessoas.

1 "Abrindo uma fenda na história"

"Embora Chiapas, em nossa opinião, não represente uma ameaça importante à estabilidade política mexicana, muitos na comunidade financeira assim a percebem. O governo terá de eliminar os zapatistas para demonstrar seu efetivo controle do território nacional e da política de segurança."

GRUPO DE MERCADOS EMERGENTES DO CHASE MANHATTAN BANK,
RELATÓRIO INTERNO, 1995

"É bom que eles saibam, os donos do dinheiro, que os tempos de ontem não mais serão os de hoje nem os de amanhã... Eles não mais nos humilharão, nós que temos a cor da terra. Sempre tivemos uma voz, mas ela não mais será um murmúrio de quem baixa a cabeça. Ela agora será o grito de quem ergue o olhar e que os forçará a nos ver e a nos aceitar do jeito que somos."

SUBCOMANDANTE MARCOS, EXÉRCITO ZAPATISTA DE LIBERTAÇÃO NACIONAL, 2001

México, janeiro de 1994

O que pode vir a ser o maior movimento político do século XXI emergiu do que sobrou das florestas tropicais do sudeste do México, em 10 de janeiro de 1994, e levou às sombrias ruas coloniais três mil pares de botas de couro preto, precisamente à meia-noite e meia. Os donos das botas carregavam rifles e o estranho AK-47 ou Uzi. Os menos afortunados carregavam armas de madeira falsas.

Três mil rostos, disfarçados com máscaras de esquiar pretas, possuíam as feições características dos maias da América Central; um povo derrotado, combatido, roubado, massacrado ou simplesmente menosprezado desde que os conquistadores espanhóis desembarcaram em suas terras no século XVI. Ora, quinhentos anos depois, aqui em Chiapas, o estado mais pobre do extremo sul do México, os sem-rosto, os sem-voz haviam chegado para serem ouvidos pelo mundo.

O povo de San Cristóbal de las Casas, a antiga capital conquistadora de Chiapas, ainda estava sob o efeito das comemorações de ano-novo quando sua cidade foi despertada pelo som de botas marchando. Eles ouviram ordens em tzotzil, uma língua maia local, pela major de cabelos negros, com uma carabina nas mãos, uma pistola presa ao peito, que comandava esse exército malquisto. E da praça central pitoresca, a Plaza 31 de Marzo, com sua antiga catedral amarela e os prédios coloniais do governo emoldurados por uma lua branca e límpida, ouviram os disparos das armas de fogo.

Cidadãos corajosos ou bastante curiosos para se aventurarem na praça depararam-se com uma visão provavelmente inesquecível: inúmeros guerrilheiros mascarados apinhavam a Plaza. Alguns montavam guarda com seus rifles surrados, outros rondavam os quartéis de polícia, enquanto um terceiro grupo, armado com malhos, dava pancadas nos portões de madeira do Palácio Municipal. O povo de San Cristóbal não tinha dúvida sobre o que estava testemunhando. Aquele era o primeiro ato de uma revolução.

16 UM NÃO, MUITOS SINS

Quando os rebeldes começaram a tirar os móveis do Palácio Municipal e a usá-los para construir barricadas nas ruas, a controlar a esperada aproximação do exército mexicano, a Plaza se enchia com uma multidão de moradores do local, bêbados, turistas e espectadores curiosos. Depois, enquanto eles olhavam, um pequeno grupo de guerrilheiros hasteou uma bandeira no meio da elegante praça — uma bandeira preta com quatro letras vermelhas: EZLN.

Tão logo o fizeram, uma figura encapuzada surgiu na sacada do Palácio Municipal, segurando um pedaço de papel. Tratava-se de uma declaração de guerra contra o governo mexicano, que, naquela mesma manhã, seria lida em voz alta para a população de outras seis cidades de Chiapas, as quais o EZLN também declarava ter tomado para si.

"Somos produto de quinhentos anos de luta", leu ele, enquanto, ao fundo, mais tiros e nuvens de fumaça indicavam que uma coluna de rebeldes tomava a sede do quartel. "Somos os herdeiros dos que realmente construíram esta nação... a quem também se negou um mínimo de instrução para que fôssemos usados como bucha de canhão e pudessem saquear as riquezas de nosso país. Eles não se importam com o fato de não termos nada, absolutamente nada... Não existe paz ou justiça para nós e nossos filhos... Porém, hoje dizemos: *Ya basta!* Basta!"

A cerca de oitocentos quilômetros dali, o presidente do México, Carlos Salinas, e seu sucessor natural, Luis Donaldo Colosio, comemoravam o ano-novo em um *resort* particular na costa do Pacífico. Quando os sinos tocaram 24 horas, Salinas e Colosio ergueram suas taças de champanhe e brindaram à chegada oficial do Nafta, o Acordo de Livre Comércio da América do Norte, que, ao soar meia-noite, entrava legalmente em operação. Ao som daqueles sinos, o Nafta instituía, pela primeira vez na história, um grande mercado livre e sem fronteiras entre México, Canadá e Estados Unidos. O México ingressara oficialmente no mundo moderno, e Salinas estava comemorando seu legado.

Duas horas depois ele estava ao telefone, ouvindo a notícia cujos desdobramentos arruinariam não só esse legado, mas também a presidência de seu sucessor e o domínio ferrenho e antigo de seu partido sobre a política mexicana; e o qual, depois — muito depois — começaria a abalar a legitimidade do próprio projeto de livre comércio global. A Secretaria de Defesa ligava da

Cidade do México, e as notícias eram ruins. Uma força armada insurgente, que se autodenominava Exército Zapatista de Libertação Nacional (EZLN), assumira o controle de sete cidades do estado de Chiapas e declarara guerra ao exército, ao governo — e ao próprio Nafta.

— Tem certeza? — berrou confuso o presidente.[1]

De volta a San Cristóbal, um jornalista havia detido o mascarado que liderara o ataque à chefatura de polícia. Ao contrário dos outros guerrilheiros, o que podia ser visto de seu rosto levava a crer que ele não era índio, mas *ladino* — um mexicano-espanhol. O homem usava bandoleiras e, sobre a máscara, um boné verde esfarrapado guarnecido com estrelas vermelhas. Um cachimbo pendia de sua boca. Ignorando a major Ana María, a índia que liderara a invasão da cidade — que, como índia, era exatamente ao que estava acostumado —, o jornalista perguntou a esse branco alto de nariz grande quem ele era.

— Quem sou eu?

— Sim! Você deve ser o "comandante Tigre"? Ou o "comandante Leão"?

O homem do cachimbo olhou para o jornalista com um misto de enfado e satisfação por trás da lã negra de sua máscara.

— Não — respondeu ele. — Sou Marcos. Subcomandante Marcos.

Não resistiu. Naquele dia, cerca de três mil soldados zapatistas tomaram sete cidades em Chiapas. O governo reagiu breve e decisivamente: 15 mil tropas correram para o estado; helicópteros bombardearam aldeias indígenas matando 150 pessoas; equipes especializadas caçaram as unidades zapatistas. Os guerrilheiros retiraram-se de San Cristóbal menos de 24 horas depois de sua chegada. Em 12 dias o governo, respondendo à inesperada onda de apoio nacional aos rebeldes mascarados, declarou um cessar-fogo e o EZLN desapareceu nas florestas de onde havia saído.

Como revolução ela foi, podemos dizer, inexpressiva. Em menos de duas semanas, ao que parecia, os zapatistas e sua rebelião foram subjugados. Um desfecho infame para uma outra rebelião já infame: a última na extensa série de revoltas guerrilheiras com que a América Latina simplesmente parecia acostumada.

Até então. À medida que a verdade a respeito dos zapatistas — um exército de camponeses que adotou o nome dos seguidores do herói assassinado da revolução mexicana de 1910, Emiliano Zapata — começou a surgir, o mesmo se deu com algo curiosamente diferente. Estes, ao que parecia, não eram guerrilheiros comuns. Primeiro, eles alegavam que não desejavam tomar o poder estatal. Ao contrário de tantos outros revolucionários latino-americanos, seu objetivo, diziam eles, não era tomar o "poder" em nome do "povo", mas dissolvê-lo no nível das comunidades — tomar de volta o que eles declaravam ter sido deles por direito, antes que os governos e os interesses econômicos privados tivessem lhes tirado. "Poder não se toma", mais tarde eles diriam. "Constrói-se."

Sua linguagem também era nova. Onde estava o discurso do "proletariado", da "burguesia", Marx, Lenin, Mao, a revolução permanente? Por que, em vez de apelar para que os "trabalhadores" se rebelassem e se juntassem a eles, invocavam algo chamado "sociedade civil" para postar-se entre eles e os soldados do governo? Por que não falavam de uma ditadura do proletariado, mas de um renascimento da democracia? Por que sua rebelião visava não apenas ao governo, nem mesmo aos fantoches capitalistas de sempre, mas a um tratado comercial regional aparentemente inofensivo?

Por que esse personagem Marcos, que falava por meio de poesia, contos e enigmas, descrevia sua terra natal como "um objeto de vergonha vestido com a cor do dinheiro"? E por que tantas pessoas começaram a descrever o que ocorrera naquele dia, no lado verde dos desfiladeiros de Chiapas, como "a primeira revolução pós-moderna"?

Levaria um certo tempo para o mundo elaborar as respostas a essas perguntas. Quando conseguiu, essa pequena rebelião indígena em uma parte esquecida da América Central seria a fagulha a deflagrar uma rebelião maior no mundo todo. Os zapatistas se tornariam os forjadores involuntários, mas não relutantes, de uma insurreição verdadeiramente global contra o primeiro sistema verdadeiramente global da história.

Como a maioria do restante do mundo, não prestei atenção à revolta zapatista na época. Eu estava na universidade, escrevendo ensaios e me vendo arrastado por uma minirrevolução própria: o movimento de protestos de rua que estava se espalhando que nem brotoeja sobre o que sobrara do interior da Grã-Bretanha.

Em cima de árvores, dentro de túneis, em fábricas ocupadas, preso a pontes e equilibrado nos braços de escavadeiras, eu, como milhares de outros, fui politizado por protestos de ruas e comecei a estabelecer uma ligação entre o que estava acontecendo em Newbury, Winchester, Bath e Leytonstone e no resto do mundo.

Durante os anos seguintes, me envolvi no que parecia ser um movimento de massa putativo, porém crescente, na Grã-Bretanha e fora dela, que estava levando essas ligações para as ruas. À proporção que ele ocupava as auto-estradas, realizando festas de rua onde antes havia engarrafamentos; invadia as assembléias gerais das empresas de petróleo; buscava influenciar o Parlamento; recusava-se a fazer *lobby* no Parlamento; marchava, impressionava e crescia, ele falava de forças globais subjacentes aos problemas que estava tentando atacar. Falava de "neoliberalismo" (o que quer que isso fosse); de organizações poderosas, inexplicáveis, do degringolar da democracia, de uma máquina econômica global girando descontrolada, devorando as coisas que as pessoas valorizavam e atingindo os preços das ações por onde passava.

Ele começou a falar também dos zapatistas. Ouvi dizer que o EZLN era algo novo, radical, notável; que eles haviam reinventado a política. Que Chiapas era a pedra magnética de uma nova revolução. Que eles eram anarquistas, comunistas, reacionários, tolos, poetas, guerreiros. E também que não eram nada disso. Que o subcomandante Marcos era o novo Che Guevara. E que eles fizeram um traço muito elegante nas camisetas.

Em setembro de 2000, fui para Praga, e, com outras vinte mil pessoas, tentei interromper a assembléia anual do Banco Mundial e do Fundo Monetário Internacional. Lá eu vi algo extraordinário. Manifestantes de toda a Europa juntavam-se a outros do mundo inteiro numa coalizão sem precedentes das forças mais imprevistas e, entretanto, estranhamente unidas. E nas ruas, em meio aos estandartes, às bandeiras, ao gás lacrimogêneo, aos cassetetes e às granadas atordoantes, à energia e às idéias, milhares gritavam um lema ouvido pela primeira vez na Plaza de San Cristóbal, naquela manhã de janeiro de 1994: "*Ya basta!*" Basta.

De volta para casa, depois disso, logo me desiludi com o rumo que o mundo estava seguindo e com as pessoas que o estavam dirigindo. O mundo estava mudando, mais extensa e rapidamente do que se podia lembrar, e nenhuma das velhas respostas, de esquerda, de direita ou de qualquer direção, parecia apropriada às novas questões. Nas ruas, enquanto isso, algo se massificava. Na revista *The Ecologist*, na qual eu trabalhava, relatórios chegavam todos os dias, do mundo todo, de resistência, rebeliões, revoltas contra o sistema. Somando-se os números envolvidos, eram milhões de pessoas em vários países. Poucas daquelas histórias ocupavam as primeiras páginas. Algo importante estava acontecendo lá fora e ninguém estava ouvindo.

Não consegui escapar da crescente convicção de que o que eu estava vendo era o nascimento meio desajeitado de um movimento político genuinamente novo — um tanto internacional, um tanto diferente e um tanto gigantesco talvez. Mas do que se tratava exatamente esse movimento? De onde vinha? Seria ele, como muitos alegavam, realmente "global", e, nesse caso, o que isso significava? Possuiria idéias substanciais além de opor-se ao *status quo*? Seria um sucesso fugaz ou um incêndio cortando a paisagem política? Eu me sentia parte dele, o que quer que ele fosse. Eu queria saber.

Levei oito meses atravessando os cinco continentes para ter condições de poder responder a essas perguntas. Eu sabia que para realmente compreender esse movimento teria de ir vê-lo funcionando — não apenas nas cidades onde os protestos bem divulgados ocorriam, mas nos lugares onde o movimento havia surgido na realidade, onde residiam sua força e seus números e onde sua essência podia ser encontrada — a maioria desses lugares ficava em países pobres, distantes das câmeras. Escolher alguns desses para visitar foi tarefa difícil, mas uma decisão foi fácil de tomar. Eu sabia que precisava ir aonde tantos diziam que tudo havia começado: eu tinha de ir a Chiapas.

Eu sabia que o que quer que tenha acontecido, e estava acontecendo em Chiapas, iria me esclarecer muitas coisas sobre esse movimento, e sobre as esperanças que o mantinham vivo. Esperanças expressas pelo taciturno subcomandante dois meses depois que ele tomou de assalto a chefatura de polícia em San Cristóbal em palavras que, assim como quaisquer outras, continham uma explicação para a árdua luta por algo genuinamente novo: "Em nossos sonhos, nós vimos um outro mundo."

México, agosto de 2001

Meu avião tocou o solo de um México que, apenas alguns anos antes, era impensável. Em julho de 2000, o país havia finalmente se livrado do período mais longo do mundo de um governo de regime monopartidário: período esse que, mais ou menos, existira desde que o México se tornou o palco para a primeira revolução do século XX.

Em 1910, irritado com os 34 anos de governo corrupto de seu presidente-ditador Porfirio Díaz, o povo do México iniciou uma revolução. Exércitos de camponeses, liderados pelos radicais populistas Pancho Villa e Emiliano Zapata, clamavam por *tierra y libertad*, em um conflito de interesses que durou sete anos. Quando a poeira assentou, em 1917, quase um milhão de vidas haviam sido perdidas, e o México emergiu com uma nova Constituição e uma nova ordem política.

Durante 71 anos, essa Constituição fora — assim alegavam — salvaguardada por seus descendentes, o chamado Partido Revolucionário Institucional (PRI). Setenta e um anos são um longo período em política, e, no período intermediário, o PRI, que permaneceu no poder do princípio ao fim, passou (pelo menos em tese) de um partido revolucionário redistributivista para um partido libertário corporativo baseado no *laissez-faire*; de um partido de democratas para um partido de oligarcas; e de um partido amado, ou pelo menos apoiado, pela maioria para um partido detestado ou no máximo tolerado pela maior parte das pessoas.

O México era, teoricamente, uma democracia sob o comando do PRI, e assim o fora desde a revolução. Na realidade, as eleições foram articuladas com tanto esforço e tanto estardalhaço que, durante sete décadas, apesar de um crescente descontentamento popular, o PRI manejou para permanecer no poder. Contudo, em 2000, o arrogante partido inesperadamente perdeu a primeira eleição presidencial de sua história. Chocados, os governantes legítimos do México esvaziaram suas mesas para dar lugar ao novo-rico Vicente Fox, ex-executivo da Coca-Cola no México, líder do Partido da Aliança Nacional (PAN), *cowboy*, *showman* e novato na política. Era o começo de algo muito novo. Mas seria algo muito diferente?

22 UM NÃO, MUITOS SINS

Um ano mais tarde, ainda era obscuro, se tanto, o que seria modificado com o impacto da derrota do PRI por Fox. Porém já começava a ficar bem claro o que não seria. O PAN de Fox, tal como o PRI e talvez mais ainda que este, era formado por entusiastas do mercado livre, empenhados com o Nafta, a "globalização", mercados abertos e tudo o mais que dera origem à rebelião zapatista. Fox, ao chegar ao poder, gabava-se de que poderia resolver o problema de Chiapas "em quinze minutos" — e diferentemente de seus antecessores do PRI, ele falava sobre diálogo e não sobre repressão militar. Quando cheguei à Cidade do México, contudo, ele estava no poder fazia um ano e os zapatistas continuavam no mesmo lugar desde janeiro de 1994 — nas florestas de Chiapas, firmes no propósito de uma nova nação.

A viagem de quase um dia de ônibus da Cidade do México para San Cristóbal de las Casas é penosa. Em assentos de couro esgarçado, com filmes americanos dublados sendo transmitidos em quatro aparelhos de televisão, o ônibus atravessa vales, florestas e campos, ao longo de estradas e trilhas esburacadas, de uma metrópole organizada para algo um tanto antigo. Estou com uma amiga, Lucy, que fala espanhol e já esteve no México antes. Chegamos, atordoados, a San Cristóbal, fizemos o registro no hotel, engolimos alguma coisa e depois passeamos pelas ruas onduladas de pedras, observando tudo.

As travessas e as praças estão repletas de turistas, que vieram ver a beleza colonial dos prédios: o Palácio Municipal branco e cinza, de cuja sacada foi lida a declaração de guerra; a imensa catedral com arabescos brancos e dourados, como um conquistador vigiando seu povo; as árvores adornadas com fitas em vermelho, dourado e branco para o Dia da Independência próximo; e, por toda a volta, as verdes montanhas arredondadas.

Na praça central, onde os zapatistas se anunciaram para o mundo, velhos mirrados usando chapéus de vaqueiro estavam encostados em postes com sacos de balas enfileirados. Homens com caixas de madeira penduradas no pescoço percorriam a praça oferecendo doces, chicletes, cigarros avulsos. Crianças malvestidas pedem dinheiro, tentam engraxar sapatos, vendem bonecas, bolsas, cintos — o merecido destino dos turistas estrangeiros ricos. No centro da Plaza fica um coreto de ferro que lembra os de Bournemouth Pleasure Gardens, rodeado por gramados e canteiros de flores, bancas de jornal e engraxates, suas sombras refletidas nas pedras da calçada por um claro raio de sol.

San Cristóbal é uma cidade bonita, mas ela diz pouco sobre Chiapas. O único indício de que mais de um quarto dos habitantes do estado são pré-conquistadores são as índias, com seus cabelos negros ondulando em rabos-de-cavalo até as costas, as longas saias azuis ou pretas, os delicados *tops* brancos com babados rosa, verde e amarelo, cores tradicionais de suas aldeias. As mulheres ficam em San Cristóbal tentando vender colares, rosários e adornos para os turistas. Elas saem da calçada quando você passa porque, mesmo agora, apesar de tudo que aconteceu desde 1994, elas conhecem o lugar delas.

Mas, olhando para além de San Cristóbal, no próprio estado de Chiapas, você começa a ver por que uma rebelião aconteceu ali. Chiapas é paradoxalmente o mais pobre e o mais rico estado do México. Ele é o maior produtor de café do país, aumentando em 36% o total da produção de café do México.[2] Produz 55% da energia hidrelétrica do México (a partir de uma série de vastas represas, muitas construídas em território indígena confiscado) e quase 20% da eletricidade total do país.[3] Produz 13% do milho do México, 5% de seu petróleo e 12% do seu gás natural.[4] O que resta da selva Lacandona fortemente desmatada, ao sul do estado, é superado em termos de diversidade biológica da América Latina apenas pela floresta amazônica. Chiapas, em todos os níveis, é extraordinariamente abundante em riquezas.

No entanto, seu povo é muito pobre, mesmo para os padrões de uma nação onde 40% do povo vivem abaixo da linha da pobreza. Pois as riquezas de Chiapas não vão alimentar, pagar, abrigar ou vestir o povo de cuja terra foram extraídas. Elas vão para outros estados, para a Cidade do México, para os Estados Unidos e para os mercados de exportação do mundo, cortesia de organizações nacionais e estrangeiras, de proprietários de terras corruptos e de uma distribuição de terra e de bens profundamente injusta.

É assim que no estado que produz quase 20% da eletricidade do México, mais de um terço das casas não tem luz elétrica. Trinta por cento da população é analfabeta, chegando a 49% em algumas áreas rurais. Quase 40% vivem com uma renda inferior a US$ 3 por dia; e 19% simplesmente não possuem renda. Doenças da pobreza, desde a oncocercose até a malária, são comuns. A educação é escassa, os serviços de saúde quase não existem.[5] "Há sete quartos

24 UM NÃO, MUITOS SINS

de hotel para cada mil turistas", observou astuciosamente o subcomandante Marcos, em 1992, "enquanto existe apenas 0,3 cama de hospital para cada dez mil cidadãos chiapanecos." Pior, disse ele, 1,5 milhão de pessoas em Chiapas não tinham acesso aos serviços de saúde e 54% da população sofriam de subnutrição. "O tributo que o capitalismo cobra de Chiapas", escreveu Marcos, "não tem paralelo na história."[6]

Marcos escreveu essas palavras logo após o governo ter implementado uma medida que levou o suposto EZLN a uma situação crítica — uma medida que, mais do que qualquer outra, eles demoraram a declarar, consolidou sua determinação de irem à guerra, mesmo que isso significasse suas mortes — melhor isso, diriam eles, do que a morte caso permanecessem em silêncio: o fim de seu povo.

Disseram que a Revolução Mexicana nunca chegou a Chiapas — com certeza Chiapas continua sendo um lugar de proprietários de terra corruptos, de racismo e de desigualdade. O que chegou lá, ainda que de modo intermitente, foi o Artigo 27 da Constituição pós-revolucionária de 1917. O Artigo 27 deu início a um processo de reforma agrária visando dissolver a corrupção do antigo sistema de *hacienda* do México, sob o qual grandes extensões de terra pertenciam a senhorios ausentes e milhares de camponeses passavam fome ou sobreviviam como *peones* — escravos forçados a trabalhar para os seus senhores latifundiários.

O Artigo 27, uma das muitas medidas radicais na Constituição pós-revolucionária, permitia ao governo expropriar terras para abastecer cada comunidade rural com um *ejido* — uma unidade de terra comunitária. Os donos de terras não tinham o direito de recurso, e o tamanho da terra pertencente a um indivíduo — ou, numa situação crítica, a uma empresa — era limitado. Os *ejidos* não poderiam ser divididos ou vendidos; eles deveriam ser transmitidos através das famílias a fim de assegurar auto-suficiência rural e estabilidade e eliminar a pobreza. Os 28 mil *ejidos* do México compunham quase metade do território nacional — e constituíam uma imensa diferença na vida daqueles que viviam neles.[7] Eles eram a melhor e a única esperança para muitas famílias rurais, tanto em Chiapas como em qualquer lugar, ganharem auto-suficiência — e, com isso, eram uma medida de orgulho e algo para passar aos filhos.

Mas Carlos Salinas, presidente do PRI de 1988 a 1994, tinha planos para a lei do *ejido*. Salinas segurava o timão do México enquanto o mundo emergia da Guerra Fria e a "nova ordem do mundo" de George Bush pai entrava em operação. Como em qualquer outro lugar, essa ordem tornou-se a ordem de um capitalismo recém-triunfante — o "neoliberalismo", como é amplamente conhecido na América Latina —, sua autoridade e ideologia finalmente incontestáveis por qualquer alternativa séria. Salinas pretendia modernizar o México, encontrar um lugar para sua nação próximo do topo dessa ordem — arrastá-la para o século XXI, quer gostasse, quer não. Ele sabia que isso não seria fácil.

A lei do *ejido* representou seu maior obstáculo. Um quarto dos seus companheiros mexicanos ainda trabalhava na terra; principalmente em pequenas fazendas, *ejidos* e propriedades familiares. Eles eram determinados, apegados ao campo e, na visão do governo, desesperadamente antimodernos.[8] Eles precisavam de uma "reestruturação", cujo objetivo final era destruir a classe camponesa no México e substituí-la pelo tipo de paisagem rural que estava se tornando modelo em todos os lugares do mundo — fazendas com um sistema intensivo de agronegócios voltados para a exportação. Essa era a coisa progressista a fazer. Ela fazia sentido em termos econômicos e era um pré-requisito para o sonho de Salinas de um México remodelado.

E assim começou. O Artigo 27 foi revogado em 1992. A privatização de terras comunais foi permitida pela primeira vez desde a revolução, e a redistribuição de terra ficou paralisada para evitar que outras propriedades fossem entregues para a "ineficiente" produção camponesa. Pela primeira vez desde 1919, a reforma agrária no México estava oficialmente acabada. O historiador uruguaio Eduardo Galeano chamou a isso de "a segunda morte de Emiliano Zapata".[9] Mas esse golpe baixo na população rural do México não foi uma mudança legal isolada. O Artigo 27 foi revogado a fim de preparar o terreno para algo muito maior; alguma coisa que os zapatistas chamariam de "ataque mortal" a seu povo: o Nafta.

Quando o Acordo de Livre Comércio da América do Norte foi imaginado pelos líderes de México, Canadá e Estados Unidos no início dos anos 1990, foi vendido para o povo como um tratado que, ao remover barreiras comerciais injustas, traria empregos, desenvolvimento e crescimento para os três

26 UM NÃO, MUITOS SINS

países. O verdadeiro impacto foi muito diferente. Milhões de empregos foram perdidos quando os setores econômicos entraram em colapso e o apoio governamental foi retirado. Uma sucessão de empresas americanas e canadenses transferiu suas operações para o México a fim de tirar vantagem da mão-de-obra mais barata. O Nafta também permitia que as organizações privadas processassem os governos se percebessem que eles estavam interferindo em seus "direitos de investidor", o que elas começaram a fazer. A Metalclad, empresa americana de gerenciamento de lixo, por exemplo, processou com sucesso o governo mexicano em quase 17 milhões de dólares quando foi impedida de colocar um depósito de lixo tóxico numa reserva ecológica.[10] Mas foi na agricultura que o Nafta causou a maior devastação; especialmente na agricultura mexicana.

O Nafta começou a retirar o apoio do governo concedido às colheitas vulneráveis e abriu os mercados do país aos importados produzidos em massa por Estados Unidos e Canadá. No período de um ano a produção mexicana de milho caiu pela metade quando os importados baratos, muitos deles abaixo do preço de mercado, inundaram o país. Enquanto isso, o preço do milho nas lojas aumentava. Lucros recordes foram alcançados por alguns agronegócios nos Estados Unidos, enquanto milhões de camponeses no México perderam suas terras — que não eram mais seguras devido à revogação da lei do *ejido*, assim como não eram mais viáveis economicamente por causa do Nafta. As centenas de antigas variedades de plantações de milho, que tiveram origem na América Central, começaram a desaparecer, substituídas por um punhado de variedades híbridas cultivadas intensivamente com substâncias químicas, plantadas nas vastas pradarias das fazendas dos Estados Unidos.[11]

Para os maias de Chiapas, conhecidos desde o início dos tempos como o "povo do milho", que viviam de seu cultivo, o efeito foi devastador. Comunidades rurais inteiras foram dizimadas — um processo que não mostra sinal de interrupção. "Nós, o povo indígena", escreveu Marcos em 1996, "não somos lucrativos. Somos um mau investimento... O dinheiro do poder não quer comprar uma mercadoria que não gera bons lucros... Hoje, o lojista precisa modernizar sua loja e livrar-se de toda mercadoria que não possui atrativo. E nós, com nossa pele escura e nossa necessidade irrefutável de ficar perto da terra... não somos atrativos."

"ABRINDO UMA FENDA NA HISTÓRIA" 27

A revogação do Artigo 27 e a assinatura do Nafta significaram que as últimas vias de acesso para os nativos de Chiapas haviam sido fechadas. Tanto quanto conseguiam ver, eles tinham duas escolhas: podiam insurgir-se contra o que estava sendo feito a eles por uma aliança inescrupulosa do seu próprio governo e interesses econômicos estrangeiros, ou podiam deitar e morrer.

E assim, em 1º de janeiro de 1994, eles reagiram. Doze dias mais tarde, foi declarado um cessar-fogo, o EZLN e o governo do presidente Salinas começaram um jogo de gato e rato que durou anos, continuando através dos governos dos seus sucessores, Ernesto Zedillo, e, mais tarde, Vicente Fox. Embora os zapatistas tenham declarado um cessar-fogo indefinido, os governos de Salinas e Zedillo alternaram diálogos com incursões militares e ataques repentinos a bomba. Pressões nacionais e internacionais aumentaram para que o governo obtivesse um acordo de negociação e finalmente, em 1996, após meses de conversa, o EZLN e os negociadores do governo concordaram com um conjunto de propostas conhecido como Acordos de San Andrés, depois que a aldeia zapatista na qual estavam foi assentada.

O governo disse que criaria uma lei sobre direitos indígenas baseada nos Acordos. Embora o conteúdo desses Acordos não fosse nem de perto o que os rebeldes queriam (eles esperavam falar sobre questões não-indígenas maiores e nacionais como democracia e desenvolvimento e o futuro do México; o governo não estava conversando sobre nada disso), os Acordos representavam um grande passo adiante para os dez milhões de indígenas do México. Os Acordos requeriam para os índios mexicanos a concessão de uma "autonomia como parte do estado do México", concedendo-lhes o direito de escolha de suas próprias formas de organização política e social com base em seus costumes e tradições, o controle de sua própria terra e de suas riquezas e a organização de suas vidas como comunidades. Isso daria a eles um nível de controle sobre seus próprios destinos, o qual não usufruíam desde a chegada de Hernán Cortés.

E por um breve momento, em 2001, pareceu que o sonho pudesse tornar-se realidade. O primeiro ato do presidente Fox ao tomar posse em dezembro de 2000 foi enviar uma lista dos direitos indígenas baseada nos Acordos de San Andrés para a aprovação do Congresso mexicano. Sustentado por possibilidades, o exército zapatista, ainda usando máscaras e com as armas escondidas nas costas, empreendeu uma jornada histórica de mais de três mil quilômetros — logo apelidada de Zapatour — desde as selvas de Chiapas até a Cidade do México, através de rotas ocupadas por multidões que os aplaudiam. Ao chegarem lá, cem mil pessoas vieram ao encontro dos primeiros rebeldes que chegavam à capital desde que Pancho Villa se encontrou com Emiliano Zapata em 1914, no auge da revolução. Ainda mascarados, os zapatistas receberam permissão para se dirigir ao Congresso e defender perante os legisladores a aprovação do projeto de lei dos indígenas.

Em poucos meses, o sonho estava acabado. O Congresso aprovou a lei em julho de 2001, mas com tantas emendas que os zapatistas — e todos os outros grupos indígenas no México — rejeitaram-no considerando-o pior que nada. Onde os Acordos de San Andrés haviam prometido autonomia, controle de riquezas e direitos indígenas, a lei "estripada" dizia que as comunidades indígenas estavam sujeitas às estruturas de governo existentes e que nenhum movimento em direção à autonomia devia ser planejado e aprovado por cada estado, e que o uso e a posse das riquezas dos próprios índios estavam subordinados às leis nacionais que regiam a extração de recursos. Em outras palavras: nenhuma mudança. Os zapatistas publicaram uma condenação feroz da "traição" do governo, alegando que Fox sempre teve a intenção de "seqüestrar" o documento, e bateram em retirada para a selva Lacandona. Ainda estão lá.

Espero que Ryan Zinn venha me ajudar a entender o que poderá acontecer a seguir. Ryan, um californiano jovem e gentil, de barba rala e ruiva e uma paciência sem limites, trabalha para a Global Exchange, um grupo de direitos humanos sediado nos Estados Unidos que vem atuando em Chiapas desde a insurreição zapatista. Oficialmente, como quase todos os que trabalham nessa questão, eles não se posicionam de um lado ou de outro — a Constituição mexicana confere ao presidente o poder de expulsar imediatamente estrangeiros acusados de intromissão na política mexicana, e esse poder foi usado muitas vezes desde 1994. Mais de 450 pessoas, de ajudantes a jornalistas e padres, foram expulsos do país por estarem, ou parecerem estar, envolvidos na luta zapatista. Essa é a razão pela qual guardo meu caderno de notas de forma segura no meu bolso quando estou em público.

Faz poucos dias que chegamos a Chiapas, e Ryan concordou que Lucy e eu fizéssemos um dos *reality tours* da Global Exchange por algumas comunidades zapatistas. Isso envolve um grupo de mais ou menos uma dúzia de pessoas do mundo rico, a maioria dos Estados Unidos, apontando um maço de dinheiro em troca de uma semana com acompanhantes pelo interior de Chiapas, conversando com zapatistas e outros sobre o que está acontecendo aqui. A idéia é acordar o povo para a guerra de baixa intensidade em progresso em Chiapas, difundi-la e promover algum tipo de entendimento mútuo. Como uma introdução para algumas das realidades de Chiapas, e do zapatismo, isso é tudo de que preciso.

Dessa maneira é que estamos nos amontoando num apertado microônibus com uma dúzia de *reality tourists*, para uma jornada de uma hora até Oventic, uma das principais bases zapatistas em Chiapas. Entre nossos companheiros estão um amável professor de Nova Jersey, uma bruxa californiana de vinte e poucos anos, um padre irlandês e um gordo professor de economia neoliberal do meio-oeste americano, cuja razão de estar ali não era clara, mas que parecia discordar de tudo que alguém dizia. Parece que vai ser um dia muito interessante.

A revolução zapatista tornou-se uma luta armada quando não havia mais lugar para se ir. Muito tempo antes de 1994, entretanto, começou como um processo de resistência das comunidades das zonas rurais contra o que o povo chamou de *mal gobierno*. E o sucesso do zapatismo não pode ser medido por esses curtos 12 dias de guerra, nem pela resposta do governo mexicano às suas demandas — nem mesmo pelo sucesso que obteve ao inspirar algo global. Seu sucesso pode ser medido pelo fato de que, no solo, entre centenas de milhares de cidadãos maias em Chiapas, uma revolução ainda está acontecendo.

Oventic é uma prova disso. Em dezembro de 1994, 38 zonas de apoio zapatista em Chiapas declararam-se "municipalidades autônomas". Como uma reação às contínuas evasivas do governo para suas demandas, as municipalidades declararam que seus territórios, totalizando quase um terço de Chiapas, estavam, a partir daquele momento, sob controle oficial zapatista. Nessas zonas autônomas, os moradores expulsaram os oficiais do governo local de seus territórios e declararam que governariam suas próprias comunidades a seu modo.

Isso, diziam, era o que pretendiam com a revolução: "Não a mesma forma de poder, com uma nova logomarca ou indumentária nova", explicou Marcos, "mas novos ventos." "As comunidades criaram as municipalidades autônomas", disse o morador de uma dessas municipalidades, "e assim nós poderemos ser livres para criar o que nosso pensamento nos diz, e o que queremos de acordo com as nossas necessidades e a nossa história. Não estamos pedindo ao governo que nos dê roupas, mas, de preferência, o direito de viver com dignidade."[12]

Desde 1994, as zonas autônomas, apesar de tudo, têm sobrevivido. Elas conduzem seu próprio governo local, contratam e despedem seus líderes, dirigem seus próprios serviços e treinam professores e médicos. Nada disso tem sido fácil. Apesar do apoio de movimentos de caridade e solidariedade, externos e locais, as comunidades autônomas atravessam dificuldades financeiras e carecem de necessidades básicas, desde combustível até comida. Eles se recusam a aceitar qualquer ajuda ou recurso do governo central até que os Acordos de San Andrés se tornem lei. Insurgem-se com ataques de grupos paramilitares apoiados por proprietários de terras e políticos do PRI e uma insistente pressão de um governo que poderia atuar bem sem que milhares de seus cidadãos não se afastassem efetivamente de seu controle. Algumas vezes, a paciência desse governo se esgota. Em 1999, em San Andrés, a polícia, numa operação-surpresa, invadiu a prefeitura, acabou com o governo zapatista e recuperou a cidade para o estado. No dia seguinte, milhares de zapatistas — não o exército de guerrilheiros, mas cidadãos comuns desarmados de San Andrés e aldeias vizinhas — tornaram a invadir e retomaram a prefeitura e declararam novamente sua zona de autonomia. A polícia não tentou de novo.

Os zapatistas conseguiram realizar isso porque o apoio da comunidade foi quase total. O zapatismo não sobreviveu devido ao pouco armamento que os guerrilheiros possuíam, e nem mesmo por meio da solidariedade internacional — embora isso tenha desempenhado uma parte crucial. Ele sobreviveu, acima de tudo, porque tem uma conveniente base comunitária inquebrantável. "Os zapatistas" não são simplesmente os poucos milhares de guerrilheiros nas florestas que o resto do mundo gosta de mencionar; estima-se que sejam um quarto de milhão de pessoas nas cidades e aldeias de onde esse exército foi delineado. Pessoas que, em muitos casos, estão vivendo a autonomia todo dia, e sem as quais os guerrilheiros seriam nada. O zapatismo não é apenas uma rebelião armada — é uma região inteira em resistência diária.

Essa base de apoio poderosa criou o que pode vir a ser a herança mais duradoura dos zapatistas — um legado que construiu duas idéias cruciais. A primeira, de que o poder não é algo para ser concentrado no nível governamental, trocando de mãos entre elites políticas em poucos anos: ele é algo a ser devolvido ao nível da comunidade, para ser usado pelo e para o povo influenciado por ele. Em segundo lugar, que qualquer pessoa que deseje que isso aconteça não desperdice seu tempo esperando que o governo o transmita para ela, mas deve, sim, ascender como comunidade e tomá-la para si.

Após uma hora de viagem por estradas sinuosas e montanhosas, nosso microônibus pára do lado de fora de uma porteira improvisada, que dá lugar a um longo caminho empoeirado montanha abaixo, com uma seqüência de construções de madeira enfileiradas ao longo do percurso. Nós nos espremenos em pé ao lado da estrada, olhando fixamente para a floresta ao redor, envoltos numa faixa de nevoeiro. Próximo à ponte há uma construção de madeira coberta de murais. Murais que, como estou para descobrir, são encontrados em toda a comunidade zapatista, e essa casa está coberta de estuque com as faces de quatro ícones que aparecem na maioria dessas construções: Marcos, Emiliano Zapata, Che Guevara e a Virgem de Guadalupe, uma antiga visão de uma Virgem Maria de pele escura que apareceu para um menino pastor de ovelhas perto da Cidade do México em 1531, e preparou as fundações para o catolicismo mexicano. Nos murais zapatistas, a Virgem usa uma máscara de esquiar.

Ernesto, um colega de Ryan na Global Exchange, está negociando com um homem de máscara preta que chegou para nos receber. Ele segura nossos passaportes e uma carta de apresentação. O homem desaparece, logo retorna, e nós somos oficialmente bem-vindos a Oventic. Somos conduzidos à casa coberta de murais, que vem a ser uma loja e cafeteria. Dentro, os zapatistas necessitados esperam que a gente abra as carteiras em troca das atraentes prendas postas diante de nós: camisetas com a figura de Marcos, máscaras de esquiar, bandanas, pôsteres, chaveiros, fitas cassetes com canções revolucionárias, livros, bonés, e até mesmo cinzeiros do EZLN. Descendo

32 UM NÃO, MUITOS SINS

alguns degraus, chegamos a duas fileiras de mesas raquíticas e um postigo de madeira — toda a construção parece ter sido feita pelos aldeões —, atrás do qual mulheres estão preparando *tortillas*, feijão e arroz. Elas também estão vendendo animadamente garrafas de Coca-Cola.

— Ryan, eles estão vendendo Coca-Cola — comentei.

— É mesmo — disse Ryan. — Estão vendendo Coca-Cola.

— Mas eles são zapatistas... eles, hum, bem, eles não gostam do neoliberalismo ou do colonialismo americano, certo? E bebem Coca-Cola?

— Bem, eles gostam da Coca-Cola. O subcomandante Marcos parece ter dito que a única coisa boa que veio com o capitalismo foi a Coca-Cola.

— É verdade? Ah. — Não consigo disfarçar um sentimento de desapontamento, logo seguido por um sentimento de culpa por me sentir desapontado. Por que eles não deveriam beber Coca-Cola? Não, espere, por que *deveriam*?

— O que você deve se lembrar — disse Ryan — é que, apesar dos lindos pôsteres e das belas bonecas e de todo o resto, isso ainda é uma rebelião. Coca-Cola ou não, isso ainda é uma revolução.

Enquanto falávamos, o homem que nos encontrou na porteira entra, entrega uns pesos e sai com uma garrafa. Ele ainda usa sua máscara negra de esquiar. Talvez isso seja o zapatismo apontando dois dedos para a Coca-Cola americana. Ou é o contrário?

Após um rápido almoço, fomos levados para um passeio. A primeira parada foi a clínica, uma grande construção de concreto coberta por uma fileira surpreendente de murais com dragões maias, rostos mascarados, armas, fogo, plantas entrelaçando-se ao redor de janelas, crianças dando as mãos. *Pueblos Unidos!*, lê-se numa parede. *Democracia, Justicia y Libertad*, lê-se em outra. Dentro, nos juntamos em círculo quando o médico, um jovem de cabelos escuros, vestindo um jaleco branco e chamado Nastacio, nos diz quanto eles estão necessitados de suprimentos e como é difícil trabalhar ali. Ele cresceu numa aldeia próxima e acredita firmemente no zapatismo. Ele diz:

— Estamos treinando nossos médicos e profissionais de saúde para trabalharem nas comunidades autônomas porque queremos ser capazes de manter nosso povo saudável. Mas é muito difícil atrair o povo aqui. Vocês podem ver que não temos dinheiro. Temos alguns medicamentos, mas não o suficiente. E nenhum de nós recebe por isso.

Ele fala isso não como um lamento, mas simplesmente como um fato.

— Algumas vezes — continua — as pessoas nos trazem milho, *tortillas* ou feijões em troca de tratamento e medicamentos. O que significa pelo menos que poderemos comer! — Ele sorri.

Mais abaixo da trilha há uma escola. Somos levados a uma sala de aula, e sentamos em pequenas mesas de madeira arranhadas, manchadas de tinta, sujas como em qualquer escola em qualquer lugar. A sala é empoeirada e com fileiras de prateleiras de livros que parecem ter sido feitas em casa, abarrotadas de livros sobre a história latino-americana, sociologia, política, e prática e teoria revolucionária. Alguns dos livros estão escritos em tzotzil, a língua local. Projetores suspensos, velhos computadores, caixas de papelão e um globo de metal amassado estão empilhados num canto do chão de concreto, e partículas de pó estão suspensas no raio de sol que entra hesitante pelas janelas destruídas. Só os rabiscos nas escrivaninhas nos revelam onde estamos: no lugar de "Eu amo Ricky Martin", a propaganda riscada diz *"Zapata Vive!"* e "EZLN".

No final da sala, atrás da mesa do professor, num semicírculo, estão sentados oito homens que aguardavam nossa chegada. Eles usam chapéus de cowboy ou bonés de beisebol, botas de cowboy e sandálias, e todos eles, sem exceção, usam uma máscara. Algumas são bandanas, mas outras são as máscaras de lã negra que, mais do que qualquer outra coisa, representam o zapatismo. As máscaras de esquiar têm duas funções práticas: no caso de guerrilhas nas florestas, elas protegem do pior dos invernos nas montanhas frias de Chiapas; e no caso dos zapatistas, em aldeias como Oventic, elas dificultam a identificação do usuário pela polícia, pelo Estado, pelos paramilitares ou observadores hostis.

Mas as máscaras vieram para representar mais do que isso. Os zapatistas — "os sem-rosto, os sem-voz"; os desprezados *indios* — foram ignorados por séculos, quando não intensamente reprimidos. De modo paradoxal, o México só os notou quando eles esconderam os rostos. Agora suas máscaras, pela própria inexpressividade, são um símbolo de identidade. "A voz que se arma para ser ouvida" vem atrelada "à face que se esconde para ser vista" — e nesses rostos escondidos, segundo os zapatistas, podem ser esboçadas as feições de qualquer pessoa ou de qualquer lugar que se levante para resistir à opressão. Atrás das máscaras, dizem, estamos nós — somos todos zapatistas, e nós estamos em todos os lugares.

Na escola, através de uma dessas máscaras, estamos sendo agraciados com uma palestra por um representante da comissão de educação do EZLN. Ele está nos explicando que essa é uma das "primeiras escolas zapatistas autônomas", na qual eles vão propor um sistema de educação popular e revolucionário. Ela irá se concentrar nas necessidades reais das crianças e das comunidades, não aquelas impostas pela Cidade do México, e ensinarão para as crianças o que as comunidades decidirem que elas precisam saber. "Queremos construir um exemplo para a humanidade", diz o homem. "Um povo sem educação é um povo sem história; um povo morto. Nossos professores não serão desses que se sentam atrás de suas mesas com a cabeça em Nova York ou na Cidade do México, educando nossos filhos para ganhar dinheiro à custa do povo. Nós ofereceremos uma educação revolucionária para o nosso próprio povo. O governo diz que nós temos armas aqui, e eles não estão errados. A educação é uma arma muito perigosa; ela desperta mentes e consciências."

Isso tudo é muito interessante, mas, depois de duas horas de palestra, a maior parte do grupo está desesperada para sair. A conversa tornou-se um monólogo político monótono, e ficou claro que mesmo entre os zapatistas há pessoas tediosas. Existem alguns problemas humanos inerentes que parecem não pode ser solucionados por nenhuma revolução. Isso é um pouco desanimador. Ryan está quase morto de cansado, depois de traduzir, sem parar, durante duas horas. Marchamos em fila para a brilhante luz do sol, piscando e trocando olhares.

— Bem — digo para Lucy —, até que foi divertido.

Ela faz uma careta.

Antes de seguirmos de volta para o ônibus, nós temos um encontro na cooperativa das mulheres. Um grupo de mulheres ficou esperando pacientemente todo esse tempo para nos apresentar seus trabalhos. A Sociedade de Mulheres pela Dignidade é um dos muitos projetos das comunidades zapatistas dirigidos por mulheres e para mulheres. É uma cooperativa para a qual as artesãs de diferentes comunidades trazem suas mercadorias para vender, e todo o dinheiro que conseguem é dividido igualmente entre todos os membros.

"É importante que nos organizemos como mulheres", diz sua porta-voz. Elas estão enfileiradas perante nós, sob tecelagens penduradas e diante de prateleiras de peças em madeira e louças de barro. Ela parece nervosa, o que provavelmente não é de surpreender. "Por um longo tempo, não tivemos uma forma de fazer isso. Foi um trabalho árduo, mas nós nos unimos para afirmar nossa dignidade como mulheres e isso nos encheu de orgulho."

A posição das mulheres nas comunidades zapatistas é um exemplo de como o zapatismo empenhou-se em fundir a tradicional cultura maia com idéias mais novas — e como elas estão preparadas para rejeitar aspectos desta cultura tradicional que não é mais aceitável para elas. A natureza profunda do homem da tradicional Chiapas é um desses aspectos, o qual foi rejeitado na Lei Revolucionária das Mulheres do EZLN. A lei, delineada por mulheres, refere-se a todas as comunidades zapatistas e explicitamente outorga às mulheres os mesmos direitos dos homens em todas as coisas — incluindo tomadas de decisão, casamento e combate armado (mais de um terço das guerrilhas zapatistas é formado por mulheres). Fale com qualquer mulher de qualquer comunidade zapatista e, eu acho, ela lhe dirá que a lei, mesmo com emendas impostas, fez suas vidas progredirem muito — e trouxe uma nova confiança em suas relações comerciais, como iguais aos homens tradicionalmente dominantes.

Alguns hábitos, no entanto, são difíceis de mudar. Antes que a mulher que está falando possa prosseguir, um homem usando um chapéu de cowboy faz um parêntese e resume tudo que ela acabara de dizer, em suas próprias palavras, enquanto ela ouve, em silêncio e ofuscada.

— Esse é o porquê de elas precisarem de uma cooperativa de mulheres — diz Lucy. — Os homens são os mesmos em qualquer lugar.

Novamente do lado de fora, um líder local tem algo a nos dizer antes de partirmos. É um senhor vestindo uma camisa xadrez, e não usa máscara. Ele se curva suavemente diante do peso de suas palavras. Minúsculos pintinhos piam e se esfregam em volta dos seus pés.

— Vocês devem saber — diz ele, de maneira simples — que nós estamos sofrendo aqui. Vocês viram como nós somos. A vida é difícil, mas nos esforçamos. Precisamos trabalhar porque não há nada lá. Mas sabemos que existem zapatistas em todo o México, em todo o mundo. Como nós, eles lutam, e não desistirão. Nós estamos por toda parte. Tudo o que pedimos a vocês, agora, é que aceitem a nossa palavra; que vocês a falem, cantem e respirem onde for. Isso é tudo!

— Obrigado — diz Ryan, com um pequeno aceno de cabeça. E então, partimos.

De volta ao microônibus, descendo rapidamente a montanha na direção de San Cristóbal, o professor neoliberal está triste. Ele tem um estranho sorriso de censura na face, e está transpirando em sua larga camiseta azul.

— Ora — ele diz a todos que possam ouvir —, a cooperativa de mulheres não irá sobreviver se continuar assim. Ela não está operando de modo eficiente. Viu o que fizeram? Cada mulher contribui com diferentes quantidades de trabalho, diferentes níveis de experiência, diferentes produtos e ainda dividem a remuneração igualmente. Isso significa que as mulheres mais aplicadas e experientes estão subsidiando as menos talentosas.

— Acho que essa é a idéia — diz sua sofrida mulher, que tenta parecer embaraçada.

— Bem, eles não entendem nada de economia, isso é tudo. Isso não vai durar por muito tempo. Você não pode subsidiar aqueles que apresentam desempenho inferior. — Ele está me fazendo passar mal.

— Olha, isso é intencional, não é? — eu digo. — É apoio comunitário, indústria em pequena escala, cooperação e ajuda mútua. Acho que vocês economistas gostam das iniciativas privadas. O que você sugere? Talvez os trabalhadores mais rápidos pudessem pegar o dinheiro e sair correndo? Ou precisam estabelecer um sistema de benefícios que distribua quinhões de dinheiro para aqueles que ficaram para trás?

— Bem, eu não acho que isso seja o ideal — ele responde. — Se eles me perguntassem, diria que o que realmente traria benefícios para eles seria uma boa e honesta *maquiladora*, bem na soleira de sua porta de entrada...

— O que é *ma-qui-la-do-ra?* — pergunta o professor de Nova Jersey.

— Uma *sweatshop*, uma fábrica onde se explora o empregado — diz uma mordaz senhora de Nova York, que observava o professor com crescente desagrado. Ele parecia aflito.

— Bem, essa é uma expressão depreciativa, mas, em todo caso... eles podiam trabalhar por uma diária, talvez fazendo alpercatas ou camisetas, ou qualquer outra coisa, a fim de exportar para os Estados Unidos. Com o Nafta, eles poderiam estabelecer preços muito favoráveis. Ganhariam dinheiro com a exportação, e isso permitiria que se desenvolvessem e...

— Quem tem um cigarro? — pergunta a nova-iorquina. — Preciso de um cigarro.

— Na verdade, não gosto de fumar — diz o professor, parecendo aflito novamente. — Principalmente em locais fechados.

— Sim — diz a nova-iorquina. — Eu sei.

Numa pequena praça ao norte de San Cristóbal, protegida por uma grande e florida igreja, Lucy e eu passeamos a esmo por um relaxante mercado maia. Os donos das barracas são nativos, principalmente mulheres, e expõem suas mercadorias no chão empoeirado e em velhas mesas de madeira, com plásticos sempre prontos para serem jogados sobre as barracas quando a pesada chuva tropical chega. Quase tudo que vendem é quinquilharia para turistas — roupas, pinturas, *souvenirs* — e, desde 1994, os donos das barracas estão preparando uma bela linha de quinquilharias para o turista revolucionário. Para zapatistas venderem.

Aqui você pode conseguir muitas das coisas que vimos em Oventic: máscaras de esquiar, pôsteres, bandeiras, calendários, chaveiros. Uma das compras mais populares do perspicaz "zapaturismo" é um minissoldado do EZLN, feito de feltro negro e palitos de fósforos. Eles também estão pendurados nos chaveiros ou amontoados de seis em seis em pequenos e grosseiros vagões de madeira, pintados em cores vivas com a palavra "CHIAPAS" escrita do lado. O mais interessante deles, além das máscaras e armas, possui um cachimbo preso na boca. Você também pode achar camisetas zapatistas no mercado e em qualquer loja para turistas da cidade. São vendidas aos montes, com diferentes desenhos locais, tamanhos e cores, mas na verdade todas têm uma coisa em comum: um retrato do subcomandante Marcos.

Todo movimento político necessita de seu ícone, e Marcos, gostando ou não, tornou-se um — não apenas para os zapatistas de Chiapas, mas também para o movimento global crescente que eles ajudaram a criar. Curiosamente, entretanto, ele não é "seguido", nem mesmo pelo seu mais fervoroso adorador, porque se recusa a ser líder de alguém.

38 UM NÃO, MUITOS SINS

Em parte, isso é um reflexo da realidade. No esquema oficial das coisas, Marcos não é o líder dos zapatistas porque eles não têm líder. O exército zapatista é dirigido por 23 comandantes que compõem o "Comitê Indígena Revolucionário Clandestino". Todos são índios, são eleitos e recebem ordens das comunidades autônomas de origem. A decisão de ir à guerra em 1994, por exemplo, não foi tomada pelos comandantes — eles não têm autoridade suficiente para tomar decisões tão importantes sem a aprovação dos zapatistas de todas as aldeias autônomas. Somente após um demorado e exaustivo processo de consulta e votação por todo o Chiapas, o EZLN conseguiu aprovação para ir à guerra; e só então eles agiram.

Marcos, no entanto, é simplesmente um subcomandante. Em teoria, isso o torna um representante, instituído pelos comandantes para treinar e comandar as tropas zapatistas. Na verdade, mesmo não sendo o líder dos zapatistas, ele é a voz deles, tanto no México como internacionalmente. Ele estabelece uma ponte vital entre o mundo dos índios e o mundo moderno. Mas recusa-se a liderar, a ser seguido ou a escrever um manifesto político ou não, para quem quer que seja. Porque fazer isso seria um contra-senso a tudo que o zapatismo significa — democracia local, política e controle econômico das comunidades e um modo muito diferente de ver o poder.

Marcos está sempre escrevendo. Parece que não pode parar. Os comunicados são enviados com dificuldade para fora dos redutos da selva desde 1994 e instantaneamente reconhecidos, tanto pelo estilo único como pelo anúncio na rádio, que nunca variava: "Das montanhas do sudeste mexicano, o subcomandante rebelde Marcos." Toda guerrilha de respeito, é claro, deve produzir muitos textos, em linguagem técnica revolucionária, contra os demônios do capitalismo. Isso são ossos do ofício. Marcos, apesar de não estar imune a essa tendência, é decididamente mais poético e mais imprevisível em sua tentativa de aproximação. Ele escreve elegantes acusações sobre políticos oponentes: "Saúde", ele usa para encerrar um "comunicado" para o ex-presidente Zedillo "e um pára-quedas para o penhasco que virá com o seu amanhã." Ele escreve "telegramas" para a "sociedade civil internacional": "Os cinza esperam vencer ponto precisa-se de um arco-íris urgente ponto." Escreve fábulas absurdas: "O conto do limão com crise de identidade"; "O conto do sapinho inconformista". E é certamente o único guerrilheiro na história cujo besouro de estimação, "Dom Durito de Lacandón", escreve suas próprias histórias, ensaios e críticas econômicas.

"Essa construção de um novo mundo", diz Marcos, a título de explicação, "é um negócio sério. Se não podemos rir, o mundo que faremos será quadrado, e não seremos capazes de fazê-lo girar."[13] Uma coisa parece clara: esse não é um guerrilheiro latino-americano comum. Che Guevara pode ter tido barba de estudante e morte de mártir, mas nunca teve o senso de absurdo de Marcos. Isso é revolução com um brilho nos olhos e você não consegue algo mais pós-moderno que isso.

Quem Marcos é realmente permanece um mistério. O presidente Ernesto Zedillo, antecessor de Fox no PRI, o "desmascarou" como ex-professor de filosofia da Cidade do México. Marcos naturalmente reagiu a isso. O que parece claro é que o jovem Marcos, seja ele quem for, começou sua jornada em Chiapas como um revolucionário imerso no dogma de extrema esquerda do século XX e a terminou como algo bem diferente. Seu percurso até agora se tornou uma das lendas principais do zapatismo, e um ponto marcante em relação a um crescente movimento político que rejeita as rígidas convicções ideológicas tanto de esquerda quanto de direita.

Conta-se que Marcos chegou a Chiapas no início dos anos 1980, com um agora extinto grupo de maoístas da Cidade do México. Eles queriam uma revolução. Revoluções aconteceram quando os trabalhadores oprimidos se insurgiram contra as classes capitalistas, apoderando-se dos recursos de produção para "o povo", e estrangulando o último executivo da Starbucks com as vísceras do último consultor do Banco Mundial. Os nativos de Chiapas eram, no mínimo, oprimidos. Eles pareciam solo fértil. Tudo de que necessitavam era uma educação adequada à realidade de sua posição social e, de repente, eis que surge uma vanguarda em formação.

Só que isso não funcionou assim. "Levantem-se", Marcos disse a eles. "Vá embora", responderam. "Não somos um proletariado, nossa terra não é o seu meio de produção e não queremos trabalhar numa fábrica de tratores. Tudo que desejamos é ser ouvidos, e que vocês, espertalhões da cidade grande, parem de nos dizer como devemos viver. Quanto à sua dialética — pode ficar com ela. Você nunca sabe quando ela é conveniente."

Para Marcos, Chiapas foi uma revelação. "Nós nos achávamos a luz do mundo", disse ele certa vez a um jornalista mexicano, "enviados aqui para organizar os índios. E então começamos a falar com as comunidades, e elas nos deram uma importante lição."[14] Os jovens revolucionários aprenderam mais do que imaginaram — aprenderam sobre as verdadeiras raízes da democracia, sobre a tradição, sobre arar a terra e ficar próximo da natureza e sobre uma visão de mundo totalmente indígena, diferente e antiga, que não poderia ser classificada pela rigidez política do mundo moderno. Ele, Marcos, começou a questionar suas certezas ideológicas, e aprendeu, por mais de uma década nas cavernas das montanhas e redutos na selva, em aldeias, vales e fazendas, que o que *los indios* queriam, depois de quinhentos anos com as botas dos homens brancos em seu pescoço, era a liberdade e o poder para viver e crescer da sua própria maneira, livres dos ideais daqueles que os "desenvolveriam", de direita, esquerda ou centro, e tudo para seu próprio benefício.

Isso era revolucionário? Conservador? Tinha importância? Marcos não parecia pensar assim, e desde então foi levado a deleitar-se com a posição quixotesca dele e do zapatismo, como um fenômeno político novo, velho, radical, tradicional, local, global, prático, romântico e que ninguém controlou para ser colocado à força numa caixa ideológica existente. "Os comunistas o acusam de ser anarquista", escreve autobiograficamente. "Culpado. Os anarquistas o acusam de ser ortodoxo. Culpado... Os reformistas o acusam de ser um extremista, um radical. Culpado. Os radicais o acusam de ser reformista. Culpado. A 'vanguarda histórica' o acusa de agradar a sociedade urbana e não o proletariado. Culpado. A sociedade urbana o acusa de perturbar sua tranqüilidade. Culpado. A Bolsa de Valores o acusa de arruinar seu café da manhã..."[15]

Marcos gosta de sustentar que as respostas encontradas pelos zapatistas só se aplicam a eles. Ele não dirá a ninguém, em lugar algum, o que devem fazer; apenas que, quando encontrarem suas próprias respostas, adequadas à sua própria situação, devem colocá-las em prática. Da primeira revolução pós-moderna surge o primeiro guerrilheiro pós-moderno: um que oferece mais perguntas que respostas, para quem a ideologia é um fluido e o poder é para ser redefinido e não tomado, e para quem enganar faz mais efeito que dar sermões, e "nosso mundo é nossa arma". A crise de identidade política de

Marcos o transformou em algo novo e único: uma espécie de homem comum, sem rosto e dissidente. E nele, mais do que em qualquer outra pessoa, o pensamento e as ações de um movimento novo e crescente, de âmbito internacional, estão refletidos.

Quem é Marcos? Ele próprio respondeu. "Marcos", escreveu o próprio em 1994, "é um *gay* em San Francisco, um negro na África do Sul, um asiático na Europa... um palestino em Israel, um judeu na Alemanha... um artista sem uma galeria ou sem um portfólio... uma sexista no movimento feminista, uma mulher solitária na estação do metrô às dez horas da noite... um escritor sem livros ou leitores, e um zapatista no sudeste mexicano... Ele é toda minoria que agora está começando a falar e toda maioria que deve calar e ouvir. Ele é todo grupo não tolerado procurando por um modo de se expressar, sua maneira de falar. Todo aquele que ameaça o poder e a boa consciência daqueles que estão no poder, afligindo-os — esse é Marcos."[16]

Em outras palavras, se o subcomandante Marcos não existisse, o movimento internacional que avança em oposição à "globalização" teria que inventá-lo. "Todos somos Marcos", diz um *slogan* cantado pelas multidões e impresso nas camisetas da Cidade do México a Seattle e Gênova: "Todos nós somos Marcos." Quem é Marcos? Quem não é?

Estou em San Cristóbal há quase duas semanas, entrevistando pessoas, acompanhando o pessoal da Global Exchange em algumas poucas visitas, organizando entrevistas, sendo um turista e tentando formar uma idéia sobre o que tenho visto até agora. Eu nunca tive uma certeza exata do que esperar de Chiapas, mas estou compreendendo a complexidade da situação. Os poéticos rebeldes guerrilheiros, que algumas vezes são romantizados pelos ativistas no Ocidente, são, na verdade, camponeses determinados, índios lutando por suas próprias vidas e tradições. Todavia, acho que estou começando a entender alguma coisa, pelo menos, da essência do zapatismo.

A autonomia é claramente parte fundamental de tudo. Todo zapatista com quem você fala dirá que a autonomia — legítima, sob controle local da sua comunidade, econômica e politicamente — é mais uma luta árdua por princípios do que uma mudança política para promover interesses. Eles lhe dirão, também, que a autonomia para eles não significa independência, decadência ou isolamento — ela significa o controle de seus próprios destinos. Unido a isso está o compromisso com a democracia da comunidade — o controle verdadeiro, por todos, em nível comunitário, custe o que custar.

Tudo isso parece ser pelo menos o começo da realização de todas as palavras de Marcos sobre como repensar o que o poder é e como deve ser usado. Num mundo com blocos de poder centralizados, "os sem-voz" serão sempre esmagados. Em contraposição, devolva o máximo de poder possível ao povo, assegurando que este realmente ponha as mãos nele, e você já terá começado uma revolução em como realmente o mundo funciona — ainda que ela possa não ser uma revolução que qualquer revolucionário tradicional admita.

Eu fora avisado de que encontraria algo em Chiapas que me serviria de inspiração. E isso está me inspirando, pois me parece que, apesar da miséria e da luta por que esse povo está passando, eles atingiram algo que tem, pelo menos em princípio, potencial global. Algo que está se espalhando. Mais tarde, em minhas viagens, eu irei entender exatamente quão longe estão indo.

Mas preciso saber mais — preciso ver de onde os zapatistas estão vindo na realidade, literalmente ou não. Então, Lucy e eu combinamos gastar mais tempo vivendo em uma das cinco "capitais" zapatistas — todas conhecidas como Aguascalientes (Águas Quentes). Oventic era uma opção, mas a escolha recaiu sobre La Garrucha, muito mais distante. Ficaremos lá como observadores da paz. Os zapatistas, que ainda são molestados e vez por outra atacados por grupos paramilitares e pelo exército, estão entusiasmados por terem grupos de visitantes "internacionais" vivendo em suas aldeias mais vulneráveis; uma tradição que começou em 1995, quando o ataque dos militares do governo contra aldeões comuns zapatistas estava no seu auge. Os visitantes internacionais tanto obtinham informações sobre as idas e vindas militares, como, em tese, causavam um certo embaraço — um sinal claro, para o governo mexicano, de que o mundo ainda está de olho em Chiapas. Pelos dez dias seguintes, esse será o nosso trabalho — em troca, conseguimos viver e trabalhar no berço do zapatismo.

Antes de partir, escrevo uma carta para Marcos e o Comando Geral e a envio, como instruído, para um contato em algum lugar em San Cristóbal que prometeu pegá-la no posto mais afastado e solitário onde os guerrilheiros estão acampados.

"ABRINDO UMA FENDA NA HISTÓRIA" **43**

"Nós a enviaremos", ele me prometeu, "mas eu não acho que você terá sorte." Ele provavelmente está certo. Desde o sucesso do Zapatour e o conseqüente fracasso do Congresso em honrar os Acordos de San Andrés, o Comando Geral do EZLN permaneceu incomunicável, e o Marcos geralmente tagarela tem rejeitado todas as entrevistas. Ainda assim, vale tentar.

Ocosingo é uma cidade fronteiriça. Possui muitas crateras, caminhões fumacentos, bares contaminados, alguns bêbados, nenhum turista e nenhum cibercafé. A duas horas de distância de San Cristóbal, um mundo distante, a cidade guarda a entrada para as Cañadas — *canyons* —, grandes vales verdes que atravessam a tropical selva Lacandona descendo até a fronteira com a Guatemala, a cerca de cem quilômetros de distância. As Cañadas são o coração de Chiapas, selvagem, cheio de florestas e rebelde, onde a revolta zapatista foi incitada, e onde Marcos e seu bando de guerrilheiros viveram durante anos, em cavernas e acampamentos na selva e, provavelmente, ainda o fazem. Em 1994, Ocosingo foi uma das sete cidades invadidas pelos zapatistas, e o cenário do pior desastre da insurreição, quando o EZLN sofreu uma emboscada e foi desarmado pelo exército e pela força aérea, alguns fuzilados pelas costas após a rendição. Cerca de 150 pessoas — zapatistas, soldados e civis — morreram no banho de sangue que foi Ocosingo.

Só estamos aqui para conseguir outro transporte, e logo estaremos entulhados nos fundos de um caminhão que sacoleja na direção de algo que mal pode ser chamado de estrada. Não existem ônibus a leste de Ocosingo — os ônibus não resistem às estradas —, sendo assim a viagem em caminhões é a única maneira de chegar ao coração do país zapatista. Lucy e eu estamos espremidos entre pilhas de pneus velhos, caixas de cerveja, sacos de milho e cerca de outras dez pessoas. Existem velhos magros arrastando grandes sacos de milho; mulheres voltando para as aldeias vindas do mercado; crianças penduradas em suas saias; um grupo de garotos gordos, descalços e sorridentes, empoleirados no teto; e uma dupla de soldados fortes e de cabeças rapadas que estão de licença das bases militares próximas às aldeias zapatistas.

A viagem para La Garrucha leva quatro horas, e nós ora sacolejamos nos bancos de madeira a cada buraco na estrada, ora ficamos de pé encostados às ripas de madeira na lateral do ônibus. Um cão marrom e sujo, deitado sob um dos bancos, vomita devagar e a sujeira escorre para cima e para baixo com o movimento do veículo. A estrada está cheia de crateras imensas como lagos e várias vezes temos que saltar e empurrar.

A beleza das Cañadas é portentosa. Elas se tornam mais profundas à medida que avançamos para o sul, longe das cidades, passando por pequenas aldeias, a fumaça saindo pelos tetos das casas. Mulheres usando vestidos tradicionais olham envergonhadas enquanto passamos, e as crianças saem correndo atrás do caminhão gritando em tzotzil. Os galhos que pendem das árvores estão cobertos por fungos vermelhos, delicadas flores brancas e orquídeas que florescem nas árvores, e tudo em volta é verde, com montanhas enevoadas nas proximidades, tirando você de qualquer outra realidade. Abutres vão de encontro às correntes de ar, insetos zumbem à nossa volta e borboletas estão por toda parte. Algumas borboletas azuis refletem as cores do arco-íris, e suas asas abertas parecem ser do tamanho de uma folha de palmeira; outras são pequenas e tigradas; outras, brancas, vermelhas, púrpura, marrons e bronze, com o raio de sol atravessando suas asas como girassóis, circulando e agitando-se pelas estradas enevoadas, até que uma nuvem de borboletinhas parece seguir nosso caminhão até a entrada de La Garrucha.

La Garrucha lembra um pouco Oventic: onde aquela pulsava de atividade, esta é quase silenciosa, apesar da presença constante dos insetos. Ao saltarmos do caminhão, arrastando nossas mochilas, somos na verdade as únicas pessoas à volta. Estamos nas profundezas das Cañadas, e o vale verde e estreito onde estávamos alargou-se o bastante para que pudessem surgir vários pequenos loteamentos cobertos com tetos de palha, cercados por *milpas* — pequenos milharais — para marcar a relva entre as montanhas enevoadas. Um homem usando um *sombrero* está encostado numa cerca mastigando uma folha de capim e um casal de cães fareja nas valas ao lado do caminhão. Quando o caminhão tenta com dificuldade deixar o vale, um grupo de porcos — a mãe e três leitõezinhos — surge à nossa vista, saltitando para a estrada em fila única, indo para nenhum lugar em particular.

O único sinal de que isso é Aguascalientes é um mural enorme ao lado de uma construção de madeira à direita da estrada. Damos a volta em torno dela e nos apresentamos ao homem que mastiga o capim. Ele acena na direção de algumas cabanas, do outro lado de uma área gramada, cercada a esmo por construções. Há uma igreja de pedra de um lado — o único prédio que parece novo. Perto dela há uma escola caindo aos pedaços, pintada com um mural enorme do magnificente Emiliano Zapata de bigode. Do outro lado, há uma construção comprida feita de sarrafos de madeira retratando uma rendição, uma reprodução de uma famosa fotografia — filas de mulheres zapatistas desarmadas impedindo pacificamente que soldados armados atacassem suas aldeias. *Resistencia!*, diz o *slogan* em letras vermelhas. De um outro lado da relva, está um celeiro comprido com um ônibus azul enferrujado estacionado próximo a ele, e, completando o quadrilátero, algumas cabanas. Nós batemos em uma das portas. Dentro estão quatro homens, sentados em um círculo em cadeiras de plástico, mastigando capim ou fumando. São os líderes da comunidade. Um deles joga-se pesadamente atrás de uma velha mesa, senta-se num ângulo inadequado no chão sujo e pede nossos passaportes e cartas de apresentação. Nós entregamos os documentos. Eles são examinados atentamente e depois devolvidos.

— Bem-vindos a La Garrucha — diz o homem. — Nós lhes mostraremos onde vão dormir.

O celeiro, me ocorre, é nosso alojamento para dormir. Suas vigas estão cheias de telas de mosquitos e redes dos outros observadores da paz, que já estão aqui. Descarregamos nossas coisas num canto e vamos procurá-los. O som de vozes e o cheiro de cigarro levado pelo vento vindos de uma pequena cabana com uma parede rabiscada, perto do celeiro, identificam seu provável esconderijo. Um cavalo tordilho selado está amarrado perto da porta. Nós a empurramos para abrir e entrar.

— Olá — cumprimentamos, tentando acostumar os olhos ao escuro.

A cabana é evidentemente uma cozinha — há panelas velhas, quebradas e enegrecidas, e nas prateleiras frágeis estão sacos de feijão, montes de *tortillas* e legumes. Seis pessoas estão conversando sentadas em volta de uma mesa bamba. Eles respondem socialmente.

Nós nos sentamos e eu reparto uma barra de chocolate que sabiamente trouxe comigo.

— Chocolate — diz uma garota, com os olhos arregalados. — Oh! Deus, chocolate! Faz uma semana que não vejo chocolate!

Subitamente populares, Lucy e eu pegamos canecas plásticas arranhadas cheias de café fervido impiedosamente no fogo aceso no canto.

— Eles plantam esse café aqui — diz um rapaz espanhol com *dreadlock* nos cabelos e barba rala. — Bom, não é?

E é mesmo. Os outros observadores da paz revelam-se, como nós, europeus. Há um casal de espanhóis, duas mulheres bascas separatistas que declaram que se identificam com os zapatistas, e um alemão, de aparência relativamente boa, acompanhado de sua namorada.

— Aqui é maravilhoso — diz uma das bascas. — Muito bonito. Mas não acontece muita coisa por aqui. É bom, se você quiser relaxar.

— Os soldados não estão relaxados — diz o alemão. — Três caminhões com soldados passaram perto hoje. Seguiram na direção da base militar cerca de três quilômetros estrada acima. Não sabemos por quê.

— Aparentemente muitos militares estão chegando a todas as bases — comento eu. Pelo menos foi o que a organização dos direitos civis que tratou de nossa permanência aqui nos disse, antes de deixarmos San Cristóbal. — Mas ninguém sabe por quê.

— Então é bom que a gente esteja aqui — diz o espanhol. — Alguém está com fome?

Todos começam a ajudar a fazer o jantar, e em uma hora mais ou menos, com nossas roupas cheirando deliciosamente a lenha, todos temos pratos com feijão, arroz e, naturalmente, *tortillas*, e água em copos plásticos. Isso é tudo que comeremos de verdade nos próximos dez dias, e eu não me cansarei.

— Isso é um pouco... bem, quero dizer que aqui é um pouco calmo, não é mesmo? — falo a um dos espanhóis, que parece estar ali há mais tempo. — Eu estava esperando um pouco mais... de *vida*.

— Eu sei o que você quer dizer — responde ele. — Mas eles não têm grandes motivos para usar muitas dessas construções agora. A escola foi construída pelo governo, e não tem sido usada realmente desde a autonomia. O professor fugiu. E muitos outros prédios foram erguidos para o *Encuentro* e não foram utilizados desde então. É um local de reuniões. Com exceção dos moradores, não há ninguém aqui para se reunir agora.

O *Encuentro* de que o espanhol está falando já se tornou lendário. Ele criou o canal fundamental pelo qual as idéias e os princípios do zapatismo começaram a inspirar e criar um movimento global de resistência política.

Em janeiro de 1996, os zapatistas convidaram "rebeldes de todos os continentes" a encontrá-los em Chiapas naquele mesmo ano para um "Encontro Internacional pela Humanidade e contra o Neoliberalismo". Os zapatistas construíram as cinco Aguascalientes para acomodar os visitantes, e previram a chegada de talvez pouco mais de cem pessoas. Mas eles subestimaram quão distante as palavras e as idéias de Marcos haviam chegado, em virtude da recente expansão da Internet. Mais de três mil pessoas de mais de quarenta países desembarcaram em Chiapas em agosto de 1996. Elas vinham da Europa, dos Estados Unidos e do Canadá, de toda a América Latina e de lugares que os zapatistas nunca imaginaram que suas palavras tivessem sido ouvidas: Irã e Haiti, Japão e Curdistão, Zaire e Filipinas.

Grupos de representantes deslocavam-se entre as cinco Aguascalientes, discutindo todos os aspectos da "vida sob o neoliberalismo". Eles compartilharam experiências, debateram e, acima de tudo, planejaram. Planejaram o que fariam, juntos, internacionalmente, sobre o que estava acontecendo no mundo. Pois eles viram, como os zapatistas pretendiam que vissem, e como eu vi, quando cheguei a Chiapas, que as forças que afetavam o sudeste mexicano eram as mesmas que afetavam o mundo.

O EZLN, enquanto isso, sentou e ouviu. Eles se recusaram, apesar dos pedidos, a fornecer a qualquer um dos visitantes um plano de mudança ou um plano para uma utopia global, e quando questionados pelas pessoas de outras nações sobre o que deveriam fazer em relação aos problemas que enfrentavam, responderam que elas deveriam resolver por si próprias. Os zapatistas disseram aos visitantes que estavam ali para aprender, não para ensinar. Eles não tinham uma idéia que pudesse ser universalmente aplicada, nem queriam uma.

O *Encuentro* globalizou o zapatismo. Os três mil representantes voltaram para seus países com novas idéias, novas maneiras de pensar o futuro e, acima de tudo, novos contatos. No ano seguinte, um novo *Encuentro* foi realizado, dessa vez na Espanha, o que consolidaria aqueles contatos ainda mais. Desse, mais do que de qualquer outro evento isolado antes ou desde então, nasceria o movimento de "antiglobalização" como existe hoje.

Ao final do *Encuentro* de Chiapas, os zapatistas fizeram uma declaração, escrita, é claro, por Marcos. Desde então, ela tem acompanhado o movimento aonde quer que ele vá. Ela me acompanhou quando viajei pelo mundo e eu a ouvi sendo citada da África do Sul até a Califórnia. Isso é o mais próximo que esse movimento conseguiu chegar de uma declaração de intenções, um manifesto, e ainda causa calafrios na minha espinha.

> De um lado está o neoliberalismo, com todo o seu poder repressivo e maquinaria mortal; do outro lado, o ser humano. Existem aqueles que se conformam em ser um número a mais na imensa troca de poder... Mas existem aqueles que não se conformam... Em qualquer lugar no mundo, a todo momento, cada homem ou mulher se rebela a ponto de rasgar as roupas que a resignação teceu para eles e o cinismo tingiu de cinza. Todo homem ou mulher, de qualquer cor, em qualquer língua, fala e diz para si mesmo: Já chega! *Ya basta!*
>
> Um mundo feito de muitos mundos pode ser encontrado atualmente nas montanhas do sudeste mexicano... Que seja um eco de nossa própria pequenez, do local e do particular, que repercuta num eco de nossa própria grandeza... um eco que reconheça a existência do outro e não subjugue ou tente silenciá-lo. Um eco que assuma seu lugar e fale com sua própria voz, e contudo fale com a voz do outro... Que seja uma rede de vozes que resistem à guerra que o poder trava contra eles.

*

Nos primeiros dois dias em La Garrucha quase é possível esquecer onde estamos e o porquê. Esquecer, entre borboletas e bananeiras, que estamos numa zona de guerra. Todo dia eu me penduro na rede, bebendo café e olhando para o nada. Lucy e eu ficamos amigos da criançada, que anuncia sua presença atirando maçãs silvestres em nós dos galhos arqueados das árvores baixas. Assistimos ao time de futebol de La Garrucha treinando num campo em uma clareira; as balizas do gol são feitas com toras e o campo está cheio de formigueiros. Espero em vão pela mensagem de Marcos vinda das montanhas. Toda noite somos acordados pelos cães do lugar, uivando fortemente até atacarem a porta da cozinha atrás da comida que farejam. Nós nos revezamos em atirar e jogar coisas neles.

Só no terceiro dia acordamos de repente. Lucy e eu estamos em trabalho de observação, sentados em duas redes ao lado da estrada, conversando, quando um ruído surdo baixo enche o vale. São dois longos minutos antes de vermos a origem do som alcançar o cume da colina de Ocosingo e mover-se para baixo, pelo caminho de lama, em nossa direção.

Agarramos nossos cadernos de notas, canetas e câmeras e gritamos pelos outros, que vieram correndo da cozinha e do celeiro.

— Ajudem-nos! — gritei. — São muitos!

Vinte minutos depois contamos 31 veículos militares com cerca de 650 soldados, munição, explosivos, armas e equipamentos, passando a alguns metros de nós, movendo-se em direção a uma das bases militares que pontilham as Cañadas, circundando os zapatistas por todos os lados. Alguns dos soldados fazem irônicos sinais de paz. Outros tiram de nós as fotos que batemos deles. Uns sorriem, outros apenas olham, friamente, através de seus óculos escuros espelhados. Estão apenas passando, por ora, mas são um forte lembrete de por que estamos aqui. Todo dia, pelo resto da semana, presenciamos cenas semelhantes, embora nunca tão grandes nem tão inesperadas. Existe certamente uma operação militar em andamento. Se eu precisasse de uma explicação para o fato de o Comando Geral não responder às minhas cartas, essa provavelmente seria tão boa quanto nenhuma.

Para os locais, entretanto, a vida continua normalmente; eles vêm passando por coisas piores desde 1994. Perguntei a um dos líderes da aldeia se poderia entrevistá-lo, e a seus companheiros, para perguntar-lhes como é a vida ali, por que são zapatistas e o que farão agora. Foi preciso um dia para ele obter uma resposta, depois de consultar os membros do Conselho da aldeia, que votaram e responderam que infelizmente, no momento, não queriam falar.

Eles estão meio desconfiados em relação aos atuais visitantes internacionais, nos dizem; cerca de uma semana antes da minha chegada, uma observadora da paz da Espanha acusou um dos homens do lugar de tê-la molestado sexualmente. Os moradores votaram por metê-lo na prisão por algumas semanas como punição; ele ainda está lá. Isso nunca acontecera antes, contam os líderes, e eles não gostaram nada. Pode ser que esse seja o motivo pelo qual não querem falar comigo; qualquer que seja a razão, a democracia zapatista está contrariando minhas ambições.

Então converso com os moradores que encontro todos os dias. Falo com o homem que administra uma das pequenas lojas no prédio coberto por um mural, e que ele abre quando quer. Seu nome é Aurélio, e ele é um militante; um entre vários encarregados ali de defender La Garrucha em caso de ataque. Aurélio e seus companheiros provavelmente possuem armas escondidas das quais, se a comunidade concordasse, lançariam mão, se necessário, como autodefesa. Contudo, elas ainda não foram usadas, e Aurélio não está falando delas.

Ele falará sobre outras coisas, sentado atrás do balcão de sua loja. Ele falará sobre "resistência", uma palavra que ouço por todos os lugares, e sobre como os aldeões acham difícil viver sempre em rebelião.

— O que podemos fazer a não ser continuar a lutar? — pergunta ele. — O que queremos é que o governo nos deixe falar, e nos deixe viver. Mas percebemos que apenas nos unindo podemos ter esperança quanto a isso. Eles nos prometeram uma lei nativa, mas a lei que aprovaram nos trata como objetos, não como sujeitos.

Ele é um homem grande, e não parece extravagante. Mas sabe o que quer, e o que sua comunidade quer, e sabe que ela não está conseguindo.

— Estamos aqui há quinhentos anos — queixa-se. — Quanto tempo mais eles pensam que vamos esperar? Talvez eles gostassem que partíssemos, que nos calássemos. Mas existem zapatistas por outros cantos. Em outros estados do México; talvez em outros lugares também. Eles discutem, como nós, e também como nós não vão parar.

Do outro lado do gramado, na loja da cooperativa das mulheres, que vende quase o mesmo sortimento de Aurélio — sacos velhos de batatas fritas, refrigerantes, arroz, feijão, grampos —, a mulher atrás do balcão me conta a história de La Garrucha. Antes de 1994, explica ela, antes de os zapatistas aparecerem, tomarem a terra e a declararem autônoma, La Garrucha era uma fazenda de gado. O proprietário enviou pistoleiros contratados para expulsá-los, mas eles resistiram e venceram.

— Quando trabalhávamos para o dono das terras — continua —, ele pagava às pessoas 15 pesos por semana (pouco mais de um dólar). Às vezes ele pagava com bebidas, e não em dinheiro. Muitos eram peões. Nós nos sentíamos escravos. Hoje, a maior parte de nós possui terra, animais e lavouras. A vida ainda é dura: precisamos de maquinaria para nos ajudar na fazenda, e é difícil vender os produtos. Mas é muito melhor agora. Agora — disse ela —, eles estão no controle de seus próprios destinos, e a diferença é mensurável.

O sol se põe. Estou de pé no campo atrás do celeiro, olhando fixamente através dos despenhadeiros para os quintais com mangas e bananas além do rio escuro. Em dois dias deixaremos La Garrucha e sentiremos falta dela. Um morador passa por mim vagarosamente, indo a nenhum lugar em particular.

— *Buenos días* — digo num espanhol ruim.

— *Buenas tardes* — ele me corrige, sorrindo.

— Como vai?

— Bem.

— Tranqüilo, não é?

— Sim. — Ele pára e olha atenta e vagarosamente para tudo e nada. — Choveu muito, mas uma chuva bonita. — Ele caminha devagar para fora de novo, na direção da loja, que é iluminada por uma lamparina a gás sibilante.

De volta ao celeiro, Lucy estava se divertindo com seu rádio-relógio com alarme.

— Ouve só — disse ela, surgindo no vão da porta e balançando o rádio no meu rosto. Fraca e pipocando pela distância, chega uma voz, falando em inglês. Um jornalista e um economista estão discutindo "o futuro do setor de informática no México". O débil murmúrio de palavras vai se arrastando para baixo do vale como uma invasão marciana.

E de repente me parece que, sim, aqui é uma zona de guerra, e essa é uma guerra. Uma guerra contra a realidade. Contra os lugares reais e pessoas reais que foram negligenciados numa grande corrida planetária em direção a algo que nem sabemos se queremos. Uma guerra travada por economistas, sofistas e calculistas, especialistas em tecnologia, intelectuais de sapatos engraxados, políticos oportunistas e piratas corporativos. Uma guerra travada contra pessoas como os zapatistas, "da cor da terra", como eles próprios se descrevem. E a guerra é dura porque aquele povo, e tudo que ele significa, recusa-se obstinadamente a morrer.

52 UM NÃO, MUITOS SINS

E talvez, acho eu, quando os vaga-lumes começarem a piscar embaixo das árvores, todos eles são, todos nós somos da cor da terra. Talvez nenhum crescimento ou progresso possa lavar essa cor. Talvez isso seja muito profundo, muito antigo e muito enraizado. Talvez o que o zapatismo tenha a ensinar — quem sabe a primeira coisa que ele tenha a ensinar — é que a guerra contra a realidade, por mais que tentemos, pode não ser vencida nunca.

E talvez eu esteja começando a entender — começando a *sentir*, agora — o que é tudo isso.

A praça na cidade de Oaxaca é parecida com a praça de San Cristóbal, mas seus claustros em pedra laranja estão alinhados com mesas de restaurantes, nas quais os turistas e moradores do lugar se sentam para beber cerveja e comer *tacos* nas disputadas sombras das árvores, ao som de um exército de músicos de rua. Oaxaca é a capital do estado de Oaxaca, que fica logo acima de Chiapas. Com muito pesar, estou regressando para a Cidade do México, meu mês em Chiapas terminou, e no caminho para Oaxaca parei para falar com um homem com quem desejava me encontrar desde que cheguei ao México.

Gustavo Esteva é um homem idoso, com tufos de cabelos grisalhos na cabeça e um sorriso gentil no rosto. Autor de vários livros, ele se descreve como "um intelectual amador" que está trabalhando há anos com as comunidades indígenas em Oaxaca. Ele me oferece um jantar em um dos cafés da praça e explica para mim o porquê da questão dos zapatistas.

— O mundo está mudando — me diz Gustavo. — Acho que se você analisar a recepção selvagem que os zapatistas tiveram no México... bem, nós sabemos que o povo anda desiludido com as eleições há muito tempo, aqui e no mundo todo. E contudo está desiludido também com os rebeldes que chegaram armados dizendo "dê-nos o poder, nós vamos fazer melhor". E o que estamos vendo em Chiapas? É uma alternativa para ambos, uma nova noção de se fazer política. Você poderia chamar isso de democracia radical. As pessoas tomam seus destinos em suas próprias mãos... isso é o que é autonomia em Chiapas. E isso é legítimo.

Gustavo está chegando ao que eu experimentei muitas vezes nos anos em que andei envolvido com política radical, mas de que nunca consegui participar: uma nova energia, uma nova idéia do que a política é, e deveria ser. Mas como isso funciona?, pergunto. O que significa?

— Bem — diz ele, mastigando lentamente uma torta apimentada chamada *enchilada verde* —, eis uma nova maneira de ver o mundo. Aceite os zapatistas. Eles atraem milhares de pessoas para o México, para o *Encuentro*, e quando elas chegam, o EZLN exclama: "Não nos sigam, não seremos sua vanguarda." Por quê? Porque eles dizem que não conhecem a verdade, e que não devem liderar mais ninguém. Talvez conheçam uma verdade... uma verdade para Chiapas, mas não uma verdade universal, que possa ser aplicada em qualquer lugar. Por todo o mundo existem outras verdades. Em outros lugares, talvez os princípios possam ser aplicados: democracia radical, nas raízes da terra, reclamada pelo povo que está unido pelo mundo todo. Mas o modo como isso se manifesta pode ser diferente em todos os lugares.

Um músico péssimo que está circundando as mesas se aproxima de nós berrando *"Oaxaca! Oaxaca!"* ao som de uma guitarra desafinada. Gustavo faz sinal para que ele vá embora com um sorriso paciente.

— Gosto de usar a analogia da rede telefônica — declara ele. — Você pode pegar um telefone agora e falar com qualquer pessoa no mundo. Essa rede é global e interligada, mas não existe um centro; um controlador, uma pessoa ou empresa que a dirija. Ela é local e global, possui leis, mas não possui administradores. Você vê esses grupos "antiglobalização" por toda parte agora, e eles operam dessa maneira. Assim fazem os zapatistas.

"Por um longo tempo", continua, "trabalhei no México com vários outros grupos, opondo-me ao sistema vigente. E lá sempre houve pessoas diferentes com idéias diferentes, conflitos diferentes, porém uma objeção em comum. Quando os zapatistas apareceram e disseram *'Ya basta!'*, milhões de pessoas, nacionalmente e depois globalmente, se juntaram para apoiá-los. E nós vimos toda essa gente, de tradições, experiências e lugares distintos, dando um basta à mesma coisa. Um basta à globalização, um basta ao neoliberalismo, um basta às grandes corporações... um basta a uma série de políticas globais que estão criando esse mundo. Basta! Não podemos esperar mais!"

Ele toma um gole d'água e prossegue.

— Esse basta — afirma ele — é um "não!" coletivo proferido por diferentes pessoas e grupos, em vários lugares diferentes. E as pessoas que gritam esse não, pelo mundo, têm muitas idéias próprias sobre como trocar esse sistema, ou mudá-lo, como eles querem que seja, suas próprias opções. E talvez tenham aprendido com a história que nenhuma ideologia consegue atender a todos, nenhum sistema pode integrar as necessidades de todos os povos no mundo, pois todos querem coisas distintas. Não existe nenhuma alternativa para um sistema ruim. Assim, nós nos aliamos para combater esse sistema e, ao mesmo tempo, criar o nosso próprio, mundos diferentes em oposição a ele. E esses mundos são diferentes mas conectados, unidos mas distintos. O basta é o "não", e as alternativas dos vários povos diferentes são os vários "sins". Um não e muitos sins.

Um não, muitos sins. "Um mundo feito de muitos mundos." É isso. É esse o nexo entre o movimento que conheço e o povo de Chiapas, o povo com a cor da terra. É isso que me liga a Marcos e Marcos a todo mundo; o que coloca juntos milhões de dissidentes de diferentes mundos. Um não ao poder homogeneizado de um mercado antidemocrático. Muitos sins, nos quais possam caber muitos mundos diferentes, culturas, modelos econômicos e políticos, dentro de uma humanidade compartilhada.

E posso ver, agora, de que se trata esse movimento. Trata-se de redistribuição: não apenas de recursos ou riquezas ou terras, mas do *poder* do qual tudo isso emana. Trata-se de democracia: verdadeira, local, uma democracia participante — econômica tanto quanto política; e sobre mundos diferentes dentro de um só mundo, a vitalidade do arco-íris humano. E trata-se de resistência — resistência a um sistema que passa por cima de pessoas como os zapatistas em nome do crescimento.

E eu me pergunto, enquanto me despeço de Gustavo e volto para o hotel sob a lua nascente, se isso representa uma nova *espécie* de política. Seriam sementes espalhadas de uma nova concepção política, concepção essa que vê o poder como algo a ser exercido na base, não no topo? Algo que visualize todas as ideologias, todos os "ismos", com suspeita? Algo que rejeite os grandes esquemas, as grandes idéias, a fim de reconstruir? Algo que ainda não pode ser atribuído nem à esquerda nem à direita? Uma política não de vanguardas, mas, finalmente, de pessoas?

Sei que preciso ir e descobrir, e, de repente, até mesmo deixar Chiapas parece valer a pena, porque vou seguir essa idéia, e o movimento a que ela dá cor por todo o mundo, e descobrir o que isso significa. Vou procurar os nãos e os sins, as pessoas que os dizem e os praticam completamente, e vou contar suas histórias. Gustavo pode estar equivocado quanto a tudo isso; assim como Marcos. Mas se estiverem certos, o que isso significa? Será que o mundo pode ser mudado por um grande número de interesses diversos com uma mesma queixa, mas sem um programa comum?

— O problema do poder — me dissera Gustavo durante o jantar — não é estar lá em cima, para ser tomado. Ele está nas mãos de todos: as mãos do povo. Os zapatistas entendem isso. Eles tomaram o poder e o estão usando para fazer algo que ninguém havia pensado que pudessem fazer. Isso me parece ser uma lição.

A questão para mim agora é quanto essa lição foi aprendida. Sei que existe um movimento global lá fora; vi pelo menos parte disso com meus próprios olhos. Mas é isso que o une: essa idéia de diversidade *versus* monocultura; um não e muitos sins? Estaria essa crescente onda global de rebeldia construída sobre uma idéia que, nas palavras de Marcos, explica o verdadeiro significado da mudança?

— Não é necessário conquistar o mundo. Basta renová-lo.

PARTE 1

Um não

"Sem luta não há progresso. Aqueles que professam a liberdade e, todavia, censuram a agitação são homens que querem colher sem semear. Querem a chuva sem o trovão e os relâmpagos. Querem o mar sem o terrível rugido de suas águas... O poder não concede nada sem que se exija dele. Ele nunca o fez e nunca o fará."

FREDERICK DOUGLASS, EX-ESCRAVO E ABOLICIONISTA, 1857

2 Na barriga do monstro

"Os manifestantes estão vencendo. Estão vencendo nas ruas. Não demora muito e estarão vencendo as discussões. A globalização está se tornando rapidamente uma causa sem defensores dignos de crédito."

PHILIP STEPHENS, *FINANCIAL TIMES*, 17 DE AGOSTO DE 2001

"Hoje em dia não se pode ter uma cúpula para o comércio sem gás lacrimogêneo. Isso seria como comer um queijo quente sem queijo."

AUTORIDADE DO GOVERNO DOS ESTADOS UNIDOS, CÚPULA DAS AMÉRICAS, ABRIL DE 2001

O clima não é um sinal do que está para acontecer. O céu está completamente azul, sem nuvens, e o sol claro inunda as cúpulas e as muralhas da mais bela das cidades italianas com uma luz tão pura que só o verão do Mediterrâneo tem. É julho de 2001 e aqui, na antiga cidade portuária de Gênova, trezentas mil pessoas se reúnem a fim de reivindicar seus direitos para o futuro.

Ao final do dia, tudo terá mudado. Não sabemos disso ainda, mas estamos prestes a passar por um batismo de fogo. Fogo, gás lacrimogêneo, sangue e balas. E um de nós irá morrer.

Nesse instante, estamos no meio da manhã, e não temos a menor idéia do que está para vir. Um grande estacionamento de automóveis no litoral foi transformado em um "centro de convergência" de ativistas onde multidões estão se reunindo. O clima está mais para festival do que para revolução. Uma fada rosa com asas de gaze se debate com um protetor solar. Um velho num roupão verde, óculos prateados e barba branca desfila em torno de um "carro da paz", uma Fiat vermelha, com uma representação malfeita de uma pomba de plástico no teto. Um "dragão da emancipação radical" com seis pares de pernas humanas tropeça num cachorro que carrega uma bandeira revolucionária nos dentes. Fitas de balões multicoloridos disputam espaço com cartazes sobre Trotski que denunciam o "imperialismo do capital" e avisos em forma de coração que dizem, de modo otimista, "Ame, Respeite e Compartilhe o Mundo".

Um palhaço de monociclo tocando um acordeão dá voltas perto de um grupo de vinte e poucas pessoas vestidas com camisetas zapatistas: "Todos Somos Marcos", diz uma. Elas estão ajeitando suas bandanas vermelhas e sorrindo para os fotógrafos que passam. Atrás de um grupo de líderes de torcida praticando sua rotina final de exercícios, lenços de cabeça e *dreadlocks*, *piercings* e barbas juntam-se em volta de um cavalete com folhas de papel cheias de rabiscos e fitas gomadas. "20 de Julho, Sexta-Feira", diz um; "Cerco à Cúpula". "Procura-se", diz outro; "escreva aqui o que você tem para dar e do que você precisa". A parte "do que você precisa" é longa mas direta. "Máscaras de gás", diz ela. "Máscaras de gás, máscaras de gás, máscaras de gás..."

E então, do límpido azul do céu vem um barulho violento. Milhares de cabeças se inclinam para cima para ver um avião de aço colorido, com listras e estrelas bombásticas escritas em sua cauda, passar baixo bem sobre suas cabeças, com a brancura da luz solar no oceano se quebrando por entre suas asas. São 11h20 da manhã, George W. Bush deve tocar o solo do aeroporto da cidade em dez minutos, para uma reunião com seus representantes na Terra.

— É o avião presidencial! — alguém grita alto. Um murmúrio agita a multidão; uma aclamação, uma zombaria e um alarido de provocação se juntam numa coisa só. Centenas de dedos médios erguem-se numa saudação em massa.

— Ei, seu idiota! — uma voz ressoa. — Bem-vindo a Gênova!

A menos de dois quilômetros de distância, cercados por grades de aço, polícia armada, soldados, carros blindados e engradados de gás lacrimogêneo, os líderes das oito nações mais poderosas do mundo logo estarão se reunindo, em sessão privada, para discutirem de tudo, desde remédios para Aids até privatização, de mudanças climáticas à biotecnologia. Os resultados de suas discussões secretas determinarão, em grande escala, o futuro da economia global. No Palácio Ducal medieval, Tony Blair, George W. Bush, Vladimir Putin, Silvio Berlusconi, Jean Chrétien, Gerhard Schröder, Jacques Chirac e Junichiro Koizumi estão reunidos para o que as suas agendas oficiais confortavelmente chamam de uma "conversa ao pé da lareira". É a reunião anual do G-8. Não será permitido conversar em paz.

Para assegurar que ninguém do povo se aproximaria deles, as principais democracias do mundo construíram para si próprias um Estado policial de um dia. Vinte mil soldados e policiais foram recrutados, armados com munição de verdade, balas de borracha, lançadores de gás lacrimogêneo, canhões de água e infantaria blindada. O aeroporto da cidade foi equipado com lançadores de mísseis aéreos. "Mergulhadores antiterroristas" patrulham o porto.

Entretanto, todo o centro da cidade havia sido declarado uma *Zona Rossa* — Zona Vermelha — na qual apenas os moradores, jornalistas e políticos têm permissão para entrar. Uma cerca de dez quilômetros de extensão e cinco metros de altura foi instalada, as lojas foram fechadas com tábuas e tampas de bueiros foram soldadas. Viagens de trem e avião para Gênova foram canceladas e a auto-estrada está sendo patrulhada. A Itália suspendeu temporariamente sua participação no Acordo de Schengen, que concede a todos os cidadãos da União Européia livre circulação através das fronteiras nacionais e obrigou duas mil pessoas a voltarem da fronteira. O custo de tudo isso para a cidade foi calculado pelas autoridades em 250 bilhões de liras na época — cerca de 110 milhões de dólares. Por tudo isso, ninguém sabe bem o que vai acontecer ou quem estará fazendo isso. Nós estamos prestes a descobrir.

Grandes manifestações internacionais anticúpula desse gênero — sejam contra a Organização Mundial do Comércio (OMC), o Banco Mundial, o Fundo Monetário Internacional, a Cúpula das Américas, o Banco Asiático de Desenvolvimento ou o G-8 — só vêm ocorrendo na forma atual há poucos anos, mas já desenvolveram meios comuns de organização. Gênova não é diferente. A composição dos participantes é muito diversa: sindicatos, ambientalistas, representantes da Igreja, militantes de meia-idade da campanha contra a dívida externa, anarquistas adolescentes, políticos partidaristas e milhares de pessoas não-afiliadas mas apaixonadas. Nenhuma pessoa ou organização é "responsável" por esse mar de humanidade; ela se moverá quando julgar conveniente. Entretanto, existe uma forma para isso.

A maior parte das pessoas engaja-se em pequenos "grupos de afinidade" com outras pessoas de opiniões semelhantes por segurança e solidariedade. Esses grupos então se juntam a grupos maiores nos quais os ativistas se dividiram de acordo com suas crenças e táticas. Alguns estarão envolvidos com os pacifistas, até rejeitarem ou mesmo se defenderem contra os ataques da polícia. Outros vão procurar uma confrontação sem violência, mas determinada, com as autoridades. Outros ficarão satisfeitos por instigarem danos às propriedades; alguns estarão até preparados para atacar a polícia. Alguns grupos tentarão escalar a cerca na Zona Vermelha, outros não vão querer correr o risco. Uns dançarão pelas ruas, outros marcharão em formação com bandeiras e líderes. Alguns grupos estarão vestidos, outros não; alguns serão bobos, outros sérios; alguns com uma causa única, a maior parte com interesses múltiplos. Ninguém dirá ao outro o que fazer.

Em Gênova, como em Seattle e antes em Praga, muitos dos grupos são identificados por cores: preto, branco, rosa, verde e outras mais. O esquema é para que grupos diferentes cerquem a Zona Vermelha em vários pontos estratégicos. O que acontecerá a seguir dependerá da abordagem de cada grupo. E da sorte.

Eu não tenho um grupo de afinidade, mas certamente tenho um amigo: Robin, um amável anarquista inglês, de cabelos longos, com quem já esbarrei umas duas vezes nesses últimos dias. Ele se perdeu dos amigos na multidão e eu estou sozinho. Então, por enquanto, estamos juntos, e juntos decidimos nos unir ao grupo rosa-e-prata. Fadas rosa, dragões rosa, torcedoras enfeitadas com lantejoulas, perucas prateadas e rede, louras com sombrinhas rosa, homens de barba malfeita usando calças de lamê prateado: os rosa-e-prata são profundamente comprometidos com o que eles chamam de "frivolidade tática" — um "carnaval de confrontação", que objetiva atravessar as cercas se puder, mas de um modo que não deixe ninguém ferido, e que as pessoas até mesmo gostem.

Por volta do meio-dia saímos do estacionamento, fugindo do centro de convergência e indo em direção às ruas. Estamos indo de encontro à Zona Vermelha. Helicópteros da polícia sobrevoam nossas cabeças e uma banda de Samoa começa a tocar. Seguimos pelas ruas na direção dos gritos e acenos dos telhados das casas dos moradores. O sol ainda está brilhando. Robin tem um pacote cheio de rolos de tabaco. Parece que será um bom dia.

Quando chegamos a uma grande avenida central que vai do mar à beira da Zona Vermelha, as coisas começam a ficar confusas. Outros grupos estão se deslocando das ruas laterais e misturando-se a nós. As ruas pulsam com milhares de pessoas. Robin e eu estamos num beco sem saída provocado pelo ícone cultural francês José Bové e seu grupo de produtores de queijo, carregando uma grande bandeira, sacudindo os punhos e gritando "Não ao G-8" através de seu bigode de Asterix. Quando encontramos os rosa-e-prata de novo, não sabíamos ao certo a direção que haviam tomado.

Estamos no meio da rua trocando tabaco e tirando cara-ou-coroa para decidir que rua seguir quando, de três ou quatro ruas transversais, figuras mascaradas de preto começam a encher a avenida. Alguns carregam barras de ferro e ninguém parece afável.

— É o Black Bloc — eu digo. — A Coligação Negra.

O Black Bloc é um grupo anarquista. Sua filosofia é clara e direta: eles querem derrubar o capitalismo. E querem fazê-lo destruindo os símbolos do capitalismo: bancos, McDonald's, Starbucks e tudo o mais que pareça grande e sordidamente rico e manipulador e, bem, simbólico. Ou, em suas próprias palavras: "Acreditamos que a propriedade privada é roubo, a propriedade do Estado é uma ferramenta para a proteção de interesses de organizações e ambas devem ser destruídas para a criação de uma sociedade baseada na ajuda mútua e na liberdade individual."[1] E, embora as opiniões se dividam sobre essa questão, muitos membros do Black Bloc também ficam satisfeitos em destruir a força policial. ("Já que a polícia é a face violenta do capitalismo, ou, em outras palavras, os cães de guarda dos ricos, ela está na linha de frente quando os anarquistas vêm para dar prosseguimento à nossa guerra de classe contra os ricos.")[2] Ama-se ou odeia-se o Black Bloc, mas, seja qual for a opção, ficar no caminho deles quando começam a descer para trabalhar é uma má idéia.

Subimos a rua depressa. Alguns dos nossos companheiros vestidos de preto já haviam quebrado as janelas de um banco e estavam alegremente arremessando os terminais de computador nas ruas, com saudações roucas. Há um ruído familiar e uma seqüência de bombas de gás lacrimogêneo bate de forma ensurdecedora no asfalto cerca de dez metros adiante. Em seguida ouve-se o som dos vidros despedaçados e das botas na pavimentação. O negro da polícia de choque mistura-se com o negro dos anarquistas através de uma névoa amarela de gás lacrimogêneo. Barras de ferro competem com cassetetes de formas odiosas. Definitivamente é hora de ir embora; mas não sem antes obter um registro do momento. Os ativistas do Black Bloc, para muito do seu desapontamento, são bem fotogênicos.

Se eu tivesse pensado melhor, teria visto que tirar fotos ali era uma estupidez. Quando levantei minha câmera, uma figura mascarada veio pela esquerda e me empurrou violentamente por trás. Cambaleio alguns metros pelo meio-fio. Ele bate com uma barra de ferro cerca de sete centímetros perto do meu nariz.

— Nada de fotos! Se manda daqui!

E eu fui.

66 UM NÃO, MUITOS SINS

Finalmente, alcançamos os rosa-e-prata. Eles chegaram à cerca perto da Zona Vermelha ao mesmo tempo que um grupo de pacifistas italianos. A cerca é alta e imensa, espremida através da ruela medieval como uma barricada contra-revolucionária. Uma fileira de policiais bem aparelhados nos encara de ambos os lados da cerca, repelindo por prevenção. Robin e eu trocamos olhares. Depois todos se sentam.

Por quase uma hora, eles permanecem sentados; um grande número de pessoas, cantando, encenando um pouco do estranho teatro radical e às vezes se aproximando da cerca, de onde a polícia mal-humorada ordenava que voltassem. Ela é opressivamente amável; pelo menos do lado ativista. Mas não consigo nos ver ultrapassando a cerca. Finalmente, Robin se aproxima de mim com um ar de culpa no rosto.

— Não sei quanto a você — diz ele —, mas estou um pouco... bem, chateado. Quero ver um pouco de ação. Olhe para essa cerca. Nós poderíamos facilmente ultrapassá-la.

— Vá em frente então. Eu te desafio!

— Só não quero ficar cantando músicas o dia todo. Eu nem mesmo sei as letras.

Tenho que concordar. Está na hora de ver o que está acontecendo no resto da cidade. Mais tarde vamos desejar ter ficado onde estávamos.

Descendo a colina, na estação de trem de Brignole, os Macacões Brancos estão chegando do gigantesco estádio de atletismo onde muitos ativistas estavam dormindo. Os Macacões Brancos — *Tute Bianche* em italiano — são um grupo distante tanto do Black Bloc quanto do rosa-e-prata. Firmemente "antiideológico", esse movimento italiano, que surgiu de uma rede de "centros sociais" tomados indevidamente nos anos 1990, opõe-se ao neoliberalismo como se opõe às alternativas dogmáticas propostas pela esquerda tradicional. Alguns são membros de uma rede de ativistas que se vestem de forma similar conhecidos como Ya Basta!, o que compreende vários grupos de apoio zapatista dedicados à solidariedade ao EZLN e à sua mensagem, tanto dentro quanto fora de Chiapas. Sua presença aqui é apenas o mais evidente sinal da influência das máscaras de esquiar do México nas centenas de ruas da Itália.

Os Macacões Brancos desenvolveram uma tática para eventos como esse conhecida como "violência não-violenta". Rejeitando tanto a forma de abordagem do Black Bloc (destruir o local, atacar a polícia) quanto a dos pacifistas da oposição (recusa em participar de qualquer confronto físico), os Macacões Brancos vestem-se com roupas defensivas feitas de velhos coletes salva-vidas, garrafas de plástico e rolos de borracha. Carregam escudos de plástico e usam velhos capacetes de bicicleta na cabeça. Estão prestes a adotar sua tática favorita — o confronto direto com a polícia e seus cassetetes. Eles se recusam a devolver a agressão, mas estão determinados a repelir, ou romper, as barreiras policiais. Ao vê-los se confrontando com a polícia, temos um quadro nítido de onde vem realmente a violência, e essa é a idéia.

Mas hoje isso não funcionou. Os Macacões Brancos se infiltraram em ambos os lados; a polícia os está atacando, de forma malévola, e alguns manifestantes violentos estão usando sua posição como cobertura. Paralelepípedos e bombas de gás lacrimogêneo estão voando; o ar está denso, pesado, acre. Uma batalha contínua está se acirrando, e ficando mais feia a cada minuto. Enquanto isso, na esquina da estação de Brignole, ativistas exaltados do Black Bloc atearam fogo em lixeiras e automóveis, enchendo o ar com uma fumaça negra imunda. Lojas e garagens estão sendo destruídas e pilhadas, lojas de bebidas são invadidas. Quem quer que esteja sob essas máscaras não está aqui por motivos políticos. Uma rua inteira entra em combustão e a polícia não está fazendo nada; ela está aqui, na estação, batendo nos Macacões Brancos.

Robin puxa o cachecol para cobrir o rosto, em forma de máscara. Do bolso, ele tira os óculos de natação.

— Onde conseguiu isso? — pergunto com inveja.

— Foi muito difícil encontrá-los — responde. — Desculpe, cara, teria conseguido outro para você, mas este era o último. Todas as lojas de fantasias estão fechadas. Acho que são ordens do Berlusconi. Só pode ser.

Robin coloca os óculos de proteção, enfeitados com sereias de plástico cor-de-rosa.

— São para crianças — esclarece. — Isso é tudo que eles têm. Estou parecendo um bobo, eu sei.

Mas não tão bobo quanto eu. Eu não tenho nem mesmo uma bandana, quanto mais uma máscara de gás.

68 UM NÃO, MUITOS SINS

— Vamos então — diz Robin.

Avançamos para o corpo-a-corpo. Em dez segundos uma espessa nuvem de gás nos envolve. Não consigo ver nada, meus olhos ardem e meu rosto está ficando inchado. Desço cambaleando para uma rua lateral e desmaio numa parede com minha cabeça entre as mãos. Robin não demora muito.

— Esses óculos são uma droga — exclama, saindo da nuvem amarela. — Eu pareço um bobo e eles não prestam. Quero meu dinheiro de volta!

Estou ocupado demais tentando limpar meus olhos para reagir. Robin encarrega-se disso.

— Não esfregue os olhos — ele avisa. — Isso piora. Ponha a cabeça para trás. — Ouço um som como o desatarraxar de uma garrafa, e a seguir um líquido cai sobre meu rosto.

— Que merda!

— Deixe os olhos abertos, cara.

— Que diabo é isso? É tão ruim quanto o gás.

— Vinagre com água e limão. Espere um pouco que funciona.

E realmente funciona. Leva uns bons trinta segundos, mas consigo enxergar de novo. A garrafa de Robin contém uma variante da "solução Seattle", o remédio pulverizador de pimenta líquida que rodou as ruas dessa cidade em barris de lixo gigantes durante os protestos contra a Organização Mundial do Comércio em 1999. Apenas esse tipo é para gás lacrimogêneo. Trata-se de uma receita diferente.

— O que a gente vai fazer agora?

— Não chegaremos a lugar algum dessa maneira. Nunca ultrapassaremos as fileiras da polícia. Vamos esperar até o gás clarear para ver o que está acontecendo.

Poucos minutos depois nos arriscamos pelas ruas novamente. Cerca de trinta metros adiante vejo três policiais carregando um *carabiniero* inconsciente para suas caminhonetes, com sangue no rosto e os olhos fechados. Os manifestantes são largados nas calçadas, feridos e alguns ensangüentados. Colunas de fumaça e explosões abafadas surgem de partes esparsas da cidade; podemos vê-las começando a se dispersar sobre os telhados à nossa volta. Aonde quer que vamos, batalhas estão sendo travadas. Vejo policiais com cassetetes perseguindo fotógrafos; e batendo em pessoas que protestam pacificamente. E então começo a ver, no rosto dos ativistas que passam por mim correndo, longe da estação, na direção do mar, uma expressão que parece não combinar. Não é provocação, raiva, determinação ou frustração: é algo mais. Algo de que não gosto.

Meia hora mais tarde, Robin e eu conseguimos nos afastar do massacre e subimos para uma escola numa colina com vista para o mar, tomada por manifestantes não-violentos, que estão ali reunidos treinando e planejando desde a semana passada, e onde operações da mídia independente estão sediadas. Os rostos lá estão com a mesma expressão, e quando olho as fotos e notícias que passam nas telas do computador no centro de mídia, eu entendo o porquê.

Perto da estação, algumas ruas distantes de onde Robin e eu viemos, um manifestante italiano, Carlo Giuliani, foi baleado na cabeça por *carabinieri* armados, que em seguida passaram correndo num jipe. Fotos já estão na Internet sendo enviadas para todo o mundo; um corpo sem vida no asfalto, nuvens de gás e policiais de ambos os lados com capacetes azuis, seu sangue um rio nas calhas que deveriam ser usadas pela chuva. Todo o espaço está mortalmente silencioso. Alguma coisa, em algum lugar, estava acontecendo de forma terrivelmente errônea.

E não melhora; fica pior. Na noite seguinte, os *carabinieri* invadiram o próprio centro de mídia e um ginásio de esportes do outro lado da estrada onde ativistas dormiam. Eles atacam as pessoas com cassetetes enquanto elas dormem, batem em jornalistas inconscientes no lado de fora; esmurram, chutam, vasculham e atacam pessoas indefesas que não oferecem resistência, pintando as paredes e o chão com lençóis de sangue. As pessoas são carregadas em sacos de cadáveres, ainda vivas. Outras são presas, levadas para a delegacia e torturadas. Algumas são despidas e outras forçadas a cantar canções fascistas da época de Mussolini. No dia seguinte, a polícia presenteou a mídia com um "esconderijo de armas" que alegava ter capturado na batida policial — artefatos explosivos de gasolina, martelos, machados, facas — para justificar seus atos.

A Justiça depois acusará a polícia de ter "plantado" as armas para justificar sua brutalidade. Nos meses seguintes, perguntas serão feitas no Parlamento italiano sobre a ação da polícia em Gênova. Parlamentares exigirão a renúncia do ministro do Interior. O primeiro-ministro Berlusconi será forçado a iniciar um inquérito parlamentar, e o comando da polícia italiana admitirá que seus oficiais "se excederam no uso da força". Três policiais veteranos serão demitidos. Na manhã seguinte à batida policial, entretanto, nada disso havia acontecido ainda e nada disso importa. Nós havíamos apenas tomado parte na maior demonstração "antiglobalização" da história. Nós tínhamos *feito* a história. E nenhum de nós se sente bem com isso. Nenhum de nós sabe o que pensar, onde se mover ou o que fazer a seguir. Nenhum de nós está intacto.

Mais tarde nesse dia, do palácio do candelabro, nas profundezas da Zona Vermelha, os líderes do G-8 emitiram uma declaração: "A mais eficaz estratégia de redução da pobreza é manter uma economia global crescente, aberta, dinâmica e forte. Nós nos empenhamos nisso."

Esse, para muitas pessoas, é o movimento "anticapitalismo" ou "antiglobalização". Em poucos anos, esses termos se tornaram tão comuns quanto as fotos de primeira página de "anarquistas" (um termo usado pela mídia para designar todos os dissidentes de qualquer espécie) em confronto com policiais que parecem saídos de *Robocop*. Nas ruas de Londres, Gênova, Praga, Seattle, Melbourne, Barcelona, Durban, Seul, Washington... toda vez que acontece uma reunião econômica internacional, há círculos de pessoas protestando e que juram que irão derrubá-la.

Tais impasses, como este livro objetiva mostrar, são na verdade a ponta de um *iceberg* muito maior e mais significativo. Eles não são toda a história desse movimento; não são nem o seu capítulo mais importante. Ainda que tenham servido para tornar o movimento notório no mundo todo. Eles ajudaram a aumentar seus números. E forçaram a inclusão das questões que defendem nas agendas de políticos, jornalistas, empresários e cidadãos comuns no mundo inteiro. E seja lá o que for que você pense deles, são acontecimentos notáveis, históricos, inevitáveis e que vêm aumentando. Eles ajudam a definir nossa era.

Para entender de verdade confrontações como as de Gênova, precisamos, entretanto, recuar um passo até a primeira, e ainda assim a mais magnífica, das hoje comuns paralisações da cúpula global. Pois se esse movimento nasceu em Chiapas naquele dia de janeiro de 1994, ele foi batizado, com gás lacrimogêneo e *spray* de pimenta, nas ruas da cidade americana de Seattle em 30 de novembro de 1999.

Naquele dia, quando a recém-batizada Organização Mundial do Comércio se reuniu para estabelecer sua primeira rodada comercial, cinqüenta mil pessoas apareceram para se manifestar. Sindicatos, agricultores contrários às sementes geneticamente modificadas, anarquistas, ambientalistas vestidos de tartarugas marinhas, padres, motoristas de táxi militantes, uma coalizão de ambientalistas e metalúrgicos, estivadores, grupos de solidariedade zapatista, tribos colombianas lutando contra a destruição de suas florestas, ativistas equatorianos contra a construção de represas, defensores da democracia chinesa e outros milhares levados às ruas. Lá eles entraram em conflito com milhares de policiais vestidos como Darth Vader com irônicos logotipos da Nike em suas luvas especiais que pulverizaram pimenta em aposentados e atacaram manifestantes pacíficos em massa. O prefeito declarou estado de emergência e a reunião de comércio mais alardeada da OMC virou um caos quando milhares de pessoas cercaram sua área. "Essa é a cara da democracia!", bradaram eles, numa frase que desde então tem acompanhado o movimento em todos os continentes.

O mundo acordou. Alguma coisa de diferente estava acontecendo. Não era simplesmente mais uma manifestação de descontentamento da velha esquerda — as frases, as táticas, os princípios organizacionais comprovavam. As pretensões dessa nova coalizão eram muitas e diversas, e por vezes contraditórias, mas eram expressas, como as dos zapatistas, numa nova linguagem. Os protestos de Seattle não foram organizados por nenhum grupo isolado, não possuíam líderes nem uma ideologia. Eles eram grosseiros, originais, radicais e determinados. E eram espetacularmente bem-sucedidos.

Se não fosse pela "Batalha de Seattle", nenhum de nós estaria falando sobre globalização da mesma maneira; não é exagero dizer que o mundo não seria exatamente o mesmo. Se a insurreição zapatista foi a primeira revolução pós-moderna, Seattle foi o primeiro protesto de rua pós-moderno.

Seattle consolidou algo que não estava em evidência antes; algo recente, autoconsciente, global. No dia em que os protestos lá começaram, centenas de milhares foram para as ruas em vários outros países por solidariedade.

72 UM NÃO, MUITOS SINS

Ativistas juntaram-se em volta da Bolsa de Valores australiana em Brisbane e do palácio presidencial em Manila, nas Filipinas. Em Nova Délhi, perto do local onde Gandhi foi cremado, quinhentos favelados, camponeses e estudantes colocaram fogo numa estátua que representava a OMC. Milhares marcharam por Cardiff, Limerick, Praga, Berlim, Roma, Londres, Halifax, Bangalore, Washington e Tel Aviv. Trabalhadores das docas entraram em greve na Califórnia, manifestantes se prenderam com correntes às grades do lado de fora da Câmara do Comércio em Dijon e mais de mil pessoas de sessenta aldeias juntaram carroças no vale Narmada, na Índia, local de um imenso projeto de uma grande represa. Ninguém, em lugar algum, estava só.[3]

De Seattle, não havia como deter essa nova onda de rebelião. Em janeiro de 2000, o Fórum Econômico Mundial em Davos, tranqüilamente realizado nos idílicos Alpes suíços desde 1971, foi cercado por mais de mil manifestantes, forçando seus representantes a sofrerem horríveis privações: "Um ministro asiático reclamou que, sem seu motorista, estava impossibilitado de locomover-se", explicou o *Daily Telegraph*.[4] No ano seguinte, eles voltaram em maior número e fizeram tudo de novo.

Em fevereiro, ativistas na Tailândia fizeram piquetes na Conferência das Nações Unidas sobre Comércio e Desenvolvimento em Bangcoc, queimando *chilli* em frigideiras e enchendo o ar de fumaça em uma tradicional "cerimônia de maldição" Thai visando aos promotores da globalização. Em abril, milhares de bolivianos foram para as ruas da cidade de Cochabamba, numa longa semana de "guerra da água" contra a privatização, e Washington foi levada a uma paralisação por trinta mil pessoas que convergiram para a reunião anual do Banco Mundial e do FMI.

No 1º de maio de 2000, um dia de protestos contra a ordem econômica global agitou o mundo. Mais tarde, nesse mesmo mês, oitenta mil pessoas foram para as ruas na Argentina protestando contra o domínio do Fundo Monetário Internacional em sua economia. Em Praga, em setembro de 2000, vinte mil membros da mesma coalizão que imobilizara Seattle encurralaram os representantes do Banco Mundial e da reunião anual do FMI dentro do centro de conferências por 12 horas, e depois arremataram cercando o teatro da cidade e arruinando a atração da noite. Ao mesmo tempo, outros vinte mil convergiram para a reunião do Fórum Econômico Mundial em Melbourne, na Austrália, e ondas de solidariedade explodiram nas ruas de 110 cidades por todo o mundo.

E mais. Nos dois anos seguintes, o mesmo ocorreu na Tailândia, Índia, Indonésia, Austrália, Nova Zelândia, Coréia do Sul, Brasil, México, Argentina, Estados Unidos, Bangladesh, Filipinas, França, Canadá, Papua-Nova Guiné, Paquistão, Irlanda, Bélgica, Polônia... a lista é muito longa para publicá-la na íntegra. Continuou em Gênova e, apesar do que aconteceu aqui, prosseguiu depois em outro lugar. E continuou, mais forte do que antes, depois do 11 de setembro de 2001, quando os especialistas disseram que estava, ou deveria estar, morta. Sofreu mutações, como um vírus, e continuou se espalhando. E ainda está.

Quem poderia dar um nome a esse novo movimento, conhecê-lo com exatidão, cercá-lo e controlá-lo? Se você falasse com dez pessoas que se consideram parte dele, ouviria dez idéias diferentes sobre o que esse processo vem a ser. Alguns dizem que é um movimento "antiglobalização". Outros o chamaram de "anticapitalismo". Outros, ainda, dizem que se trata de um movimento "pró-democracia", ou de "justiça social". Tony Blair o chamou de um circo itinerante de "anarquistas". O semanário *The Economist* disse que o movimento estava "vencendo a batalha das idéias". O influente jornalista americano Thomas Friedman disse que era uma "Arca de Noé de defensores do mundo plano, sindicatos protecionistas e *yuppies* procurando por soluções dos anos 60". O que Clare Short classificou como "desorientados ativistas brancos de classe média", Noam Chomsky chamou de "a primeira promessa de se construir uma nova Internacional". Todos tinham uma opinião. Poucos acertavam.

Enquanto os analistas e entendidos discutiam, debatiam, dissecavam ou repudiavam, o movimento continuava crescendo. Era uma rede global de milhões que se fundiu em pouquíssimo tempo e que tem superado as forças do *establishment*. É a maior história da época, o maior movimento social e político por gerações; talvez o maior que já houve. E ele quer mudar o mundo.

De onde veio, e por quê? A última pergunta é provavelmente por onde devemos começar, pois é impossível entender esse movimento sem apreciar o momento histórico do qual emergiu; um momento que ainda estamos vivendo.

O mundo, como a maioria de nós provavelmente já notou, está atravessando mudanças rápidas e desgastantes — econômicas, sociais, políticas, tecnológicas — que estão varrendo estruturas políticas tradicionais, velhos modelos econômicos, crenças sociais, divisores nacionais. O grande choque de ideologias que definiu o século XX morreu com a ruína da coligação comunista. O capitalismo venceu a Guerra Fria e agora finca sua vitória triunfante em casa, erguendo sua bandeira nas muralhas políticas de todas as nações.

Tudo está prestes a ser tomado. Num planeta recém-interconectado, no qual grandes corporações, investidores e banqueiros, em cidades distantes, podem puxar o tapete econômico de nações inteiras, arruinando economias em horas se seus interesses forem ameaçados, a "política" assumiu um significado totalmente novo. Do Brasil à Grã-Bretanha, da África do Sul à Alemanha, da Rússia ao México, da Nova Zelândia ao Japão, políticos de esquerda e de direita estão se transformando numa classe administrativa de tecnocratas encurralados, que não vêem outra saída senão fazerem as pazes com o mercado. Não há outro lugar para ir. Não há alternativa. Nós chegamos, dizem vários deles, com um sorriso triunfante ou um suspiro de resignação, ao fim da história.

Existe uma palavra moderna para isso: "globalização". É um termo tão amplamente utilizado quanto frouxamente definido. A palavra tende a suscitar imagens indefinidas na mente das pessoas — mulheres tailandesas grávidas trabalhando 12 horas por dia em ambientes desumanos, sem paradas para ir ao banheiro; guerreiros *masai* sorridentes trocando *e-mails* em *laptops* no meio do Serengeti — o que ajuda a determinar se você é a favor disso ou contra sem ter que jamais explicar o que é realmente.

A única coisa com que as pessoas parecem concordar de verdade é que a globalização é algo novo: uma revolução econômica e tecnológica que nos levará, dependendo da sua visão, ou para os Campos Elíseos ou para o Hades. Seja qual for o caminho, as coisas mudarão além do reconhecimento, à medida que a humanidade começa uma fase rara e nova do seu desenvolvimento.

Um comentarista desse novo processo descreveu bem a revolta social e econômica que a globalização ocasionou: "Todas as relações estabelecidas, rapidamente paralisadas, com a sua série de opiniões e preconceitos antigos e removíveis, são abolidas, e as novas tornam-se antiquadas antes que consigam arraigar-se. Tudo que é sólido desmancha no ar, tudo que é sagrado é profanado, e o homem é por fim compelido a enfrentar com sobriedade sua verdadeira condição de vida e suas relações com a sua espécie."

Essa é uma descrição poética dos efeitos sociais da globalização. As mesmas observações do autor sobre seus efeitos econômicos são similarmente afiadas: "As velhas indústrias nacionais foram e estão sendo continuamente destruídas. São suplantadas... por novas indústrias que já não empregam matérias-primas nativas, mas matérias-primas vindas das mais longínquas regiões do mundo; e cujos produtos se consomem não só no próprio país, mas em todas as partes do globo. Em vez das antigas necessidades, satisfeitas com produtos nacionais, surgem necessidades novas, que reclamam para sua satisfação produtos das regiões e climas mais longínquos..."

O autor dessa dissecação do poder revolucionário da globalização foi Karl Marx, no *Manifesto comunista,* em 1848. Isso mostra bem que, embora a tecnologia, a circunstância e a velocidade com que estamos nos deparando sejam novas, o que sustenta a "globalização" é algo muito mais antigo. Trata-se, apesar de todas as técnicas engendradas em seu nome, da última fase de um sistema econômico conhecido como "capitalismo", que tem estado conosco há pelo menos meio milênio.

O capitalismo passou por muitas fases desde que a Revolução Industrial na Grã-Bretanha, no final do século XVIII, pela primeira vez fez dele uma força com que se devia ajustar as contas. À época em que Marx estava escrevendo, meados do século XIX, a própria existência desse sistema econômico parecia ameaçada por uma onda de revoluções que estavam derrubando, ou ameaçando derrubar, regimes na Europa. Mais tarde, no final do século XIX, alimentado por mercados, minas e o trabalho suado do Império, o capitalismo tornou-se global, exuberante e livre como nunca. Essa fase ficou conhecida como capitalismo liberal, ou simplesmente "liberalismo", do qual o desajeitado termo "neoliberalismo" foi extraído — uma nova versão de uma velha história. Depois, como agora, ele alimentou os ricos castigando os pobres, e levou as nações industriais do Ocidente ao domínio por meio da marginalização de vidas, culturas, economias e aspirações do restante do planeta. E depois, como agora, o capitalismo originou uma revolta popular no mundo inteiro, que encontrou sua expressão mais poderosa na Rússia, em 1917. As comparações históricas podem soar estranhas.

Por um tempo, depois das revoluções do início do século XX, do craque de Wall Street em 1929 e da Segunda Guerra Mundial, o exuberante capitalismo parecia coisa do passado. Cercado por regulamentos, Estados de bem-estar social e sindicatos trabalhistas fortes, limitado em suas ambições pelo fim do Império e a determinação de não repetir os erros do passado, parecia que a humanidade havia saltado a tendência natural e aprendido com a história. Então, nos anos 1970, veio Milton Friedman, o radical economista da "nova direita" que acreditava que mercados desregulamentados, deixados ao próprio destino, poderiam resolver qualquer problema que precisasse ser resolvido. O general Pinochet, no Chile, prontamente seguido por Margaret Thatcher e Ronald Reagan, fez uma tentativa de provar que Friedman estava certo, e os ventos econômicos que foram soprados se transformaram em furacões com o colapso decisivo do Bloco Oriental em 1990.

A rígida e utópica ideologia do comunismo internacional havia acabado. Em seu lugar, surgiu outra ideologia: igualmente utópica, igualmente rígida e igualmente imune ao sofrimento humano — o sonho de um mercado livre global.

A busca desse sonho — vimos constatando isso há anos — seria o melhor — o único — modo de vencer os desafios com que se depara a humanidade, desde a extinção da pobreza até a prevenção de catástrofes do meio ambiente. Relaxe, deixe o mercado operar essa mágica, veja o bolo crescer, coma-o até ficar satisfeito. Delicioso. E, todavia, quase três décadas perseguindo esse sonho mostraram que ele é um pesadelo para boa parte do mundo.

Comparemos, por exemplo, o mundo de hoje com o mundo antes da experiência neoliberal nos anos 1970. Em termos econômicos convencionais, estamos certamente mais ricos. O produto mundial bruto em 1960 era de 10 trilhões de dólares; hoje é de 43,2 trilhões de dólares — mais de quatro vezes maior.[5] Para onde foi essa riqueza é uma outra conversa.

Em 1960, os 20% da população do mundo que viviam nos países ricos industrializados do Ocidente tinham 30 vezes a renda dos 20% mais pobres da humanidade. Hoje, são 74 vezes.[6] Surpreendentemente, 2,8 bilhões de pessoas — quase metade da população mundial — vivem com menos de 2 dólares por dia, e essa cifra é 10% maior do que no fim dos anos 1980.[7] O 1%

mais rico da população do mundo perfaz a mesma renda que os 57% mais pobres. Os 10% mais ricos da população de apenas um país — os Estados Unidos — têm uma renda combinada maior do que os dois bilhões de pessoas mais pobres na Terra.[8] Os bens dos três povos mais ricos do planeta são mais do que o PNB combinado de todos os países menos desenvolvidos juntos.[9]

Ao mesmo tempo, a desigualdade aumentou dentro dos países e entre os países. Mesmo nas nações ricas, a desigualdade vem se agravando desde que o mercado começou a abocanhar tudo nos anos 1980.[10] Na Grã-Bretanha, por exemplo, a experiência neoliberal de Margaret Thatcher conseguiu aumentar a percentagem da população que vivia abaixo da linha da pobreza de 1 em 10 para 1 em 4.[11]

Aumentar a desigualdade global não é uma tendência nova; isso ocorreu até pelo menos o início do século XIX. Mas a globalização agravou-a de forma maciça, até o ponto em que, hoje, o mundo é mais desigual — mais injusto — do que em qualquer outro momento da história da humanidade. Essa é a história da globalização — o rico ficando mais rico, e o pobre, mais pobre. Esse fato sozinho enfraquece as promessas vazias da riqueza-para-todos sustentada por seus organizadores. E esse fato sozinho é provavelmente a única razão maior — embora de forma nenhuma a única — para o acirramento da revolta internacional que é a matéria deste livro.

As corporações privadas, como qualquer ativista lhe dirá, estão entre os beneficiários mais evidentes desse processo. Depois da década passada, elas se tornaram dominantes política e economicamente de um modo sem precedentes na história humana. Juntas, as dez maiores organizações do mundo controlam 85% de todos os pesticidas, 60% de todos os medicamentos veterinários, 35% de todos os produtos farmacêuticos e 32% de todas as sementes comerciais.[12] Das cem maiores economias do mundo de hoje, 51% são empresas; apenas 49 são Estados-nação. A General Motors é maior que a Tailândia. A Mitsubishi é maior que a África do Sul. A Wal-Mart é maior que a Venezuela.[13] É um crescimento atordoante dos poderes político e econômico.

E, ainda assim, o projeto de livre mercado continua. Em nível internacional, tratados como o Nafta e uma série de outros acordos menos famosos, oficiais ou não, consolidam o domínio que os interesses privados estão ganhando em todos os aspectos da economia, sociedade e cultura. Enquanto

78 UM NÃO, MUITOS SINS

isso, um triunvirato de instituições globais — o Banco Mundial, o Fundo Monetário Internacional (FMI) e a Organização Mundial do Comércio (OMC) — é abominado pelos ativistas e louvado pelos neoliberais por levar esse projeto adiante.

O Banco Mundial e o Fundo Monetário Internacional, estabelecidos em 1944 para reconstruir um mundo pós-guerra despedaçado, nos anos 70 e 80 transformaram-se em cães ferozes do capitalismo desenvolvido. Eles emprestavam dinheiro a países "em desenvolvimento" para a construção de projetos de infra-estrutura, estabilização de suas economias ou, mais recentemente, a promoção de programas sociais. Em troca, exigiam que os países "reestruturassem" suas economias de acordo com modelos projetados por economistas internos. Em troca da ajuda do Banco Mundial e do FMI, esperava-se que um país cortasse suas despesas públicas, iniciasse um processo de privatização, abrisse suas fronteiras para o comércio e os investimentos, direcionasse sua economia para uma produção voltada para a exportação e apoiasse os investimentos de organizações estrangeiras.

Isso faz mais sentido quando se constata que são os países mais poderosos que administram o Banco e o Fundo, e que ambos dividem em partes iguais os votos dos representantes do governo de acordo com a quantidade de dinheiro que recebem deles. As duas instituições são, portanto, dirigidas, na verdade, pelos países ricos, mas operam apenas nos pobres. Os tecnocratas de Washington que inventam suas políticas costumavam orgulhosamente chamá-las de "terapia de choque". Em nome do comércio, eles chocaram milhões no Terceiro Mundo com a miséria, e continuam a fazê-lo.

Na Organização Mundial do Comércio, enquanto isso, os poderes de governos nacionais são calmamente desfeitos em nome do comércio. A instituição foi criada em 1995 para supervisionar a criação final da utopia de mercado dos neoliberais. Seu imenso dossiê de leis internacionais destina-se a derrubar qualquer "barreira ao comércio" proibindo os países de subsidiarem suas indústrias, protegendo setores vulneráveis da economia, aprovando leis que inibem o fluxo de comércio e liberdades corporativas ou impedindo a competição de acontecer a seu próprio modo.

Infelizmente, a "barreira ao comércio" de uma empresa muitas vezes significa uma lei de proteção ambiental, um programa social, um regulamento de saúde pública ou um esquema de apoio da comunidade. O que o Nafta está fazendo com os zapatistas de Chiapas a OMC está fazendo com o resto de nós. Suas regras já foram usadas para forçar os Estados Unidos a reverem o Clean Air Act (Lei do Ar Limpo) de modo a permitir a importação de gasolina impura e derrubar a proibição à pesca de camarão sem as redes camaroneiras (com dispositivo de escape para tartarugas). A OMC instruiu a União Européia a parar de favorecer as importações de banana de pequenos produtores caribenhos e apoiar a empresa Chiquita, sediada nos Estados Unidos, que operava grandes fazendas de banana na América Latina empregando produtos químicos. Ela declarou ilegal a proibição, pela União Européia, da entrada de carne com hormônio cancerígeno produzida pelos Estados Unidos. Instruiu o Japão a elevar o nível máximo permitido pela lei de concentração de pesticidas nos alimentos importados.[14] Todas as vezes que a OMC teve de escolher entre apoiar os interesses de grandes empresas e apoiar leis sociais ou ambientalistas, ela se mostrou a favor das empresas.

Assim como ocorre com o Banco Mundial e o FMI, os países ricos é que costumam ditar a agenda da OMC. Em tese, todo país tem um voto na sua reunião; na prática, muitas decisões fundamentais são tomadas em reuniões secretas assistidas apenas pelos governos mais poderosos do mundo. Muitos países pobres não têm nem mesmo recursos para enviar representantes a algumas de suas reuniões, enquanto os países ricos enviam um grupo de ministros apoiados por exércitos de lobistas de empresas a fim de moldar a estrutura do comércio mundial, como sempre, em prol de seus interesses.

Isso é "globalização". Não os esquimós sorridentes abaixando protetores de tela; nem os vôos baratos para viagens de ecoturismo na Amazônia; nem a compreensão cultural ou a paz mundial. Pelo contrário, trata-se de um projeto político, impingido pelos poderosos e vendido para nós como uma evolução inevitável: como inevitáveis são as marés, e quase tão irreversíveis. Diz respeito a poder e controle, assim como a comércio ou crescimento econômico: controle de recursos, controle da política, controle das discussões que formam os valores das sociedades.

Se você é "antiglobalização", você é contra isso. E você é parte de um movimento popular que está sendo construído de baixo para cima no mundo inteiro. No momento, esse movimento não tem nome, porque é diverso, sem líderes, não tem manifesto e não tem verba de *marketing*. Seus dois epítetos mais comuns são "anticapitalista" e "antiglobalização", nenhum deles totalmente fechado e ambos negativos. Ativistas preferem nomes mais positivos, como movimento pela "justiça social" ou a "democracia global", e ambos soam como se tivessem sido organizados por uma comissão. Muitas pessoas, inclusive eu, chamam-no apenas de "o movimento", mas seu nome pouco importa.

O que importa é o que ele representa. O que importa é que, como parte dele, você é parte de uma revolta contra um mundo em que o poder está marginalizando mais pessoas do que em qualquer outra época da história. Um mundo no qual o disputado projeto democrático está ameaçado por uma experiência econômica desumana. Um mundo em que as pessoas são redesenhadas para se ajustarem à economia, e não o contrário. Você faz parte de uma união de força de dissidentes que se cansaram, e deram um basta.

Você é parte de uma revolução.

A cidade boliviana de Cochabamba esparrama-se sem graça pelos Andes, onde uma fina luz da montanha lhe dá uma curiosa aura de irrealidade. Seu aeroporto é um dos maiores do mundo, mas quase nada mais se pode dizer sobre ele. Dei sorte nesse aspecto, porque não tive muito tempo para vê-lo. Minha intenção é assistir a uma conferência ativista global, que, espero, me esclareça como o movimento se organiza por si mesmo. Aqui também está minha namorada e companheira de viagem Katharine, que prometeu me encontrar no avião.

Encontrar-me ela conseguiu. Quando eu vagava pelo saguão de desembarque, ela saltou sobre mim e agarrou meu braço antes que eu pudesse dizer olá.

— Vamos lá! — ela disse.

— O quê? Posso pegar minha bagagem primeiro?

— Não. Sim. OK, mas anda. E não fale que veio para a conferência.

— Eu não ia falar. Mas por que não?

— Não diga nada. Não pareça suspeita! Rápido! Consegui um táxi.

— Do que *você* está falando?

No táxi, saindo do aeroporto e seguindo para a periferia da cidade através do árido Altiplano, eu descobri. Muitas pessoas que chegavam à Bolívia

NA BARRIGA DO MONSTRO   81

para a conferência foram detidas no aeroporto e ameaçadas de deportação. Katharine só escapou porque se sentiu mal com a altitude e, ao chegar, correu direto para o banheiro. Quando saiu, a maior parte das pessoas com quem ela estava viajando foi detida, e ela passou uma hora telefonando freneticamente para todos que conhecia no país, e para os organizadores da conferência, tentando fazer alguma coisa para resolver o problema.

— Não sei o que fazer — disse ela, relaxando enquanto o táxi nos levava para longe. — Fiquei andando naquela loja para turistas do aeroporto até que a polícia fosse embora. Eu fingia ler algumas páginas de um livro, mas o grupo estava ficando desconfiado. Quase comprei um chapéu ridículo daqueles só para parecer que era uma turista, mas achei que preferia ser deportada.

O governo local está tentando evitar essa conferência de desordeiros em seu território. E vem fazendo isso rotulando os ativistas de "terroristas" e tentando expulsá-los do país — boa parte dos participantes, entre os quais me incluo, tem visto de turista. Em geral, isso não importaria, mas quando as autoridades querem uma desculpa para reprimir a dissidência perfeitamente legal, podem usá-la. E eles têm uma desculpa perfeita. A data é 15 de setembro de 2001, a "guerra do terror" da América tem quatro dias de vida, e manifestantes pacíficos já estão na linha de fogo.

Os "terroristas" em questão são uma rede de ativistas internacionais conhecida como People's Global Action (PGA). A PGA foi uma das forças impulsionadoras da ascensão do movimento global do qual participei em Praga e Gênova, e espero aprender mais com eles sobre como esse movimento se tornou o que é.

Ao pé de uma poeirenta colina em Cochabamba, num inofensivo complexo de escolas, a PGA está realizando sua terceira conferência internacional. Nos jardins estão plantados jacarandás, em plena e bela floração, e o sol quente brilhava de um delgado céu andino. À PGA foi permitido o uso de alguns dos prédios das escolas por uma semana, mesmo com aulas acontecendo. Crianças de pele escura brigam para comprar Coca-Cola em quiosques e andam displicentes de sala em sala enquanto, sob as árvores e nas salas de aula não utilizadas, revoltas são planejadas.

Katharine e eu, depois de escaparmos da deportação, chegamos na tarde anterior ao início da conferência, nos registramos e passeamos pelos prédios.

82 UM NÃO, MUITOS SINS

Agendas estão sendo definidas, reuniões estão acontecendo e *workshops* são planejados. Grupos multiétnicos, multinacionais, estão andando sob as árvores ou sentados nos gramados cobertos de flores, fumando e conversando, no idioma de cada um. As sinetas da escola tocam, abelhas zumbem e, num jacarandá vermelho entre o pátio da escola e o jardim, um pequenino beija-flor voa rapidamente entre as flores. É um mundo distante de Gênova. Entretanto, elos invisíveis unem as duas cidades, pois a história da PGA espelha a história do próprio movimento global.

O surgimento da PGA foi inspirado nos zapatistas. Ao final do *Encuentro* em Chiapas, em 1996, os zapatistas solicitaram a criação de uma "rede de resistência intercontinental, reconhecendo as diferenças e reconhecendo semelhanças" que "se esforçará em encontrar a si mesma em outras resistências pelo mundo". Seria uma "rede de comunicação entre todos os nossos conflitos e resistências, contra o neoliberalismo e pela humanidade". A PGA é essa rede. Concebida no *Encuentro*, ela nasceu oficialmente numa reunião em Genebra, em 1998, criada por trezentas pessoas de 71 países. Ela não é, como seus "membros" são veementes em salientar, uma organização — ela é antes um método: um meio pelo qual grupos populares do mundo inteiro podem unir forças e, assim, se fortalecerem como um todo e uns aos outros.

Além disso, como hoje, as marcas da PGA eram simples — e os vestígios nelas deixados pelo zapatismo são claros. Apenas movimentos populares estão envolvidos — nenhuma ONG, nenhum partido político, apenas os representantes escolhidos de grupos comunitários e "células" ativistas. Todos se opõem à globalização e a todas as marcas do neoliberalismo e todos estão preparados para usar a desobediência civil não-violenta a fim de desafiá-lo. Todos estão comprometidos, também, em construir novos sistemas de uma nova maneira — preferindo devolver poder a substituí-lo, em busca de uma ordem política baseada na "descentralização e autonomia".

A PGA assumiu as novas formas políticas, as novas idéias sobre poder e os novos métodos de fazer as coisas acontecerem que surgiram em Chiapas, e operava de acordo com elas em escala global. Os resultados foram eventos como os de Seattle, Praga, Gênova — e o movimento global que temos hoje. Porque foi a PGA — não sozinha, mas certamente no papel de inspirador e ator principal — que ajudou a criar o tipo de ação de "invadir o G-8", que definiu o primeiro estágio do movimento antiglobalização. Seu primeiro sucesso foi em 1998. Quando o G-8 se reuniu em Birmingham, mais de 65 manifestações de protesto surgiram em 29 países. Foi uma inesperada coordenação de dissidência internacional e, na época, ninguém sabia bem onde tudo começara. Começara com a PGA, e o seu próximo destino era Seattle.

Tal qual o resto do movimento que ela ajudou a gerar, a PGA tem uma devoção quase fanática ao conceito de "organização horizontal" — trabalhando em rede, sem hierarquias, sem líderes nomeados. Toda a conferência, toda a rede segue essa linha — sem ninguém representando ninguém ou a PGA como um todo. As decisões são tomadas por consenso, por maioria de votos, e nenhuma pessoa ou organização é obrigada a fazer, ou concordar, com qualquer coisa de que não goste. Eram os mesmos princípios que observei em Gênova, e em Chiapas, e entendê-los é crucial para entender o movimento global como um todo.

O que caracteriza a PGA, estou prestes a constatar, é o que caracteriza o movimento global: a diversidade. A diversidade de objetivos, de táticas, de raças, de linguagem, de nacionalidade, de idéias. Não existe manifesto, nem linhas a seguir, nem líder para arregimentar. Essa diversidade é o que leva os críticos do movimento a presumir que ele não tem idéias. Afinal, se as tivesse, não as escreveria, publicaria, formaria um partido, pegaria um líder carismático e marcharia para tomar o poder? É assim que a política supostamente deve agir. Esse movimento, por outro lado, é gloriosamente anárquico, no melhor sentido da palavra. Essa é uma política na qual os meios significam tanto quanto os fins.

Às vezes é difícil chegar a um acordo, mesmo para os ativistas. Você poderia estar no meio de uma ação de massa, ou de uma conferência ou de uma revolta espontânea, pensando: quem começou isso? Quem organizou? *Quem é o responsável aqui?* Oficiais da polícia e políticos, imbuídos instintivamente da mentalidade do "leve-me ao seu líder", nunca acreditaram no movimento quando ele respondia: "Ninguém e todo mundo." Seria possível eventos tão atordoantes como os de Seattle e Gênova não possuírem uma organização centralizada, sem líder que decida e fale em público, e a quem o povo siga, e que possa ser preso para enfraquecer todo mundo?

84 UM NÃO, MUITOS SINS

Mas eles não têm, e só isso já é uma idéia revolucionária — não é nova, mas é uma idéia que raramente é posta em prática. Sua abordagem é parte do que torna o movimento tão eficaz. Com base ampla, redes locais e nacionais, administradas pelas comunidades e ligadas internacionalmente, quase sempre pela Internet, eles provam a si mesmos que são capazes de reunir grandes grupos de pessoas em espaços de tempo muito curtos. A esse modo de organizar denominou-se "enxame", e foi tema de muitos tratados pseudo-acadêmicos empolgantes até os últimos anos. Como a rebelião zapatista, redes como a PGA foram definidas de várias maneiras pela Internet. Foi assim que Gênova foi organizada (telefones celulares ajudaram também) e que os zapatistas atraíram a atenção do mundo, e é dessa forma, em grande escala, que a PGA administra sua casa. O sucesso de Seattle foi atribuído a um fator determinante: a polícia não tinha descoberto as listas de *e-mails* dos ativistas.

O ativismo na Internet, diferente das formas de mobilização tradicionais, não pode ser facilmente reprimido. Ele é democrático, não-hierárquico e totalmente de acordo com a natureza global e os princípios do movimento. Ele também deu origem a novas formas de protesto — a prática do "*cybersquatting*" (ocupação do ciberespaço), por exemplo, quando centenas de pessoas acessam um *site* corporativo invadindo-o em protesto contra as atividades da empresa. Ou a chamada "estratégia Drácula" — usar a Internet e o *e-mail* para divulgar algo que seus criadores preferiam manter escondido.

Essa técnica teve grandes efeitos até 1998, quando o texto de um tratado global estava sendo esboçado calmamente pela Organização para Cooperação e Desenvolvimento Econômico — o Acordo Multilateral de Investimentos (AMI) — e vazou para um grupo de ativistas canadenses. O acordo, que teria dado aos investidores multinacionais o poder de processar governos nacionais e devastar o controle democrático sobre investimentos estrangeiros, foi distribuído a *websites* e listas de *e-mails* em questão de minutos. Uma rápida mobilização teve início e, antes mesmo que muitos ministros de governo soubessem do conteúdo do tratado, uma campanha no mundo inteiro já estava em andamento contra ele. Divulgado, o AMI murchou e morreu, quando os políticos que antes acenaram com ele retiraram-se das negociações diante dos olhos de todos. A vitória foi celebrada pelo *Financial Times*, que resmungou, precisamente, que o AMI "fora atacado por uma horda de vigilantes cujos motivos e métodos são vagamente entendidos na maior parte das capitais nacionais".[15]

O "enxame" obtivera seu primeiro escalpo. Um ano depois, em Seattle, haveria outro. Ironicamente, a Internet, um mecanismo da globalização corporativa e financeira, tornou-se mecanismo, também, da globalização da resistência; uma ferramenta vital para a criação de uma rede global de dissidência que, sem ela, talvez não existisse.

Talvez a PGA também não existisse sem ela. Agora, aqui em Cochabamba, no primeiro dia de conferência, centenas de pessoas estão sentadas na sala de aula em cadeiras de plástico vermelho, discutindo a respeito de onde irão em seguida.

Quantas pessoas exatamente estão aqui não está muito claro, mas 151 grupos de 43 países dedicaram-se a assistir à conferência. Nem todos vieram, mas, para aqueles que vieram, a PGA aplicou sua política habitual de assegurar que 70% deles eram do mundo "desenvolvido". O resultado é que são os interesses deles que em grande parte determinam a agenda: uma forma de abrir os olhos daqueles que leram tantas vezes na imprensa que esse é um movimento de jovens brancos e mimados da classe média que não têm nada melhor para fazer.

Durante a nossa semana aqui assistiremos às reuniões de grupos comunitários, trocaremos táticas e estratégias, reescreveremos o manifesto da PGA, planejaremos dias de ação (a reunião da OMC em novembro é o próximo grande evento) e decidiremos quais questões a rede enfocará pelos próximos anos. Também mastigaremos muitas folhas de coca. O sindicato dos produtores de cocaína da Bolívia — os *cocaleros* — é um dos organizadores locais dessa conferência, e são incisivos ao explicar como a "guerra às drogas" dos Estados Unidos (tão eficaz quanto a sua "guerra ao terrorismo" até aqui; as drogas estão vencendo) é, de fato, uma guerra contra eles. Eles são pequenos agricultores que cultivam as folhas de coca há gerações — os moradores locais mastigam as folhas ou preparam um chá com elas, como um estimulante suave. As plantas são também a base da cocaína, e por isso os Estados Unidos acharam que o modo de evitar que os jovens americanos usem drogas era pulverizar grandes áreas da América Latina com poderosos pesticidas. Isso, com alguma sorte, destruirá muitas folhas de coca e papoulas, de onde se extrai o ópio. Mas destruirá também muitos meios de subsistência, muitas tradições e indústrias, como as dos plantadores de coca, e conseqüentemente matará algumas pessoas.

Uma das conseqüências dessa política foi a radicalização das pessoas como os plantadores de coca. O que, indiretamente, assegurou que todo mundo na conferência da PGA mastigasse muitas folhas de coca num gesto de desafio ao agressor imperialista ianque. Isso é desastroso porque, mesmo com as melhores intenções políticas do mundo, as folhas de coca são repugnantes. Enquanto fazemos a digestão do almoço, mulheres agricultoras se aproximam de nós com seus chapéus de trabalho e xales multicoloridos, carregando grandes sacas de folhas de coca em volta do pescoço. Algumas pessoas enchem a mão de folhas e as guardam no bolso, outras mastigam até acharem que ninguém está olhando e cospem sob uma árvore. Mas é o pensamento que conta.

Apesar da coca, estou entusiasmado com a PGA. Pela primeira vez, começo a ver com meus próprios olhos como esse movimento é realmente global. São 13h do primeiro dia da conferência, e eu estou na sala, almoçando em uma das fileiras de mesas que enchem a sala. À minha mesa estão sentados uma mulher tribal *adivasi* de Bangladesh, um ecologista da Rússia, um representante sindical do Canadá, um ativista forte do Ya Basta! que vi pela última vez por trás de uma nuvem de gás lacrimogêneo em Gênova, um ativista chileno dos direitos humanos que foi torturado sob o regime Pinochet, um maori da Nova Zelândia, um estudante local voluntário e duas *cocaleras* cujos telefones celulares tocavam loucamente durante as refeições. Em outras circunstâncias, tamanha convergência de mundos acabaria em conflito ou desentendimento, mas aqui, com forças comuns influenciando a todos, eles se reúnem para se unir, e os resultados são muito produtivos.

O assunto à mesa durante o almoço é o mesmo que se repetirá por toda a reunião: o 11 de setembro, e como isso mudara o mundo. Os Estados Unidos já estão usando os ataques terroristas como uma desculpa para pressionar sua agenda de livre comércio ainda mais rápido do que em 10 de setembro — usando uma "idéia" repulsiva que Robert Zoellick, representante de Comércio dos EUA, chamou de "combater o terrorismo com o comércio". Também está claro que a sanção severa ao "terrorismo" poderá abranger ataques violentos a dissidentes de todas as faixas, pacíficos ou não. Nós já ouvimos senadores americanos comparando manifestantes antiglobalização ao grupo al-Qaeda. Todos estão nervosos, mas ninguém está se esquivando.

— Acho que podemos estar assistindo a um novo macarthismo — diz um organizador louro, barbudo, do sindicato do Canadá. — Em vez de "comunismo" leia-se "terrorismo".

O governador de Cochabamba parece ter captado a mensagem. E começou a nos perseguir. Pode ser ruim.

— O que devemos fazer — diz uma senhora muito séria do Equador — é publicar um manifesto contra o terrorismo. E também contra o terrorismo de Estado. O tipo de terrorismo que a América vem patrocinando na América Latina por muitos anos.

Há um consenso quanto a esse ponto, e sinais de anuência irrompem em torno da mesa, à medida que as pessoas vão traduzindo a conversa para aqueles que não falam inglês.

— O que temos — diz um afro-colombiano baixinho e atarracado, numa camisa multicolorida, proveniente das antigas colônias de escravos da Colômbia — é um sistema em que nós somos os cavalos e eles são os cavaleiros! E eles têm chicotes!

Mais acenos de cabeça, desta vez menos firmes. Algumas pessoas acendem cigarros, apesar dos avisos educados colados acima de todas as portas, e a conversa continua. Um velho agricultor grisalho do lago Titicaca diz que o mundo está dividido em "cultura de vida e cultura de morte" — com o capitalismo e o terrorismo do mesmo lado. Ninguém está bem certo do que fazer, ou no que o mundo irá agora se transformar. Nisso, pelo menos, eles têm algo em comum com os soberanos do mundo.

Mas o almoço não pode durar para sempre; temos um compromisso com a história da cidade. Há uma razão para a PGA estar se reunindo em Cochabamba, e estamos perto de ter os detalhes disso explicados para nós. O que aconteceu aqui um ano atrás já faz parte dos anais desse movimento como uma de suas vitórias mais importantes, que fez de Cochabamba um lugar simbólico para os ativistas como Chiapas e Seattle.

88   UM NÃO, MUITOS SINS

No ginásio da escola, nos reunimos para ouvir o discurso de um morador local que já se tornou uma lenda no movimento. Oscar Olivera, um pequeno e despretensioso ex-sapateiro e líder sindicalista, veio nos contar como ele, e outros tantos por aqui, comandaram o que ele chama de "a primeira vitória contra o modelo econômico neoliberal" em Cochabamba dois anos atrás.

A história começou, explica Olivera, em 1999, quando o sistema de água da cidade estava arrendado para um consórcio de empresas multinacionais que, conforme foi relatado mais tarde, era uma subsidiária da grande empresa americana de engenharia Bechtel. O Banco Mundial ("Nosso sonho é um mundo sem pobreza") disse ao governo boliviano que se quisessem ajuda para a dívida internacional era melhor privatizar o sistema de água de Cochabamba — e era melhor não subsidiar os preços para ajudar os pobres a pagarem suas contas.

Nada disso era novo na Bolívia, que, em vez de aceitar a ajuda do FMI, em 1985, foi forçada a reestruturar a economia pelas linhas neoliberais projetadas pelos Estados Unidos. A Bolívia seguiu ao pé da letra a receita da globalização para a prosperidade: abriu seus mercados a empresas estrangeiras, fez cortes nas despesas do governo e privatizou tudo que não estava privatizado. O resultado foi que a Bolívia tornou-se o país mais pobre da América Latina. Sessenta e cinco por cento da população vivem abaixo da linha da pobreza (no campo, esse número ultrapassa 90%), quase 12% dos bolivianos urbanos estão desempregados e para a população indígena do campo — mais de 70% da população — as taxas de desemprego são ainda maiores. A disparidade entre os ricos e os pobres aumentou e um número crescente de bolivianos está começando a se sentir realmente trapaceado.[16]

Foi concedido ao consórcio Bechtel um arrendamento de longo prazo do sistema de água de Cochabamba por uma soma não revelada. Com o dinheiro, a Bechtel ganhou o controle não só da distribuição de água da cidade, construída pelo governo, mas também dos antigos sistemas de irrigação dos agricultores e de poços da comunidade, nenhum deles podia ser vendido pelo governo. E eles tiveram permissão de começar a cobrar por isso.

E cobrar, eles cobraram. Em janeiro de 2000, as primeiras contas particulares de água chegaram às casas dos moradores de Cochabamba.

— Um mês depois que a Bechtel assumiu o controle da água — diz Oscar —, todas as contas aumentaram. Algumas chegaram a aumentar 300%. Pessoas vivendo com um salário mínimo de sessenta dólares por mês tinham de gastar 15 dólares só para usar as torneiras. A Bechtel estava pedindo ao pobre de Cochabamba que pagasse mais pela sua água do que alguns economistas do Banco Mundial pagavam em Washington. Eles são uma companhia muito estúpida — diz Oscar, simplesmente. Era para custar caro para eles.

Em janeiro de 2000, Cochabamba organizou-se como um novo centro comunitário conhecido como *Coordinadora*, que, liderado por Olivera e outros que estão com ele hoje no ginásio, deflagrou uma greve geral de quatro dias em protesto. O governo enviou mil soldados. Crianças de rua, mulheres, agricultores e milhares de famílias locais foram atingidos por gás lacrimogêneo lançado pela polícia quando tentaram marchar para o centro da cidade. O governo, abalado, prometeu uma revisão das taxas de água e da atuação da Bechtel, mas o prazo final veio e se foi sem nada a mostrar a não ser promessas.

Depois, a *Coordinadora* e seus dez mil seguidores exigiram o cancelamento do contrato com a Bechtel. Sem chance, respondeu o governo. A Bechtel assinara um contrato bem amarrado: a água seria deles por quarenta anos. E a reputação da Bolívia para a estabilidade internacional estava apoiada nisso: se o governo permitisse que a pressão popular derrubasse essa privatização, tudo poderia acabar em lágrimas.

Para a Bechtel, foi o que aconteceu. Em abril, a *Coordinadora* liderou uma "batalha final" contra o governo inflexível e o consórcio indiferente que parou a cidade por quatro dias. Milhares de pessoas protestaram nas ruas. Os líderes da *Coordinadora* foram presos e depois liberados; a lei marcial foi declarada; os rebeldes cercaram a cidade com bloqueios e soldados atiraram na multidão, matando um garoto de 17 anos. Protestos começaram em outras partes da Bolívia, à medida que as pessoas tomavam as ruas em solidariedade.

Uma semana depois, o governo cedeu. Eles preveniram a Bechtel de que a segurança do seu pessoal não poderia ser garantida, e os homens da água — todos vindos do exterior — fugiram, parando apenas para agarrar os computadores e o dinheiro da empresa quando abandonaram a cidade. O governo anunciou o cancelamento do contrato com a Bechtel, e os cidadãos, atordoados, compreenderam que haviam vencido.[17]

A "Guerra da Água" em Cochabamba repercutiu no mundo todo, inspirando ativistas e preocupando investidores. A Bechtel decidiu que a única resposta justa era processar o governo do país mais pobre da América Latina em 25 milhões de dólares por "danos" pela perda de lucros em potencial. A água de Cochabamba foi entregue a uma nova companhia pública, cujo quadro inclui membros da *Coordinadora*. O povo de Cochabamba promovera uma mudança de mentalidade: não apenas uma companhia de água, nem mesmo uma privatização maior, mas a premissa da inevitabilidade; o mito de que não há alternativa; de que o privado sempre levará a melhor sobre o público e de que as pessoas não são mais cidadãos ativos e sim consumidores passivos.

— Pode ser feito — diz Olivera, com simplicidade. — A gente sabe, porque a gente fez.

A tarde está quente, poucos dias de conferência e, na sala de aula, pequenos grupos estão sentados nos cantos encarregados de reescrever partes importantes do manifesto da PGA, que está prestes a passar por uma revisão completa.

— Então — diz um homem que mastiga um lápis sentado na mureta — deveria ser "conceito do Norte de Estado-nação" ou "Estado-nação corporativo do Norte"?

— Que tal se tirarmos "conceito"? — sugere seu parceiro.

— Hum... pode ser. OK, que tal "uma perspectiva anticapitalista emancipatória luta"... hum... "luta pela idéia de autodeterminação e se opõe ao conceito de Estado-nação capitalista"?

— Eu gosto disso!

De vez em quando, os grupos se dispersam e se juntam novamente, pois existem assuntos sérios a serem discutidos. Nós fizemos um círculo de cadeiras na sala, que é marcado por todos os sinais de uma reunião de rebeldes curiosos: bandeiras indígenas, pôsteres, versões mal pintadas de Che Guevara, vídeos do EZLN, livros em espanhol sobre o inevitável colapso do capitalismo. Faixas são estendidas nas janelas, contendo *slogans* que estão espalhados por toda a diáspora ativista — *slogans* como "nossa resistência é tão transnacional quanto o capital", e, a minha favorita, a tradução direta da ameaça/promessa original zapatista: *"Estamos em toda parte."*

O tema em discussão é a ação direta, um tópico que ninguém da PGA consegue evitar por muito tempo. Os *cocaleros* queriam que fôssemos com eles a uma base do exército, em Chapare, para uma manifestação contra o Plano

NA BARRIGA DO MONSTRO 91

Colômbia. Outros acham que, com as sanções severas e tudo o mais, isso poderá não ser uma boa idéia. Um debate acalorado, porém educado, sucede-se.

Sempre pareceu improvável que essa conferência pudesse terminar sem que uma desobediência civil acontecesse. Por todas as conversas da semana sobre "campanhas locais sustentadas", a PGA ainda é uma organização que nasceu da ação direta de não-violência — "ADNV". Essa era uma "marca" do manifesto da PGA que não seria revista: "Uma atitude de confrontação, visto que não acreditamos que o *lobby* pode causar impacto em organizações preconceituosas e não-democráticas, onde o capital transnacional é o único formulador de políticas verdadeiro."

E não fica mais claro do que isso. A ação direta, a desobediência civil, está no sangue vital da PGA. Faz parte da convicção com a qual vou me deparar onde quer que encontre esse movimento: a convicção que determina a ação — tomar a política nas suas próprias mãos — não é apenas uma ferramenta de *lobby*, uma saída para as frustrações ou um meio de alcançar uma meta, mas um fim em si mesma.

Se os protestos contra o G-8 seguem agora um padrão conhecido, o mesmo acontece com o acalorado debate que ocorre depois, sobre o que alcançaram, para onde vão agora e se se justificam. Mas o que muitas vezes se perde na luta da mídia é a importância do protesto em nível pessoal. Aqueles que debatem o propósito, a finalidade e o futuro da ação direta, sem jamais terem participado dela, jamais saberão a força pessoal que ser uma dessas tantas pessoas unidas pode lhes trazer. Eles não compreenderão o mais importante: que manter pessoas unidas e movimentadas — inspirando-as a agir por si mesmas em vez de votarem, exigirem ou pedirem para alguém, permitindo que elas *vivam* de novo — é pelo menos metade da façanha. Isso pode não pôr o capitalismo de joelhos, mas dá a milhares de pessoas o gostinho do poder que elas têm ao juntarem as forças e tomarem as rédeas dos acontecimentos. Esse poder é inigualável, e uma vez tendo provado dele, você nunca mais será o mesmo.

Já é noite no último dia da conferência, e o perfume do jacarandá invade o jardim da escola. Amanhã, de manhã cedo, os manifestantes sairão em ônibus. Agora, entretanto, é hora de festa.

No saguão, há sessão de entretenimento multinacional. Crianças bolivianas apresentam antigas danças que zombavam dos conquistadores. Um mexicano lê uma peça sobre o capitalismo que, felizmente, está em espanhol. Um rapaz de Bristol consegue muitos aplausos por cuspir fogo. Tiano, um maori que não deixa por menos, quer mostrar uma canção típica maori com seu amigo, mas não consegue convencer ninguém a emprestar-lhe uma guitarra e, de qualquer modo, "não está bêbado o suficiente para tocá-la direito".

Mais tarde, a noite cai sobre uma massa que dança dentro e fora da sala. Virginia, uma sul-africana com uma energia ilimitada, me tira para dançar e me diz que se eu quiser mesmo ver o que o povo está fazendo para lutar contra a privatização dos serviços, eu deveria ir a Johannesburgo. Prometi aceitar seu conselho. Enquanto isso, ela está tentando me ensinar o *toyi-toyi* — uma dança tribal com meneios dos quadris que se tornou símbolo da resistência ao *apartheid* e agora se transformou no símbolo de resistência à globalização. "Mexa os quadris, inglês! Seus quadris! Eles se mexeram?" Ela continua gritando, antes de se juntar a Katharine numa roda de mulheres que riem zombeteiramente.

Enquanto a dança continua e a noite se vai, e todos ficam cada vez mais bêbados, inclusive eu, olho à minha volta e compreendo algo. É quando todos estão se movendo, rodando e correndo em loucos círculos com a música de Che Guevara, sob uma bandeira tremulando, multicolorida e quadriculada; o símbolo dos camponeses da América Latina. Eu me balanço em meio a sul-africanos e colombianos, ecologistas e anarquistas, brasileiros e nascidos em Bangladesh, *cocaleros* e tribais, todos arreganhando os dentes e a maioria dançando mal, eu o pior de todos.

É quando olho em volta e vejo que todos que me cercam — de todas as cores, de todos os recantos, todos juntos mesmo quando separados — estão determinados e de algum modo juntos. Compreendo que eles têm entre si algo poderoso demais para ser tirado. Seria preciso matar todas essas pessoas, e os milhares de outros que elas representam, para parar esse movimento. E quando as gaitas e os tambores giram e o círculo fica mais rápido, desequilibrando as pessoas, não consigo ver nada que as faça calar, parar e voltar para casa calmamente sem causar mais problemas. Exceto vencer.

3 *Apartheid*: a seqüela

"A África do Sul está nas mãos do capital global. É por isso que ela não pode atender às aspirações legítimas do seu povo."

GEORGE SOROS, ESPECULADOR FINANCEIRO, 2001

"Ele diz que quando o pobre se rebela, se revoltará contra todos nós."

MOJANKU GUMBI, CONSULTOR JURÍDICO DE THABO MBEKI,
REVELA OS TEMORES DE SEU CHEFE, 1996

Um jovem negro vestindo uma camiseta vermelha na qual se lia "Comitê da Crise Energética de Soweto" sobe num poste telegráfico num subúrbio de Soweto. Ao chegar ao topo, pega uma sacola de couro que estava jogada sobre os ombros e retira um alicate e uma faca. Leva uns dois minutos mexendo nos cabos e em seguida começa a descer.

Ele se dirige a um medidor de energia montado na lateral de uma casa próxima, e bate nele com uma picareta. O equipamento se estilhaça e se solta da parede. O rapaz faz alguns ajustes com uma faca numa confusão de fios, usando uma caixa como isolamento. Depois se levanta, retira o pó de sua roupa e se aproxima da dona da casa, uma velha senhora que observava preocupada da entrada da porta.

— A senhora agora tem energia — avisa em tom imponente. Ele bate de leve no interruptor de luz da mulher, e o pequenino cômodo da frente se enche de luz pela primeira vez em semanas. Ela começa a chorar, agradecida.

— Agora eu vou poder tomar chá de manhã, em vez de água! — choraminga a senhora. — Obrigada!

O homem é um de vários "religadores"* ilegais que perambulam por Soweto restaurando a energia para as pessoas que tiveram a luz cortada por falta de pagamento de suas contas. Ele integra a "Operação Khanyisa" — operação luz acesa —, uma campanha de resistência ao constante aumento do custo das utilidades públicas — água, gás, luz, aluguel — que está atingindo os menos favorecidos nesse e em outros municípios. No todo, Soweto deve à companhia estadual de energia, a Eskom, quase um bilhão de rands — cerca de oitenta milhões de dólares — em contas não pagas.[1] Mas o desemprego em Soweto chega a 70%, e muitas pessoas simplesmente não têm

---

*Os religadores são eletricistas e encanadores desempregados que sistematicamente religam a energia e a água cortadas por falta de pagamento, e isso se transformou num movimento ativista. (N. da T.)

96 UM NÃO, MUITOS SINS

como pagar. A resposta da Eskom é cortar a luz aos milhares. A reação do povo é religá-la ele próprio.

O homem de camiseta vermelha diz que o governo prometeu energia de graça para os pobres antes da última eleição, e não cumpriu. Ele não é o único que está revoltado; em Soweto, as pessoas dizem que suas contas estão aumentando cada vez mais e que a culpa é do governo. A religação é perigosa, difícil e ilegal, mas as pessoas alegam não ter outra opção a não ser fazer justiça com as próprias mãos; elas se dizem desesperadas.

O povo de Soweto está certo: as contas de luz estão aumentando porque a Eskom está sendo preparada para a privatização, e o governo da África do Sul, por recomendação do Banco Mundial, não irá subsidiar os preços para os negros pobres em lugares como esse. Os negros pobres que o CNA (Congresso Nacional Africano) supostamente libertaria; os negros pobres que, em 1994, quando Nelson Mandela chegou ao poder e o *apartheid* finalmente acabou, acharam que teriam seu país de volta.

Tem alguma coisa acontecendo na África do Sul; uma coisa que ninguém achou que fosse fazer parte da paisagem dessa nação pós-*apartheid* libertada. Cortes de energia, de água, ordens de despejo, aumentos de aluguel — tudo subiu desde que o CNA chegou ao poder. A disparidade entre ricos e pobres aumentou; o pobre está ficando mais pobre. E na África do Sul, 95% dos pobres, o que não é surpresa, são negros.[2]

O descontentamento está se espalhando pelo país. As pessoas começam a falar de uma "guerra aos pobres", guerra essa comandada pelo governo do CNA. Há quem diga que está em pior situação do que quando estava sob o *apartheid*. É quase impossível de se acreditar. As reclamações continuam sendo feitas; e estão aumentando. O que está acontecendo à Nação do Arco-íris, e por quê?

Não há pobreza no aeroporto de Johannesburgo. Existem muitas bandeiras da África do Sul — o modelo verde, dourado e preto que substituiu a velha bandeira do *apartheid*, e que simboliza essa nação ainda jovem — e, nas livrarias, prateleiras inteiras mostram livros sobre Nelson Mandela ou de sua autoria. Muitos desses livros trazem nas capas retratos do momento em que ele saiu da prisão, com os punhos cerrados, sob o olhar fixo do mundo. Ainda me lembro desse momento. Parece difícil acreditar que isso pudesse ter azedado tão rapidamente.

Se azedou mesmo, existe um homem que pode começar a explicar o porquê. Patrick Bond é um acadêmico de Johannesburgo e um veterano companheiro do *apartheid*. Antes de o governo do CNA de Mandela subir ao poder em 1994, Bond o ajudou a traçar sua nova política econômica. Ele costumava ser um confidente; agora é um crítico severo daquilo que ele alega ter o governo se transformado. Concordou amavelmente em me mostrar tudo e me deixar ciente das coisas durante a minha estada, apesar de nunca ter me visto antes. "Me telefone quando chegar a Johannesburgo", me disse. E assim fiz.

— Bem-vindo à África do Sul! — exclama, atendendo ao telefone imediatamente. — Que tal se eu for pegá-lo no hotel amanhã? Tem umas coisas que você pode querer fazer. De manhã, posso levá-lo a uma reunião na qual a esquerda sul-africana está tentando formular uma resposta para o que está acontecendo no Zimbábue. Interessante discussão sobre reforma agrária. Depois tem um almoço com um sindicalista local; é um cara de destaque e quer um encontro com você; ele é veemente ao falar sobre a situação daqui com a privatização. Depois, às 16h30, há uma reunião sobre a próxima cúpula da Organização Mundial do Comércio (OMC) em Doha. E depois disso...

Patrick fala como uma metralhadora, mas a ligação está ruim e mal consigo entender uma palavra. Talvez não seja para entender; parece que achei um guia ideal.

Ao me pegar no dia seguinte, está tão cheio de energia quanto estava ao telefone. Magro, vestido de forma acadêmica, de óculos quadrados e cabelos castanhos limpos, ele é, e mostra ser, um dínamo humano com entusiasmo mais do que suficiente para nós dois. O que é conveniente, porque ainda estou com os movimentos retardados pelo vôo.

Patrick vive num subúrbio de Johannesburgo chamado Kensington, que, como a maioria dos outros opressivos subúrbios brancos na África do Sul, é limitado por grandes portões, cães barulhentos e avisos de reação armada. Sua casa possui grandes portões, um cachorro barulhento e um aviso de reação armada, e na tarde do meu primeiro dia no país estou em sua cozinha, que dá para a cidade de Johannesburgo. Patrick prepara para nós dois grandes copos de gim-tônica e me conta sua versão da história da África do Sul desde que o *apartheid* terminou.

Em 1990, o presidente da África do Sul, F. W. de Klerk, revogou a interdição do CNA, libertou Nelson Mandela da prisão e anunciou um processo para trazer a democracia para a África do Sul. O CNA de Mandela reuniu-se para o inevitável — uma vitória nas eleições e, finalmente, o governo. Embora essa fosse uma perspectiva que empolgava a grande maioria da população que não tinha pele branca, ela inquietava outros: não apenas o traseiro dos brancos racistas que tinham pouca voz na questão e sabiam disso, mas também as ações nas Bolsas de Valores e boa parte da comunidade empresarial.

— O CNA era aliado do Partido Comunista da África do Sul e do Cosatu (Congresso dos Sindicatos Sul-Africanos), os sindicatos de comércio do congresso — explica Patrick. — Eles ainda são. E o CNA tinha tradicionalmente uma plataforma progressista. Os mercados não gostavam disso. A Bolsa de Valores afundou em 1990 apenas porque Mandela disse publicamente que a nacionalização ainda era a política do CNA.

Em 1994, a primeira eleição democrática da história da África do Sul precipitou o CNA ao poder. Eles herdaram um país despedaçado: o crescimento econômico parou em apenas 1%, o desemprego entre 20% e 30%, e uma inflação de 10%.[3] Mais especificamente, a sociedade estava polarizada de um jeito quase único.

— Noventa e cinco por cento dos pobres eram negros — diz Patrick, tomando um gole da sua bebida —, e outros 4% eram mestiços. Apenas 1% dos pobres era branco ou indiano. Os 5% mais ricos da população — todos brancos, é claro — consumiam mais do que todo o resto.

A África do Sul, em 1994, era um dos países de maior desigualdade no mundo. Mais da metade do país vivia em imensa pobreza, menos de um terço dos negros sul-africanos tinha acesso a serviços básicos como energia ou água encanada, e a distribuição de terra era das mais distorcidas do planeta.[4] Em resumo, os pobres eram negros, os ricos eram brancos, e eram estes últimos que controlavam a economia, o capital, a terra e o processo político. A eleição de 1994 mudou essa situação e o CNA decidiu que era hora de mudar o resto.

Antes da eleição, o CNA alardeou os mecanismos propostos para a mudança: um "Programa de Reconstrução e Desenvolvimento" (RDP). O

APARTHEID: A SEQÜELA **99**

RDP, que Patrick ajudou a elaborar, deveria ser um programa ambicioso de reconstrução econômica e progresso social. "A primeira prioridade", estabelecia, "era começar a atender às necessidades básicas do povo: trabalho, terra, habitação, água, energia, telecomunicações, transporte, um meio ambiente limpo e saudável, nutrição, assistência médica e bem-estar social." Isso deveria ser obtido por meio de "programas de redistribuição de uma quantidade substancial de terra para os sem-terra, construção de mais de um milhão de moradias, fornecimento de água limpa e saneamento básico para todos, fornecimento de energia para 2,5 milhões de novas moradias e permitir o acesso de todos aos serviços de saúde e telecomunicações disponíveis. O sucesso desses programas é essencial se quisermos alcançar paz e segurança para todos".[5]

Essa era uma matéria inequívoca. E também de vida curta. Em 1996, o RDP estava liquidado, seus planos mais ambiciosos, arquivados, muitos dos seus objetivos (embora nem todos), não cumpridos, o ministério criado para supervisionar seu progresso, silenciosamente fechado. A experiência do CNA em construir uma nação havia durado apenas dois anos. Em seu lugar veio algo mais inesperado — e muito mais doloroso.

Nesse mesmo ano, o governo revelou um novo programa econômico — o programa de "Geração de Emprego e Redistribuição", ou Gear. Para muitos dos antigos defensores do partido, o Gear foi um choque lamentável.

Ao contrário do RDP, que fora esboçado após longas conversas com as comunidades, ONGs, sindicatos e outros, o Gear fora elaborado por um conluio de 15 economistas e lançado ao partido, e ao país, sem nenhuma consulta prévia.

— Dois dos economistas eram do Banco Mundial — explica Patrick —, o resto era de grandes bancos sul-africanos e das correntes conservadoras do pensamento econômico.

Isso era visível.

Com um golpe cruel, o Gear realinhou toda a abordagem econômica do CNA. Levou o partido, que antes fazia um governo social-democrata, a ser um governo que oferecia a plataforma de política neoliberal mais escancarada da África. O Gear aceitou que o crescimento era mais importante do que a redistribuição, e que a privatização geral e o investimento estrangeiro eram necessários para tal crescimento. Isso presumia a impossibilidade, num mundo guiado pelo mercado, de se cumprirem muitas das propostas de programas sociais do governo, entre eles, uma ampla reforma agrária, esquemas de trabalhos públicos, projetos habitacionais e de utilidade pública gratuitos para os pobres.

Mais do que a linguagem da reconstrução nacional, o Gear falou a linguagem dos mercados — a linguagem da "maior flexibilidade do mercado de trabalho", da "estabilidade econômica", da "política fiscal sadia", dos "investimentos estrangeiros diretos" e do "forte desempenho na exportação". Atrás de tudo isso repousa uma fórmula conhecida: o capital privado criaria a riqueza, e o livre mercado o distribuiria.

— O Gear é a rendição aos mercados — diz Patrick, esvaziando o copo de gim-tônica —, mas também ao poder estabelecido no país. Essencialmente, a democracia chegou, o CNA subiu ao poder e houve uma espécie de acordo. Os empresários brancos disseram ao CNA: "Tudo bem, vocês podem ter o Estado, mas deixem-nos tirar nosso dinheiro daqui." Durante esse tempo, tivemos o Banco Mundial fuçando aqui e ali mesmo antes de o CNA chegar ao poder — habitação, infra-estrutura e as políticas de reforma agrária foram influenciadas por eles em meados dos anos 1990, o que é a causa de seu fracasso. O CNA acreditou num pacto unilateral com o diabo.

Essa, pelo menos, é a visão de **Patrick** Bond. O presidente Thabo Mbeki, do CNA, tem a sua versão. E ele a explicou para a imprensa na conferência de lançamento do Gear, em 1996, quando um jornalista lhe perguntou se essa virada econômica fizera dele um "neothatcherista".

— Chame apenas de "thatcherista"! — exclamou sorrindo.[6]

Qualquer que seja a motivação do CNA, os resultados desse realinhamento nacional estão se tornando claros agora. De acordo com seus opositores, quase um milhão de empregos foram perdidos para o Gear. A taxa de desemprego da África do Sul está agora estimada, de modo conservador, em 25%, e pode chegar a ser de 40%. Vinte e dois milhões de sul-africanos, numa população de 42 milhões, ainda vivem em absoluta pobreza,[7] e a proporção de negros sul-africanos vivendo abaixo da linha da pobreza tem aumentado drasticamente desde que o CNA ascendeu ao poder — de 50% para 62%.[8]

A política de "recuperação de custos" do Gear, aprovada pelo Banco Mundial, apenas exacerbou isso. E o mais notável: estimava-se que cerca de dez milhões de sul-africanos tiveram sua água cortada, outros dez milhões ficaram sem energia elétrica e dois milhões foram despejados de suas casas, como resultado direto dessa política — tudo por falta de pagamento de contas que, num país onde metade da população recebe em torno de dois dólares por dia, a maioria não tem condições de pagar.[9]

Nos municípios e nas dez regiões semi-autônomas da África do Sul, há hoje um sentimento que está começando a aumentar e que poucos esperavam. Um sentimento de que o CNA, os grandes libertadores, está liquidando seu próprio povo. Se isso for verdade, duas perguntas surgem para eles. Por quê? E o que o povo irá fazer quanto a isso?

O centro de Johannesburgo é um desses lugares que causam terror (alta criminalidade, lojas fechadas com tábuas, marginais andando pelas ruas) e que os guias turísticos recomendam que você evite. Empresários brancos rapidamente saíram do centro da cidade quando os negros finalmente tiveram permissão para se mudar, no início dos anos 1990, levando seu dinheiro com eles, e grandes áreas do centro da cidade são agora um deserto comercial. Mas não são nem de perto tão ruins quanto o que dizem, o que é um alívio, pois estou perdido nelas.

Levo cerca de meia hora perambulando por ruas cheias de lixo e me perdendo sob viadutos antes de encontrar o quarteirão de prédios comerciais que estou procurando. Ele está cercado por pichações, que dizem coisas como "Bush é um porco racista" e "Abaixo o Gear — rumo a um futuro socialista". Entro nele.

Vim para falar com George Dor, que dirige a filial de Johannesburgo do Centro de Desenvolvimento e Informação Alternativa (AIDC), um dos grupos que está se mobilizando contra os planos econômicos do governo. Quero ver o que grupos como o AIDC estão dispostos a fazer e que apoio popular eles têm. Seu escritório fica no alto do edifício, próximo ao da filial local do CNA. Passo por cartazes gigantes de "Vote em Mbeki" para chegar lá. Do lado de dentro, num pequeno conjunto de salas apertadas no fim de um corredor, espero enquanto George fala ao telefone.

102 UM NÃO, MUITOS SINS

A sala está coberta de cartazes. Um deles é da marcha da solidariedade de Praga que aqui fizeram em 2000. "Não faça empréstimos com o Banco Mundial", diz, "livre-se da dívida do *apartheid*." Há um pôster do Fórum de Antiprivatização que diz: "Boicote ao pagamento de energia, boicote à privatização — boicote ao racismo". A um canto vejo um boneco laranja gigante usando crachás com os dizeres: "Deixem o mercado decidir" e "Sim às regras de trabalho flexíveis". Eu me sinto estranhamente em casa.

No minuto seguinte, um homem branco alto e magro, com longos cabelos castanhos lisos desalinhados, camisa cáqui, calças de veludo cotelê, barba meio grisalha e densa, óculos quadrados, aproxima-se de mim. Apesar de gentil, ele parece aflito. George Dor me conduz pelo seu escritório abarrotado de pilhas de papel, cartazes velhos, relatórios etc. O AIDC é o eixo da roda ativista em Johannesburgo. Ele conduz *workshops*, redige relatórios e estabelece contatos com grupos comunitários. O AIDC foi responsável também, em 1996, pela primeira manifestação pública da nova resistência da África do Sul à globalização.

O Cansa (Campanha contra o Neoliberalismo na África do Sul) foi uma pequena e experimental coalizão de oposição contra a visita ao país do diretor-administrativo do FMI, Michel Camdessus, que vinha discutir um novo empréstimo com o governo. A pequena mas barulhenta multidão formada pelo Cansa encontrou Camdessus no aeroporto e o atormentou em sua limusine, e, desde então, embora o próprio Cansa, aparentemente, tenha sido suspenso, a causa por ele promovida tomou força, levada adiante por grupos como o AIDC, que estavam envolvidos na sua criação.

Desde que o Cansa saltou sobre Camdessus, em 1996, a resistência ao neoliberalismo na África do Sul fixa-se no Gear, o que tem sido, para desapontamento do CNA, uma excelente ferramenta para mostrar aos sul-africanos os efeitos da globalização em suas vidas.

Essa resistência pode ser desmembrada em três grupos. Primeiro existem as ONGs, como o AIDC e seu grupo de apoio, o Sangoco — Coalizão Nacional de ONGs da África do Sul —, que cada vez mais criticam o CNA e se opõem fundamentalmente ao Gear. Em segundo lugar estão os aliados do CNA na chamada "aliança tripartite" — o Partido Comunista Sul-Africano e o Cosatu, congresso de sindicatos. A Aliança foi a chave para romper o *apartheid*, mas o Gear e o namoro do CNA com o mercado estão agora distendendo-a como nunca antes.

Desde 2000, o Cosatu organizou marchas regulares, comícios e greves contra a privatização e os efeitos do Gear. Em outubro de 2002, ele convocou os dois milhões de membros para uma greve geral nacional em protesto às privatizações incessantes. "Não lutamos por libertação", é o que diz uma das suas mais populares e onipresentes propagandas, "para que pudéssemos vender tudo que ganhamos para os maiores licitantes." Os comunistas, enquanto isso, estão se tornando tão hostis ao CNA que um rompimento entre os dois partidos é cada vez mais provável.

E, por fim, existe a crescente resistência popular — o tipo de desafio comunitário exemplificado pelo Comitê da Crise Energética de Soweto e suas gangues errantes de "religadores" com camisas vermelhas. Nos municípios do país, a raiva está se transformando em ação; "religadores" de energia e água, fóruns antiprivatização, grupos antidespejo, comitês de "moradores participantes" e, de forma mais nebulosa, movimentos não-oficiais de oposição aos baixos resultados das políticas do CNA orientadas para o mercado.

É essa última linha de oposição que está se tornando global. Virginia Setshedi, que tentou sem descanso me ensinar a dançar na reunião da PGA em Cochabamba, é a presidente interina do Comitê da Crise Energética de Soweto. Vou encontrá-la e a outros membros das municipalidades alguns meses depois no Brasil, quando ativistas de todos os cantos do planeta se reunirem para o Fórum Social Mundial (ver capítulo 6). Um grupo de ativistas sul-africanos compareceu ao segundo *Encuentro* Zapatista. Eles são parte de uma rede internacional antidívida, e estão fazendo contatos com outras comunidades em outros países, na África e em outros lugares mais, que estão resistindo à privatização da água e da energia. Seu melhor momento até aqui foi provavelmente em agosto de 2002, quando, com ativistas de todo o mundo, mais de quarenta mil pessoas foram para as ruas de Johannesburgo durante o "Earth Summit" das Nações Unidas para protestar contra o seqüestro da agenda política nacional e internacional pelas organizações.

É esse amplo crescimento da oposição em bases comunitárias o que provavelmente mais preocupa o CNA. Se ele for capaz de reunir com sucesso os sindicatos do comércio descontentes e continuar a forjar uniões com o mais amplo movimento de resistência global, seu impacto poderá ser imenso.

George Dor é uma entre várias pessoas no cenário das ONGs de Johannesburgo que tenta lidar com o rápido aumento do interesse nessa espécie de oposição. Ele tem trabalhado para fazer alarde disso há anos, mas isso pode se tornar um desastre.

George é o oposto de Patrick; mais caótico do que maníaco, ele se irrita aos poucos em vez de explodir de uma hora para outra.

— Às vezes, não sei como consigo tempo para comer. Mas é empolgante, também. As coisas estão crescendo como uma bola de neve. A resistência política organizada ao neoliberalismo aqui ainda está em formação, mas evolui muito rápido. O trabalho em torno da globalização está começando a criar raízes em outras organizações e a assumir o controle em comunidades maiores. As pessoas estão começando a se interessar pelos motivos pelos quais o CNA está tomando o rumo neoliberal, o que isso significa para elas, por que as coisas não estão melhorando, por que estão ficando muito piores.

O próprio CNA, é claro, não está nada satisfeito com o trabalho que pessoas como George estão realizando.

— A atitude do CNA em relação ao que fazemos é interessante — diz George. — Ela é basicamente do tipo "Quem são vocês? Sociedade civil? Para que servem? Por que vocês simplesmente não encerram suas atividades? Nós comandamos a luta, nós *somos* o movimento de massa e agora estamos no governo". O governo imbuiu-se de uma arrogância sem tamanho. Eles sempre acusarão a todos, até mesmo àqueles que os acusam de "contra-revolucionários". Um ressentimento está começando a se formar contra isso. Lento, e ainda pequeno, mas, ao mesmo tempo, muito maior que há alguns anos. As coisas estão começando a evoluir, as pessoas estão começando a entender os problemas e os percebem intensamente, e os problemas globais, como se referem ao que está acontecendo realmente aqui na África do Sul. No ano passado, para a reunião do Banco Mundial em Praga, muitas pessoas e organizações participaram, apoiando os *workshops*, e tivemos fóruns públicos. Tivemos uma passeata muito colorida. Em todo caso, se quiser ver o que estamos fazendo, você chegou na hora certa.

APARTHEID: A SEQÜELA 105

E cheguei mesmo. Estamos em novembro de 2001 e daqui a uma semana a OMC vai realizar sua primeira reunião ministerial desde o desastre de Seattle. Isso é importante: a OMC precisa fechar o novo ciclo de acordos comerciais que ela foi impedida de realizar em 1999. Se isso desmoronar de novo, toda a organização estará em perigo. Por isso ela não quer falhar. Para ter certeza de que nenhum manifestante se aproximaria dessa vez, decidiu realizar a reunião num deserto no Qatar, uma nação convenientemente inacessível e repressiva. É um avanço desde Gênova; dessa vez, a nação inteira será a sua Zona Vermelha.

Em Johannesburgo, como em centenas de outras cidades por todo o mundo, ações anti-OMC terão lugar em 9 de novembro. George é o homem encarregado de fazer com que esta manifestação aconteça.

— Na próxima semana, estaremos organizando uma série de *workshops* e grupos de discussão sobre a OMC, que culminarão num protesto de rua no dia 9 — explica. — A maioria das pessoas aqui não faz idéia do que seja a OMC, quanto menos o efeito que ela tem em suas vidas. Espero que, se pudermos começar a mudar isso, assistiremos a mais mobilizações. Se você quiser vir, eu vou organizar um *workshop* em Soweto durante dois dias. Você poderá achá-lo interessante. — Ele sorri com malícia. — Eu acho que vai ferver.

Durban, ao contrário de Johannesburgo, é uma cidade que vale a pena visitar, cheia de turistas, tanto do interior como de fora do país. Estendendo-se à margem do oceano Índico, a cidade já foi um destino africâner de férias para aqueles que queriam uma fantasia vitoriana no litoral apenas para brancos. Hoje, contudo, não chega a ser uma fantasia. Vim para ver o tipo de conflitos de que Patrick e George falam, e o que eles realmente significam na vida das pessoas.

Como em Johannesburgo, uma rebelião está acontecendo na cidade. Em junho de 2001, quando a Conferência Mundial das Nações Unidas sobre Racismo aconteceu, o Fórum Social de Durban, organizado pelas ONGs e por grupos comunitários, realizou uma grande marcha. Seu objetivo declarado era marchar "contra o governo sul-africano e a política econômica conservadora, o Gear, que está tornando o pobre mais pobre".[10] Vinte mil pessoas levaram essa mensagem às ruas de Durban, gritando "CNA — agente do *apartheid* global!" e "Mbeki — não venda nosso futuro!". Era a Seattle da África.

Enquanto isso, na periferia da cidade, nos velhos municípios onde os negros, os indianos e os mestiços apinhavam-se devido ao *apartheid*, uma batalha mais difícil, local e constante acontece dia após dia. O governo municipal está despejando pessoas, cortando água e energia e mandando para a prisão quem resiste. E quanto mais isso acontece, mais pessoas resistem.

Estou sentado no banco de trás de um carro que segue em alta velocidade por uma auto-estrada em direção a um lugar inesquecível: Chatsworth. Um velho distrito indígena à beira de Durban, Chatsworth é palco de um conflito cada vez mais perverso entre o CNA e o povo. À minha frente no carro está uma dupla de ativistas radicais e espantosamente eficazes, com coragem nas mãos e frustração no coração.

Ashwin Desai, um indiano sul-africano, estudou em Chatsworth; ele agora é médico, escritor, ativista, um herói da comunidade e uma figura odiada pelo CNA. Heinrich Bohmke é advogado, também ativista e ex-membro do CNA, que está agora tão desiludido com o partido quanto qualquer um. Ambos foram presos pelo regime do *apartheid* e procuram uma nova aproximação com a mudança política no país. Eles têm trabalhado nos últimos anos para ajudar o povo de Chatsworth e de outros distritos de Durban a resistir ao despejo, aos cortes e à penúria. Heinrich e Ashwin têm opiniões fortes sobre, digamos, tudo que estão revelando nesse momento para mim a mais de cem quilômetros por hora.

— Estou farto dessa esquerda de merda! — diz Heinrich, enquanto dirige. Ele veste calça e camisa de pregas bem-comportadas e usa pequenos óculos retangulares. Parece um advogado, mas fala como um revolucionário. — Existem duas esquerdas na África do Sul — continua. — Uma é velha, burocrática e endurecida; a outra é nova, criativa e ainda sem forma. Existe toda essa baboseira intelectual marxista, e há pessoas em comunidades fazendo coisas que precisavam fazer. Mas elas não associam isso a um grande projeto neoliberal, apenas fazem. Eu parei até mesmo de referir-me a mim mesmo como "esquerda". É tão paternalista e desestimulante chamar a si próprio de "esquerda" ou "progressista". Nós precisamos de um novo vocabulário.

APARTHEID: A SEQÜELA **107**

— Isso mesmo! — anui Ashwin. — E precisamos organizar essas lutas. Organizá-las nacional e internacionalmente, e com todos aqueles outros movimentos que estão acontecendo. Isso está começando a acontecer, mas é lento. Em vez de pedir sempre ao Estado para nos dar o que queremos, precisamos tomá-lo de algum modo. As pessoas de Chatsworth estão revoltadas, cara. Tem gente aparecendo com armas e expulsando as pessoas de suas casas quando não podem pagar as contas.

— Mas isso é tão difícil, Paul, neste país — interrompe Heinrich. — O povo está farto de lutar. E há ainda esse grande legado da liberdade para administrar.

— Existe muita *energia*, sabe — diz Ashwin —, mas como aproveitar isso? Como podemos ter certeza de que o Cosatu ou o CNA não se aproveitam disso? Ou algum pequeno grupo de fascistas? Você sabe que a classe trabalhadora organizada não trabalhará conosco, simplesmente não trabalhará. Eles conseguiram uma pequena base de poder e vão defendê-la quaisquer que sejam as conseqüências. A falta de visão deles é tremenda. Você sabe que durante a conferência sobre racismo nós organizamos uma marcha comunitária para os pobres. Reunimos vinte mil pessoas nas ruas. No dia seguinte, o Cosatu organizou sua própria passeata e conseguiu levar cerca de nove mil pessoas para as ruas. No dia seguinte, o CNA organizou uma *terceira* e conseguiu atrair umas duas mil pessoas!

Heinrich muda o ritmo da conversa de modo determinado.

— Mas pelo menos as pessoas estão começando a romper a barreira da ilegalidade — acrescenta. — Elas desistiram de esperar respostas do governo. Mas aí temos esses intelectuais de esquerda em Johannesburgo que estão esperando apenas por Pretória* para terem uma mudança de atitude e convidá-los a escolher o programa econômico. Sempre que nos mobilizamos por algum tipo de confrontação aqui, a conversa é sempre a mesma: "Bem, companheiro, nós apoiamos sua luta, mas estamos preocupados com a sua maldita estrutura analítica e suas táticas." Suas *táticas*, cara! As pessoas estão morrendo, literalmente, e eles preocupados com táticas.

De repente estou feliz por Patrick não estar ali.

---

*Atual Tshwane. (*N. da E.*)

108 UM NÃO MUITOS SINS

— Você chegou numa hora interessante — diz Ashwin. — Estamos entrando numa nova fase de ativismo político neste país. Heinrich e eu sentimos que é tempo de novas abordagens. Como movimento, precisamos começar a propor coisas, agir por nossa conta, no estilo zapatista. As comunidades precisam agir por si próprias, em vez de só reagirem a qualquer droga que o governo lhes dê. Muitos ativistas aqui estão presos a velhas formas de reagir às injustiças. Precisamos de novas formas, e rápido.

— Parece uma boa idéia — concluo.

Saindo da auto-estrada, adentrando os subúrbios na periferia da cidade, estende-se uma linha férrea abandonada. Chatsworth esparrama-se, feia e sem pudores. Descemos vacilantes por uma estrada suja, passando por grupos de meninas negras e indianas descalças e sorridentes. No fim do caminho, paramos o carro.

— Chegamos — diz Ashwin.

Uma criação da notória Lei das Áreas de Grupo de 1950, o decreto que, mais do que qualquer outro, criou o *apartheid* ao exigir que os não-brancos se mudassem para áreas designadas — "municipalidades" na periferia da cidade e, mais tarde, "*homelands*" na zona rural —, o distrito de Chatsworth era, e ainda é, em grande parte, para os indianos. Após quarenta anos, ele abriga trezentas mil pessoas, um lugar que faria o pior prédio de um gueto britânico parecer agradável. Saio do carro e olho à minha volta.

Casas amarelas e marrons, com telhados de zinco, estão fincadas em uma extensa cordilheira. Muitas têm janelas quebradas e todas têm portas com trancas — o crime é comum ali. Bicas comunitárias fora das casas são tapadas com dispositivos projetados para torná-las sem condições de uso, e estão fechadas a cadeado. Isso quer dizer que o pobre não está pagando. O que um dia foi grama é agora vegetação mirrada e poeira, as estradas estão cheias de buracos e as áreas de recreação das crianças parecem letais. Grupos de rapazes adolescentes perambulam pelas ruas, aborrecidos, e crianças brincam em pilhas de pneus velhos e galhos que pendem das árvores. Há muito pouco para eles fazerem; muitos não têm escolas para freqüentar; os pais de muitos deles estão desempregados. Não há emprego para pessoas como essas.

A culpa pela situação de Chatsworth não pode ser atribuída ao CNA; isso é produto de quarenta anos de *apartheid*, sob o qual não-brancos foram tratados como animais porque o governo achava que eram. Tampouco é culpa do novo governo que, nove anos depois do fim do *apartheid*, o povo ainda viva em lugares assim. A questão, como dizem Ashwin, Heinrich e os moradores de Chatsworth, não é que o governo esteja demorando a cumprir suas promessas, mas que ele simplesmente não as está cumprindo.

— Todos sabiam que, após o *apartheid*, haveria uma imensa fila de espera pelos serviços sociais, e seria fantasioso esperar o nirvana, ou apenas um padrão decente de vida, imediatamente — diz Heinrich. — O que está gerando esses conflitos não é a falta de ação, mas um verdadeiro "ataque" ao pobre. O governo não está só deixando as comunidades pobres na miséria, está realmente *aniquilando* o pequeno apoio social que eles recebem para manter o orçamento nacional dentro de uma imagem exigida pelo acordo de Washington. O CNA se vê capaz de posicionar o país como uma das melhores opções entre os "mercados emergentes" ao fazer esses gestos para o capital internacional. Para as pessoas daqui, esses malditos gestos fazem com que percam suas casas.

O povo de Chatsworth vive na miséria há décadas. Notificações de despejo foram enviadas a eles em tamanha quantidade durante os anos 1970 e 1980 — muitas vezes a famílias desempregadas, por estarem com dívidas de poucos dólares — que protestos em massa sucederam-se contra o governo do *apartheid*. Quando o governo do CNA foi eleito, em 1994, com a promessa de moradias para os mais pobres, as esperanças eram tão grandes em Chatsworth quanto em qualquer outro lugar.

O que se seguiu, entretanto, foi um aumento dos despejos e dos cortes de energia e água. O conselho municipal de Durban, agora sob o controle do CNA, estava empregando a ética da "recuperação de custos" adotada pelo CNA e da qual o Banco Mundial tanto se orgulhava. "A prática comercial exige que, se os locatários não podem pagar o aluguel, eles sejam despejados", disse o diretor de Habitação em exercício do conselho.[11] O desemprego em Chatsworth foi, e é, em torno de 70%, e muitos dos seus habitantes enfrentam o mesmo problema que os moradores de Soweto: eles simplesmente não podem pagar as contas. Como o povo de Soweto, eles acreditaram na oferta do governo de serviços gratuitos para os pobres, mas tal oferta se transformou na improvisada garantia forçada de quantidades mínimas de água e energia para todos.

110 UM NÃO, MUITOS SINS

As quantidades prometidas eram mínimas — seis mil litros de água gratuita por mês, por residência, e uma promessa de 50kW de energia gratuita que não foi cumprida —, e ambas tinham restrições. A água, por exemplo, era oferecida gratuitamente apenas para aqueles que não deviam dinheiro para a companhia de água, o que eliminava a maior parte dos pobres de Chatsworth. A energia, por sua vez, era oferecida gratuitamente apenas para os que conseguiam pagar pela instalação de um medidor pré-pago, que é convenientemente impossível de ser religado se for cortado. E há os despejos por falta de pagamento do aluguel: despejos que começaram a acontecer às centenas depois que o CNA assumiu o controle do conselho. Despejos de idosos, famílias com bebês; legiões inteiras de pobres.

Por volta de 1996, o conselho municipal de Durban fez uma limpeza de seu mecanismo de combate à era *apartheid* e dirigiu-se a Chatsworth com cães policiais e gás lacrimogêneo para despejar à força, ou desligar a água e a energia de centenas de seus moradores.[12] O povo de Chatsworth formou grupos comunitários e uniu-se com outros distritos. Protestos foram organizados quando os conselheiros locais vieram à cidade. Grupos de oficiais de justiça armados atacavam diariamente os municípios, confrontando-se com moradores determinados a resistir. Batalhas se seguiram, com garrafas, pedras e pedaços de pau sendo atirados. Às vezes os conselheiros evitavam o confronto, e por outras reagiam, com gás lacrimogêneo, balas de borracha e cassetetes. Confrontos físicos difíceis e cruéis duraram horas, dias e semanas. O povo de Chatsworth teve o bastante.

Hoje, por causa dessa resistência, há poucos despejos. Mas ainda existem cortes regulares e a pobreza continua imensa. Ainda posso sentir, em tudo que está a minha volta, um senso de dignidade e um senso de comunidade que parecem desafiar a pressão que vem de cima. Quando chegamos, os moradores estavam promovendo um evento, tentando manter vivo esse espírito de comunidade. É o Diwali, o festival hindu da luz, e o povo de Chatsworth está organizando um "festival dos sem-luz" para celebrar o próprio Diwali e a resistência da comunidade aos cortes que a deixaram sem lâmpadas que funcionassem.

Uma tenda vermelha, branca e azul foi montada num terreno comum, dentro da qual canto, dança e *performances* se desenrolam num pequeno palco em frente a fileiras de cadeiras. Grupos de moças, com os rostos pintados, dançam timidamente, mulheres cantam e um mestre-de-cerimônias gordinho faz o público rir. Do lado de fora, os homens estão misturando *curry* em imensas e antigas panelas de ferro. Eles insistem para que eu coma primeiro. Em troca, sou escolhido fotógrafo oficial do evento, pois sou o único que dispõe de uma câmera.

Perambulo por ali fotografando e conversando com mães e avós que me contam que estão lutando contra o governo porque, segundo uma delas, "O que mais podemos fazer?". Um grupo de rapazes me conta que o CNA é pior do que o Partido Nacional que o precedeu; pelo menos a gente sabia o que esperar do *apartheid*, disseram.

— Muitas famílias que foram despejadas em Durban — me disse um rapaz — não acharam lugar para ir. Há famílias inteiras vivendo no mato. Nada lhes restou.

Dentro das casas, a situação ainda é pior do que do lado de fora. Descubro isso quando uma mulher tímida e de meia-idade me deixa usar seu banheiro. Os cômodos são pequeninos, imundos, úmidos; o emboço está caindo das paredes, as tábuas do assoalho estão apodrecendo, sacos de plástico tapam os buracos das janelas quebradas. É uma casa pequenina de três cômodos com um fogareiro, cadeiras quebradas e décadas de sujeira acumulada que não pode ser limpa jamais. Pergunto a ela quantas pessoas vivem ali. "Seis", responde. Parece embaraçada, e eu não sei o que dizer.

Do lado de fora, Ashwin cumprimenta as pessoas com as mãos espalmadas para cima, dando tapinhas nas costas, batendo papo e conspirando. Todos ali o conhecem. Acabamos sentados num muro de pedra com Heinrich, apreciando as festividades e comendo mais *curry*. Estou tentando digerir minha comida e minha experiência. Não posso me lembrar de ter visto tamanha miséria humana em minha vida — nem tanta dignidade e determinação em meio ao sofrimento. Isso me faz sentir pequeno, deprimido e revoltado. Não sei o que dizer e conto a Ashwin como estou chocado.

— Sim — ele anui com a cabeça, a boca cheia de *dahl*. — Ninguém consegue vir para esse lugar sem ficar chocado. *Ainda* estou chocado, cara. *Veja* tudo isso — ele aponta para o triste panorama diante de nós. Há uma expressão em seus olhos que já deve ter estado ali muitas vezes.

— Essas pessoas estão *lutando* pela permissão de ficarem em casas onde nem *animais* deveriam viver — declara veementemente. — É por *isso* que temos de lutar. E mudar essa luta para que não seja apenas de reação. Nós precisamos começar a estabelecer nossa própria agenda, ou tudo que estamos fazendo será lutar na retaguarda para que o governo pare de atirar as piores coisas em nós.

— É uma *guerra* contra a pobreza! — exclama Heinrich. — Veja o que o governo está fazendo, toda a dor que está causando desnecessariamente a esse povo. O governo se prontificou a desmantelar as barreiras tarifárias mais rápido do que o exigido pela OMC, mesmo que isso gere desemprego. Essas pessoas estão sendo despejadas, sofrendo cortes... e isso não pára aí. A gente costumava receber um auxílio de 450 rands por mês se seu filho tivesse menos de 18 anos. Agora reduziram para 100 rands se seu filho tiver menos de sete anos. De repente, você tem que pagar taxas escolares, que você não estava acostumado a pagar... — Ashwin está anuindo com a cabeça de novo.

— O que você está vendo aqui — Heinrich continua —, e eu realmente hesito em dizer isso, mesmo agora, mas é a verdade, é um desmantelamento até mesmo do que o *apartheid* deu a esse povo, insignificante como ele era. Se houve um boicote do aluguel durante o *apartheid*, o Partido Nacional não ousou enviar tropas, porque haveria violência. O CNA pode fazer isso, e pode fazê-lo em nome do desenvolvimento.

— Sim — concorda Ashwin. — É verdade. E opor-se a isso é *totalmente* legítimo, opor-se tanto ao processo quanto ao governo que o impulsiona. É difícil opor-se ao CNA neste país, terrivelmente difícil. Eles ainda são os libertadores para muitas pessoas, mas o que temos de fazer é construir uma cultura em que a oposição ao CNA seja progressiva.

— Todos nós vivemos sob um regime parecido com o nazismo — diz Heinrich — e nós o derrotamos, essa vitória foi um feito heróico. As pessoas ainda guardam essas lembranças. Agora, o partido que se apropriou dessa vitória, que veio para ser responsável por essa vitória, está fazendo tudo isso com seu povo... — Ele balança a cabeça afirmativamente. — Mesmo que eu tenha problemas algumas vezes por clamar por isso, por me levantar e dizer "Abaixo o CNA!", isso precisa ser feito.

— O mundo olha para a África do Sul agora como fonte de inspiração

APARTHEID: A SEQÜELA   113

— diz Ashwin. — Nós precisamos incentivar uma nova forma de oposição que tenha uma ressonância internacional. A pergunta é como nossos conflitos em lugares como este podem se unir aos de outras Seattles e Gênovas? Nós precisamos fazer isso, porque combater a desconexão e ignorar o Banco Mundial, ou o FMI, ou seja lá o que for, é lutar contra os sintomas, não a causa. Por outro lado, eu desejo que pessoas de Gênova venham aqui e vejam que essa tentativa de esmagar instituições internacionais sem ganhar apoio de comunidades como essa nunca irá funcionar. Nem funcionar por si mesmo. Se pudermos uni-los, conseguiremos um movimento verdadeiramente internacional.

— Ah, mas isso é tão difícil, cara — diz Heinrich.

— É difícil — concorda Ashwin —, mas nós temos que tentar.

É uma manhã quente de novembro e cerca de quarenta pessoas estão agrupadas na livraria Pimville em Soweto para aprender sobre a Organização Mundial do Comércio. Estou de volta a Johannesburgo, dessa vez no seu maior e mais conhecido distrito. A sala verde-clara enche-se com as camisetas vermelhas do Comitê da Crise Energética de Soweto e com as camisetas amarelas do Fórum de Antiprivatização de Johannesburgo. O AIDC está realizando uma palestra antes que a OMC se reúna na próxima semana. George, que organiza o *workshop*, está exausto — já conduziu três essa semana em outros distritos. Ele está de pé em frente ao cartaz branco na frente da sala, afastando o cabelo do rosto. Todos os olhos estão sobre ele; olhos de mulheres gordas de meia-idade com seus lenços em volta da cabeça e vestimentas africanas; de jovens revoltados com suas camisetas onde se lê "Não à privatização", de jovens mães interessadas e de adolescentes curiosos. Desnecessário dizer que todos na sala, exceto George e eu, são negros.

— Nós estamos reunidos aqui hoje — começa George, depois que um homem do Fórum de Antiprivatização o apresentou a todos — para discutir sobre a Organização Mundial do Comércio. — Ele escreve "Organização Mundial do Comércio" no quadro com um pincel atômico azul. — Pessoas do mundo inteiro vão protestar contra a OMC na próxima semana, porque estão muito descontentes com o que está acontecendo aqui. Vamos entender isso melhor. Quem sabe alguma coisa sobre ela?

Há um mar de rostos sem expressão. Um homem ergue a mão.

— É um músculo econômico — explica — organizando o mundo numa economia global... mas para os ricos, não para pessoas como nós.

— Não — diz outro homem —, eu acho que tem a ver com a criação de emprego, para que os países possam se organizar em conjunto para o desenvolvimento econômico.

— Eu acho que a OMC organizou o G-8.

— Os governos do Norte querem a OMC — afirma outro homem — porque eles querem nossa riqueza! É por isso que o Fórum de Antiprivatização diz não à OMC e à privatização! — Ele parece estar lendo num papel.

— Eu não acho que a OMC crie empregos — acrescenta uma jovem. — Para mim, ela existe para obter lucros para as companhias. Como isso nos dará empregos?

— A OMC é como o Banco Mundial e o FMI — intromete-se o homem que está lendo o papel novamente. — Eles querem gerar mais lucros para a classe capitalista. É por isso que o Fórum diz não...

— Certo — diz George. — Alguém mais?

Um senhor, que andou obviamente pensando sobre isso, levanta a mão.

— O problema — explica ele — é que a OMC não leva em conta diferentes ideologias. Ela impõe sanções aos países que não se adaptam à sua política global. Não dá opção aos países para se desenvolverem.

— Muito bem — admite George —, existem muitas idéias aqui. Vamos falar sobre elas. Primeiro, eu vou contar a história da OMC. Ela é uma organização muito nova. Tem apenas cinco anos de existência...

Cerca de uma hora depois George está explicando o acordo da OMC sobre os Direitos de Propriedade Intelectual Relacionados a Negócios, TRIPS [Trade-Related Intellectual Property Rights], para a platéia atenta. O TRIPS, segundo a OMC, globaliza a proteção a patentes, direitos autorais, marcas registradas e afins, para evitar o roubo de idéias e projetos e "proteger a inovação". Isso significa que algo patenteado em um dos países-membros da OMC está patenteado em todos eles, o que enfraquece a patente ilegal.

Na África do Sul, entretanto, há uma lei que permite ao governo usar "licença compulsória" de remédios em situações emergenciais — tirando os direitos de patente de uma empresa e produzindo em massa versões mais baratas do medicamento. Este país, onde 4,7 milhões de pessoas — uma em cada nove pessoas da população — são soropositivas, vive um estado de emergência sob todos os aspectos e, evidentemente, todos concordam que fornecer ao pobre medicamentos para a Aids gratuitos ou mais baratos é uma necessidade moral. Todos concordavam, exceto 39 das maiores empresas farmacêuticas do mundo, que, em 2001, se mobilizaram contra o governo sul-africano, alegando, com base no TRIPS, que sua política de barateamento de remédios era ilegal.

Ativistas da Aids na África do Sul iniciaram uma campanha internacional contra a indústria farmacêutica, provocando uma onda de reação internacional. Sob pressão, a OMC finalmente declarou que o TRIPS não evitava que governos como o sul-africano quebrassem patentes em situações emergenciais de saúde.

— Isso é o que a OMC diz — George explica. — E o governo americano ainda levou o Brasil à OMC por fazer exatamente a mesma coisa: produzir remédios mais baratos e quebrar as leis de patente. A Tailândia está fazendo o mesmo. Então, vamos falar sobre leis. Na África do Sul, nós temos uma lei: você não pode matar seu vizinho. Se você o mata, o que te acontece?

— Vai preso — murmura a sala.

— Certo. A polícia vem e te prende, e depois você vai a julgamento. Sendo assim, se a Tailândia continua a produzir medicamentos mais baratos para a Aids, burlando a lei do TRIPS, o que você acha que acontecerá?

Faz-se um silêncio.

— A Tailândia será presa? — indaga um homem.

— Hum... — diz George. — Bem, sim, de certa forma, eu suponho. A Tailândia será levada a um tribunal secreto da OMC, e, se perder esse caso, sanções serão impostas a ela.

— Mas isso não é justo! — grita alguém lá do fundo.

Ao final da reunião, todos parecem concordar: não é justo. George está conversando sobre o apoio do governo à indústria e por que as regras da OMC exigem que a África do Sul acabe com isso.

— Muitas empresas sul-africanas que produzem enlatados na Cidade do Cabo fecharam recentemente — conta ele — porque o governo não tem mais permissão para subsidiá-las, segundo as ordens da OMC. E ainda, na Europa, os governos subsidiam seus agricultores com bilhões todo ano...

Uma mulher ergue a mão.

— Mas isso é opressão econômica! — exclama.

— Sim — concorda George. — É opressão econômica. — Uma agitação se espalha pela sala.

— Será que nossos ministros são estúpidos? — pergunta uma mulher toda colorida e avantajada, que vinha se agitando desde que a reunião começou. — Eles não procuram ler e entender antes de assinar?

— Eles entendem — responde George. — Agora vocês entendem por que a África do Sul perdeu um milhão de empregos com a OMC?

— Sim! — grita a sala.

— O alto escalão do nosso governo — diz um homem — deveria estar fazendo o que queremos que seja feito! Esse é o trabalho deles!

— Sim! — gritam todos novamente.

— E então o que podemos fazer em relação a isso? — pergunta outra mulher. — Nosso primeiro inimigo é a ignorância. Eu não sabia nada sobre a OMC até hoje. Como vamos lutar contra isso?

— Nós devemos lutar contra ela! — grita um senhor. — Estamos sendo vendidos! Estamos *sempre* sendo vendidos! Devemos *lutar* contra isso!

Quando o *workshop* termina, todos estão ocupados discutindo como organizar transporte para o centro de Johannesburgo, para a marcha na próxima semana. Todos eles, até a última pessoa, querem se levantar para entrar na contagem. No canto da sala, enquanto isso, muito ocupada escrevendo num caderno de notas já repleto, está sentada Dudu Mphenyeke, uma das líderes do Comitê da Crise Energética de Soweto (SECC).

Dudu morou em Pimville por décadas e ajudou a estabelecer o SECC em julho de 2000, depois que a energia de sua casa foi cortada. Ela agora é do setor de relações públicas do SECC e viu a organização que ajudou a criar passar de 17 membros iniciais para mais de 5 mil hoje. Ela usa um enorme distintivo quadrado na sua camiseta vermelha que diz "Terceiro Mundo Dentro". Pergunto-lhe o que motiva o SECC a continuar.

— Nós entendemos a energia elétrica como um direito — responde calmamente — e sentimos que é melhor burlar a lei do que enganar o povo, enganar a comunidade. É isso que o governo está fazendo. A água e a energia de graça que eles prometeram antes das eleições não foram implementadas.

Pergunto se ela concorda com Ashwin e Heinrich, de que o governo está conduzindo uma "batalha contra o pobre".

— Bem, a vida em Soweto ficou pior — responde sem ênfase. — Era melhor durante o governo do *apartheid*. Não tínhamos os cortes. Não tínhamos falta de água, não tínhamos tanta gente com diploma universitário desempregada. É realmente alarmante. As pessoas estão sendo podadas, o desemprego está aumentando, as companhias estão sendo privatizadas... — Ela suspira e me encara.

— Nós achamos que este governo trouxe mais miséria e mais pobreza do que antes. Eles estão facilitando para os empresários, reduzindo os impostos para tornar mais fácil obter lucros e dificultando a vida dos trabalhadores; das pessoas comuns como nós. — Ela suspira de novo e balança a cabeça.

— Nós ainda não temos liberdade na África do Sul — conclui — e nos sentimos derrotados.

Passaram-se dois dias. Amanhã é 9 de novembro, quando a marcha do AIDC contra a OMC será realizada, e George está correndo a cidade tentando reunir tudo que precisa para fazer com que dê certo. Prometi ajudar, e é por isso que me encontro numa imensa fábrica desativada transformada em espaço de arte, que cheira inexplicavelmente a amendoim, pintando tudo que possa ser usado pelas pessoas amanhã. Quatro ou cinco membros da cooperativa artística local prometeram a George que fariam alguns acessórios para ele a curto prazo, e eu os estou ajudando a terminar.

Passamos o dia inteiro trabalhando, nos arrastando pelo chão com canetas, potes e pincéis, e ao entardecer tínhamos uma interessante coleção de itens para mostrar nossos esforços. Isso inclui um enorme boneco de papelão com a figura do ministro da Indústria e Comércio, queridinho da OMC, Alec Erwin; ele carrega um enorme martelo, estampado com as letras "OMC", sobre uma representação gigantesca da África, na qual estão pintadas as palavras "VENDE-SE". Inclui também vinte copos de água feitos de cartolina ("Água da OMC — 1,50 rand"), quatro enormes cartolas listradas com símbolos do dólar pintados, que acompanhavam charutos de cartolina de executivos graúdos regiamente pagos, frascos de remédios nos quais se liam as frases "Fim da AIDS, fim do TRIPS, remédios acessíveis já!" impressas do lado, e três faixas de pano gigantescas contra a OMC das quais estamos muito orgulhosos.

A manhã do dia 9 surge clara e brilhante e, no pequeno estacionamento de carros do lado de fora dos escritórios do AIDC, uma vanguarda de participantes está se reunindo. George me incumbiu de explicar e distribuir os adereços, os quais transportamos da fábrica de amendoins no seu velho e barulhento carro. Uma multidão entusiasmada se junta à minha volta quando abro o porta-malas.

— Tudo bem — digo, pegando Alec Erwin com cuidado. — Este é Alec Erwin. Ele tem um martelo da OMC, vejam... — Alguém agarra Erwin e desfila com ele pelo estacionamento girando e ganhando aplausos.

— Esperem, tem aqui a África, é claro. Hum... com o vende-se. Ele parece estar batendo nela com a OMC. Vocês têm que carregá-los um junto do outro. — Agora que já expliquei, parece tudo meio bobo. Mas ninguém se importa, e todos querem carregar a África pronta e apaixonadamente.

— Certo, quem quer ser um capitalista americano? — As cartolas listradas são experimentadas antes que eu termine a frase.

— Não esqueçam dos charutos — digo com a mão cheia de rolos de cartolina grosseiramente pintados que tiro do porta-malas. — Capitalistas precisam de charutos.

— *Dagga!* — grita alguém, agarrando um deles. Há uma onda de risos. *Dagga* significa maconha na língua deles.

— Não é *dagga*, é um charuto capitalista.

— Maconha capitalista!

Os charutos estão na boca das pessoas em dois segundos e uma fumaça imaginária de *dagga* está sendo soprada para o alto. Logo todos os outros adereços e faixas são ansiosamente agarrados, e sendo assim parece que nosso dia não foi um desperdício.

Meia hora depois, no centro da cidade, a passeata está para começar. Os habitantes de Soweto chegam, se juntando a moradores de outros municípios. O grupo que carrega os adereços está dançando freneticamente no meio da praça, e o local vira uma multidão de camisetas; o vermelho e o amarelo do pessoal de Soweto, e outras cores, usadas por aqueles que vieram por conta

APARTHEID: A SEQÜELA 119

própria, com frases como "Globalização corporativa é *apartheid* global", "Falta de terra = racismo", e — a minha preferida — o logo da Nike com os dizeres "*Just vom it*" (Apenas vomite).

Poucos minutos depois da minha chegada, um carro estaciona na praça com um par de alto-falantes presos ao teto. Ele é dirigido por Trevor Ngwane, um homem que está rapidamente se transformando num novo herói do povo sul-africano ("Trevor é o nosso Marcos", clama Patrick, com entusiasmo). Ex-conselheiro do CNA para Soweto, expulso do partido por fazer oposição aos planos de privatização, Trevor é agora um líder importante no Fórum de Antiprivatização de Johannesburgo. Trabalha para o AIDC, é membro do Comitê da Crise Energética de Soweto e percorre a África do Sul e o mundo dando palestras e prendendo a atenção da platéia com sua voz grave e estrondosa que raramente falha. Ele é o homem que repreendeu o financista bilionário George Soros em pleno Fórum Econômico Mundial. É um homem que pode, sem envergonhar-se por isso, montar um palco na frente de milhares de pessoas em Washington DC e dançar o *toyi-toyi* enquanto canta "O Banco Mundial, *haaí!*, é o demônio, *haaí! haaí!*". O CNA deve estar amaldiçoando o dia em que o colocou para fora.

É claro que estou querendo conversar com Trevor desde que cheguei ao país. Quando tenho a chance de agarrá-lo, pergunto o que ele pensa que grupos comunitários como aqueles em que está envolvido podem conseguir de verdade. O que o Fórum de Antiprivatização fez, por exemplo?

— O Fórum tenta unir sindicatos com organizações comunitárias — explica. — É uma coalizão aberta a todos que se opõem à privatização e querem vir a público para dizer isso. Mas também dá uma nova dinâmica e perspectiva políticas. A questão principal no momento é libertar as pessoas do medo de criticar o CNA. Precisamos superar isso. Veja o meu exemplo. Quando você abandona uma organização que ajudou a construir e na qual trabalhou duro anos a fio, você não sente prazer nisso!

Ele ri, é um som profundo, longo e acolhedor. Pergunto se o CNA está preocupado com o que as pessoas como ele estão fazendo.

— Ah, sim! — admite ele com um sorriso malicioso. — Não tenho dúvida. Eles estão definitivamente preocupados conosco. O que eu tenho notado agora é que eles não estão mais atingindo as pessoas como o CNA, mas como "o Estado". Eles são o Estado agora, não mais um movimento social. E eles nos chamam agora de "contra-revolucionários"! Porém cada vez mais as pessoas não estão dando ouvidos a isso.

A marcha começa. Trevor pula em seu carro e agarra o microfone, nos guiando vagarosamente pelas ruas da cidade, berrando frases enquanto passa.

— Fora, Mbeki!

— Fora, Gear!

— Fora, OMC!

— Abaixo o capitalismo!

— Viva a África do Sul! Viva!

Não é preciso muito para se conseguir ver uma dança sul-africana e, tão logo a marcha prossegue, todos estão dançando o *toyi-toyi* pelas ruas. Encontro Virginia, que não consegue parar de rir com o fato de a gente não conseguir se encontrar sem estar cercados por dançarinos. A multidão continua andando, carregando bonecos gigantes, gritando pelo caminho com Trevor e acenando para a polícia, que se reuniu à nossa volta naqueles horríveis e enormes carros blindados que se viam na TV, nos anos 1980, oprimindo as pessoas em suas casas nos municípios. Agora, os motoristas são negros. Existem talvez trezentas pessoas ali, mas elas têm bastante energia, e fazem barulho como se fossem três mil.

A passeata segue por poucas ruas e Patrick chega, ofegante. Como sempre, está superatarefado. Ele também está deprimido, mas Patrick mesmo deprimido ainda é um feixe de energia. Havia participado de uma reunião com alguns políticos do CNA, na qual ele e um amigo estavam tentando persuadi-los de que suas políticas de privatização estavam destruindo as próprias pessoas que eles alegavam ter lutado para libertar. Perguntei a ele qual foi a resposta.

— Ah! Eles disseram que somos contra-revolucionários, é claro. E aí mostramos um vídeo, pessoas em Soweto se insurgindo contra os cortes. Eles ficaram bem quietos depois disso. Era irrefutável. Depois chamamos a atenção para o fato de que eles prometeram energia de graça nas eleições de 1999.

— E então, vão fazer alguma coisa?

— Não. Eles vêem seu papel agora como se vendessem privatização para o pobre. Essa é a versão deles de liberdade.

Dobramos uma esquina, ainda caminhando e gritando, seguidos por policiais balançando os cassetetes. Patrick está me apresentando a todos que ele conhece, que parece ser todo mundo.

— Paul, eis aqui alguém que você deve conhecer. Lucien, este é Paul. Lucien é um dos nossos líderes anarquistas.

— Não existe essa coisa de líder anarquista, Patrick — diz Lucien.

— Wolfram — dirige-se Patrick a um senhor frágil e idoso, de olhos gentis, que está andando três passos atrás de nós. — Este é Paul. Paul está escrevendo um livro sobre o movimento. Wolfram é um dos nossos líderes, teólogo da liberdade. Vocês dois devem trocar figurinhas.

Com dois passos largos, Patrick alcança alguém mais.

— Nhiania, este é Paul. Paul, Nhiania é uma líder ativista da Suazilândia. Você vai achar isso muito interessante... — Fico pensando se ofereço uma comissão a Patrick.

— Abaixo a privatização! — Trevor está berrando pelos alto-falantes.

— *Amandla!* — grita a multidão. *Amandla* é uma palavra que já ouvi muito desde que cheguei aqui. No dialeto xhosa, significa poder. O povo da África do Sul foi libertado do *apartheid*; o poder verdadeiro, no entanto, está provando ser muito mais difícil de se compreender.

Faltam dois dias para eu deixar o país e ainda preciso fazer uma coisa. Tenho que conversar com alguém do partido supostamente responsável por tudo isso e perguntar o que está acontecendo; ouvir o outro lado da história.

Por isso estou no quinto andar da imponente sede do CNA em Johannesburgo, no escritório de Michael Sachs, o chefe de política e pesquisa do CNA. Sachs é uma figura influente no partido e me prometeu dar a versão do governo para a história. Eu me sento, aceito uma xícara de chá, agradeço, troco a fita do gravador e pergunto a ele por que tantas pessoas se sentem enganadas pelo governo.

— Bem — responde ele devagar —, primeiro, eu acho que precisamos levar em consideração que nós vencemos, com maioria esmagadora, quatro eleições. Todo mês são feitas cerca de dez eleições suplementares neste país, e o CNA continua a gozar do apoio popular nessas eleições. Eu não estou dizendo que não tenha ninguém decepcionado com o CNA, ou que não haja insatisfação no país, é evidente que há, mas precisamos ver o problema em perspectiva.

Mas há muita tristeza, prossigo, em relação ao que vocês estão fazendo. Por exemplo, é difícil encontrar alguém com uma palavra de apoio ao Gear, até seus parceiros na Aliança parecem odiar essa política.

— Existe muita tristeza — diz Sachs, com franqueza. — Também há muitas críticas ao Gear. A política econômica que adotamos em 1996 era conservadora. Ela possui muitos paralelos com o que podemos chamar de programas de ajuste estrutural. Trata-se de disciplina fiscal, estabilidade macroeconômica, superação de dívidas. Mecanismos de mercado têm sido introduzidos em instituições que antes pertenciam ao governo e eram controladas por ele. Uma forte discussão tem havido em torno desse assunto.

Essa discussão parece ser mais barulhenta fora do CNA, complemento. E o entusiasmo do partido em agradar os mercados à custa do seu próprio povo é o que está enfurecendo tantas pessoas. O Gear...

— Bem, veja, nós agora somos uma espécie de pós-Gear — interrompe ele. — Houve um relaxamento dessa disciplina fiscal rígida, mas, sim, existe muita... — Ele faz uma longa pausa, pensativo. — Se você considerar o que estamos fazendo no contexto de uma revolução democrática nacional, que é a maneira como nos vemos no governo... esta é uma situação realmente muito difícil, basicamente nenhum outro movimento revolucionário teve que competir com um mundo unipolar. Certamente, desde a criação da antiga União Soviética nenhum movimento revolucionário tomou o poder em condições globais tão desfavoráveis, uma vitória tão desenfreada para o capitalismo financeiro, o capital financeiro ascendendo ideologicamente, e tendo uma hegemonia sem paralelo na história. — Ele se cala, parece cansado, e então retoma sua ladainha de expectativas.

— Nós alcançamos a democracia em 1994 e imediatamente tivemos que nos confrontar com a questão da globalização. Nós embarcamos numa difícil curva de aprendizagem. Nesse tipo de contexto temos a adoção de políticas macroeconômicas conservadoras. Talvez elas pudessem ter sido menos conservadoras. Talvez devêssemos ter gasto mais com a parte social. Mas eu não tenho dúvida de que se tivéssemos entrado em algum tipo de projeto socialista keynesiano em 1994, teríamos sido derrotados, enquanto CNA. A

APARTHEID: A SEQÜELA **123**

estabilidade macroeconômica, num mundo globalizado, é a condição para nós continuarmos com nossos objetivos, que são prestar serviços sociais e transformar a economia deste país, racialmente distorcida, em uma economia mais igualitária.

Mas e se a busca por essa estabilidade comprometer o que vocês dizem serem suas metas? E se a busca por estabilidade tornar-se a sua meta? As pessoas me disseram que a vida piorou desde o fim do *apartheid*, e elas culpam vocês.

Há uma longa pausa, de novo, enquanto ele escolhe as palavras.

— Veja — diz, finalmente —, estamos operando num mundo em que se é forçado a assumir compromissos... e eu acho que se você acredita que o Estado não está tentando disciplinar o capital e garante que o povo tenha acesso aos serviços sociais, você está com uma impressão errada. O padrão de vida das pessoas nas áreas urbanas pode ter decaído desde 1994. Foi um plano macroeconômico muito austero, mas estamos lidando com uma crise que não foi criada por nós. Sabendo que nossa democracia aconteceu no ano em que a OMC foi criada — por causa dessas pressões, acho que deveríamos merecer um crédito pelo que estamos conseguindo. Não é como se nós nunca errássemos, nem estou tentando pintar um quadro em que tudo fosse cor-de-rosa e não houvesse espaço para melhorias.

Mas vocês não estão apenas relutantemente tolerando a globalização, vocês estão, argumento eu, estimulando-a mais e mais rápido. Neste exato minuto, seu ministro do Comércio está na OMC abrindo caminho para uma nova discussão sobre comércio — o único ministro do Comércio africano a fazer isso. Vocês aborreceram muitos dos seus vizinhos com essa atitude. Vocês estão retirando as tarifas mais rápido do que é solicitado pela OMC...

— Bem, nós não fazemos oposição à OMC — responde ele, fugindo da pergunta habilmente. — Nós nunca pensamos em aboli-la, ou ao Banco Mundial ou FMI. Nós achamos que temos de nos filiar a essas instituições. Mas veja... não há nenhuma traição. Eu não acredito que tenha havido uma traição. Entre nós certamente há elementos que acreditam no capitalismo. Mas esse foi sempre o caso no CNA; nós nunca fomos um partido socialista. A abordagem que adotamos diz: como nos engajamos na globalização? E se nos engajamos nela de modo irrealista, isso é ditado provavelmente por bons

124 UM NÃO, MUITOS SINS

princípios, mas que não reconhecem a realidade de um mundo unipolar com a força do capital financeiro que existe lá fora... você deve levar isso em consideração, e perguntar como podemos defender uma agenda mais produtiva neste contexto?

Este argumento está se transformando numa das mais inflexíveis aceitações da impotência governamental perante a globalização que já ouvi. Estou começando a admirar Sachs por sua franqueza.

— Bem — continua ele —, hoje não se pode simplesmente redistribuir as coisas. Talvez se tivéssemos uma União Soviética para nos defender, nós pudéssemos fazer isso, mas, francamente, você tem que fazer o jogo, tem que assegurar que não vai entrar numa aventura, pois certamente *será* derrotado. Eles foram derrotados no Chile, foram derrotados na Nicarágua... você não pode fazer isso agora...

Por enquanto, diz ele, não é verdade que os serviços estão piorando em todos os lugares.

— Os serviços *estão* melhorando — insiste ele, e o tom é decisivo. — Não há dúvida sobre isso. Em termos de desenvolvimento rural neste país, as pessoas estão conseguindo água, estão conseguindo energia. Talvez o custo de vida tenha subido, e para as classes de trabalhadores urbanos as coisas não têm sido fáceis nos últimos cinco anos. A globalização sopra ventos horríveis e pungentes em nossa economia. Mas ainda não há dúvida de que o Estado é popular e democrático, e não há dúvida de que está estendendo os serviços aos pobres. Há um descontentamento popular, não há dúvida, mas eu não acho que as pessoas estejam prestes a abandonar o CNA. — As ONGs da África do Sul, diz ele, não possuem uma base maciça do tamanho da base do CNA. E com referência ao movimento "antiglobalização" ao qual estão engajadas... ele "tem um problema".

— Ou melhor, não é como o comunismo ou o socialismo, que, apesar de todos os erros, pelo menos sabiam com o que queriam substituir o capitalismo internacional. Esse movimento não tem isso ainda. Você pode cortar a energia da casa do prefeito, mas o que você propõe que o Estado, ou o que quer que seja, coloque no lugar do sistema que causa tais problemas? Não acho que isso seja necessariamente inerente a esse movimento, acho que é provavelmente apenas um estágio em seu desenvolvimento, que ainda não chegou ao ponto em que se possa dizer "Isso é o que gostaríamos de ver". Ou seja, pessoas como eu — eu sou contra o capitalismo —, todos nós somos contra o capitalismo, todos nós achamos errada a exploração do homem pelo homem, mas isso não basta. No contexto sul-africano, qual é a alternativa política para o CNA? Devemos adotar, digamos, políticas similares às de Fidel Castro, que é um dos amigos mais próximos do CNA? Devemos estar lá fora condenando o imperialismo? Se você fizer essas coisas, quanto tempo vai durar? Não há alternativa organizacional, e nenhuma alternativa política verdadeira para aquilo que estamos fazendo.

Ele suspira. Meu gravador continua a girar. O som de uma máquina de escrever vem através da parede. O governo do CNA da África do Sul deve ser um dos mais admirados no cenário internacional. Ele tinha uma grande rede de esperanças depositadas. Mas parece já ter abandonado a maioria delas; incluindo a própria. A globalização puxou o tapete dos libertadores da Nação do Arco-Íris com mais eficácia do que o *apartheid*. Crédito para Michael Sachs, pelo menos ele é honesto.

— É duro — continua ele. — Não vou fingir que não há discordância em nosso próprio grupo quanto a tudo isso. Não estou dizendo que estamos fazendo tudo certo, mas estamos tentando, entende?

No meu último dia, de volta a Durban, Ashwin e Heinrich me deram uma carona até o aeroporto, e nós estamos todos passeando, à espera do avião para Johannesburgo. Vamos a uma típica cafeteria de aeroporto, insípida, e bebemos café ao som enlatado da música ambiente. Ficamos ali conversando quando Ashwin disse algo muito interessante. Ele fala da luta sul-africana e do que, segundo ele, está em seu cerne.

— Qual o motivo de toda a luta, desde o início? — pergunta, de forma retórica. — Era para dizer: nós não trabalharemos em suas minas, nós queremos a nossa terra, queremos o controle. Não queremos o maldito voto, o voto *não tem significado* a menos que possamos administrar nossa própria economia. É isso o que queremos. As pessoas supõem que nossa luta terminou quando Mandela nos deu o voto, que isso era tudo o que importava. Não era, queremos direitos econômicos e políticos. Nós temos o direito de controlar nossa própria economia, de usar nossos próprios recursos, de comprar e vender nossas próprias coisas. E isso é uma questão dolorosa para as pessoas: como podemos ter toda essa terra, todo esse ouro, e ainda assim termos o Banco Mundial e o FMI nos dizendo o que fazer? Como podemos ter o direito de voto e ainda assim não sermos livres? E as pessoas estão começando a enxergar isso agora. Nossa luta não acabou. A luta do século XXI é pelo direito de administrar nossa própria economia.

Ashwin atingira em cheio exatamente o que, de uma forma mais indireta, Michael Sachs tangenciara em seu escritório naquele dia. Algo que refletia, de forma independente, palavras similares às que eu havia ouvido em Gênova, Chiapas e Cochabamba, e que eu ouviria em outros lugares, quando conversei com ativistas em diferentes países, em diferentes circunstâncias. Era uma idéia simples, mas uma idéia que costura todo o movimento global: liberdade política sem liberdade econômica não tem sentido.

A África do Sul me forneceu apenas o exemplo mais completo desse fato, mas isso pode ser visto no mundo inteiro. As atividades dos governos estão fortemente restringidas pelo fluxo livre de capital e investimentos que caracteriza o processo de globalização. Dito de forma grosseira, porém correta, se algum governo tentar alguma medida radical e perigosa, como reforma agrária, nacionalização das indústrias, controle de organizações, redistribuição de riquezas — qualquer coisa, em outras palavras, que ameace esse *status* do país como um lugar seguro de se obter lucros —, as empresas e os investimentos levantarão acampamento e se mudarão para outro lugar.

O jornalista americano Thomas Friedman, um dos defensores mais ardorosos da globalização, denominou isso de "camisa-de-força dourada". Ele fala entusiasmado do processo que tem sido uma das maiores queixas do movimento: "Quando seu país veste a camisa-de-força dourada", explica ele, "duas coisas tendem a acontecer: a economia cresce e as políticas encolhem... [A] camisa-de-força dourada reduz as opções dos programas econômico e político dos governos a parâmetros relativamente estreitos. É por isso que é mais difícil, nos tempos de hoje, encontrar uma verdadeira diferença entre partidos do governo e de oposição naqueles países que vestiram a camisa-de-força dourada. Tendo vestido a camisa-de-força dourada, as opções políticas ficam reduzidas a Pepsi e Coca-Cola — para suaves nuanças de sabor, suaves nuanças políticas..."[13] Para Friedman isso é bom. Bom ou ruim, é uma

APARTHEID: A SEQÜELA **127**

ironia que se reivindique que mercados livres e sociedades livres caminhem de mãos dadas. A realidade, como a África do Sul mostra tão bem, é que a globalização come a democracia no café da manhã.

A África do Sul prendeu-se de forma segura com a camisa-de-força dourada e o resultado foi um governo tímido, contido pela mão mortal do capital global até mesmo de tentar atingir suas ambições mais radicais. O resultado, visto de modo rígido, é uma revolução traída. O governo do CNA tomou sua decisão: render-se ao poder do mercado global e dar a seu povo as migalhas que conseguir juntar de sua mesa. Talvez isso seja compreensível. Talvez isso seja covarde. Seja lá o que for, eles não estão sozinhos.

Mas seu povo também não. Não estão sozinhos em seu ultraje ou sua resistência. Não estão sozinhos na crescente compreensão de que a independência econômica, não apenas política, é algo por que se deve lutar. Essa luta começou, e não parece que vai acabar tão cedo. A longa caminhada da África do Sul para a liberdade ainda não terminou.

4 Uma igreja contra o consumismo

"Nós da família Coca-Cola levantamos todas as manhãs sabendo que cada uma das 5,6 bilhões de pessoas do mundo sentirá sede naquele dia... Se fizermos com que seja impossível para essas pessoas escapar da Coca-Cola... estamos assegurando nosso sucesso futuro por muitos anos. Qualquer coisa diferente disso não é uma opção a ser considerada."

RELATÓRIO ANUAL DA COCA-COLA, 1993

"Perguntei ao presidente: 'O que podemos fazer para demonstrar apoio à América?' Ele respondeu: 'Mãe, se você quiser realmente ajudar, não pare de comprar.'"

BARBARA BUSH, MÃE DE GEORGE W. BUSH, 2001

É o cabelo que faz isso. O cabelo é visível a três quarteirões, um grande arranha-céu dourado radiante à luz do sol do inverno de Manhattan. O cabelo e os dentes. Os dentes são muito alvos e o sorriso é largo, simpático, e aponta na minha direção. Não poderia ser outra pessoa. Ele vem pedalando uma bicicleta, a corrente com cadeado pendurada no pescoço.

— Paul? — diz o reverendo Billy, apertando minha mão com firmeza.

— Bill. Perdão pelo atraso.

Ele olha para o copo de papel em minha mão, no fundo do qual estão os resíduos de um *latte* do Starbucks.

— Ora, você não comprou isso, comprou? — pergunta.

O reverendo fica aborrecido e resolve que nós dois precisamos de um "café de verdade". Jogo fora meu copinho de papel e atravessamos a Astor Place, afastando-nos da maior loja da Starbucks de Manhattan rumo a um velho caminhão de café verde, que pertence a um amigo de Billy, e de cujos alto-falantes desconjuntados sai um *jazz* em alto volume. O que se oferece ali é, na verdade, um café muito melhor do que a Starbucks sonhou ter um dia.

— Cara — pergunta o dono do caminhão de café para Billy —, como está?

— Bom — responde Billy — Muito bom. Para mim é um de nossos melhores *cappuccinos*. Não, espere, prepare dois!

O reverendo Billy é o fundador e líder espiritual da Church of Stop Shopping (Igreja Pare de Comprar) e está cumprindo uma missão divina. Sua missão é salvar Nova York, salvar a América e salvar o mundo do castigo do consumismo. Um castigo infligido aos infiéis como as pragas do Egito; enviado dos céus para homogeneizar seus bairros, destruir suas lojinhas e seus cafés, substituir a independência pela dependência e manter o domínio das ruas nas mãos de um bando de empresas multinacionais bucaneiras que decidirão o que eles devem comprar e levando seu dinheiro por conta disso. O reverendo Billy veio para salvá-los — para nos salvar — disso tudo, e eu vim, hoje, à Astor Place para me absolver de meus pecados (especificamente, a compra daquele *latte*) e para ouvir o reverendo explicar como ele pretende fazer isso.

Caminhamos por alguns quarteirões do centro da cidade, o reverendo empurrando a bicicleta e apontando, a cada três metros, esse ou aquele ponto de referência que se mantinha orgulhosamente independente há anos e que agora passou a ser um McDonald's, uma loja da Disney, outra Starbucks. Buscamos refúgio em um dos poucos lugares no centro de Manhattan que ainda não pertence a nenhuma cadeia multinacional — Jones Diner, um clássico americano de sessenta anos, todo cromado, de aço, néon, plástico, hambúrgueres e cereais (quaisquer que sejam). Ele transpira James Dean, Humphrey Bogart, Steve McQueen. Eu tinha visto esse tipo de coisa nos filmes, então sei o que é.

— Este é um dos últimos locais em escala humana na vizinhança — comenta Billy. — Querem derrubá-lo para construir um "centro executivo"

— Ei, você! — grita o proprietário da lanchonete, surgindo de trás de um balcão de aço inoxidável, vestindo um avental listrado e um chapeuzinho branco. Ela é uma autêntica lanchonete, genuinamente nova-iorquina, genuinamente americana. É minha primeira visita ao país e tudo me parece muito familiar.

— Ei, você! — repete o dono, acenando para Billy. — Não queremos você por aqui. Você atrai problemas. — Os dois estão sorrindo. Isso é obviamente um ritual bem executado.

— Está certo — responde Billy. — Nós vamos embora e vamos comer na Starbucks. Eles têm uns biscoitinhos embalados. Não precisamos de estilo pessoal em nosso bairro, nós já temos o frio corporativo.

— Peru é o prato especial — avisa o dono do lugar.

— Então nos traga o peru, por favor, meu amigo — anui o reverendo. O homem some na cozinha e Billy se dirige para mim, os dentes brilhando.

— Vamos conversar — diz ele.

Desde que fez seus votos, o reverendo Billy vem travando uma batalha solitária contra o consumismo, num estilo muito próprio dele. Outros que se opõem à explosão da Starbucks e de outras redes corporativas, de livrarias a hamburguerias, espalhando-se pela cidade, destruindo a concorrência local e descolorindo a natureza de nossos bairros, talvez optassem por boicotar essas redes. Poderiam escrever uma carta para alguém, ou até ficar do lado de fora da loja segurando cartazes e gritando "chega de Starbucks" ou algo parecido. Billy não acha que essas abordagens funcionem, e ele deve estar certo. Ele supõe que em um novo mundo — um mundo de consumismo generalizado, propaganda de massa, excesso de informação —, um mundo como o nosso, os protestos devem ser tão novos e tão reinventados como a própria economia.

Billy quer que as pessoas entendam que ao comprarem um café no Starbucks estão comprando muito mais do que uma bebida, e ele quer transmitir a mensagem de tal modo que as pessoas não possam ignorá-la; de tal modo que, na verdade, elas até achem engraçado. E então, num certo dia, numa certa hora, Billy entrará no Starbucks, com seu topete magnífico, os dentes resplandecentes, o corpo enfiado num *blazer* branco, e começará a pregar.

Com sua voz forte, suas palavras bem pronunciadas, seu talento para a autopublicidade, ele convidará os clientes reunidos para um sermão sobre os demônios do "Frankenbucks". Ele vai lhes contar sobre o hormônio de crescimento bovino geneticamente modificado pela Monsanto e que existe no leite do Starbucks. Vai lhes contar também sobre as batalhas em que a empresa se empenhou para evitar que seus funcionários se filiem a sindicatos. Vai falar sobre a política corporativa da Starbucks de expansão de suas lojas em partes da cidade onde existam cafeterias locais. E vai falar sobre o uso de mão-de-obra barata de presidiários para embalar seus produtos.

Acima de tudo, ele pregará o evangelho do anticonsumismo; contará histórias de bairros devastados, canibalizados por cadeias de lojas e abandonados à própria sorte. Ele vai divertir e enfurecer; os funcionários do Starbucks vão ficar nervosos; a filial começará a se encher de gente; e, se tiver sorte, Billy será arrastado para fora ainda pregando. Ele adora ser expulso desses lugares.

Essa é apenas uma — a mais básica — das ferramentas do arsenal do reverendo. De vez em quando, ele realizará "óperas-celulares", nas quais os membros de sua congregação andarão pelas ruas berrando pelos celulares algo sobre a mão-de-obra escrava nas plantações de café ou sobre os baixos salários dos funcionários, o som de suas conversas aumentando de modo progressivo e coordenado. Billy também escreveu vários roteiros para uma "pre-

134 UM NÃO, MUITOS SINS

gação teatral" que qualquer pessoa, em qualquer lugar, pode representar — em voz alta, naturalmente — numa Starbucks local com um amigo. Um dos roteiros retrata um casal discutindo em voz alta sua relação sexual iminente no banheiro do Starbucks. Em outro, um ex-prisioneiro adentra a loja querendo comprar café e descobre que o pacote que acabou de comprar foi colado por ele quando estava na cadeia. Um terceiro, intitulado "Onde meu *Latte* Consegue seus Hormônios de Crescimento Bovino", descreve dois amantes cujo relacionamento foi patrocinado pela Monsanto.

Tudo isso explica bem por que o Starbucks odeia e teme o reverendo — tanto que distribuiu um memorando a todos os funcionários de Nova York intitulado "O que devo fazer se o reverendo Billy entrar na minha loja?". Esconder-se, talvez.

O reverendo Billy, em seus momentos mais sóbrios, é o velho e simples Bill Talen, ator e redator que, depois de muitos anos de teatro, achou que precisava de um novo palco. Bill sempre quis que sua arte mudasse a sociedade que ela refletia, mas custou tempo ao reverendo para que realmente tudo começasse a ter o efeito desejado. Seu *alter ego* foi inspirado por vários fatores — um velho amigo padre, sua própria infância calvinista, a tradição americana de evangelização pela TV e o que estava acontecendo com o Times Square de Nova York.

Tudo começou em meados dos anos 1990, quando o prefeito Rudolph Giuliani estava no auge de sua campanha para limpar Nova York — parte da qual envolvia um esquema para transformar Times Square de um centro nevrálgico numa área de lazer para turistas e usuários.

— Quem quer que parecesse ter um estilo pessoal estava fora — disse Bill, mergulhando em seu prato de peru — porque eles estão construindo um *shopping* em Times Square. Lá havia muitos pregadores, declamadores, era um lugar onde pessoas de todos os tipos vinham e se manifestavam sobre suas crenças sem que ninguém perguntasse por quê. O fim disso foi o começo de um processo premeditado, e hoje estamos vendo os resultados. Lugares como Times Square e o SoHo agora são templos de consumo e as ruas deixaram de ser espaços públicos de verdade.

Bill acreditava que a comunidade, assim como a cidade, que ele apreciava estava sendo vendida — vendida para algumas das maiores empresas va-

UMA IGREJA CONTRA O CONSUMISMO 135

rejistas do planeta. A partir dessa crença, o reverendo foi concebido; e na Disney Store de Times Square ele nasceu.

— Resolvi vestir meu uniforme — explica ele. —*Blazer*, como um teleevangélico, e o colarinho de padre. Criei uma teologia baseada em ficar plantado do lado de fora de uma Disney Store. — Ele começa o sermão do reverendo: — MICKEY MOUSE É O ANTICRISTO, CRIANÇA! NÃO ENTRE NESSA LOJA! NÃO DÊ SEU DINHEIRO PARA PESSOAS QUE PAGAM UM DÓLAR PARA SEUS FUNCIONÁRIOS TRABALHAREM 18 HORAS POR DIA! SALVE SUA ALMA.

Um homem de meia-idade que está almoçando tranqüilamente atrás de nós olha em volta para certificar-se de que não está em perigo por causa desse lunático.

O reverendo então entrava na loja, dirigindo uma ópera-celular sobre anorexia e bonecas Barbie e era regularmente expulso por seguranças grandalhões e mal-encarados. Ele enviava comunicados a todos os críticos de teatro de Nova York — "Uma nova peça estreará na Church of Stop Shopping, apresentando o reverendo Billy e amigos na Disney Store, Times Square". Centenas de pessoas vinham para assistir. Fazia parte da peça Billy e seus amigos pularem sobre o balcão e pararem as caixas registradoras; falsos guarda-costas gritando com ele seriam incorporados à *performance*.

Fica claro que Bill adora essas manifestações. Ele já está adorando me falar sobre elas. Mas não se pode deixar de dizer que isso não é apenas entretenimento. Isso é política.

— As corporações estão ocupando os espaços públicos de tal maneira que estes deixam de ser espaços públicos — repete ele. — Trata-se de um assombroso processo de privatização o que ocorre em Nova York neste momento... as ruas, a parte mais fundamental dos espaços públicos, não são mais nossas. Eu mudei da Disney Store para o Starbucks por um motivo. A Starbucks acredita que está vendendo um estilo de vida, que está vendendo um significado, que está vendendo comunidade, que está nos envolvendo em um consenso sobre o que significa ser um bairro... é um completo delírio. O que está acontecendo é o oposto; temos cadeias de lojas fluorescentes, silenciosas, centralmente planejadas agora por toda a Nova York e, aos poucos, a verbosidade exagerada que você aprecia nesse lugar, a capacidade de pessoas normais contarem histórias surpreendentes, tudo que é considerado um mercado público, pois bem, este "mercado" está morrendo pelas tantas marcas que estão sendo empurradas para ele.

Na raiva do reverendo Billy, os interesses globais estão sendo atacados por uma sensibilidade muito local. Ela é, diz Bill, a comunidade atacando de volta.

— Eu costumo observar o que está acontecendo no meu bairro e daí tiro as informações de que preciso — explica. — É um bairro saudável? As pessoas estão se olhando nos olhos, contando histórias, insultando-se de brincadeira? Elas sentem que pertencem àquele lugar, se levantarão para defender umas às outras? Isso é uma comunidade saudável. As transnacionais *precisam* que não tenhamos comunidades. Elas querem nos confinar em *shopping centers*. Querem que nosso relacionamento interpessoal se dê basicamente por meio de um cartão de crédito. Elas são uma presença totalitária; seu principal mercado é persuadir o indivíduo de que ele não terá acesso direto à sua própria vida: seus sonhos, seus desejos serão intermediados pela presença delas, por sua imagem, pelo que elas vendem.

Ele embebeu no resto do molho uma fatia fina de pão branco.

— É ali que consigo fazer política — diz ele. — Estou defendendo o direito de meu bairro não ser intermediado.

Se o consumismo é realmente o mediador de nossos desejos, os EUA, a sociedade de consumo original, deve ser o lugar em que mais ocorre essa mediação na face da Terra. O consumo — o direito de cada pessoa de comprar o que quiser — tem sido a força que impulsiona o sonho americano há décadas. Os Estados Unidos, naturalmente, são sem dúvida o único país cujo propósito nacional entrelaçou-se com o consumo material incontrolável: cada país no mundo "desenvolvido", em graus diferentes, está engajado na mesma cruzada consumista. As nações mais pobres, seguindo tolamente o modelo de desenvolvimento ocidental, estão começando a flagrar suas novas classes médias, normalmente muito pequenas, cravando orgulhosamente seus dentes em baldes de promoções da KFC, enquanto a maioria da população precisa caminhar quilômetros para buscar água. Mas os EUA, como sempre, são a nação que faz isso melhor.

Os Estados Unidos da América, com apenas 5% da população mundial, consomem 30% dos recursos do planeta, incluindo 25% dos combustíveis fósseis — a causa da mudança climática global. Ao completar 75 anos, um americano nascido nos anos 1990 terá produzido 52 toneladas de lixo, consumido 193 milhões de litros de água e usado 3.375 barris de petróleo. Os restos produzidos a cada ano nos EUA encheriam um comboio de caminhões de lixo de dez toneladas, que se estenderia pela metade da distância da lua. A quantidade de energia usada por um americano equivale à utilizada por seis mexicanos, 38 indianos, ou 531 etíopes. Quase sessenta milhões de americanos adultos — mais de um terço da população — estão acima do peso, e houve um aumento de 42% na obesidade infantil em apenas vinte anos — uma pandemia atribuída ao superconsumo de *fast-food* e televisão.[1]

Para assegurar que essa mola lucrativa continue, as empresas despejam estimados 12 bilhões de anúncios, três milhões de comerciais de rádio e mais de duzentos mil comerciais de TV na consciência americana a cada dia.[2] Os adolescentes americanos são tipicamente expostos a 360 mil anúncios quando concluem o ensino médio, o que parece surtir o efeito desejado: 93% das adolescentes americanas declaram que seu passatempo favorito é fazer compras.[3]

Poucos aspectos da vida na Terra da Liberdade (de Mercado) estão isentos dessa lavagem cerebral. As crianças, por exemplo — um mercado crescente —, são impiedosamente atingidas. A Coca-Cola e a Pepsi rotularam escolas inteiras, pagando-lhes mais de 20 dólares por aluno em troca da venda de um número estabelecido de bebidas no *campus*, e banindo os produtos concorrentes. A Channel One, uma rede de TV comercial, transmite diariamente programas "educacionais" para 12 mil escolas americanas em equipamentos gratuitos, doados — sob a condição de que os alunos assistam aos anúncios dirigidos à sua faixa etária. A Procter & Gamble patrocina aulas de higiene bucal. A sopa Campbell's criou um "curso" de ciências em que os alunos comparavam a viscosidade de um de seus molhos com a de seu rival. A Kellogg's desenvolveu um projeto de arte no qual as esculturas eram feitas de flocos de arroz.[4]

Nada disso é excepcional em si e tudo faz um bom sentido comercial. As crianças americanas gastam diretamente 24,4 bilhões de dólares por ano, e os adultos outros 300 bilhões de dólares por ano com eles próprios.[5] "Se você conquistar essa criança logo cedo", disse o ex-presidente da cadeia de roupas

138 UM NÃO, MUITOS SINS

infantis Kids R Us, aparentemente sem a intenção de chocar, "você poderá retê-la nos anos seguintes. As empresas dizem: 'Olha, quero conquistar as crianças cada vez mais cedo'." O chefe da Prism Communications declarou quase a mesma coisa: "Elas não são mais crianças, são o que podemos chamar de 'consumidores em evolução'", explicou delicadamente.[6]

Os adultos, enquanto isso, enfrentam seus próprios desafios. Quase não há um só espaço físico nos Estados Unidos que não tenha sido adquirido por empresas tentando lançar suas mercadorias ao americano cada vez mais perdulário. Paredes de banheiros, bombas de gasolina, caixas eletrônicos, mensagens de telefone celular, *spams* em *e-mails*, adesivos em laranjas, o verso das passagens de ônibus, sem falar nos milhões de anúncios em *outdoors*, jornais, revistas e TV — poucos lugares estão livres das tentativas empresariais de incentivar novas necessidades para serem atendidas. As corporações do século XXI voltaram suas atenções para a compra de espaços públicos, o que um crítico chamou de "os recintos de comunidades culturais".[7] Vá a um evento esportivo, numa terra obcecada por beisebol, basquete e futebol, e você poderá se achar na arena da Continental Airlines, no campo da FedEx (Washington), no centro da Staples (Los Angeles) ou no campo da Enron (Houston). Você talvez se descubra olhando para um marco histórico que sofreu uma plástica corporativa — o Empire State Building, por exemplo, iluminado, como em agosto de 2002, em "amarelo Snapple" para celebrar o trigésimo aniversário da empresa de bebidas. Mas você também pode se achar diante de um festival de marcas, num parque público com logomarcas ou num *campus* de uma universidade patrocinada.

Se isso for realista demais para você, em breve pode haver mais oportunidades perfeitas para ampliar suas opções de consumidor. O Pizza Hut conseguiu ter sua logomarca colada num dos lados de um foguete espacial russo, e depois superou até mesmo essa façanha ao entregar "a primeira *pizza* espacial do mundo" para os astronautas da Estação Espacial Internacional. "Onde quer que exista vida, haverá uma *pizza* do Pizza Hut!", declarou o superintendente de *marketing* da empresa, que talvez tenha assistido demais à série *Jornada nas Estrelas*. O Pizza Hut não está sozinho; Radio Shack, Lego e Popular Mechanics, todas pagaram para ter astronautas promovendo seus produtos na estação espacial.[8] Se tudo isso parece divertido, ainda que inofensivo, pode ser apenas o primeiro passo para a comercialização do espaço; durante anos, as empresas têm explorado a possibilidade de colocar cartazes gigantes em órbita, que promoveriam seus produtos à noite nos céus do Cáspio ao Kalahari.

Bombardeado com tantas exortações para gastar, não é surpresa que o povo americano tenha se submetido a elas. O consumo *per capita* nos Estados Unidos aumentou em 45% entre os anos de 1970 e 1990.[9] Infelizmente, e talvez não por coincidência, o mesmo se deu com as taxas de obesidade, depressão, distúrbios alimentares, rompimentos familiares, crime e desigualdade de renda. A quantidade da população que se descrevia como "muito feliz", no entanto, fracassou totalmente em aumentar — de fato, ela caiu em 4%.[10]

O que aconteceu, então, com o sonho americano?

O reverendo Billy tem uma pista: diz ele que o consumismo matou o sonho americano, o que não é exatamente uma nova mensagem. Mas Billy não está sozinho na crença de que se isso for implantado na mente dos seus companheiros americanos tão fortemente quanto as exortações de "Just Do It", "Pense diferente" e "Venha para a Terra de Marlboro", o veículo de comunicação precisará ser tão sofisticado, interessante e inesperado quanto as mais bemsucedidas campanhas publicitárias. Existe um termo para isso: *culture jamming* (interferência cultural), e, como o próprio consumismo, está se espalhando como uma onda da América para o mundo.

Kalle Lasn é um homem que gosta de explicar isso. Lasn, um homem de meia-idade, encrenqueiro e determinado, é o fundador da revista *Adbusters*, um veículo canadense que desafia a cultura de consumo. Criada por um grupo de ex-executivos da propaganda, a *Adbusters*, que se considera uma publicação voltada para o "ambientalismo mental", possui uma linguagem e uma abordagem muito próprias. Ela popularizou o conceito de "subverter" — produzindo paródias de anúncios que se aproximavam tanto do original que a mensagem subversiva que continham caía facilmente no subconsciente. Elas falavam da "*meme warfare*" (a guerra pelo controle da mente), de "consumidores da Manchúria" e de "não-comerciais". Como a indústria da propaganda que ela se propõe a minar, a *Adbusters* pode ficar um tanto pretensiosa, porém Lasn é um especialista em achar palavras para explicar o que é o *culture jamming* e por que a América precisa dele.

Ele explica melhor em seu livro *Culture Jam*.[11] "A América", escreve ele, "não é mais um país. É uma marca de multitrilhões de dólares... A cultura americana não é mais criada pelo povo... Nós mesmos fomos marcados... A indiferença americana é um mal que assola o mundo." Lasn afirma que o propósito do *culture jamming* é "quebrar a sala de espelhos pós-moderna e redefinir o que significa estar vivo". Como o reverendo Billy, Kalle Lasn e o pessoal da *Adbusters* lutam pelo direito de uma vida sem interferência das corporações globais que nos dizem o que é vital, necessário e divertido. O importante é a substância, afirmam os sabotadores culturais, não o estilo. Realidade, não imagem. Autodefinição, não reconhecimento pela marca. "A única batalha pela qual ainda vale a pena lutar e vencer", diz Lasn, "a única que pode nos libertar, é a do Povo *versus* a Fria Máquina Corporativa."

O consumismo pode parecer um alvo nebuloso de resistência política: só pode reclamar quem vive num país bastante rico para dar-se ao luxo de possuí-lo. Mas pessoas como Kalle Lasn e o reverendo Billy estão preocupadas com o fato de o consumismo ter alcançado o que o revolucionário italiano Antonio Gramsci chamou de "hegemonia cultural" — é um valor tão dominante e enraizado dentro da nossa cultura que se torna quase indiscutível. Se isso for verdade, e se o resultado for a cultura manufaturada substituindo a verdadeira cultura, os meios para questionar esses valores, segundo os sabotadores culturais, devem ser claros, inteligentes e sutis. Eles devem ser capazes de conscientizar a população tão acostumada a ser bombardeada com mensagens que incentivam o materialismo do consumidor dizendo que ter um logo da Nike rapado na cabeça pode render elogios dos amigos. Isso, segundo os sabotadores culturais, é nada menos que uma guerra cultural — uma guerra em que a cultura é uma coisa a ser defendida, a ser recriada — e a ser usada como uma arma.

O que na verdade aflige os ativistas é a ampliação dos modelos de consumo americano — e todos os valores e suposições em que estão baseados — para o resto do mundo. Ninguém pode ter deixado de notar que isso vem ocorrendo, aparentemente de forma implacável, nas últimas décadas, quando os mercados se expandiram, as fronteiras foram abertas e as barreiras ao comércio foram derrubadas. O consumismo ocidental rompeu suas fronteiras geográficas e está se espalhando por todo o mapa.

O resultado disso, dizem os críticos, é a homogeneização das culturas. Um mercado global pede gostos globais, e gostos globais pedem valores globais. Se, por exemplo, como deixaram claro muitas vezes, a missão corporativa da Coca-Cola e da Pepsi é que todos no mundo bebam todos os dias alguma coisa fabricada por elas, essas pessoas devem desejar beber refrigerantes enlatados. Para desejar bebê-los todos os dias, elas devem primeiro livrar-se das bebidas de sua própria cultura, livrando-se, portanto, da tradição e da história que fazem da sua cultura algo diferente daquela que criou a Pepsi e a Coca-Cola.

Mais até do que isso, as pessoas devem ser ajustadas ao tipo de ambiente onde refrigerantes enlatados estão à venda em máquinas automáticas por todas as cidades, onde as bebidas são compradas, e não fabricadas, e as corporações globais concorrem com os produtores locais, modificando a passos rápidos o estilo de vida do consumidor urbano que necessita de "renovação" regular. O mesmo se aplica a hambúrgueres, *jeans*, jipes, material esportivo, gel de cabelo e mochilas. Em outras palavras, isso não diz respeito apenas a refrigerantes, mas a toda uma cultura. No mundo todo, o rolo compressor da máquina de consumo que os sabotadores culturais dizem estar comendo a América está passando também por muitas outras culturas, deixando em seu lugar uma monocultura global cosmopolita e sem raiz.

O resultado é o empalidecer do arco-íris humano. É o mesmo maciço ataque cultural que leva as mulheres na Índia e na África a comprar clareadores de pele que contêm ácidos, para que se pareçam mais com os brancos que aparecem na TV por satélite, que faz com que crianças chinesas submetam-se a cirurgias na língua para tornar o seu inglês mais aceitável aos ouvidos dos seus mestres globais. É o pólo oposto daquele "mundo feito de muitos mundos": é um *shopping* global, no qual as corporações se expandem ao engolirem o pequeno, o local, o único e o diferente — colonizando e transformando em mercadoria tudo de que possamos precisar e depois vendendo-o de volta para nós.

Existe, como qualquer economista sabe, uma razão econômica sólida para isso. O capitalismo há muito tempo vem passando pelo que se chama de uma "crise de superprodução". Um aumento da disponibilidade de recursos e da eficiência das tecnologias necessárias para transformá-los em bens tem, por mais de um século, sido acompanhado de uma demanda razoavelmente estática por esses bens no Ocidente. Foi para aumentar a demanda por bens de consumo, criar necessidades e transformar luxos em necessidades, que tudo, desde a indústria da propaganda até a indústria da moda, se transformou. Mas os mercados só podem se expandir dessa forma dentro de uma população; para se ter uma chance real de escoamento da produção excedente, aumentando os lucros e a participação de mercado para superar empresas rivais, uma empresa precisa expandir seus mercados para outros lugares.

No final do século XIX, quando a expansão do mercado ocidental estava amarrada ao domínio imperial, o construtor do arquiimpério Cecil Rhodes era ao menos capaz de ser franco sobre esse processo. "Nós devemos achar novas terras", disse ele, "de onde poderemos facilmente obter matéria-prima e ao mesmo tempo explorar a mão-de-obra escrava barata disponível nos nativos das colônias. Essas terras também serviriam como um depósito de lixo para os bens excedentes produzidos em nossas fábricas."[12] Hoje, dizem os ativistas, as palavras estão adormecidas, mas a motivação é a mesma: novos mercados para bens ocidentais, e que se danem as conseqüências.

Tudo isso, afirmam os defensores da globalização, é um absurdo apocalíptico. Sim, os mercados se expandem; sim, as corporações têm acesso cada vez maior a muitos países que elas nunca tiveram antes. Sim, McDonald's, Coca-Cola, Levi's, Starbucks, Disney e todo o resto estão surgindo em regiões remotas de todos os países. Sim, o mundo está se tornando homogêneo, mas isso acontece porque é o que as pessoas desejam. "O McDonald's não leva as pessoas para suas lanchonetes sob a mira de um revólver", protesta a *Economist*. "A Nike não exige que as pessoas usem seus tênis esportivos sob pena de serem presas. Se as pessoas compram esses produtos, é porque fizeram essa opção, e não porque a globalização as está forçando a fazer."[13]

Existem muitas respostas para isso. Respostas que chamam a atenção para o golpe que as multinacionais ocidentais representarão na economia global. Respostas que explicam como as regras de comércio internacional evitam que os países construam e apóiem suas próprias indústrias culturais contra aquelas que vêm de fora. Respostas que apontam para o domínio realmente incontestável de Hollywood (que produz 85% dos filmes assistidos no mundo),[14] da MTV e de todo o resto na paisagem cultural do mundo. Respostas que põem em dúvida apenas o quanto uma escolha é "livre" quando ela é feita tendo por trás o ataque violento de uma propaganda multimilionária em países onde as pessoas não sabem nem ler direito.

Essa guerra vai continuar, porque o movimento global tem suas próprias respostas; respostas vindas não apenas da América, a barriga da besta do consumo, mas de um número crescente de pessoas de todos os lugares, que se ressentem do domínio da cultura ocidental e da dissolução da sua própria cultura. Contrário às cartas marcadas de um planeta rotulado, homogeneizado e sem cor, o mesmo em essência de Brisbane até Bombaim, o movimento oferece uma alternativa de diversidade. Somente pessoas reais, em lugares reais, declaram os ativistas, podem criar uma cultura real. Esta não pode ser criada por consultores de marca amontoados em gabinetes bem iluminados nos prédios de escritórios que parecem os mesmos de Cingapura a Cincinatti. Ela vem de baixo para cima, não de cima para baixo, e por mais que as corporações tentem, ela não pode ser comprada.

O que Kalle Lasn chama de "a segunda revolução americana" — uma luta para "desmercadorizar" o povo — parece ter começado.

Se você fizer uma busca na Internet por California Department of Corrections (Departamento Correcional da Califórnia), chegará a dois *websites*. O primeiro, um *site* oficial do governo do estado, vai lhe dizer tudo que você gostaria de saber sobre as "instalações correcionais" do estado, listar os dez fugitivos mais procurados e lhe mostrar algumas fotos encantadoras do Corredor da Morte. Se isto é o tipo de coisa que lhe atrai, você pode até pedir um emprego a eles *on-line*. Caso contrário, o outro *site* poderá lhe interessar mais. O outro departamento é uma coalizão secreta de sabotadores culturais dedicada a "corrigir politicamente" os anúncios de propaganda. Eles fazem isso com *spray*, papel, *letraset*, criatividade e a conivência da noite. Tal como a venerável Billboard Liberation Front (Frente de Libertação dos Outdoors, que recentemente comemorou seu 25º aniversário), também sediada em San Francisco, eles estão comprometidos com o que é provavelmente a forma de interferência cultural de prazo mais longo que existe.

"Retrabalhar" os *outdoors* de modo que suas mensagens sejam adulteradas está se tornando comum nas cidades ocidentais. A Billboard Liberation Front, assim como o Departamento Correcional da Califórnia, se recusam obstinadamente a revelar-se para o mundo lá fora, dizem que fazem o que estão fazendo porque "noções ultrapassadas sobre arte, ciência e espiritualidade como o ápice da realização e os objetivos mais nobres do espírito do homem têm sido lançadas nos litorais cristalinos da aquisição".[15] Eles dizem, também, que estão empenhados numa "guerra cultural". E, também, não estão sozinhos.

Cidadãos de San Francisco a Nova York, de Bristol a Toronto, da Cidade do Cabo a Bangcoc, da minha cidade natal a Oxford acordam regularmente de manhã para descobrirem um cartaz de Marlboro com sua mensagem subvertida, para verem Charles Manson como a nova "cara" da Levi's, ou que a L'Oréal é agora essencial não porque "você merece", mas "porque você é estúpida". Estes "falsos anúncios" podem variar de surpreendentemente engraçados a embaraçosamente sem humor, mas isso sempre funciona melhor quando é feito de forma profissional e o resultado não se distingue em estilo e execução do original. Versões inglesas da BLF (Billboard Liberation Front) e do CDC (California Department of Corrections) são a ABBA (Anti-Billboard Brainwashing Action) sediada em Bristol e a Londoners Nasa (New Advertising Standards Authority), mas a luta pela libertação da propaganda é realizada por pequenos grupos anônimos de guerrilheiros culturais sem programa de atuação, são motivadas por um desejo espontâneo de confundir e reclamar por espaço público.[16]

Enquanto a libertação dos *outdoors* se espalha com o próprio consumismo, os guerrilheiros culturais do movimento global estão adotando mais e mais variadas formas de interferir no veículo para inserir suas mensagens. A *Adbusters,* além de produzir sua própria "subversão" e comerciais para a TV americana, cujos canais pertencentes a empresas normalmente se recusam a colocá-los no ar, instituiu uma comemoração anual do anticonsumismo, o "Dia do Não Compre Nada", celebrado em mais de trinta países no mês de novembro. Na Suécia, um Papai Noel anticonsumista visita os *shoppings* e grita sobre as alegrias de não se fazer compras em *shoppings*. Na Irlanda, uma "apresentação de conga contra o capitalismo" ocupa um *shopping* no centro

UMA IGREJA CONTRA O CONSUMISMO   **145**

de Dublin. Ovelhas são levadas pelas ruas de San Francisco, balindo "compre maaaaissss", e *"sweeeaaatshops"*. Zumbis arrastam os pés por Cairns, na Austrália, com códigos de barras em seus dorsos, empunhando sacolas de compras. Sabotadores culturais na entrada de um *shopping* em Seattle oferecem aos clientes "um serviço de corte de cartão de crédito".[17]

Enquanto isso, uma rede global chamada Fanclubbers está fazendo o máximo para irritar as cadeias de varejo do mundo. Sua tática favorita é comprar produtos — de preferência onde houver um grande número de pessoas envolvidas, comprando uma grande quantidade de coisas — e logo a seguir devolvê-los, com uma mensagem anexa. Em Londres, um grupo do Fanclubbers compareceu em massa à loja Nike Town, comprou um lote de camisetas para a prática de esportes e imediatamente o devolveu dizendo que todas as camisetas tinham "marcas de sujeira" — as marcas eram o logo da Nike.[18]

Em outros lugares, ativistas da "Whirl-Mart" percorrem as lojas da Wal-Mart vestindo macacões brancos, explorando de alto a baixo as gôndolas durante uma hora, empurrando carrinhos vazios e informando aos curiosos clientes e irritados vendedores que eles estão participando de um "ritual de conscientização de consumo". Em Nova York, os Surveillance Camera Players (Atores de Câmeras de Vigilância — SCP) fazem um teatro de rua silencioso em algumas das três mil câmeras da CCTV que pontilham Manhattan, numa mostra de protesto contra a sociedade vigiada e o confinamento dos espaços públicos. As outras ramificações do SCP da Suécia à Lituânia fazem o mesmo. Em Londres, os ativistas distribuem jornais com sátiras — o *Evading Standards*, o *Hate Mail*, o *Financial Crimes* — nos meios de transporte. Os ativistas americanos fizeram o mesmo nas reuniões do Banco Mundial/FMI em Washington em 2000, com o jornal *Washington Lost*, que contém manchetes como "Em cerimônia comovente, os novos consumidores da América prestam juramento" e "A América obesa faz a África morrer de fome para manter estável o peso corporal da humanidade".[19] Na Tailândia, fotógrafos ativistas expõem fotos da guerra do Vietnã em *shoppings* para denunciar uma nova invasão americana — desta vez comercial, não militar.

Existe também a RTMark, uma espécie de centro eletrônico de divulgação de idéias subversivas. A RTMark, que se estabeleceu como uma organização de responsabilidade limitada, é um centro onde as pessoas se reúnem em torno de projetos cuja intenção é aborrecer o mundo político e empresarial. As pessoas lançam idéias nos seus *websites* para projetos de subversão cultural que desejam executar e listam quanto em dinheiro precisarão para isso, se houver. Outros podem depois se juntar a elas ou custeá-las por meio de fundos, anonimamente, se necessário.

Seu primeiro sucesso veio em 1993, quando uma organização de militares veteranos doou oito mil dólares, por meio da RTMark, para a Barbie Liberation Front (Frente de Libertação da Barbie), que usou o dinheiro para trocar as caixas de voz de trezentas bonecas Barbie por trezentas caixas de voz dos bonecos GI Joe nas lojas. Outra subversão ocorreu durante as eleições presidenciais de 2000, quando a RTMark elaborou um *website* de falsos defensores de George Bush que os homens do presidente se esforçaram para tirar da rede. A batalha tornou-se a principal notícia nos Estados Unidos, especialmente quando Bush, indagado a respeito do que achava do falso *site*, opinou que "deveria haver limites para a liberdade" — uma citação que ele ainda vai ter de fazer cair no esquecimento para ter uma vida impecável.

Enquanto escrevo, entre as idéias que buscam apoio e/ou capital no *site* da RTMark está um projeto para "construir ou utilizar um transmissor de rádio pirata e transmitir anúncios feitos em casa, e aparentemente sinceros, para sua empresa favorita por meio de sinais de rádio existentes". Um outro, percebendo que a Wal-Mart começava a permitir que donos de *trailers* acampassem por uma noite em seus estacionamentos de automóveis, procurou "recrutar milhares de *hippies* e sem-teto para acamparem nos estacionamentos da Wal-Mart espalhados pelo país... Produziram caixotes de papelão especiais para dormir destacando a destruição que as empresas estão fazendo em nossas comunidades". Conseguiram cobertura da mídia em âmbito nacional. Existem muitas outras idéias.[20]

A reação das corporações ao crescimento dessas atividades tem sido, em muitos casos, a de tentar arrebanhá-las. Em anos recentes, muitos exemplos da cultura do consumo têm surgido tentando cooptar o próprio movimento de protesto. Assim, vemos a Gap, alvo favorito dos ativistas contra a exploração de mão-de-obra, exibindo bandeiras vermelhas e falsas pichações em suas vitrines. A Nike ironizou a política anti-*sweatshops* (fábricas que exploram o subemprego) em seus próprios anúncios de chuteiras ("As chuteiras mais radicais já produzidas") e organizou um grupo de falsos manifestantes para supostamente reclamarem que suas chuteiras eram tão bem-feitas que colocavam os não-usuários em desvantagem. A Diesel usou fotos de manifestações de protesto para vender *jeans*. Roupas de grife inspiradas no Black Bloc, com suas máscaras de esquiar, apareceram nos cadernos de domingo dos jornais. O que tudo isso nos mostra é que, numa sociedade de consumo, tudo está à venda: até mesmo a resistência à sociedade de consumo. O que nos levaria à pergunta: estaria inclusive a própria subversão cultural sendo subvertida?

Às vezes parece que sim. Mas o problema do *culture jamming* é que por mais que as empresas tentem combatê-lo, ele continua retornando, evoluindo, renascendo de maneiras inesperadas. Ele segue competindo por essa hegemonia cultural.

A questão mais difícil está na eficácia de suas formas de protesto. O *culture jamming* é certamente engraçado, mas consegue mesmo ser bem-sucedido ao fazer mais do que "cutucar" a crescente cultura de consumo global? Ele não seria, às vezes, um tanto hipócrita? E fazer o que, no fundo, não passa de deboche é a melhor maneira de desafiar a hegemonia do capitalismo de consumo?

Estou sentado numa fonte termal em algum lugar do deserto do Arizona. O sol de fevereiro é forte e determinado, o cheiro de ácido sulfúrico está no ar e as árvores nuas estão imóveis contra o esmaecido céu azul. No horizonte, a quilômetros de poeira marrom e arbustos, estão as montanhas Rochosas cobertas de neve. Essa fonte natural é uma de um complexo num rancho remoto e destruído que costumava ser utilizado pelos Rolling Stones. Fica localizado no centro do território apache, onde uma grande batalha foi travada por uma das últimas tribos livres da América do Norte contra os invasores europeus. Qualquer um desde Jerônimo até Mick Jagger pode ter estado nessa piscina antes. Agora, no entanto, só estou eu e, a cerca de duzentos metros, com as nádegas nuas e apenas uma tanguinha cobrindo o sexo, o agente especial Apple da Biotic Baking Brigade (BBB), um movimento voltado para a justiça social, os direitos da mulher, a preservação da natureza e os direitos dos animais. Ele está deitado de costas e sorri de modo vago para o céu.

— Não é uma beleza isso aqui? — ele pergunta.

148 UM NÃO, MUITOS SINS

Tenho que concordar. É uma beleza. Estou aqui há dois dias, dormindo no banco traseiro de um carro que aluguei e estupidamente dirigi por todo o trajeto desde San Francisco até aqui. Vim para a reunião anual do grupo americano ambientalista radical Earth First!, que, visto de perto, não parece distanciar-se milhões de quilômetros da versão britânica — com seus *workshops*, *dreadlocks*, sino dos ventos, maconha e a troca de dicas sobre a melhor maneira de desativar a maquinaria de construção de estradas e prender-se ao eixo das escavadoras. O movimento Earth First! (o ponto de exclamação é obrigatório) há quase duas décadas municiou o movimento de hoje com um dos seus protótipos para o radicalismo inflexível e determinou uma ação direta. Desde então, vem perdendo parte de seu próprio ímpeto, mas ainda consegue reunir pessoas em lugares belos e selvagens. O agente Apple participa do Earth First! e da BBB. Ele é um sabotador cultural por excelência, e, antes que ele saia da piscina, espero que me conte mais sobre isso.

A Biotic Baking Brigade ganhou fama rapidamente. Sua combinação pioneira de humor, política e gastronomia inspirou imitadores por todo o mundo, e um verdadeiro conjunto de células por todos os Estados Unidos. A BBB começou na Califórnia, onde o agente Apple vivia então, em 1998. Inspirado pela visita de Milton Friedman, o padrinho da economia neoliberal, a uma conferência em San Francisco, Apple e alguns amigos prepararam uma torta de creme de coco orgânico para comemorar. Apple vestiu um terno, colocou a torta numa pasta de executivo, arranjou um meio de ir à conferência e gentilmente esfregou a torta na cara de Friedman. "Esses economistas neoliberais nos prometem sempre uma fatia do bolo", contou à imprensa mais tarde. "Eu vim devolver o bolo para ele."

Assim nasceu a BBB e sua proposta declarada: "Torta falante no poder." Nos meses e nos anos seguintes, a célula original da Califórnia aperfeiçoou suas táticas: fizeram tortas no local, orgânicas se possível, para serem jogadas inteiras nos rostos de futuras vítimas; o "tortaço" era seguido por um *press release* dizendo, na singular linguagem da BBB, ser o ato uma combinação de política das massas e trocadilhos pastelão. E funcionou. As táticas da BBB almejavam lançar mensagens políticas para que a imprensa as divulgasse e as pessoas tivessem empatia, e até se divertissem.

Nos meses e anos que se seguiram, o agente Apple e a BBB atingiram Robert Shapiro, então chefe da empresa de biotecnologia Monsanto; Charles

UMA IGREJA CONTRA O CONSUMISMO 149

Hurwitz, da madeireira Pacific Lumber, que desmatava antigas florestas perto da sede da BBB na Califórnia; e até mesmo Carl Pope, líder do grupo ambientalista americano Sierra Club, a quem a BBB acusava de cooperar com as madeireiras. Depois, em 1999, a BBB ganhou notoriedade mundial quando três deles jogaram uma torta no prefeito de San Francisco, Willie Brown, num protesto a sua política contra os sem-teto da cidade. Brown levou todos a julgamento, num processo que culminou com a "Torta de Cereja Três" sendo sentenciada a seis meses de prisão.

Desde então, o que o agente Apple chama de "Revolta Global das Massas" espalhou-se da Birmânia à África do Sul, da Grã-Bretanha à Alemanha e do Canadá ao Chile. Ela lançou tortas no rosto de Bill Gates, Bernard-Henri Lévy, Clare Short, Ann Widdecombe, Sylvester Stallone, Keith Campbell ("inventor" da Dolly, a ovelha clonada), dos ex-chefes do FMI e da OMC, Helmut Kohl, Jacques Delors... A lista ainda está crescendo.

De acordo com o "subcomandante Tofutti", da BBB, a Revolta Global das Massas — descrita por Apple como "uma rede secreta de padeiros militantes que entregam sobremesas apenas para aqueles no poder" — é inspirada nos zapatistas. Eles jogam tortas nas pessoas que usam o poder sem responsabilidade, e gostam que suas vítimas sejam pomposas, poderosas, quase sempre obscuras e destituídas de senso de humor. Eles são uma represália popular a um processo econômico sem cara e formam, afirma Apple com uma expressão quase sincera, a "base da torta moral".

— Atirar tortas é definitivamente um elemento crítico no *culture jamming* — Apple me conta, afastando-se preguiçosamente da borda da piscina com o dedão do pé. — É uma forma de ação direta que não é violenta e ainda passa uma mensagem poderosa. É uma forma de esperanto visual, uma linguagem universal. Todos podem entendê-la. Ver políticos ensopados de creme... quem pode resistir a isso?

Além disso, continua, esguichando água com as mãos como se fosse um pato, num mundo em que a esquerda tradicional e formas tradicionais de oposição tornaram-se "chatas, burocráticas e improdutivas", os *entartistes* (arremessadores de tortas), como são conhecidos no mundo de língua francesa, têm alguma coisa nova a oferecer.

— No mundo de hoje, em que tudo gira em torno da imagem e do gerenciamento da imagem, é uma forma de romper esse controle e enviar nossa própria mensagem, criando nossa própria imagem. Eu não me surpreenderia se, nessa fase, empresas de relações públicas estiverem treinando seus clientes sobre o que fazer se você for atingido por tortas.

Eu também não me surpreenderia. Mas acho que deve haver um momento em que jogar tortas vai ficar ultrapassado. E o que dizer do *culture jamming* como um todo? Ele pode fazer a diferença?

— Claro — responde Apple, esguichando água de novo. — Atirar tortas é apenas uma arma numa caixa inteira de ferramentas da resistência, mas a torta é um veículo muito eficaz para falar de problemas que de outra forma não seriam ouvidos. Nós conseguimos mostrar os problemas dos sem-teto, do desmatamento, do mercado global, do controle corporativo, do consumismo — levamos tudo isso para a mídia e para a consciência das pessoas de um modo que não seria possível se tivéssemos apenas realizado uma reunião ou algo parecido. Além disso, deve-se pensar taticamente, e isso se aplica a todas as coisas do tipo de *culture jamming* que continuam na América. Na sociedade americana, as forças dispostas contra os dissidentes são maciças. Temos a maior força militar do mundo, o maior orçamento para serviços de segurança do mundo, a mais alta população carcerária etc. O clima de paranóia entre dissidentes aqui é extremamente alto. Tem sido assim por muito tempo, e a "guerra ao terror" de Bush só fez piorar isso. O *culture jamming*, nesse contexto, é uma tática. É uma abordagem de guerrilha. Não se trata de confrontação violenta com o Estado ou o sistema, mas sim de uma forma realmente positiva de fazer com que nossas mensagens sejam entendidas.

E há mais, também, diz o agente especial, que no momento abandonou sua tanga para boiar preguiçosamente no meio da piscina dando pancadas leves com as mãos nas folhas mortas a sua volta.

— Estou falando — continua — do modo tradicional de se opor a políticas e sistemas com os quais não se concorda — você sabe, filas de trabalhadores socialistas vendendo seus jornais nas ruas... isso é inócuo. Uma pessoa normal olhará para os jornais e pensará que é um desperdício absurdo de papel. Já com um *outdoor* bem-feito, essa mesma pessoa terá muito mais chance de olhar para ele, entender a mensagem e começar a pensar sobre ela. O valor de se questionar a autoridade não deve ser exagerado, e o *culture jamming* é uma das melhores formas de fazermos com que essas questões sejam entendidas de um modo que as pessoas possam apreciar.

— Acho que, em larga escala, a batalha no futuro será pelos corações e mentes das pessoas — continua Apple. — E não de lutas armadas ou mesmo de tipos tradicionais de resistência popular de agora; não há nada desse tipo de coisa no mundo ocidental no momento. Isso põe em discussão certa onda de repressão pelo Estado e muitas vezes uma onda de reação pela camada inferior da sociedade. O *culture jamming* tem o efeito oposto: influenciar as pessoas. E, por causa das táticas de guerrilha, você não pode detê-lo como se podem deter formas mais tradicionais de resistência. Ele é muito mais descentralizado. — Apple flutua para o lado da piscina.

— Acho que está na hora de sair. Você vai a esse passeio? Eles vão subir uma montanha. Eu não sei se vou ou não.

Ele parece que quer ir, mas realmente não possui nenhuma inclinação para tal. A manhã está muito agradável.

— Sabe — diz ele filosoficamente —, existe algo muito poderoso em *rir*. Acho que foi Beaumarchais quem escreveu que o homem deve rir para não chorar. Se você não tem humor, está a um passo de fracassar. E talvez mereça fracassar.

Estou num quarto de motel no Colorado e me sinto exausto. Já é final de tarde e a América é maior do que eu pensava que fosse. Por alguma razão, eu imaginava que uma excursão da Califórnia ao Arizona e ao Colorado fosse como uma viagem de Londres a Bristol. Estava enganado, e agora estou morto, deitado na minha cama, com uma horrível *pizza* para viagem, tentando encontrar algo num dos sessenta canais da minha TV, a que eu não posso assistir sem ser dominado por uma leve sensação de náusea. Finalmente, encontro algo: *Os Simpsons*! Era disso que eu precisava. Isso aliviará meu cérebro cansado e vai tirar da minha cabeça quão gordurosa é a minha *pizza* e evitar que eu leve tudo muito a sério. Eu me instalo para assistir à TV. Eis o que eu consigo:

Anúncio de *Os Simpsons*.
Corte rápido para propaganda: produtos de beleza, *donuts,* serviço de encomendas, telefones celulares.

Início do desenho: seis minutos.

Mais propaganda: telefones celulares ("liberte-se da sua vida sem fio"), Taco Bell, produtos de beleza, chicletes, rádio local e seguro médico.

O desenho continua: uma crítica mordaz à cultura americana de armas (sete minutos).

Mais propaganda: jornal da noite ("Bin Laden está morto? Reportagem especial!"), *cheeseburgers*, churrascarias, automóveis, Coca-Cola, jogo de beisebol, novos seriados de sucesso.

O desenho prossegue e termina: sete minutos.

Mais propaganda: filme campeão de bilheteria com Kiefer Sutherland, companhia telefônica local.

Créditos de encerramento de *Os Simpsons*.

Essa é a primeira vez que venho aos Estados Unidos. Eu sou, evidentemente, um pouco ingênuo. Nunca vi nada parecido. Estou deprimido. Desisto da minha *pizza* e vou para a cama.

Na manhã seguinte, acordo sob um belo céu do Meio-Oeste e abro as cortinas para olhar os sopés marrons e quentes das montanhas Rochosas erguendo-se à minha frente e me dando as boas-vindas. Ainda entorpecido pela viagem (dessa vez uma viagem de trem de San Francisco), e pela minha primeira experiência com a TV americana, decido fazer uma caminhada de uma hora ao topo da colina mais próxima antes do café da manhã. Volto me sentindo muito mais humano. Estou em Boulder, no Colorado, para, entre coisas, falar com um homem que é incisivo ao explicar que anunciar e criar uma marca está longe de ser o único recurso de que a sociedade de consumo se utiliza para instilar sua ideologia na consciência dos cidadãos.

De fato, dizem muitos ativistas, nos Estados Unidos e em outros países, a cultura da propaganda não é o mais insidioso meio de comunicar uma mensagem ao consumidor. Pelo menos na propaganda você sabe onde está; sabe que ela é paga, sabe que estão tentando condicioná-lo, persuadi-lo e abrir sua carteira à força. Do outro lado do debate, entretanto, está a nova mídia, que é uma característica das democracias orgulhosamente alardeada pelo mundo afora; uma característica, dizem muitos, que é parte do problema, não a solução.

UMA IGREJA CONTRA O CONSUMISMO   153

Nos Estados Unidos, a mídia dominante é acusada pelos ativistas de refletir e fomentar uma sociedade obcecada e perdulária — servindo de mediadora do mundo na imagem de globalização do livre mercado. Eles têm um ponto inevitável. A mídia americana — particularmente as transmissões de rádio e TV — é um dos agentes comerciais mais exibidos no mundo, com uma proteção completa de canais de TV comerciais, estações de rádio e publicações cujo objetivo é "resgatar audiências" para seus anunciantes. Na verdade, todas as televisões do país, estações de rádio, jornais e revistas dependem do poder de compra de anúncios das corporações. Isso acarreta, inevitavelmente, que essas corporações tenham influência direta e indireta sobre o que é publicado ou transmitido pelo rádio e pela TV.

Obviamente, as corporações são sempre incisivas em assegurar que seus anúncios não dispõem de características "impróprias". "A Coca-Cola", escreveu a agência de propaganda da Coca-Cola num memorando dirigido às revistas, "exige que todas as inserções (anúncios) sejam colocadas próximas de uma editoria que esteja de acordo com cada estratégia de *marketing* da marca... Nós consideramos os seguintes assuntos impróprios: notícias desagradáveis, sexo, dietas, problemas políticos, problemas ambientais..."[21] Esses *diktats* estão longe de serem excepcionais. A *Adbusters* forneceu outro exemplo surpreendente há alguns anos ao revelar algumas das respostas que obteve das redes de TV americanas quando tentou comprar espaço para veicular o seu "não-comercial" do Dia do Não Compre Nada. Apesar dos altos valores de produção do comercial, e da alta soma em dinheiro que seria paga, nenhum canal o exibiria. As razões alegadas iam desde a da NBC, "nós não queremos veicular qualquer anúncio que seja hostil aos nossos legítimos interesses comerciais", até o motivo totalmente stalinista da CBS, "esse comercial... opõe-se à política econômica vigente nos Estados Unidos".[22]

Depois, há a questão da propriedade. A grande maioria das estações de rádio e TV, revistas, editoras, produtoras de filmes e discos e até parques temáticos pertence a apenas dez organizações de "entretenimento" multinacionais — AOL Time Warner, AT&T, General Electric, News Corporation, Viacom (proprietária da editora deste livro), Bertelsmann, Disney, Vivendi, Liberty e Sony. Com receio de que algum não-americano comece a se deixar convencer, seis das empresas mencionadas controlam também uma longa fatia

154   UM NÃO, MUITOS SINS

da mídia no resto do mundo, e as fatias estão variando em forma e tamanho de maneira tão rápida que se eu fosse citar um número agora, já estaria desatualizado quando este livro fosse lançado.

O resultado de se permitir que as fontes principais de informação, notícias e expressão cultural de uma nação sejam controladas por um grupo cada vez mais restrito de empresas de entretenimento que geram lucros gigantescos pode ser visto sempre que uma televisão é ligada na América. A atitude do diretor-executivo da Disney, Michael Eisner, soma-se à questão da mesma forma que qualquer ativista quando ele explica a missão de sua empresa: "Não temos obrigação de fazer história, não temos obrigação de fazer arte, não temos obrigação de fazer uma declaração. Ganhar dinheiro é nosso único objetivo."[23]

Essa situação surgiu como conseqüência direta de uma progressiva destruição de regulamentos criados para proteger a mídia do serviço público das chamas culturais do mercado. Desde os anos 1980, as leis que regulamentam a propriedade simultânea de várias mídias, impedem que empresas particulares dominem o mercado e asseguram a existência continuada de uma mídia local e baseada na comunidade têm sido progressivamente obrigadas a recuar, em parte como uma reação ao *lobby* agressivo dos gigantes da mídia. Desde que a elite republicana de George W. Bush subiu ao poder, em 2000, e se consolidou, em 2002, o ritmo tem sido acelerado.

A Comissão Federal de Comunicações (FCC), órgão encarregado de supervisionar a regulamentação da mídia, foi colocada nas mãos do ideólogo do livre mercado Michael Powell (filho do ex-secretário de Estado Colin Powell) — um homem que, ao ser perguntado sobre a definição de "interesse público", respondeu "não tenho a menor idéia".[24] Powell colocou um pacote de regulamentações "sob revisão", incluindo leis elaboradas para evitar que organizações isoladas sejam proprietárias de grande número de estações de rádio, controlando emissoras de TV e jornais numa área do país, e para garantir que "vozes independentes" tenham vez na TV local. Em fevereiro de 2002, a FCC derrubou dois regulamentos significativos: um que existia há sessenta anos e que impedia que qualquer canal de TV alcançasse mais de 35% da audiência nacional, e um outro que não consentia que uma empresa possuísse um canal a cabo e uma emissora de rádio na mesma cidade. E estas não são as únicas "aberturas de mercado".

Esse fenômeno parece se repetir pelo mundo inteiro à medida que a globalização fornece novas "oportunidade de mercado" a nações desprivilegiadas que um consultor de mídia chamou de "mundo sem telas, sem *shoppings* e ainda à espera de cabos".[25] O ex-diretor da AOL Time Warner Gerry Levin declarou publicamente sua ambição de "ter as corporações redefinidas como instrumentos de serviço público"[26] num próximo acordo da OMC — o GATS (Acordo Geral de Comércio dos Serviços), o qual as empresas de comunicação estão se esforçando para influenciar. Elas esperam que o GATS declare ilegais ou enfraqueça os regulamentos nacionais e regionais que protegem a mídia do serviço público e limitam o domínio corporativo. Mas, quer eles consigam isso por intermédio da OMC, quer de qualquer outra forma, não há dúvida sobre o que os construtores do império da mídia global desejam: o tipo de controle sobre a informação e sobre o entretenimento que eles detêm nos Estados Unidos, só que de ordem global.

As chances de uma mídia "livre" sob tais circunstâncias parecem bastante remotas. É por isso exatamente que um número crescente de pessoas do movimento vê a mídia dominante mais como uma ameaça do que como um possível aliado. David Barsamian é uma delas, e quando sento para conversar com ele num café barulhento em Boulder, vejo o que liga os argumentos dos sabotadores culturais ao trabalho de pessoas como ele. Percebo que se trata de uma guerra por informação: uma luta pelo direito de contar as histórias que moldam nossa sociedade.

Barsamian é o fundador e diretor da Alternative Radio, uma estação que ele criou, em caráter experimental, em 1986 e cujos programas hoje são exibidos no mundo todo em 125 estações, atingindo milhões de pessoas. Um dos críticos independentes da mídia mais respeitados da América, Barsamian é inteligente e convincente, com um sorriso mordaz, óculos grandes e uma mecha de cabelos grisalhos.

Já estive no escritório quase palaciano da Alternative Radio, que, segundo Barsamian, está "situado de acordo com sua posição nos meios de comunicação de massa dominantes: numa ruela, atrás de uma casa, no alto de uma garagem", e recebi fitas grátis de programas recentes. Entre elas estavam "Michael Parenti: A Fabricação da História", "Robert McChesney: Mídia Corporativa e a Ameaça à Democracia", "Eqbal Ahmad: Terrorismo — Deles e Nosso" e "Arundhati Roy: O Lugar do Escritor na Política". Não se pode dizer que essa rádio seja fácil de ser ouvida.

— Examine a situação como um todo — me orienta Barsamian. — Veja o que aconteceu ao jornalismo americano. O livro clássico de Ben Bagdikian, *O monopólio da mídia,* foi sempre a cartilha para o que está acontecendo na imprensa. Ele foi publicado em 1983 e nele o autor identificou cinqüenta corporações que controlavam a maior parte da mídia nos Estados Unidos. Na segunda edição esse número foi para 28. Na terceira edição, 23. Na quarta, 14. Na quinta, dez. A última edição, publicada em 2000, identificou seis empresas. E essas empresas foram incorporadas por organizações ainda maiores. A CNN e a ABC são controladas pela Disney. A NBC é controlada pela General Electric. Essas não são mais organizações que buscam a notícia para o controle do seu próprio destino. Elas são controladas por empresas de entretenimento interessadas em maximizar os lucros.

Ele suspira, mas rapidamente. Barsamian faz tudo muito rápido. Ele terá que estar em 17 outros locais hoje, a maior parte deles ao mesmo tempo; ele é esse tipo de pessoa.

— Essa concentração do controle do monopólio da informação representa uma *séria* ameaça à democracia — continua. — Não são apenas as pessoas que se autodenominariam esquerdistas ou progressistas que estariam preocupadas com isso. Gente como Thomas Jefferson e James Madison — teóricos conservadores — disseram que os cidadãos necessitam de uma grande gama de opiniões para tomarem suas próprias decisões nas questões importantes do dia. As opiniões deveriam variar de A a Z. Hoje, a gama de opiniões nos Estados Unidos vai de A a B. A democracia americana sofreu de forma expressiva, porque nós não temos uma mídia vigorosa.

Barsamian, como outros, diz que a mídia, como resultado do domínio corporativo, da corrida por lucros e da desregulamentação, está mais interessada em produzir diversão do que informação, educação ou notícias. Isso, segundo ele, não é surpresa — é o resultado inevitável de mudar o seu poder de produzir informação para as mãos competitivas das empresas privadas geradoras de lucros.

— O controle corporativo guia a mídia não para gerar cobertura, mas para gerar lucros — afirma. — As reportagens investigativas estão praticamente no fim — ainda resta um pouco no jornalismo impresso, mas no jornalismo eletrônico quase não existe. No fundo, as reportagens tomam dinheiro e tomam tempo. A concentração corporativa da mídia realmente reduz o escopo da informação para o relato e a coleta de notícias e o tipo de conhecimento necessário para se entender algo. Assim, em vez de explicações sobre, digamos, o Afeganistão, temos o bem contra o mal, a liberdade contra o ódio, negros contra brancos. De que lado você está? Você está conosco ou com os terroristas? Um bom noticiário deve saber explicar as áreas cinzentas. O controle corporativo da informação é estruturalmente incapaz de penetrar nessas áreas cinzentas — é muito caro, toma muito tempo e os lucros não retornam da mesma forma.

Ele mexe seu *latte* freneticamente.

— As pessoas não são burras — insiste, como se alguém tivesse surgido de repente por debaixo da mesa e o desafiasse a provar o contrário. —A burrice é *construída*. Há muita propaganda dizendo que o povo americano é indiferente, que só querem assistir ao futebol e beber cerveja. Isso acontece não porque haja uma base genética favorecendo; mas porque é construído. É construído por uma mídia e um sistema educacional que dizem: seu papel como cidadão encontra sua satisfação máxima como consumidor. E não como alguém que está envolvido em importantes decisões sobre onde o dinheiro é gasto, como as decisões de política externa dos Estados Unidos são tomadas — nenhuma dessas coisas. Espera-se que você se interesse em saber que o Denver Broncos não tem um bom time esse ano porque o técnico tomou decisões ruins sobre os jogadores. Em questões como essa, você pode debater, pode ser muito cáustico... mas em áreas importantes de política externa, decisões nacionais de vida ou morte, se devemos bombardear o Afeganistão — espera-se que você desenrole a bandeira, enrole seu corpo nela e diga "Sou um americano leal; seguirei meu líder".

Se esse for o caso, eu pergunto, o que pode ser feito para segurar o controle de informação da mídia e os valores que ela promove?

— Bem — responde sem parar para pensar —, o problema é que a mídia em geral, especialmente a mídia eletrônica, não dará a explicação necessária para desconstruir os eventos para o leitor. Tudo são *soundbites*, *eyebites*, muito discurso, muita imagem. O que tende a ocorrer nessas ocasiões é a reprodução do velho discurso em que todos acreditam: que os Estados Unidos defendem a liberdade, que os Estados Unidos são a luz da democracia, como diz George Bush. Você não precisa fabricar nenhuma evidência porque está apoiando o senso comum. Considerando que você diga, corretamente, que os Estados Unidos há muito têm sido o maior defensor do terrorismo internacional, a reação geral será de espanto. Você precisa de tempo para explicar isso, para se estender nesse tema, não pode simplesmente reproduzir o discurso habitual da mídia. As pessoas exigem respostas, você precisa mostrar a CIA treinando grupos terroristas na América Central e financiando o *Mujahideen*, os guerrilheiros muçulmanos... Você precisa se abastecer de fatos quando desafia a sabedoria convencional de um modo que não pareça que você a está desafiando. Isso significa que o verdadeiro jornalismo, o jornalismo desafiador, precisa de mais tempo e de permissão para explorar os assuntos de um modo que o moderno noticiário simplesmente não permite. O que isso significa? Significa, para começar, romper com essa concentração de posse da mídia por parte das corporações, em vez de encorajá-la. Significa fazer com que a FCC, que esperamos que defenda os interesses públicos, pare de defender os interesses comerciais de Wall Street e da Madison Avenue. Mas também significa que nós que gostamos de reclamar disso devemos prosseguir em nossa própria mídia. O potencial para fazer isso, e a facilidade para fazê-lo, existe como nunca existiu antes.

Ele terminou de tomar o café. Mas continua brincando com a colher.

— A posse da mídia pelas corporações é um punhal na garganta da democracia — ele diz. — É isso que é. Um punhal.

Barsamian provavelmente se sente como uma voz solitária nessa questão, às vezes. Mas ele não está sozinho; questionar a ideologia e o trabalho da mídia de massa, e experimentar, algumas vezes com êxito, outras vezes não, fornecer alternativas a ela são uma preocupação dos ativistas em todo o mundo. Um movimento que deseja impressionar com idéias que poucos jamais levaram em consideração — idéias que desafiam a autoridade não apenas física ou politicamente, mas também filosoficamente, idéias sobre valores — é improvável que consiga ser ouvido de modo justo pela mídia influente, e raramente é.

UMA IGREJA CONTRA O CONSUMISMO   159

Um exemplo óbvio, mas tocante. Quando li os jornais e assisti às notícias pela TV após os protestos em Gênova, não ouvi ou vi nada que se referisse aos debates que haviam acontecido uma semana antes dos protestos. Durante uma semana, nós nos juntamos num complexo de tendas à beira-mar e discutimos problemas e soluções para tudo, da especulação da moeda à regulamentação corporativa, de mudanças na política agrícola à reforma agrária. Organizações do mundo inteiro se reuniram e se articularam e se envolveram em debates inteligentes sobre a situação do mundo. E tudo o que vimos noticiado na imprensa foram tijolos, gás lacrimogêneo, balas e janelas quebradas.

Essa imagem é repetida onde quer que os manifestantes se reúnam; como regra — raramente quebrada —, a mídia dominante ou relata episódios de violência ou, se não houver violência, não relata nada. Em Gênova, trezentas mil pessoas marcharam e participaram de uma manifestação pública; a batalha de rua virou notícia e os problemas foram esquecidos. No ano seguinte, em março de 2002, quinhentas mil pessoas apareceram em Barcelona para discutir e contestar a Cúpula da União Européia. Não houve violência e, conseqüentemente, não houve uma cobertura do fato. Isso, para os ativistas, é apenas o exemplo mais evidente e difundido de uma mídia que regularmente se recusa a mostrar de forma apropriada suas preocupações ou parece incapaz disso. A solução dos ativistas para isso é direta: eles criam a sua própria mídia.

Esse fato em si não tem nada de novo — movimentos políticos sempre o fizeram, por meio de pequenas revistas, boletins e artigos em panfletos de propaganda dos partidos. As diferenças hoje são de duas ordens. Primeira, num movimento obcecado pela diversidade e descentralização, a mídia alternativa tende a refletir esses princípios — não há jornais, estações de rádio, *websites* etc. que possam alegar representar "o movimento" como um todo. Assim como a organização política do movimento, sua mídia não é centralizada.

Em segundo lugar, a nova tecnologia que se desenvolveu simbioticamente com o processo de globalização possibilitou que a mídia alternativa florescesse de uma forma que ela nunca conseguira antes. Num mundo em que as câmeras digitais e filmadoras têm preços acessíveis, os programas de editoração eletrônica podem produzir revistas profissionais em poucas horas e um *website* feito em casa permite que algumas pessoas envolvidas se comuniquem com milhões de outras no mundo inteiro em questão de minutos; formas alter-

160 UM NÃO, MUITOS SINS

nativas de distribuição da informação finalmente podem se tornar genuinamente influentes e populares. Quanto tempo isso vai durar — quanto tempo a Internet, por exemplo, continuará como um meio amplamente livre e democrático — continua sendo um assunto interessante para se debater. Mas enquanto assim permanecer, o potencial para, segundo David Barsamian, "dar continuidade à nossa própria mídia" existe, até certo ponto.

A melhor e mais sistemática tentativa de fazer isso até aqui foi a ascensão da Indymedia, uma rede cada vez mais global de *websites* controlados localmente (e em alguns casos, estações de rádio e projetos de vídeo) cujo objetivo é oferecer "cobertura não-corporativa e popular" dos acontecimentos. A Indymedia (lema favorito — "Não odeie a mídia, seja a mídia") nasceu durante os protestos de Seattle em 1999, quando um grupo de redatores, *webdesigners*, ativistas, produtores de filmes e outros organizaram um *site* para fornecer as notícias da reunião da OMC e dos protestos concomitantes que a mídia dominante não estava fornecendo. O *site* recebeu 1,5 milhão de visitas durante a cúpula, e nos quatro anos seguintes, desde então, a Indymedia tornou-se global.

No momento em que escrevo, existem 91 *sites* da Indymedia em 31 países, que vão de Israel à Finlândia, da Nigéria à Espanha, da Indonésia à Colômbia, da Índia à Rússia. A Indymedia forneceu cobertura imediata em Gênova e foi cruelmente atacada pela polícia por seus esforços. A Indymedia de Chiapas fornece as últimas notícias sobre os zapatistas, e quando eu estava na África do Sul, assisti a uma das primeiras reuniões do centro Indymedia do país, que estava nascendo.

Todavia, a Indymedia, como tal, não existe. Não existe escritório central, não há um quadro de funcionários remunerados, não existem regras, nem mesmo qualquer declaração de missão. Os fundos vieram de doações, nenhum anúncio é vendido e não há partido político, credo ou linha corporativa a seguir. Algumas pessoas envolvidas são jornalistas formados, mas a maioria não é, e não existem hierarquias oficiais. Seus jornalistas fazem as reuniões, planejando e coordenando por *e-mail* e em salas de bate-papo. Ninguém pode publicar nada no *site* da Indymedia, e seus vários centros estão ligados entre si apenas por meios não-oficiais e livres. O que realmente os une é um desejo de contar as notícias que a mídia oficial não está contando, ou fornecer perspectivas e opiniões ignoradas ou não divulgadas que você não lerá em lugar algum.

Desse modo, a Indymedia acompanhará a história por trás de eventos como os de Gênova, Praga, Seattle ou Durban, noticiando o que não chegou aos jornais ou à TV. Ela vai contar a história do cerco à igreja da Natividade em Jerusalém do ponto de vista daqueles que estavam do lado de dentro. Mostrará aspectos das assembléias populares de rua surgindo na Argentina como resultado do colapso econômico do país inspirado pelo FMI. Mostrará a resistência à privatização da água na Índia e protestos anti-sionistas em Israel, que você dificilmente saberia de outra forma.

A Indymedia é construída em torno de uma obsessão virtual por duas coisas — a organização horizontal e a publicação aberta. A primeira é auto-explicativa — é a velha aversão a hierarquias que os ativistas da Indymedia compartilham com o movimento como um todo. A segunda é uma resposta direta ao crescente controle da informação pelas organizações com fins lucrativos e o uso dessa informação para divulgar o consumismo, a globalização e os valores decorrentes.

O jornalista da Indymedia Matthew Arnison descreve a publicação aberta como uma "reação revolucionária à privatização da informação pelas empresas multinacionais".[27] O princípio, como demonstram os *sites* da Indymedia, é simples: qualquer um pode publicar qualquer coisa. Não há jornalistas profissionais ou editores que decidam o que é ou não notícia, não há filtros corporativos e nenhuma linha editorial — ainda que um tom discordante e antiglobalizante seja compartilhado por todos os *sites* da Indymedia. O que isso significa, como todos que usaram a Indymedia lhe dirão, é que pode haver também uma significativa quantidade de bobagens em meio ao material de melhor qualidade: mentiras, erros, teorias conspiratórias, a disseminação do ódio.

Nesse sentido, a Indymedia é como a versão jornalística de um debate em grupo e não um monólogo; é o leitor que cria a notícia. Nem tudo valerá a pena ser lido, mas a Indymedia admite que a maior parte das pessoas é inteligente o bastante para distinguir o bom jornalismo da tolice. "As empresas de comunicação supõem que os espectadores sejam burros", escreve Arnison. "Na visão delas, o potencial criativo máximo do telespectador é para assistir a *Os vídeos caseiros mais engraçados*. Pessoas criativas não compram mais essas coisas, elas fazem as suas próprias. Isso é um problema para as multinacionais da mídia.

162 UM NÃO, MUITOS SINS

Elas não confiam que o seu público seja criativo. Isso poderia ser ruim para os lucros... mas tudo bem. O público não confia na mídia corporativa também."

A Indymedia não foi criada para substituir os noticiários oficiais. Ela não tem o alcance, as fontes, a experiência, a audiência ou o desejo. Mas é um fenômeno, e um fenômeno importante. Na Indymedia — que é reproduzida em gênero, se não em escala, por outros meios de publicação aberta na Internet — o movimento encontrou pelo menos o começo de uma resposta aos temores que todos — o reverendo Billy, Kalle Lasn, a Frente de Libertação do Outdoor, o agente Apple e David Barsamian — manifestaram. Temores que, com tudo que vi, não posso deixar de manifestar também. Temores que podem ser resumidos em duas palavras: cerco cultural.

Estamos em meio a uma revolução global da informação que não está levando, como seus proponentes alegam, a mais "escolhas", à mídia de melhor qualidade e a mais perspectivas no mundo, mas a um grupo de empresas cada vez mais restrito que cerca a Terra mediando as histórias que moldam nosso mundo. Nós nos tornamos consumidores não apenas de produtos, mas de idéias, filosofias, ideologias. Elas nos divertem, nós sentamos e ouvimos — mas não antes de pagarmos. As histórias sempre definiram o modo como as sociedades e culturas se vêem. Agora as lentes através das quais vemos o mundo pertencem à CNN, e os nossos contos de fadas são contados pela Disney, enquanto comemos produtos do McDonald's.

Isso é a privatização da imaginação. Para agir contra ela, os ativistas postulam uma alternativa que requer que todos nós tomemos de volta o espaço colonizado dentro de nossas mentes. Seja sua própria mídia. Escreva suas próprias notícias. Defina seu próprio espaço, tanto público quanto cultural. Conte sua própria história, para que ela não seja contada a você; embrulhada e vendida num *shopping* global no qual tudo, do tênis à democracia e às histórias que sua avó lhe contou, são produtos que trazem uma etiqueta com o preço marcado.

5 A revolução das *kotekas*

"Se as montanhas e a natureza estão prejudicadas, nossa mãe está ferida ainda mais. A montanha que vemos como nossa mãe é sagrada. É para lá que as almas dos homens vão quando eles morrem. Para nós, esse lugar é sagrado e nós o adoramos em nossas cerimônias tradicionais."

TOM BEANAL, LÍDER DA TRIBO AMUNGME

"Num país de montanhas, por que uma delas seria sacrificada em nome do progresso?"

PORTA-VOZ DA PT FREEPORT, NA INDONÉSIA

Dois ingleses com mais de 1,80m de altura, queimados de sol e esbeltos, estão conduzindo nervosamente uma trupe de membros de uma tribo barulhenta e pintada para a guerra através de um arco coberto de palha na direção do centro de uma aldeia sem estradas nas regiões montanhosas da Nova Guiné. As montanhas que os cercam por todos os lados estão cobertas por matas virgens e suspensas por faixas de nuvens. Na frente deles, dois homens pintados se sacodem, com ossos atravessando seus narizes, argila seca modelando seus troncos magros, usando penas de búcero e de ave-do-paraíso nos cabelos negros emaranhados. Eles dançam dando dez passos para a frente e cinco passos para trás, movendo-se de forma ritualística, carregando uma lança feita de madeira dura como o carvalho. Ao lado de cada um deles estão dançando duas mulheres idosas, de busto nu, pintadas da mesma maneira, usando nada mais do que saias de capim, balançando os quadris e empurrando varas na direção do céu.

Gritos de guerra e assobios aumentam de volume quando os dois homens brancos alcançam um semicírculo de líderes da aldeia formado para recebê-los. Eles param para descansar e os guerreiros atrás deles se sentam juntos formando um grupo. Eles permanecem de pé, desajeitados, sob a luz do sol alta e transparente, tentando parecer honrados.

Lenta e dolorosamente, um dos homens no centro do semicírculo começa a chorar. Inicia com uma fungada forçada e muda gradativamente para um lamento, as lágrimas escorrendo à vontade. Logo, os trinta e tantos homens e garotos estão chorando com ele também; uma barragem sobrenatural de soluços e lamentos entremeados por palavras e frases na linguagem característica das montanhas. O som pontua o pequeno gramado, as samambaias orvalhadas e as cabanas redondas e baixas cobertas de palha que se espalham por todos os lados.

Três minutos depois, o choro acaba, os olhos estão secos e somos considerados oficialmente convidados bem-vindos, e respeitados, nessa remota

166 UM NÃO, MUITOS SINS

aldeia Lani, a dois dias de caminhada da trilha mais próxima. É comovente, de um jeito que nenhum de nós jamais vivenciou.

— Uau — solto pelo canto da boca para Steve. — Isso foi... estranho.

— Eles ainda não terminaram — responde Steve, pelo canto da boca também.

E eles realmente não haviam terminado. Galile, nosso amigo, guia e intérprete, coloca-se entre nós. Os aldeões estão se deslocando na direção de outro grupo de pessoas que chega pelos portões, carregando arcos e flechas, lanças — e quatro porcos vivos amarrados e pendurados em estacas de madeira levadas nos ombros por oito ágeis homens da tribo.

— Agora — diz Galile — você tem que matar um porco.

— Quem, eu?

— Vocês dois devem matar um porco. Com arco e flecha.

— Droga, Galile — exclamo. — Eu não posso matar um porco.

— É a tradição. Para lhes dar as boas-vindas em nossa tribo.

— Mas eu sou vegetariano. De qualquer forma, eu não comeria.

Galile vira-se para Steve, que está de pé próximo a mim com olhar igualmente desconfortável.

— Eu acho que também vou me abster — diz Steve. — Nós temos mesmo que fazer isso? De verdade?

— Tudo bem — diz Galile —, eles matam o porco. Mas nós temos de comê-lo. E agora você deve ficar olhando.

Dois carregadores se aproximam de nós com a carga se debatendo.

— Vocês devem segurar a estaca — Galile explica.

Steve e eu brigamos com a estaca e com o porco extremamente infeliz, e o erguemos em nossos ombros segundo fomos instruídos. Depois, sob o aviso de Galile, em uníssono, repetimos "*Wa, wa, wa, wa, wa...*", a palavra onipresente nas regiões montanhosas usada para agradecer e dizer alô. As mais de cem pessoas explodem num aplauso desenfreado e numa outra rodada de uivos e barulhos animalescos esquisitos. Agora me sinto realmente reverenciado.

A seguir, um velho, usando nada mais que uma *koteka* — uma cabaça que os nativos das regiões montanhosas usam para cobrir o pênis —, ajoelha-se diante de nós e crava friamente quatro flechas no coração dos pobres animais. Eles se agitam freneticamente por cerca de um minuto ou mais e depois ficam em total silêncio.

A REVOLUÇÃO DAS *KOTEKAS* 167

Um aldeão mais velho se levanta, com os ossos rangendo, do meio da multidão e dirige-se a nós falando em *lani*, quando os porcos são alegremente levados num carro que contorna a esquina onde as mulheres estão construindo fogões na terra.

— Agora — Galile traduz — ele está dizendo que vocês são da família *lani* e de sua tribo. Ele diz que essa aldeia é sua e a qualquer momento que você queira construir uma casa aqui, a terra é sua. Em qualquer lugar na floresta, você pode construir sua casa, e viver com sua tribo. — Todos sorriem, eu também.

— Mas primeiro — diz Galile — nós precisamos ser livres.

Quando a Holanda reivindicou soberania sobre metade da segunda maior ilha do planeta, a Nova Guiné, em 1824, ela era apenas uma das nações que tomavam parte numa luta colonial por territórios nas "Índias Orientais". Por todo o efervescente arquipélago que agora forma o Estado da Indonésia, o governo holandês estava confiante na sua pilhagem territorial dos trabalhos da *Vereenigde OostIndische Compagnie* — a Companhia das Índias Orientais Holandesas —, uma organização multinacional patrocinada pelo Estado que fez os alvos dos ativistas de hoje parecerem um bando de trabalhadores sociais. Com o poder de colonizar territórios, fazer tratados e emitir moedas, e com seu próprio exército, a Companhia das Índias Orientais Holandesas, em duzentos anos de colonização da maior parte do que hoje é a Indonésia, apoderou-se do controle do seu lucrativo comércio de especiarias.

Ao que os europeus chamavam de Nova Guiné, no entanto, ninguém havia realmente prestado atenção. Essa vasta ilha cheia de florestas tinha pouco a oferecer aos colonizadores europeus. Ao passar por ali em 1526, o explorador português Jorge de Meneses a chamou de "Ilha dos Papuas" — "ilha dos cabelos encrespados". Um explorador espanhol, mais tarde, achando que seus habitantes se assemelhavam um pouco com aqueles da Guiné, na África, tomando por base que eram negros, a chamou de "Nova Guiné".

Esses habitantes, que mais tarde viriam a se autodenominar "papuas", estiveram lá por pelo menos quarenta mil anos, divididos em mais de mil tribos distintas, cada uma com sua própria língua (um quinto de todas as línguas do mundo ainda são encontradas na Nova Guiné, algumas faladas por menos de quinhentas pessoas). Eles viviam, como a maioria ainda vive, em pequeninas aldeias nas regiões montanhosas, pântanos e florestas tropicais, alimentando-se de batatas-doces e sagu. Com seiscentas espécies de plantas, duzentas espécies de pássaros e duzentas espécies de répteis que não podem ser encontrados em outro lugar, o lar da ave-do-paraíso com algumas das últimas grandes florestas tropicais intactas no planeta, Papua foi, e permanece, um lugar à parte.

A vida só começa realmente a mudar para os papuas depois da Segunda Guerra Mundial, quando os colonizadores europeus começam a partir. As Índias Orientais Holandesas vieram a se tornar um novo Estado-nação chamado Indonésia. Mas os holandeses queriam que Papua Ocidental se tornasse um Estado independente. Os papuas melanésios, negros, segundo argumentaram os holandeses ao partir, tinham tão pouco em comum com os indonésios muçulmanos asiáticos de pele clara quanto tinham com os europeus. Eles eram uma raça diferente, vivendo numa zona ecológica diferente, com uma cultura diferente e valores diferentes. Eles deveriam ter seu próprio país. Em 1949, os holandeses cederam a soberania das Índias Orientais Holandesas para a nova nação da Indonésia — mas excluíram do acordo a Papua Ocidental.

Mas os indonésios não estavam querendo nada disso. Seu primeiro presidente, Sukarno, queria que a sua nova nação fosse a maior da Ásia. Tudo que os holandeses tinham possuído, ele disse, deveria ser indonésio dali por diante. A Indonésia e a Holanda romperam relações. Em 1º de dezembro de 1961, os holandeses concederam formalmente a independência de Papua Ocidental. Uma nova bandeira de Papua — a estrela-d'alva — foi erguida quando seu povo, apenas recentemente ciente de que habitava o que os europeus chamavam de "nação", proclamou a independência. As comemorações tiveram vida curta. As Nações Unidas, pressionadas pelos Estados Unidos, o mais novo aliado da Indonésia, se recusaram a reconhecer a nova nação ou a ação holandesa e, em 1962, uma força de invasão indonésia aterrissou de pára-quedas nas florestas.

Dali em diante, todo mundo sabe o que aconteceu. Embora as Nações Unidas interferissem e prometessem aos papuas um referendo de independência, os indonésios, com o que estava para se tornar sua marca registrada

A REVOLUÇÃO DAS *KOTEKAS*   169

de brutalidade, forçaram um grupo "representativo" de mil líderes tribais a votarem "unânimes", sob a mira de revólveres, para se tornarem parte da Indonésia. Em 1969, Papua Ocidental — ou "Irian Jaya", como os indonésios vieram a chamá-la — tornou-se a 26ª província da Indonésia.

Os trinta anos seguintes serviram para provar o lado mais brutal da história de Papua. Sob o seu novo presidente-ditador, general Suharto, que derrubou Sukarno num golpe em 1967, os indonésios embarcaram numa campanha para "indoneizar" a nova província e acabar com a cultura papua. Aqueles que resistiram a essa limpeza étnica foram assassinados, torturados ou "desaparecidos" com ferocidade terrível. Oficialmente, mais de cem mil papuas foram mortos pelos indonésios desde a ocupação; extra-oficialmente, dizem que o número chega a oitocentos mil.[1]

Mas assim como acontece com todas as ocupações coloniais, havia uma outra razão por trás da perversa campanha dos indonésios para dominar Papua Ocidental: as riquezas. É a glória e a tragédia para o povo papua o fato de que sua terra esteja felizmente "encharcada" do tipo de coisas que movimentam a economia global: madeira, petróleo, gás, cobre, ouro. Estava tudo lá, em abundância. Qualquer um podia prever o que viria em seguida.

Mesmo antes de ter assumido o controle de Papua Ocidental, a Indonésia estava negociando com a companhia de mineração americana Freeport, que queria abrir o que parecia ser um grande depósito de cobre em Papua Ocidental. Em 1969, a Freeport mudou-se para lá. Para lá também foram a companhia de petróleo anglo-holandesa Shell e uma grande quantidade de outros exploradores de minério e petróleo. O governo indonésio, a quilômetros de distância na capital, Jacarta, dispôs alguns mapas de Papua Ocidental sobre uma mesa e desenhou linhas sobre eles para designar as "concessões" florestais — tomando grande parte da imensa floresta tropical primitiva de Papua, a segunda em tamanho depois da amazônica — que eles iam distribuir para madeireiras. Em poucos anos, Papua Ocidental havia sido colonizada duplamente: pelos indonésios e por algumas das maiores e mais destrutivas organizações da época.

Hoje, Papua Ocidental é a mais poluída, ignorada e explorada província da Indonésia. Os povos de suas tribos tornaram-se cidadãos de segunda classe em sua própria terra ancestral. A Indonésia e suas amigáveis multinacionais levam quinhentos milhões de dólares para fora do país todo ano. Os papuas não vêem nada disso. Eles são um povo que está bem na ponta da espada da economia global: o ponto onde as riquezas de que nós nos utilizamos todos os dias são tomadas, à força se necessário, dos povos a quem pertencem.

Traídos pelo silêncio do mundo, os papuas foram deixados para afundar numa extinção lenta e complacente. Mas eles têm outras idéias.

A capital desmoronada de Papua Ocidental, Jayapura, é uma cidade colonial. A maioria de suas lojas, hotéis transformados pelo tempo, restaurantes de massas, fábricas — mesmo as escolas, o hospital e o Museu da Cultura Papua — pertencem a indonésios e são administrados por eles. É grotesca; com funcionamento ruim, abafada pelo calor malárico das terras baixas entre a cadeia de montanhas das regiões montanhosas e as praias do Pacífico enfeitadas com destroços de material lançados à terra durante a Segunda Guerra Mundial. Não é o tipo de lugar a que você viria para passar férias, razão por que ninguém vem.

Exceto eu. Oficialmente, sou um turista. Tente e seja alguma coisa a mais em Papua Ocidental e a vida fica difícil para você. Desde a ocupação, o governo indonésio manteve uma política rigorosa de manter estranhos distantes de qualquer parte de Papua Ocidental que eles não querem que o mundo veja. Um ano antes da minha chegada, um jornalista suíço foi jogado numa cela de delegacia de Papua por "atividade jornalística ilegal", e depois deportado — não sem que antes tivesse testemunhado algumas cenas "indescritivelmente chocantes" na prisão: a polícia da Indonésia torturando separatistas papuas suspeitos com porretes, paus, chicotes de bambu, botas e socos de punho fechado; sangue cobrindo as paredes quando bateram em três papuas até a morte por várias horas em frente a seus olhos.[2]

Desnecessário dizer que não posso me dar ao luxo de deixar as autoridades saberem o verdadeiro motivo pelo qual estou aqui. Por isso, vim para conhecer a exótica cultura indígena. Mesmo assim, isso significa uma visita à delegacia, e um requerimento para um *surat jalan* — um passe de visitante — no qual a polícia escreverá os nomes e os locais que você terá permissão oficial para visitar esse mês.

Estou suando devido a uma combinação de nervos e um calor opressivo de 35 graus quando fico de pé diante de um policial gordo na delegacia escaldante de Jayapura. Ele parece não me haver notado.

— Você gosta da Indonésia? — pergunta, saindo às pressas de trás de uma máquina de escrever que provavelmente teria uma recepção calorosa num antiquário.

— Muito.

— O que faz aqui?

— Turismo.

— Turismo? Aqui?

— Hum... sim.

— Já que você não está trabalhando, tampouco fazendo um trabalho jornalístico, nem coisas ruins como essas, se você se envolver em qualquer dessas atividades, vai para a prisão. Cinco anos. Estou avisando.

— Não, não... são só umas férias. Sabe, muitas tribos interessantes, a flora, a fauna. — Faço um gesto vago para o teto e tento lembrar se tenho algum caderno incriminador comigo.

— Se você quer fazer turismo, meu amigo, então não deveria estar aqui. Você deveria estar em Bali. Muitas praias, mulheres bonitas, *resorts*... sabe como é. Por que veio para cá? Este lugar cheio de selvagens. Lugar ruim. Eu estaria em Bali se pudesse. Meu trabalho, sabe como é.

Ele sorri com tristeza. Menos de um ano depois, quando um homem-bomba matou várias pessoas numa boate em Bali, ele provavelmente estaria mais agradecido pelo seu posto.

— Divirta-se em nosso país.

A ironia de Jayapura, e de todas as outras cidades papuas, é que enquanto os papuas perdem o poder econômico, o controle sobre seu próprio destino e sua identidade cultural para os "ocupantes" indonésios, muitos desses "ocupantes" não conseguem muito da terra também. A milhares de quilômetros de casa, numa terra "atrasada" que eles não compreendem, muitos dos imigrantes vieram para cá por causa do programa do governo indonésio de "transmigração" — um esforço maciço do Estado para mudar pessoas da ilha central superpovoada da Indonésia, Java, para ilhas subpovoadas como Papua. Muitos transmigrantes não tiveram do governo a opção de mudar quando desejassem, eles se viram jogados em "fazendas" cavadas na floresta, sem água corrente ou energia, e numa terra cheia de remendos, que secou em poucos anos. Mas o programa (que agora está sendo combatido) teve o efeito agradável de conquistar Java para as pessoas para quem não havia terra bastante para sustentar e "indoneizar" Papua Ocidental.

Mas existe uma outra ironia em Jayapura. Embora essa cidade indonésia, numa terra melanésia, seja um símbolo da limpeza étnica que o governo indonésio vem impondo aos papuas, os indonésios estão passando pela sua própria versão de limpeza étnica: sua cultura e valores sendo arrancados deles pela poderosa iconografia do consumismo ocidental. Anúncios de TV mostram famílias javanesas sorrindo sentadas vestindo *jeans* e jantando pacotes de macarrão. Computadores nos dois cibercafés locais só usam *software* americano em língua inglesa (quando funcionam). Do lado de fora do cinema quase falido, uma foto do rosto de George Clooney com mais de um metro e oitenta de altura tremula abaixo da mulher muçulmana com seus véus e comprido vestido branco. Do lado de fora da escola, crianças — indonésias e papuas — correm em círculos vestindo uniformes americanos, complementados por bonés de beisebol. Enquanto o governo indonésio se ocupa em eliminar as identidades e a cultura dos papuas, os migrantes indonésios de Papua se ocupam em trocar as suas por uma cópia da cultura americana que eles nunca irão experimentar

Estou aqui para encontrar meu contato, Amunggur,[3] uma figura importante na resistência de Papua. Eu vim a Papua Ocidental, por insistência dele, para ver como um povo tribal está resistindo às forças da globalização. Amunggur me contou que os papuas — uma das populações tribais mais "subdesenvolvidas" — estão apenas começando a se engajar no movimento de resistência. Eles sabem que precisam, e rapidamente.

Nunca houve um movimento popular internacional que tenha incluído, envolvido e aceito os interesses de um povo tribal. Por séculos, o destino de tais "selvagens" tem sido o de serem enganados, ignorados ou exterminados em nome do progresso. Durante todo o século XX, tanto à direita quanto à esquerda, construtores de impérios e socialistas, defensores do trabalho ou do capital, tenderam a ver os povos tribais remanescentes nas florestas, montanhas e planícies como obstáculos embaraçosos a um futuro industrial glorioso.

A REVOLUÇÃO DAS *KOTEKAS* **173**

Esse movimento é diferente, porque os interesses dos nativos estiveram no seu coração desde o primeiro dia. Porque é um movimento que nasceu no mundo "em desenvolvimento", porque é uma cultura de diversidade, porque a identidade cultural, a terra e dar voz aos negligenciados são soluções para seus interesses, a população tribal desempenhou um papel importante nisso. Na Índia e em Bangladesh, milhares de pessoas da tribo *adivasi* se reuniram para fazer oposição aos projetos de construção de represa, para protestar contra os grupos da GM crescendo em sua terra e lutar por seus direitos e culturas. Na Nigéria, grupos tribais de Ogoniland e outros lugares lutaram anos contra a destruição do petróleo de suas comunidades por parte da Shell e contra a economia global que permite isso. Tribos amazônicas lutam contra o corte de madeira e o roubo de terras, e, ao fazerem isso, se unem às tribos dos thai, maoris, dos índios norte-americanos, às tribos equatorianas, dos povos das florestas colombianas, de aborígines australianos e muitas outras ao tomarem seus interesses em nível global, unindo-se uns aos outros e influenciando as idéias, a direção e os valores do crescente movimento global.

Amunggur esteve por todo o mundo tentando formar esses elos e persuadir seu povo de que eles valem a pena — e, como resultado, tornou-se *persona non grata* para o governo da Indonésia. Seu povo, ele me explicou quando o encontrei antes de chegar a Papua, vinha lutando há anos contra os sintomas da globalização: agora eles estavam começando a prestar atenção a suas causas.

Estou aqui para descobrir se isso é verdade. Se existe alguém para me mostrar, só pode ser Amunggur. O único problema é que eu não consigo encontrá-lo.

Durante dois dias angustiantes de calor, caminhei pelas ruas de Jayapura, olhando em todos os lugares que ele disse que eu poderia encontrá-lo e achando apenas motoristas de táxi, comerciantes e homens idosos seminus tentando vender amuletos da sorte feitos com dentes de porco, lanças ancestrais entalhadas em madeira e colares de conchas. Após dois dias bisbilhotando em todos os cantos, fazendo perguntas perigosas e berrando por ruas imundas na garupa de motocicletas guiadas por papuas que me garantem saber onde está Amunggur, mas sem sucesso, estou a ponto de desistir e ir para casa. Então, por um golpe de sorte, conheço um senhor que diz saber onde encontrar o primo de Amunggur e, para minha surpresa, vejo que está certo.

Galile é pequeno e forte, com uma barba curta e a marca registrada das figuras de Papua: nariz triangular largo e achatado, testa coberta por um emaranhado de cabelos negros encaracolados e curtos, e uma boca que se divide num sorriso deliciosamente largo e ingênuo quando lhe digo o motivo pelo qual estou ali. Ele aperta a minha mão pelo que me pareceu serem longos cinco minutos, depois me conduz para sua casa feita de tábuas desgastadas pelo tempo e fecha a porta atrás de mim.

— Muitos espiões — ele confidencia, furtivamente, sentando no chão de pernas cruzadas. — Quando estiver em Jayapura, você deve ser cuidadoso. Alguns papuas traem seu país; pagos pelos indonésios em rupia ou uísque. Precisamos tomar cuidado.

Estou muito contente por ter encontrado Galile, pois isso confirma que Amunggur não está nem mesmo no país.

— Ele está numa grande confusão — diz Galile, de modo sério. — Toda a polícia e o exército procuram por ele. Ele está tentando contar ao mundo sobre os papuas e seu sofrimento. É um homem corajoso, e se a polícia o pegar... — ele corre o dedo pela garganta num movimento que qualquer um no mundo entenderia instantaneamente. — Confusão braba. Ele não pode voltar para Papua até que esteja seguro. Não sei onde está agora. Mas posso lhe ajudar a falar com as pessoas. Qualquer coisa que eu possa fazer por você, eu farei.

Galile é primo de Amunggur, mas bem poderia ser seu irmão, seu cunhado, seu melhor amigo, seu filho. Em Papua, nenhuma dessas palavras significa muito; todos são da "família" — por laços sanguíneos ou não. Agora mesmo, Galile está a centenas de quilômetros da aldeia da floresta onde cresceu, trabalhando e estudando em Jayapura — "para o futuro". Mas seu novo lugar não o livrou dos valores com que foi criado, entre os quais a importância da família — famílias ampliadas, chegando a centenas —, isso é soberano. No coração, Galile permanece sendo um homem da tribo Papua.

Agora, no entanto, ele está sentado na minha frente, estapeando mosquitos pesados e gordos e sorrindo para mim de forma desarmada, aberta e com confiança, como se me conhecesse desde sempre.

A REVOLUÇÃO DAS *KOTEKAS* 175

— E então? — pergunta. — O que você quer fazer?
Conto a ele.

A resistência dos papuas à sua ocupação assume formas diversas. Durante décadas depois da tomada dos indonésios, a única forma de resistência organizada veio da *Organisasi Papua Merdeka* (OPM) — o Movimento Papua Livre. A OPM, formada em 1970, é um amplo movimento social de base a que quase todos em Papua Ocidental admitirão "pertencer". Para o resto do mundo, no entanto, as letras "OPM" significam a parte armada da organização: um grupo de guerrilheiros misterioso e determinado que vive, como Robin Hood, nas profundezas das florestas, mudando seus acampamentos regularmente para escapar da caçada humana do exército e vez por outra surgindo para atacar uma mina ou seqüestrar estrangeiros insuspeitos. Os guerrilheiros da OPM falam a língua dos soldados endurecidos, porém, menores em número e armados com pouco mais do que lanças, facas, arcos e flechas e uma arma roubada de vez em quando, nunca foram mais do que migalhas incômodas nas toalhas do governo da Indonésia.

Nos últimos anos, entretanto, as coisas mudaram em Papua Ocidental, tal qual mudaram em toda a Indonésia. O general Suharto governou a Indonésia sem ser desafiado por mais de trinta anos, mas, em 1998, no redemoinho financeiro que estava varrendo o Sudeste Asiático, o ressentimento popular finalmente borbulhou na superfície e o tirou do cargo. Dois presidentes que duraram pouco o seguiram, e depois, em 2001, no que ela viu sem dúvida como uma justiça poética, Megawati Sukarnoputri, filha do homem que Suharto depôs em 1967, tornou-se presidente da Indonésia.

Tirando vantagem de um novo clima de abertura em Jacarta após a queda do ditador, os papuas começaram a clamar abertamente por independência. Em 1999, pela primeira vez desde 1969, eles ergueram publicamente o símbolo de suas esperanças nacionais — a bandeira com a estrela da manhã — sem retribuição das autoridades da Indonésia. Depois, em maio de 2000, eles organizaram o maior espetáculo público de aspiração nacional já permitido. Três mil delegados vieram ao Congresso do Povo Papua em Jayapura, alguns deles caminhando descalços pelas montanhas durante semanas até chegar lá, para exigir independência e estabelecer uma nova organização para trabalhar em prol disso — o Conselho de Papua. O Conselho, composto de quinhentos líderes tribais, era exatamente o que os papuas nunca tiveram — um grupo de pessoas pacífico, respeitável, pedindo, abertamente, independência. O líder do Conselho, estranhamente chamado de Presidium, anunciou que trabalharia lado a lado da OPM e de outros, unidos na busca à *merdeka* — liberdade.

Quando cheguei a Papua Ocidental, seis meses após o Congresso do Povo, parecia que os papuas haviam tido sua melhor chance de mudança verdadeira. Em Jacarta, o governo também notou isso, e apareceu com uma estratégia dupla para abafar as pretensões de independência.

Primeiro, ele ofereceu aos papuas uma coisa chamada "autonomia especial" — mais controle sobre seus assuntos na Indonésia, incluindo a troca do nome da província de "Irian Jaya" para "Papua", criando um parlamento papua com povos indígenas em suas fileiras e dando a Papua Ocidental algum uso para os rendimentos gerados no seu solo. Em segundo lugar, caso isso não funcionasse, os ministros de Jacarta armariam um plano secreto para acabar com as pretensões de independência do povo. O plano incluía o uso do exército para treinar a milícia pró-Indonésia e a compra de separatistas em potencial com ofertas de emprego no governo. Até aqui, nada funcionou: o Conselho de Papua, a OPM e outras organizações que lutam pela independência rejeitaram os poderes de autonomia especial como uma tentativa de comprá-los. Apenas a *merdeka*, dizem, os realizaria.

Que forma ela tomaria é a pergunta que farei ao recém-formado Presidium. Não é um bom momento para se conversar com eles, no entanto. Apenas duas semanas antes de eu chegar a Papua Ocidental, o líder do Presidium, o carismático Theys Eluay, havia sido assassinado pelo exército da Indonésia — aparentemente como parte do plano para destruir o movimento de independência. Apesar do tumulto resultante no Presidium, entretanto, Willy Mandowen concordou em falar comigo. Willy é um homem de meia-idade profundamente educado, muito viajado e de grande influência. Ele é um dos pensadores principais e estrategistas do Presidium, e se Papua Ocidental algum dia se tornar a nação independente que tantos do seu povo desejam que se torne, Mandowen será sem dúvida uma das figuras principais em seu governo.

Eu me empoleiro na beira de um sofá na sala de estar de Willy enquanto ele me conta que o Presidium governaria o país de um modo muito diferente do que havia sido antes.

— Sabe — ele diz, calmamente —, nós não queremos a independência para depois descobrir que o capital é regulado por outra pessoa. Nós estamos cientes dessa ameaça. Como resolveremos isso? Assegurando que os líderes tribais desempenhem um amplo papel em todo e qualquer governo. Assim, se uma companhia quiser escavar uma montanha para mineração, mas o povo e sua cultura disserem "Não, ela é a nossa mãe", ela não poderá fazê-lo. Os costumes papuas irão controlar nosso governo.

Pergunto se ele realmente acredita que os costumes de um povo tribal poderiam ter prioridade sobre a extração de riquezas e o gigantesco poder da economia global.

— Bem, sim, poderiam — ele sorri. — De um ponto de vista justo, nós não podemos permitir que os chamados países "desenvolvidos" continuem dominando países menores por meio de leis e coisas como a OMC. Essa é apenas uma nova forma de colonialismo. E o que há de tão desenvolvido nesses lugares? Quando andei por Nova York, Sidney, San Francisco — até Jacarta — vi muito edifícios altos, vazios e a maioria das pessoas mudando para os subúrbios para fugir deles. Por que não se constroem casas pequenas, que são mais saudáveis? Por que fazer da cidade um lugar de desperdício — toda de aço e tendo que lutar pelo preço do petróleo? Em Papua, temos espaço bastante para viver de forma saudável, não como vocês. Queremos o peixe dos corais de recife e a carne da selva, não o peixe que está no refrigerador há um mês.

"Nos EUA existe um programa de televisão — *Survivor*, acho que é o nome — que gasta milhões para colocar pessoas vivendo na selva por uma semana. Em Los Angeles, vi selvas criadas em saguões de hotel. Por que eu deveria ser desenvolvido por esse tipo de país onde as pessoas querem ser como eu novamente? Devemos ter uma visão clara, e essa visão servirá para localizar a globalização. Este é o desenvolvimento papua. Nós não precisamos ser americanos. O desenvolvimento para o mundo deveria ser como construir uma casa. Aqui está a janela, aqui estão os tijolos, aqui está o telhado. Todos esses materiais são diferentes e são feitos por pessoas diferentes. Todos contribuem para a construção final. Do mesmo modo, os países deveriam ser feitos diferentemente, a fim de contribuírem para o mundo inteiro."

Um mundo, em outras palavras, com muitos mundos dentro dele. Falando com Willy, assim como com Amunggur antes dele, eu compreendo exatamente quão longe esse pensamento sobre globalização, economia, independência e poder se espalhou pelo mundo, em tão pouco tempo.

Enquanto isso, Willy tem um plano, diz ele, para controlar as empresas. Se uma companhia quiser operar, ou investir, em Papua Ocidental haverá regras rigorosas sob as quais ela deverá fazê-lo — regras definidas pela comunidade. As comunidades locais teriam a palavra final sobre o fato de as empresas virem a trabalhar ou não na sua terra. Se viessem, isso deveria ser feito com base no respeito aos seus costumes e a seu modo de vida e respeitando a comunidade — e o governo de Papua teria de receber os benefícios. Finalmente, cada empresa que estivesse operando em Papua Ocidental deveria contribuir com dinheiro para um fundo, controlado por comunidades locais, com líderes comunitários decidindo de que forma o dinheiro seria gasto em benefício de suas comunidades.

Isso parece bom. Se funcionasse, provavelmente seria. Mas há algo que eu quero perguntar a Willy — um boato que ouvi que poderia fazer a diferença entre o sucesso e o fracasso dessas ambiciosas idéias. Ouvi dizer que o Presidium está sendo custeado por algumas das maiores empresas multinacionais de Papua Ocidental; precisamente aquelas empresas que pessoas como Amunggur e a OPM — e Willy, no seu modo mais brando — dizem ser responsáveis pela violação dessa nação emergente. Existem a Freeport, a Shell, as madeireiras — organizações cujas agressões aos direitos humanos e ao meio ambiente falam por si sós. Agora, há também a British Petroleum (BP), que deseja retirar petróleo da baía de Bintuni, na extremidade ocidental da Papua Ocidental, mas quer fazê-lo, segundo ela, em parceria com o povo. Atenta aos erros cometidos pelos outros, a BP é perspicaz ao evitar os ataques da OPM, a condenação pelos ambientalistas e desagradáveis vazamentos sobre abusos dos direitos humanos em sua área de atuação.

— Sim — confirma Willy, sem nenhuma insinuação de conflito de interesses no seu tom. — A BP e a Freeport ajudam a pagar o transporte e locais de reunião e os custos de acomodação para o Conselho de Papua.

A REVOLUÇÃO DAS *KOTEKAS* 179

Outras companhias também nos procuraram. Estamos em intensas conversações com a BP. — A idéia de Willy sobre fundos corporativos parece saída diretamente da companhia de petróleo, que usa o mesmo modelo em todos os lugares. Pergunto-lhe se ele vê um conflito de interesses. — Não — responde simplesmente.

Alguns papuas já estão começando a ficar preocupados com esse tipo de conversa; e eu já ouvi esse discurso antes. Cheguei a Papua Ocidental vindo de Johannesburgo, onde eu havia perguntado ao governo do CNA por que os planos deles pela reconstrução nacional tinham se desintegrado diante do poder do mercado. Agora, aqui, já posso ver as empresas que controlam o destino dos papuas protegendo seus interesses, tentando obter o controle sobre aqueles que poderão um dia ter o poder, e o apoio popular, para cercá-los, controlá-los e até mesmo expulsá-los. Alheio a isso, um poder ainda por vir está se reunindo em torno de Willy e de seus amigos no Presidium como mosquitos sobrevoando um córrego no crepúsculo. Serão eles capazes de controlar isso, ou serão tragados, como tantos outros o foram antes deles?

Pode ser, é claro, que eu esteja equivocado. Talvez a BP esteja apenas tentando ajudar, procurando um "diálogo com as partes interessadas", para usar o jargão mais moderno. Mas John Rumbiak não pensa assim. Rumbiak é o chefe do ELS-HAM, o principal grupo de direitos humanos de Papua, e ele está preocupado com o envolvimento corporativo nas lutas de Papua.

— Minha forte crítica ao Presidium — me conta, quando conversei com ele depois de me encontrar com Mandowen — é que se você não tem valores muito claros em relação a sua luta, irá repetir os erros quando tiver seu próprio Estado. Por várias razões, essa luta não é contra os indonésios, mas sim contra o sistema e seus valores. Substitua os indonésios que controlam esse sistema pelos papuas, sem mudar o sistema e os valores, e você terá o mesmo problema.

Rumbiak não gosta do que o Presidium está se tornando.

— O que me preocupa — ele disse — é a ingenuidade de alguns dos meus irmãos papuas. Eles não conhecem o passado dessas empresas, ou o que elas querem. Recentemente, passei duas horas em Londres com John Browne [principal executivo da BP]. Ele me disse: "É claro que fizemos as coisas da maneira errada na Colômbia e em outros lugares, mas não queremos fazer o mesmo em Papua Ocidental. Queremos ser bons vizinhos." E eu respondi: "Ora, vocês não são uma organização humanitária, não são uma igreja, vocês são uma empresa. Vocês querem o petróleo, querem dinheiro, dinheiro e mais dinheiro. Vocês têm a cultura do dinheiro e a nossa cultura é diferente."

Em Papua Ocidental, a presença de organizações, o modo como operam, seu desprezo pelas pessoas afetadas por elas e a "cultura do dinheiro" trazida por elas são decisivos para estimular a resistência tanto para o que fazem quanto para o que pretendem. Entretanto, uma coisa é saber isso; outra, bem diferente, é ver isso com os próprios olhos.

Walter Goodfellow é o tipo de explorador que somente os britânicos poderiam produzir. Ele chegou a Papua Ocidental em 1910 para comandar uma expedição até sua montanha mais alta. Para chegar lá, ele e seu braço-direito, dr. Alexander Wollaston, decidiram percorrer a pé centenas de quilômetros de florestas pantanosas e enevoadas que separavam o litoral da cadeia de montanhas. Com um exército de quatrocentos guias estrangeiros e trabalhadores hindus ou chineses que, como eles, nunca haviam colocado os pés na ilha antes, enfrentaram obstáculo após obstáculo à medida que sua expedição despreparada e sobrecarregada marchava pelos atoleiros de malária.

— Céus, como choveu! — escreveria Wollaston sobre a floresta tropical. — Pode essa floresta, com sua horrível monotonia e inacessibilidade, ser igualada a qualquer outra no mundo?

Depois de algumas semanas de caminhada através da terrível monotonia de um dos mais ricos ecossistemas da Terra, arrastado por um exército moroso de carregadores, Goodfellow morreu de malária. Seu sucessor na liderança da expedição, Cecil Rawling, agiu erradamente com alguns membros da tribo local dos Ekagi e, antes de perguntar a eles como chegar às montanhas, decidiu, em vez de prendê-los, anunciar que os havia "descoberto" e batizá-los, por razões que só ele bem conhecia, de "pigmeus tapiro".

Quando ficou claro que não alcançariam as montanhas, a expedição retornou e, desalentada, navegou de volta para casa, levando com ela, como compensação, uma coleção de "objetos etnográficos", como cadáveres de centenas de pássaros raros, mamíferos e répteis.

A REVOLUÇÃO DAS *KOTEKAS*   181

Vinte e seis anos mais tarde, o geólogo holandês Jean-Jacques Dozy realizou essa caminhada às montanhas, onde começou a esboçar e coletar amostras do que viu. Estava intrigado com dois picos grandes e expressivos, que chamou de Grasberg e Ertsberg — montanha da grama e montanha do minério. A última, como o nome sugere, parecia ser rica em minério de cobre.

Ninguém pensou nisso até que, em 1960, Forbes Wilson, um geólogo da Freeport, empresa de mineração sediada em Nova Orleans, chegou a Papua Ocidental. Ele encontrou os relatórios de Dozy e convenceu sua companhia a enviá-lo a essa paisagem remota para seguir uma intuição excitante. E que intuição. Em Ertsberg, Wilson confirmou o que Dozy apenas suspeitara — o maior depósito de cobre acima do solo já descoberto.

Uma certa manhã de 1960, o grupo de geólogos de Wilson saiu de suas tendas e encontrou o acampamento cercado por paus pontudos que traziam no alto caveiras e peles de cobra. A tribo local Amungme havia visitado o acampamento durante a noite. Nervosos, os geólogos encaminharam-se para a aldeia da tribo para uma conversa. Encontraram primeiro uma saraivada de flechas e depois, quando um intérprete foi achado às pressas, uma simples mensagem: esta é nossa terra, esta terra é sagrada, não queremos vocês aqui.

Mas os homens de Freeport eram pioneiros, empreendedores. Não estavam ali para ver o futuro de sua companhia obstruído por selvagens. Então, deram aos líderes tribais algumas cabeças de martelo de metal, que eles olharam maravilhados, levaram algumas crianças para um passeio em seus helicópteros e prometeram que nenhum outro homem branco que surgisse teria mais tanta abundância de mercadorias como os Amungme. Isso deu a eles o tempo necessário para encontrar o que queriam. E depois foram para casa. Mas logo voltaram.

Cinqüenta anos separaram a expedição de Wilson da expedição de Goodfellow, mas, de muitas maneiras, nada mudou afinal.

A primeira coisa que você vê quando seu avião todo enferrujado e instável aterrissa no aeroporto de Timika, a poucos quilômetros do local onde Walter Goodfellow e sua expedição condenada entraram nos pântanos, é um aviso gigantesco acima da "sala de embarque" (uma cabana), pintada com uma grande confusão de bandeiras nacionais, celebrando a construção, no local,

182 UM NÃO, MUITOS SINS

da maior mina de cobre e ouro do mundo por trabalhadores de diversos países. O sonho de Forbes Wilson tornou-se realidade em Papua Ocidental — e ainda mais. Depois que seus geólogos relataram seus achados ao centro de operações da Freeport, no início de 1960, a companhia começou a conversar com os prováveis novos donos do país em que o Ertsberg estava aninhado — a Indonésia. Em 1967, ano satisfatório e misterioso, dois anos antes de os papuas terem "decidido" oficialmente se tornarem parte da Indonésia, a Freeport tornou-se a primeira empresa estrangeira a assinar um contrato com o regime Suharto.

Ela mudou-se para Papua Ocidental e começou a mineração no Ertsberg em 1973. Por volta de 1988, época em que o negro pilar de rocha fora reduzido a um buraco profundo, os geólogos da Freeport fizeram outra descoberta, que deu um golpe ainda maior no milagre de metal de Ertsberg. A montanha próxima, a Grasberg, continha a maior reserva de ouro, e a terceira maior reserva de cobre, de qualquer outro lugar do planeta.

A história do que a Freeport fez — e continua fazendo — ao povo e ao meio ambiente de Grasberg ilustra bem o que a invasão corporativa fez aos papuas. Os números por si sós são impressionantes. Em 2001, a mina de Grasberg produziu mais ouro em três meses do que a maioria das minas em um ano. Todo dia, a Freeport desloca setecentas mil toneladas métricas de pedra: o equivalente a um deslocamento da Grande Pirâmide de Quéops por semana. A PT Freeport Indonesia — uma subsidiária da multinacional Freeport McMoran dos Estados Unidos — é responsável por um quinto de toda a base tributária da Indonésia e por metade do produto interno bruto de Papua Ocidental. Em 2001, o salário do diretor-executivo da Freeport, "Jim Bob" Moffett, chegou a quase sete milhões de dólares (sem incluir um extra de quatro milhões em ações adquiridas a preço nominal).[4]

A Freeport Indonesia emprega nove mil trabalhadores, dos quais pelo menos três quartos não são papuas. O governo da Indonésia confiscou quase um milhão de hectares de terras ancestrais das tribos para a mina e seus arredores. Milhares de famílias foram "reassentadas" sem indenização a fim de abrir caminho para a mina, que opera numa área de 3,6 milhões de hectares, e um número incontável de pessoas foram mortas por soldados indonésios, pagos pela Freeport para proteger o local da mina dos habitantes locais des-

A REVOLUÇÃO DAS *KOTEKAS* 183

contentes. A empresa violou, de acordo com o grupo Project Underground de monitoração da mina, pelo menos oito dos direitos humanos contidos na Declaração Universal dos Direitos do Homem das Nações Unidas. Ao final da vida do Grasberg, a Freeport espera ter descarregado três bilhões de toneladas de pedras nos vales que circundam a mina — duas vezes o volume de terra extraída durante a construção do canal do Panamá. De acordo com observadores, a empresa causou danos a trinta mil hectares de floresta tropical nas últimas três décadas, e todo dia ela despeja mais de duzentas mil toneladas de escórias de mina, juntamente com ácido e metais pesados, no rio sagrado Aikwa, de onde as pessoas do local costumavam beber água e pescar.[5]

São fatos como esses que fizeram da mina Freeport o motivo da luta dos papuas. A Freeport — uma empresa que a *Far East Economic Review* chamou de "a multinacional americana mais dissidente do mundo"[6] — é fundamental para a resistência da OPM, fundamental para o ressentimento dos papuas com a invasão corporativa e fundamental para o conflito de visões de mundo que o mercado global trouxe a essas pessoas.

No final dos anos 1980, Timika era uma aldeia desconhecida, lar de algumas centenas de habitantes. Hoje, ela é a cidade de crescimento mais rápido da Indonésia, com uma população de 110 mil habitantes, menos de um terço dos quais são papuas. O resultado dessa rápida explosão urbana é deprimentemente aparente: Timika é um depósito de lixo. É uma caixa cercada por estradas cheias de entulhos, escura, gordurosa, com esgotos a céu aberto, bares com telhados de estanho, hotéis de concreto e linhas caóticas de jinriquixás. A maioria das lojas é de indonésios; os papuas estão reduzidos à venda de suas bananas, duriões, melões e batatas-doces em toalhas de plástico estendidas ao lado da estrada, perto de pirâmides cinza de lixo das minas que são descarregadas por toda a cidade. Um bando de motocicletas percorre as estradas sujas, derrapando para evitar cães e alunos de escolas, e vomitando fumaça negra no calor gotejante de quarenta graus.

Galile e eu chegamos ao aeroporto com dois amigos que pegamos em Jayapura: Gubay, um membro da Aliança Estudantil de Papua (AMP), um grupo pró-independência para jovens, e Steve, um colega inglês que trabalha na criação do perfil de luta dos papuas. Logo nos encontramos no fundo de um jipe com quatro membros da "família" de Galile — ele nunca os vira antes, mas eles se abraçavam e riam como irmãos perdidos há muito tempo —, passando por jardins verdejantes que cercam a porta de uma das casas de telhado de estanho construída pela Freeport para seus empregados.

Esses quatro homens são membros da Demmak, traduzido grosseiramente como "assembléia das *kotekas*", que alega ser um grupo de apoio representando todas as tribos de Papua Ocidental. Desde que começou, em 1999, a Demmak fez progresso, particularmente ao convencer o Presidium a aderir a suas armas radicais — ao sugerir que seria mais do que feliz assumir o papel do Presidium se este parecesse estar vendendo as pessoas. Os indonésios, pressentindo o perigo, responderam banindo-os.

Membros da Demmak, como os soldados da OPM, são *persona non grata* para o governo da Indonésia e, é claro, para suas empresas aliadas. Assim, é com grande prazer que nossos anfitriões nos informam que eles não só estão em contato com os empregados da Freeport para nos levarem para dentro da mina, como podem arrumar uma reunião clandestina com um guerrilheiro da OPM, que normalmente preferiria seqüestrar jornalistas do que responder a suas perguntas. Com alguma sorte, eles podem até mesmo ser capazes de convencê-lo a vir a nós.

Seis horas da manhã do dia seguinte, e nós estamos sacudindo no interior de um jipe da Freeport como feijões em lata, sendo guiados, com os ossos batendo, por estradas enevoadas na direção da mina.

O terreno da Freeport em Grasberg é um milagre da engenharia, construído com técnica e tecnologia pioneiras num dos locais mais inacessíveis da Terra. A mina — o buraco aberto onde antes era a montanha Grasberg — é uma das maiores na história industrial, um lugar com um tipo de beleza arrogante e assustadora.

Para os papuas, no entanto, não há beleza aqui. O que a Freeport não sabia quando chegou pela primeira vez a Papua Ocidental — e que mais tarde aprendeu, mas ignorou — era que a montanha que eles chamavam de Grasberg era um lugar sagrado para a tribo Amungme local. A mitologia amungme conta sobre uma mulher que se sacrificou para salvar a vida de seus filhos. Ela pediu que eles a matassem, cortassem seu corpo, jogassem sua cabeça para o norte, o lado direito do seu corpo para o leste e o esquerdo para o oeste, e lançassem seus pés ao sul, na direção do rio. No dia seguinte, as crianças acordaram e encontraram uma grande montanha — Grasberg — no local onde a cabeça de sua mãe fora lançada. Onde eles jogaram seu corpo e seus pés eles encontraram pomares cheios de frutas e grandes extensões de terra para caça. Hoje, os Amungme remanescentes ainda vivem no que eles vêem como sendo o peito de sua mãe — o lugar perto dos seios, onde as crianças podem dormir em seu colo e onde seu povo pode ser confortado por seu abraço.

Para a Freeport, a mineração da Grasberg é um milagre da tecnologia moderna. Para os Amungme, ela é, literalmente, a divisão em fatias da cabeça de sua mãe, o equivalente, em termos espirituais, a perfurar para achar petróleo sob o altar de são Pedro.

No caminho para a mina, paramos em Kuala Kencana, a cidade-modelo que a Freeport construiu para seus funcionários e suas famílias, ao custo de quinhentos milhões de dólares. É o lugar mais surreal de Papua Ocidental. Gramados macios, uma grande igreja, uma mesquita, livrarias, um *shopping*, academias de ginástica e inúmeros hectares de moradias, todas entalhadas na floresta virgem e habitadas por consumidores de barba feita, passeando com roupas de caminhada e carregando sacolas de compras. O subúrbio da América veio para a Nova Guiné tribal. Seguimos por uma estrada que me faz lembrar a Califórnia; estradas todas em curva, casas quadradas de cor pastel, caixas de correio, jardins com mangueiras (numa floresta tropical?).

A coroação da glória de Kuala Kencana é seu *shopping*, construído, sem senso algum de incongruência, nos antigos territórios de caça da tribo Komoro. Cercado de todos os lados por árvores elegantes e altas da floresta tropical, seu supermercado tem lâmpadas halógenas e agita-se em alvoroço: carrinhos, sacolas, filas de caixas, leitoras sonoras de códigos de barras, música de fundo e uniformes no estilo americano. Feche os olhos e você poderia estar no Texas. Galile, que nunca esteve aqui antes, não parece feliz; há nele um olhar que expressa um misto de admiração e repugnância. Steve está rindo alto do absurdo de tudo aquilo, enquanto os alegres consumidores lhe lançam olhares estranhos.

Não há dúvida de que a Freeport tem orgulho de Kuala Kencana. A companhia chama a atenção para o fato de que seus funcionários possuem casas espaçosas, limpas, com água corrente, salários regulares, lojas, academias de ginástica, serviços de saúde e educação. Não há dúvida, também, de que os poucos milhares de pessoas que vivem em Kuala Kencana (dos quais grande parte, como a maioria das pessoas que a Freeport emprega, é de indonésios) desfrutam uma vida materialmente mais rica do que a maioria dos papuas. Mas mesmo deixando de lado o fato de que isso só foi fornecido para uns poucos escolhidos, pelo método de desapropriação em massa e vandalismo ambiental, o modelo Freeport de "desenvolvimento" nos leva a um exame mais minucioso que pode nos revelar as premissas sobre as quais se assenta o amplo projeto de globalização.

A companhia deseja que seus trabalhadores e alguns nativos estejam muito bem municiados culturalmente. Para os homens (e as poucas mulheres) dessa genuína companhia americana, o "desenvolvimento" significa fornecer uma cópia carbono da Terra da Liberdade para os sortudos das nações menos cultas. Não é apenas uma questão do *design* das casas e das roupas que eles vestem; o problema é a visão de mundo por trás disso. Uma visão que garante que mesmo que a Freeport contribua um pouquinho para o "desenvolvimento da comunidade", ela tenderá a estragá-lo.

Um exemplo: porcos. Os porcos são fundamentais para a cultura das regiões montanhosas de Papua. Em cada aldeia, os porcos se misturam às pessoas e são mortos e comidos apenas em ocasiões especiais, como uma festa para a guerra ou o retorno de um parente há muito desaparecido. Se um homem quer casar, a família da noiva deve receber dez porcos como dote. Se uma tribo cria confusão com os porcos de outra tribo, os homens se pintarão para a guerra. Os porcos são fundamentais para a guerra, o casamento, o *status* e a riqueza. É até mesmo possível pagar uma passagem de avião nas áreas remotas das regiões montanhosas com um bom casal de porcos.

A Freeport, no entanto, não gosta dos porcos dos papuas. Não só pelo mau cheiro e pelas moscas, mas também por serem de pouca utilidade. Assim, após reconstruírem algumas aldeias papuas com casas bonitas e telhados quadrados de estanho, no lugar da tradicional, porém "apertada", cabana redonda coberta de palha, eles resolveram ajudar os papuas com o problema dos porcos. Em uma aldeia Banti, eles construíram um abrigo para porcos nos arrabaldes, recolheram os animais e os prenderam ali. Em outros lugares, exilaram os eriçados porcos nativos, pequenos e negros, todos juntos, e importaram animais americanos rosados, mais gordos e de crescimento mais rápido ("não tão saboroso", rosnou um aldeão local para mim). Com um golpe cruel, eles derrubaram o pilar central da cultura da aldeia papua — um pilar que se manteve por séculos. Levou muito tempo para que, ofendida, a empresa entendesse por que sua gentileza não foi recebida com a gratidão esperada.

Por todo o mundo, os conflitos culturais gerados quando empresas multinacionais encontram povos tradicionais, que simplesmente não pensam da mesma forma, muitas vezes fazem nascer conflitos físicos quando o povo resiste ao colonialismo econômico e cultural. Foi isso que a Freeport trouxe para Papua Ocidental, e está longe de ser um exemplo. Só na Indonésia, metade das operações internacionais de mineração do país foram fechadas, destruídas ou evacuadas como resultado da resistência comunitária entre 1999 e 2001.[7]

Trata-se de, para usar uma expressão mais do que batida, um genuíno choque de civilizações, e, embora não seja exclusivo de Papua Ocidental, levou o povo daqui a se questionar e a repensar o conceito de "desenvolvimento".

"Desenvolvimento" é hoje uma idéia tão onipresente que é quase nunca ou nunca questionada — questionar é estar contra o pobre, contra o progresso, contra o futuro. Na verdade, o "desenvolvimento" chegou com atraso à história da humanidade. Não existia até 1949, quando o presidente dos Estados Unidos Harry Truman decidiu que o mundo podia ser dividido em áreas "desenvolvidas" — ocidental, industrializado, consumista — e "subdesenvolvidas" — todos os outros lugares, onde "a produção maior é a chave para a prosperidade e a paz".[8] Com um golpe, Truman decretou que o propósito do progresso e o objetivo da história eram, para toda a civilização mundial, tornar-se como o Ocidente. O mundo nunca olhava para trás.

Em tese, esse "desenvolvimento" deveria ter por objeto a melhoria do padrão de vida material de todos na Terra — abastecendo-os com alimentos suficientes, água limpa, cuidados com a saúde e todo o resto, e arrastando-os dos bairros pobres em que a própria expansão do capitalismo industrial os colocou. Na prática, isso quase sempre corresponde, segundo a historiadora americana Emily Rosenberg, a um projeto ideológico mais profundo que utiliza "a retórica da paz, da prosperidade e da democracia

188 UM NÃO, MUITOS SINS

para promover a americanização do mundo em nome da modernização".[9] Em resumo, transformando "eles" em "nós". Coincidentemente, isso não está a um milhão de quilômetros de distância da noção vitoriana do "fardo do homem branco" — o dever moral das raças desenvolvidas de ajudar a tirar os selvagens da lama.

Não parece ser sempre assim para seus promotores, é claro, mas qualquer que seja a verdade, os papuas querem repensar o significado de "desenvolvimento" antes de decidirem se o adotariam resignadamente como sua *raison d'être*. Por que, perguntam muitos, eles deveriam seguir a trilha do que os poderosos definem como "desenvolvido"? Por que deveriam permitir que as nações ricas agarrem suas riquezas a preços de barganha, os empreguem como mão-de-obra barata, estabeleçam suas condições comerciais e os guiem por uma trilha ocidental de opções? Por que não podem, eles próprios, definir o que é "progresso"?

"Nós recusamos qualquer tipo de desenvolvimento", diz a OPM, ao final do debate; "grupos religiosos, órgãos de apoio ou organizações governamentais. Apenas deixem-nos em paz, por favor!" Embora outros não sejam tão isolacionistas, a resistência papua é cada vez mais marcada pela determinação de repensar o modelo de "desenvolvimento" urbano-industrial imposto de cima para baixo, que, por muito tempo, era intocável tanto para a esquerda quanto para a direita. Trata-se de um repensar que está ocorrendo em todo o mundo.

Passamos por entre rochedos cinzentos, usinas de energia, torres, uma oficina para trabalhar o aço, um centro de treinamento vocacional. Também passamos por uma base militar. Quando a Freeport mudou-se para a região, no fim dos anos 1960, Suharto enviou suas tropas para ajudá-los a defender o que precisavam. Sob a lei da Indonésia, um território tribal podia ser confiscado pelo governo, sem indenização, em nome do desenvolvimento nacional. Quase um milhão de hectares de terras ancestrais foram requisitadas para a mina Freeport e melhorias nas adjacências, e, para evitar que algum habitante local arrogante tentasse tomá-las de volta, Suharto enviou o exército.

Hoje, Timika é a região mais militarizada da Indonésia e, desde a invasão da Indonésia, atrocidades militares vêm sendo cometidas regularmente. No

A REVOLUÇÃO DAS *KOTEKAS* 189

passado, os militares bombardearam aldeias nas montanhas com caças fabricados na Inglaterra, jogaram bombas de *napalm* nas regiões montanhosas, lançaram separatistas suspeitos dos helicópteros de volta às suas aldeias como um aviso para seu povo e, apenas um ano antes da minha visita, alguns deles foram lançados dos navios de guerra aos tubarões no Pacífico. Nesse mesmo ano de 2000, Wamena, a pequenina capital das regiões montanhosas, lançou-se na guerra quando a polícia armada atacou os papuas por terem erguido sua bandeira. Quase quarenta morreram, e noventa ficaram feridos. Galile viu-se no hospital local, recosturando os membros dos papuas que os médicos haviam se recusado a tratar.

Mas embora os soldados de Papua Ocidental sejam incansáveis na defesa da sua terra natal, eles são igualmente determinados na proteção dos interesses das empresas multinacionais. Uma das razões para isso é clara: os soldados querem complementar seus magros salários com os extras de dinheiro corporativo — ou "caixa 2", como é conhecido no jargão profissional. Assim é que, de acordo com uma especialista em forças militares indonésias — ela própria capturada e presa por indonésios por pesquisar outra revolta separatista na província de Aceh —, a Freeport pagou ao exército em Timika a vultosa soma de 35 milhões de dólares, com promessas de bonificações anuais no valor de 11 milhões de dólares, em troca de "segurança" dos terrenos da mina de Grasberg. Estimou-se que pelo menos um terço desse dinheiro foi direto para os bolsos dos oficiais superiores.[10]

De acordo com uma fonte segura do governo da Indonésia, essa "segurança" quase sempre envolve incitar, de forma deliberada, a ira da comunidade vizinha à mina, fornecendo assim um excelente pretexto para dominá-la por meio da violência.[11] Muitas vezes, essa violência serve como uma diversão para as tropas entediadas. Um ex-funcionário da Freeport informou que os soldados em torno da mina "atirariam nas tribos por esporte e tirariam fotos de si próprios com o pé sobre o peito ou a cabeça do morto, como troféu de caça".[12]

Se existe um complexo industrial-militar perfeito, este é o da Freeport, que não está sozinha. Abusos como esses em Grasberg e seus arredores podem ser encontrados em minas, represas, concessões para extração de madeira e a malha petrolífera através do mundo "em desenvolvimento"; eles são o preço verdadeiro do cobre em nossos fios elétricos e do ouro em volta de nossos pescoços. Esse é o lado do sistema que não devemos ver, e por uma boa razão, pois as rodas que mantêm o mercado global girando são quase sempre lubrificadas com sangue.

Uma hora ou mais subindo as montanhas, contornamos uma curva e vemos diante de nós, emoldurado por rochas úmidas, o megaprogresso final da Freeport: Tembagapura — "a cidade de cobre". Um conjunto de altos edifícios cinza, barracões para equipamentos, oficinas, bares e pouca coisa mais; Tembagapura é onde os trabalhadores braçais da mina vivem durante seus turnos. Curvada sob o cadáver de Grasberg, ela mais parece uma cidade soviética austera enterrada em algum lugar na Sibéria.

Mas Tembagapura, para frustração de todos, será o fim de nossa jornada. Paramos lá para pegarmos alguns mantimentos e, quando empilhamos tudo no jipe, ele resolveu enguiçar. Levamos duas horas empurrando-o para cima e para baixo e tentando nos comunicar por *walkie-talkies*, sem sucesso. Não funcionam, e não vamos fazê-los funcionar na mina. Steve e eu ficamos muito desapontados.

Passamos o resto do dia em Tembagapura, no quarto de um mineiro da Demmak, descansando em beliches sujos e vendo filmes americanos na TV por satélite com um grupo de mineiros entediados. À noite, pegamos um ônibus de volta para Timika. Como tantos outros antes, Grasberg nos viu partir.

No dia seguinte, houve uma compensação. Estávamos sentados na cozinha do grupo da Demmak, comendo bananas e arroz no café da manhã, quando uma mensagem chega das florestas: a OPM vai nos receber. Uma emoção vibrou por toda a sala. É raro os guerrilheiros falarem com estranhos. Somos avisados de que estaremos nos reunindo com o "comandante operacional" da divisão de Timika, do TPN — o braço armado da OPM. Seu nome é Goliar Tabuni; ele é o chefe de estratégia militar dos rebeldes da região e há décadas tem uma justa participação na militância. Seu mais recente seqüestro foi em junho de 2001, quando dois jornalistas belgas foram apanhados. Pela liberdade deles, a OPM queria uma plataforma internacional para exigir liberdade para Papua Ocidental. Eles não conseguiram ter suas reivindicações atendidas porque ninguém prestou a menor atenção a eles. De qualquer modo, acabaram soltando os belgas sem ferimentos.

Infelizmente para a OPM, a maioria de suas ações é também inútil. O desmantelado exército de Goliar Tabuni deu início a inúmeros seqüestros, ataques às bases militares e à mina da Freeport, e foi sempre reprimido pelas tropas da Indonésia. Sua tentativa de maior sucesso para fechar a Freeport se deu em 1977, quando a OPM cimentou o oleoduto da mina e sumariamente fechou o local. O governo reagiu bombardeando aldeias das regiões montanhosas com aviões de guerra e torturando e matando milhares de possíveis defensores da OPM montanhas afora.

Pode parecer que a OPM esteja sozinha em tais ações: um pequeno bando de extremistas (não existem números, mas parecia haver poucos milhares de guerrilheiros, quando muito) cruzando as matas com armas da idade da pedra. Mas o apoio declarado às suas ações pelos papuas é quase total. Em Timika, esse apoio pode ser estimulado pelo fato de que a idéia de os papuas expulsarem uma companhia de petróleo que está destruindo suas vidas não é um sonho impossível. De fato, isso tem sido feito.

A ilha vizinha, chamada Bougainville, que pertence a Papua-Nova Guiné, possui uma reserva de cobre quase tão grande quanto a de Grasberg — a mina de Panguna. Como Grasberg, esse depósito foi transformado nos anos 1960 numa empresa de mineração multinacional — nesse caso, a Rio Tinto — sem a permissão do povo tribal, que é o verdadeiro dono da terra. Assim como em Grasberg, a companhia de mineração foi apoiada pelo exército, e o meio ambiente e a cultura local foram devastados.

Diferentemente de Grasberg — até agora, pelo menos —, as tribos reagiram lutando e ganharam. Em 1988, os habitantes locais se insurgiram contra os mineiros, tumultuando a mina e explodindo seus equipamentos com a dinamite da própria companhia. O exército de Papua-Nova Guiné foi enviado e acabou sendo expulso de novo pelas tribos. Os australianos — a subsidiária da Rio Tinto que era proprietária da mina é uma companhia australiana — chegaram para ajudar trazendo soldados e helicópteros, e o conflito transformou-se numa guerra civil, com os cidadãos de Bougainville declarando a independência de Papua-Nova Guiné. Quase uma década depois, em 1998, um acordo de paz foi estabelecido e começaram as negociações pela

192 UM NÃO, MUITOS SINS

independência. Os mineiros foram embora, provavelmente para sempre. A OPM observa com temor.

Eu estava mais exatamente esperando uma viagem perigosa e clandestina até as florestas para encontrar a OPM no seu acampamento, mas parece que os guerrilheiros não vão satisfazer minha fantasia. Goliar e seus homens virão a nós — "é perigoso demais para você", diz um dos nossos anfitriões. Muito mais perigoso seria para os guerrilheiros, que são alguns dos homens mais procurados na Indonésia.

Eles também são, aparentemente, super-heróis.

— Goliar — comenta um dos nossos anfitriões, com uma expressão muito séria — tem quase dois metros de altura e uma barba bem grande... grande *assim* — e abre bem os braços bem estendidos. — Quando você o vir, seus cabelos ficarão em pé.

— É verdade! — aduz outro. — Ele fez muitas mágicas. Uma vez os indonésios o puseram na prisão e ele escapou deslizando pelas barras. Depois voou de volta num avião, mas os indonésios não puderam vê-lo, porque ele ficou invisível.

— Ele pode andar por todo o país em dois dias.

— Ele voa!

— Não, ele anda nas copas das árvores. Ninguém consegue vê-lo!

— Ele é um homem mágico!

Olho para Steve, que está traduzindo tudo isso para mim.

— Eles estão fazendo troça da gente?

— Não, estão falando sério. Parecem acreditar nisso... bem, talvez não em tudo, mas acreditam que a OPM tem poderes especiais.

Descubro mais tarde que essa crença é muito comum. Dizem que os espíritos da floresta lutaram ao lado dos soldados treinados da OPM. Realmente, a própria natureza é muitas vezes um aliado — mosquitos e cobras, dizem os papuas, picarão os inimigos da OPM, mas não os guerrilheiros. Demônios femininos da floresta tentam os indonésios por entre as árvores e os matam. Até mesmo alguns soldados indonésios acreditam nos poderes sobrenaturais de pessoas como Goliar Tabuni.

Eles chegam depois do escurecer. Dois jipes param do lado de fora; suas luzes dianteiras provocam uma revoada de pássaros das laranjeiras, que gras-

A REVOLUÇÃO DAS *KOTEKAS* 193

nam como patos. Nossos anfitriões correm em volta do local, arrumando cadeiras, preparando café, estendendo tapetes.

— Quando eles entram — diz Steve —, todos temos de ficar de pé, cumprimentá-los e ficar muito sérios. É como um encontro com a rainha.

Do lado de fora, portas de carro batem e todos nós ficamos de pé, na expectativa. E então eles chegam. Das florestas, com os pés descalços, os cabelos desalinhados, as roupas rasgadas e cobertas de poeira, três figuras sobem os degraus da entrada passando pela grade da porta em nossa direção. Passam por uma prateleira cheia de itens de falsa porcelana Wedgwood e fotografias de família, por sofás forrados de *chintz* barato e se aproximam. Sorrimos, de um jeito sóbrio, enquanto eles percorrem a fila dos cumprimentos e depois se sentam em três cadeiras de plástico alinhadas para eles logo abaixo da moldura de uma foto de dois graciosos gatinhos dentro de uma cesta de vime.

No final das contas, nenhum deles tem dois metros de altura. Como a maioria dos papuas, eles têm todos cerca de um metro e meio de altura, e suas barbas são bem normais. O rosto de Goliar Tabuni é bem marcado e ele está vestindo umas calças *jeans* cujas pernas foram cortadas, os pés descalços com dedos angulosos que parecem tudo menos humanos. Em volta de seu pescoço, bíceps e pulsos vemos tiras com contas coloridas. Ele veste uma camiseta da Freeport. Há uma intensa desconfiança em seus olhos quando ele examina cuidadosamente os dois brancos que o encaram — não de forma hostil, mas indagadora.

Ao lado direito de Goliar, vestindo uma camiseta imunda da MTV, calças idênticas, além de contas, conchas e braceletes e com uma larga faixa na cabeça prendendo seus *dreadlocks* atrás do rosto, está seu representante, que mal solta uma palavra durante toda a noite. Ao lado esquerdo, está um homem da montanha negro — um major, nos avisam — que nos olha furiosamente por sob a aba de um largo chapéu verde ao se inclinar, sem dizer nada, sobre um enorme machado. Uma faca de sessenta centímetros feita de osso de casuar está amarrada no seu braço direito. Decido fazer minhas perguntas educadamente.

As apresentações são feitas, os nomes são ditos e começamos a tratar dos assuntos, à medida que nossos visitantes nos explicam o que estão fazendo com suas vidas e por quê.

— Nós — diz Goliar, imponente — lutamos por liberdade. Nada mais. Não há nada além disso. Algumas pessoas nos perguntam por que lutamos, e nós respondemos: o que mais podemos fazer? Sim, existem outras maneiras, a diplomacia é importante também. Os indonésios chegam aqui e vêem que a nossa terra é doce como leite e a querem para si. Eles não estão interessados em diplomacia, eles tomaram nossa terra e mataram nosso povo. É por isso que nós lutamos.

Parece justo. De qualquer modo, não estou ali para discutir, sobretudo com um homem da montanha segurando a lâmina do seu machado a alguns metros do meu nariz. Mas quero saber como eles mantêm tudo de pé. Tudo parece tão... sem esperança.

— Somos um povo forte — diz Goliar. — Nossa comida e nossa cultura nos fazem fortes. Não desistiremos. Mas vou lhes dizer uma coisa, amigos ingleses. Precisamos de armas. Quase não temos armas. Vou lhes mostrar uma coisa. — De uma mochila multicolorida feita de malha ele puxa o que parece ser um revólver da Segunda Guerra Mundial. O cano está coberto com um lenço vermelho. Ele balança o revólver, de forma desconcertante.

— Este — Goliar anuncia — é o nosso único revólver! Isso é tudo. Estou nas florestas há vinte anos. Quer saber quantos indonésios eu matei? Matei 3.606, com machados, lanças, facas, flechas... e com isso. Com uma bala, consigo matar oito pessoas. Toda a Indonésia sabe como sou perigoso! Mas isso não basta. — Para mim, parece mais do que suficiente, mas o major e o representante balançam a cabeça em sinal de aprovação, quando Goliar se inclina em nossa direção, de forma conspiradora.

— Nós queremos saber — diz ele — o que vocês, ativistas, estão fazendo na Inglaterra? Vocês podem conseguir armas para nós? Não precisamos de muitas. Consigam algumas armas para nós e mandaremos esses indonésios e essas empresas embora daqui.

Steve e eu nos entreolhamos.

— Eu vi um filme! — comenta Goliar. Isso não parece muito provável.

— Sim, um filme. Aquele homem, o Rambo. Ele tem umas flechas em que coloca fogo. Você viu aquilo? São aquelas que nós queremos! — Há uma aceitação geral do comando militar nesse ponto. Os olhos do major brilham de excitação.

A REVOLUÇÃO DAS *KOTEKAS*   195

— Todos nós concordamos — continua Goliar — que a Inglaterra possui as melhores armas. Na televisão, vimos vocês matando aquela gente no Afeganistão. Vocês têm aviões que podem flutuar no ar. Nós precisamos desses, e queremos saber se vocês podem consegui-los para nós. Viemos pedir ajuda a vocês.

Todos estão sentados em volta dos visitantes num círculo no chão, escutando a conversa com atenção. O ar na sala é quente e pesado; a chuva tropical bate no telhado vermelho de estanho, ratos enormes andam pelos painéis de papel fino do teto a intervalos regulares, um coro de sapos coaxa nas árvores do lado de fora. E estamos sendo solicitados para arranjar armas.

Há uma pequena pausa.

— Eh... — diz Steve. — Bem, não somos combatentes. Não sabemos onde conseguir armas. Mas podemos tentar contar ao povo na Inglaterra o que está acontecendo em Papua, e esperamos que isso ajude vocês a se libertarem. Achamos que se o mundo inteiro souber o que está acontecendo aqui, muitos poderão começar a apoiá-los.

Goliar torce o nariz, para esconder seu desapontamento. O major se senta de volta em sua cadeira, suspirando com tristeza, e de repente eu me sinto culpado. Esses guerreiros mal-arrumados caminharam quilômetros para pedir coisas a pessoas que eles nunca viram. Passaram vinte anos nas matas lutando com paus e pedras contra um moderno exército genocida. Aquilo tudo parece tão inútil! Se eu ao menos tivesse algumas armas pequenas para dar a eles...

As discussões seguintes sobre a questão dos armamentos são abreviadas quando um garoto chega, da cozinha, carregando uma bandeja de chá cheia de *donuts*, xícaras de porcelana, açúcar, leite e um bule azul com café. Todos se ajudam — os guerrilheiros com uma delicadeza que sugere uma educação de escola para moças. Os três fora-da-lei procurados sentam para tomar café em goles pequenos e delicados em xícaras chinesas sob uma foto de dois gatinhos de Atenas. Eles parecem gostar dos *donuts*.

Não nos resta muito tempo, então perguntamos a eles sobre as empresas em Papua Ocidental. O que a OPM pensa delas e o que deveria ser feito. A resposta de Goliar é animadoramente simples.

— Empresas? — repete. — Se pudermos, vamos liquidá-las. A OPM já disse isso: não queremos empresas aqui. Já avisamos essas pessoas para irem embora. Por acaso essas empresas podem vir aqui e tomar nossas terras e nossas riquezas? A Freeport é uma assassina. Se pudéssemos, nós a fecharíamos. Quando nos libertarmos, faremos isso. A OPM vai tomar decisões sobre essas coisas. Nós seremos o governo. Nós faremos as escolhas. Se eu quiser o senhor no governo, sr. Paul — ele aponta para mim —, eu o porei no governo.

Fico lisonjeado. O major sorri diabolicamente para mim por debaixo do chapéu. Ele tem açúcar de *donuts* por toda a barba.

— Mesmo? — pergunto. — Mas e o Presidium?

— O Presidium — suspira Goliar — nunca nos deu nada. Na nossa cultura, se você tem comida, você a reparte com todos. O Presidium é do tipo que guarda a comida para si. — Em Papua, isso é um insulto grave. — Não temos carros, armas e dinheiro — prossegue Goliar. — O Presidium tem todo o dinheiro de que precisa. Eles não são inocentes, ou então onde conseguiriam dinheiro?

Steve e eu trocamos olhares de novo. Depois contamos a eles que o dinheiro do Presidium vem das muitas empresas que a OPM aparentemente quer atacar. As sobrancelhas de Goliar se levantam, bem devagar.

— Essas empresas — diz ele. — Quem são elas? Quando conseguirmos a liberdade, vamos nos livrar delas também. A liberdade não diz respeito somente à Indonésia. Ouvi dizer que há pessoas em outros países que dizem o mesmo, que essas empresas devem partir. Ouvi dizer que há muitas pessoas no mundo lutando nesse momento contra essas organizações. Bem, a OPM sempre disse isso, e nós lutaremos contra elas. Libertar-nos desse povo do dinheiro que destrói nossa terra. Isso é tudo.

Há mais conversa, mais fotos em grupo (os guerrilheiros riem como crianças quando Steve mostra a eles suas próprias imagens na sua câmera digital) e, em seguida, Goliar e seus homens têm de ir embora. Antes que o façam, ele se serve de um pouco de café e vem em nossa direção.

— Eu sabia que você estava vindo para Timika — comenta. — Eu pude vê-lo no avião sobre a minha cabeça. Sabia que você queria me ver, e então eu vim até você. Não precisava que ninguém me pedisse.

A sala ficou em silêncio.

— Se eu quisesse — continua ele —, poderia estar em Papua-Nova Guiné amanhã. Você deve ter ouvido falar de meus poderes. É tudo verdade. A floresta me deu esses poderes, e eles são secretos. Nem mesmo meus irmãos aqui os conhecem — ele aponta para os dois companheiros, que estão acabando de comer. — Quando minha hora chegar, passarei esses segredos adiante. Mas ainda não é a hora. Você deve saber disso: nós, papuas, não somos como todo mundo.

O silêncio soa como um sino matinal por longos cinco segundos. Depois os rebeldes se levantam. Eles voltam para a floresta. Enquanto seguem em direção à porta, Goliar olha para a bandeja e vê que alguém deixou o bule de café sem a tampa. Com elegância, ele a coloca no lugar com o dedo polegar e o indicador. E sorri.

— Adeus, meus amigos! — exclama. — Vocês voltarão.

No dia seguinte, despedimo-nos de nossos amigos da Demmak e pegamos um avião de Timika. Tenho menos de uma semana para passar no país e Galile quer levar a mim e Steve para o interior — para ver "a verdadeira Papua". Ele vai nos levar para sua aldeia nas regiões montanhosas — sua verdadeira casa. Vai ser uma experiência inesquecível.

A aldeia de Galile fica nas montanhas remotas e cobertas de florestas, a dois dias de caminhada da estrada mais próxima. Com uma procissão de familiares e amigos a reboque, atravessamos a floresta. Subimos colinas suaves e cobertas de vegetação, ouvindo os pássaros e de vez em quando as aves-do-paraíso. Passamos por rios largos e rasos, rasgamos nossas roupas em espinhos, tiramos a roupa e mergulhamos em lagos cristalinos quando o calor era demasiado. Paramos para nos balançar em trepadeiras, uivando como Tarzan e rezando para que elas agüentassem nosso peso. Passamos por árvores com troncos que pareciam colunas de uma catedral, seus galhos se erguendo em súplica às alturas de épicas gargantas rochosas.

Espantamos mosquitos e tiramos de nossas botas sanguessugas em intervalos de dez minutos (os papuas descalços as arrancam de seus pés e as cortam com facas). Mulheres que passam por nós em pequeninas trilhas da selva nos oferecem batata-doce e nos saúdam enquanto caminham sob o peso de sacolas de corda com fardos. Grandes picos cinza e verdes, cobertos pelo nevoeiro, revelam-se para nós através das clareiras abertas na floresta — a espinha dorsal da Nova Guiné, deslizando na direção de um mar que não se

198 UM NÃO, MUITOS SINS

vê. Grilos, cigarras, sapos e uma orquestra de pássaros cantam para nos levar ao nosso destino.

Pernoitamos num pequeno ninho de *honay* na ribanceira de um rio que fluía através de uma imensa garganta verde, e no dia seguinte somos escoltados para nosso destino por homens do local, com seus arcos e flechas e lanças nos ombros. Eles mantêm nossos espíritos elevados com folhas de tabaco cultivadas em casa, batatas-doces — *erom*, como são conhecidas pelos habitantes — e água quente. Quando chegamos às clareiras na floresta, os homens fazem fila e cantam para as montanhas, as árvores e os espíritos que vivem nelas. Seu antigo coro de celebração e adoração funde-se com os ventos da montanha. Galile olha para Steve e para mim, sorrindo de modo selvagem no ar das montanhas.

— Esse — ele diz — é o motivo pelo qual lutamos!

Chegamos à aldeia de Galile já no final da tarde. Ele nos avisou de que seríamos recebidos com uma cerimônia de boas-vindas — e estamos sendo. Mais tarde, com o porco assando na fogueira, Galile e eu ficamos de pé no centro do ninho de *honay* e assistimos aos últimos fragmentos do crepúsculo sendo guardados na floresta escura, olhando atentamente para o halo do arco-íris em torno de uma grande lua cheia. O céu está pontilhado de estrelas de horizonte a horizonte. Eu nunca vi nada igual.

Finalmente, o porco chega. Sentados numa *honay* do pai de Galile, com carnes no vapor sobre folhas de bananeira no chão, Galile e eu estamos comendo e conversando. Galile está pensativo enquanto morde um osso do porco. A luz de uma única vela fragmenta as pessoas que estão na *honay* conosco. Estou tendo problemas para engolir os pedaços mais sem sabor do meu porco, mas Galile não tem esses pudores.

— Quero saber, Paul — indaga ele, chupando ruidosamente o tutano do osso da coxa —, o que você acha disso. Para mim, nossa cultura é especial, e penso que devemos lutar por ela. Você não acha? Na minha opinião, ela é muito diferente das outras culturas, mas eu nunca estive fora de Papua. Acho que devemos preservá-la.

— Também acho que vocês devem lutar por ela.

— A cultura papua é muito diferente da cultura inglesa? — pergunta ele.

— Bem, creio que sim. Sabe, Galile, acho que o importante para vocês é conseguirem uma imagem real de como é o Ocidente. Essas coisas que vocês vêem nos filmes, a gente não vive assim. Vocês precisam conhecer os dois lados da história antes de decidirem como desejam administrar seu país.

— O que você está querendo dizer?

— Bem, quero dizer que vocês precisam saber quanto isso vai lhes custar. Tudo tem um preço. Vocês poderiam ganhar muitas coisas se quisessem viver como nós, mas poderiam perder muito do que possuem. Vocês não podem ter as duas coisas. Veja um exemplo: existem cerca de sete milhões de pessoas desempregadas na América.

— Uau! — Seus olhos ficam arregalados.

— E algo em torno de dois milhões sem casa.

— Sem casa? O que você quer dizer com "sem casa"? Onde eles dormem?

— Nas ruas. E comem lixo das lixeiras.

Galile fica mudo. Ele perde todo o interesse no resto do porco; um sinal da gravidade do assunto.

— Mas eu pensei que todos na América e na Inglaterra fossem ricos! — retruca. — Todos têm carro, emprego, grandes casas, muito dinheiro...

— Não, eles não têm. E ouça, tem mais uma coisa: não têm terra. Eu não posso nem mesmo comprar a casa onde vivo.

— Mas minha família tem três casas.

— Se eu quisesse comprar uma casa do tamanho da sua, na Inglaterra, adivinhe quanto isso me custaria?

— Quanto?

Eu gostaria de ter uma calculadora.

— Talvez três bilhões de rupias.

Galile quase desmaia em frente ao fogo. Um velho sem camisa e sem dentes sentado do outro lado ri através das chamas e nos acena suas folhas de tabaco enroladas para indicar que ele não tinha idéia do que falávamos, mas que, mesmo assim, estava gostando de ouvir.

— Paul — diz Galile, bem sério —, eu quero saber por que vocês vivem desse modo.

— Porque é assim. Nós temos muitas coisas que vocês não têm, e que muitas pessoas em Papua provavelmente desejam. Mas muitas das coisas que temos vocês têm a sorte de não terem. Se vocês querem viver como nós, terão que ter algumas delas, e tudo vai mudar muito. É aquele papo do custo-benefício, eu suponho.

— O que mais você tem? — indaga parecendo não querer saber.

Então eu lhe conto sobre os lares para idosos e as clínicas de reabilitação, o Prozac e as cidades de papelão, as auto-estradas e as mudanças climáticas, a engenharia genética e os locais de aterro. Ele parece achar que o estou fazendo de bobo. Estou começando a me sentir cruel. Mas preciso lhe contar uma última coisa.

— Você quer saber mais uma coisa?

Galile se retesa.

— Nossos porcos vivem em fábricas.

— *Fábricas?* — Esse é o golpe mortal. Se Galile estivesse sentado numa cadeira, e não na grama, ele poderia ter, nessa hora, caído dela.

— Por quê? — suplica.

— Porque é mais econômico. Isso os torna mais baratos para comprar. E o mesmo acontece com as galinhas e os patos.

Há um silêncio pairando no ar, quebrado apenas pelo barulho dos cachorros da aldeia roendo os ossos do lado de fora.

— Agora a minha cabeça está girando — diz Galile, devagar. — Eles nunca nos contam nada disso. — Ele olha para os restos do porco, mas sua cabeça está em outro lugar.

Nas seis semanas que passei em Papua Ocidental, encontrei muitas pessoas como Galile: olhos arregalados, abertos, mal-informadas sobre o mundo moderno e, apesar de terem todas as razões para serem o contrário, naturalmente confiantes nos estrangeiros. Os papuas são um povo estranhamente belo: eles o levam sob suas asas com ou sem apresentação; convidam você para suas casas, sentam com você em silêncio, sorrindo para o mundo e fazendo nada em particular. Seu conceito de tempo, trabalho, objetivo, vida e sociedade é tão diferente daquele do mundo moderno que algumas vezes é difícil competir. Ingenuidade, ou talvez inocência, é parte do que os faz serem quem são. Mas inocência não deve ser confundida com ineficácia, pois o que falta de malícia nos papuas é substituído por determinação. E até que estejam livres, eles nunca desistirão. Esse é o outro traço nacional que vi em todos os lugares aonde fui: uma obsessão quieta, furiosa de "se libertar". Pergunte a um papua quando ele será livre e ele não saberá responder: pergunte-lhe se ele será livre e a resposta nunca varia. E isso, apesar das armas ultrapassadas da OPM, apesar dos indonésios e de sua brutal repressão, apesar da ignorância do mundo sobre a mais esquecida das lutas, é o que me dá esperança. "Papua é o próximo Timor Leste", disse-me Amunggur muitas vezes. Talvez ele esteja certo; acho que os papuas serão livres, e quando o forem eles vão querer mais do que a sua própria nação transmite para o resto do mundo. Eles vão querer o seu próprio futuro construído segundo seus valores, rejeitando muito da dor que a globalização já trouxe para eles, seguindo seu próprio caminho e definindo seu próprio "desenvolvimento". Eles vão querer a Papua que todos eles mantêm viva todos os dias dentro de seus corações e mentes. A hora deles vai chegar.

PARTE 2

Muitos sins

"A tempestade será aqui. Do choque de dois ventos uma tempestade surgirá. Seu tempo chegou. Agora sopra o vento de cima, mas o vento de baixo está chegando... Quando a tempestade passar, quando a chuva e o fogo deixarem o país em paz novamente, o mundo não será mais o mundo, mas alguma coisa melhor."

SUBCOMANDANTE MARCOS, 1994

6 O fim do começo

"Eu sei contra o quê eles são, mas não tenho a menor idéia do que eles são a favor."

TREVOR MANUEL, MINISTRO DAS FINANÇAS DA ÁFRICA DO SUL,
CONFUSO DIANTE DO MOVIMENTO, 2000

"CAPITALISTAS MAUS! NADA DE MARTÍNI!"

FAIXA DO FÓRUM SOCIAL MUNDIAL, 2002

Isso é demais. Não posso decidir e não posso aceitar mais isso. Mal consigo me mexer, em qualquer direção, e preciso me sentar. A entrada do prédio da universidade está agitada com milhares de pessoas de centenas de países; um risco de fogo multicolorido, multicultural, pesado e imenso, e todos indo para algum lugar. Todos, menos eu. Estou planejando ir a uma conferência, numa das enormes salas de conferência, sobre "controle do capital financeiro". Não parece emocionante, mas por certo parece importante. Ao mesmo tempo, entretanto, em outra sala, outra conferência está se realizando, sobre empresas transnacionais, que me parece interessante também. E mais outra, em algum outro lugar, sobre comércio internacional. Além disso, há os seminários. Um grupo de agricultores sem-terra está realizando uma palestra sobre "comércio e soberania do alimento" ao mesmo tempo que vários grupos de militantes realizam outra sobre "o fim do *apartheid* global: desmantelando o Banco Mundial e o FMI". Há uma sobre biodiversidade, outra sobre orçamento participativo e ainda outra sobre táticas ativistas.

Isso sem falar nos *workshops* — centenas deles, todos ao mesmo tempo, muitas vezes a quilômetros de distância um do outro. Existem pelo menos sete deles dos quais quero participar esta manhã: sobre serviços públicos, sobre educação, "novos movimentos sociais", "cultura e globalização", agricultura sustentável, democracia radical e um sobre a abolição da OMC...

Levo bem uns cinco minutos vagando confuso pela multidão e sigo em direção à luz do sol do lado de fora do prédio. Sigo em frente com dificuldade, passo por um *show* de marionetes e um índio da Amazônia distribuindo folhetos. Consigo uma xícara de café com as três palavras de português que conheço e caio na grama, completamente prostrado. São nove horas da manhã e eu já quero ir para a cama. Mas não há tempo para isso. Como as outras 60 mil pessoas à minha volta, estou aqui para mudar o mundo, e tenho apenas uma semana para isso.

Chega um tempo na vida de todo ativista em que ele precisa responder a uma pergunta. Depois que a alegria e a emoção esmorecem e o gás lacrimogêneo é levado pelo vento; depois que argumentos foram repetidos dezenas de vezes e campanhas foram iniciadas contra os aspectos da globalização aos quais se opunham — da erosão da democracia ao superconsumo, da destruição ambiental à privatização, do poder corporativo aos modelos de desenvolvimento colonialistas —, aí, então, chegamos a um ponto em que a pergunta se torna inevitável. *Muito bem, já sei contra o quê você é, mas você é a favor do quê?*

Posta assim dessa maneira, a pergunta é difícil de ser respondida, pois ela pressupõe precisamente a existência daquilo que os ativistas são tão firmes em adiar: um caminho, um plano, um manifesto, uma Grande Idéia. Entretanto, trata-se de uma pergunta importante. Importante porque, a menos que os ativistas possam começar a fazê-la, eles terão muitos problemas explicando para o resto do mundo o que estão tramando e o que estão buscando — e se não conseguirem explicar isso para os outros, há chances de que não conheçam a si próprios.

Críticos do movimento presumiram, durante algum tempo, que ele é incapaz de responder a essa pergunta. Isso porque seus ativistas consistem de uma assustadora aliança de manipuladores, liberais mal-informados ainda que bem-intencionados, ideólogos maliciosos de esquerda, reacionários protecionistas e luditas medrosos, todos baseados no Ocidente e todos com tempo de sobra nas mãos. Eles não sabem a favor do quê estão, porque não estão a favor de nada; são contra tudo que os amedronta, mesmo que não estejam certos do porquê. Em um recente manifesto chamado *Open World*, um ex-funcionário da OMC, Philippe Legrain, exemplifica essa linha de "pensamento", ao criticar esses "colegiais que quase nunca se aventuraram além dos seus subúrbios de classe média" e que falam "completos absurdos" sobre uma economia global que eles não entendem e para a qual não possuem alternativas.[1] "A coalizão de protesto", declara a *Economist*, seguindo no mesmo tom, "só consegue permanecer unida porque evita pensar sobre o que ela pode ser favorável."[2] Essa música é entoada tantas vezes na igreja do Capitalismo Global que os garotos do coro estão começando a perder a voz.

Espero que a Parte 1 deste livro tenha ajudado a minar um dos mais difundidos mitos sobre esse movimento — a sugestão de que, como expõe o ex-diretor-administrativo do FMI, Stanley Fischer, "os críticos da globalização originam-se na maioria das vezes de países ricos".[3] Com alguma sorte, a Parte 2 ajudará a liquidar com essa outra informação errada — a qual é extremamente útil para os beneficiários do *status quo* que a propagaram tão largamente. O mito de que o movimento não tem respostas, não tem alternativas — só sabe protestar.

Como estou descobrindo rapidamente, a verdade está, talvez nem esteja, no outro extremo. Estamos em janeiro de 2002 e eu vim, com aquelas 60 mil outras pessoas, para a cidade atlântica de Porto Alegre, a capital gaúcha situada no sul do Brasil. É o segundo Fórum Social Mundial, e durante seis dias todos nós aqui estaremos nos dedicando a responder a essa pergunta tão importante para todos: somos a favor de quê?

Há dois dias na cidade, mas exausto, tomando meu café para me manter de pé, o corpo-a-corpo do Fórum Social Mundial assalta meus sentidos. O evento é ao mesmo tempo empolgante e irresistível — e vez por outra frustrante — e eu estou começando a pensar que, longe de não ter alternativa, esse movimento possui muitas opções.

Tudo à minha volta — pessoas, organizações, idéias e realidades — sinaliza uma convivência em grande escala. Sindicalistas americanos misturam-se com pescadores africanos, economistas japoneses, artistas brasileiros, "sem-terra" equatorianos, militantes israelenses pela paz, intelectuais nicaragüenses, militantes franceses contra a dívida externa, políticos europeus. Das oito horas da manhã até tarde da noite as salas de reunião, três mil assentos de teatros para palestras, cidades montadas em tendas, palcos, salas de aula, academias de ginástica e igrejas por toda a cidade estão repletos de pensadores, rebeldes, dissidentes e sonhadores. Um programa de 155 páginas, do tamanho de um grosso tablóide de jornal, relaciona tudo que está acontecendo — você dificilmente pode ir a todos os eventos disponíveis na semana. As idéias, as teorias, as propostas e os programas chegam em grande número e rápido:

rápidos demais para acompanhar e sérios demais para eu me distrair. É difícil acompanhar tudo.

O Fórum Social Mundial ainda é jovem e arrojado, e é diferente de qualquer outro evento internacional. Ele foi concebido no final dos anos 1990, quando um grupo de ativistas brasileiros decidiu que o movimento que eles viam se formando em torno deles necessitava de um lugar onde pudesse se reunir e criar sua própria agenda. Com o apoio de outros na França, uma coalizão de sindicatos brasileiros, militantes contra o pagamento da dívida externa, ativistas da paz, economistas e trabalhadores rurais sem-terra se reuniram para que isso acontecesse. O governo de Porto Alegre, administrado durante uma década pelo Partido dos Trabalhadores (PT), uma organização de esquerda, concordou em hospedar a reunião e, em janeiro de 2001, nascia o Fórum Social Mundial. Os organizadores esperavam cerca de duas mil pessoas; vieram 12 mil.

Houve uma razão simbólica tanto para o nome do evento como para suas datas. Ele foi, e é, organizado na mesma data do Fórum Econômico Mundial em Davos, na Suíça. O Fórum Econômico Mundial, uma corporação privada criada em 1971 para reunir a elite do poder mundial, faz o G-8 parecer um modelo de abertura. Financiada e administrada por mil das maiores empresas do mundo (para ser assim qualificada, uma empresa deve ter um faturamento anual de no mínimo um milhão de dólares e pagar uma taxa de associação de cerca de 15 mil dólares), a freqüência se dá apenas por convite exclusivo. Sua combinação vitoriosa de personalidades corporativas, líderes políticos, "pensadores", importantes atores da mídia e alguns "representantes da sociedade civil" selecionada e bem-comportada gasta uma semana nos atordoantes arredores dos Alpes suíços, tirando vantagem total do que o Fórum chama de "uma oportunidade única de contato com outros líderes mundiais".[4]

"Homens de negócios", observou o economista Adam Smith há mais de duzentos anos, com grande precisão, "raramente se reúnem por prazer ou para se divertir, mas sua conversa sempre termina em conspiração contra o público."[5] Ele poderia estar descrevendo o Fórum Econômico Mundial. Há três décadas que essas "oportunidades únicas de contato" fazem de Davos um dos centros de controle mais influentes do projeto neoliberal.

O Fórum Social Mundial é uma reação a tudo isso: não um protesto contra ele, mas um fórum alternativo, postulando um novo futuro; uma conspiração de nuança totalmente diferente. Em 2002, o Fórum Econômico Mundial (tema: "Liderança em Tempos Frágeis") mudou de local, pela primeira vez, de Davos para Nova York. Os organizadores afirmaram que isso foi motivado pelo espírito de "solidariedade" para com a cidade atacada — um gesto magnânimo que também teve o efeito conveniente de reduzir a probabilidade de manifestações de protesto como as que sitiaram Davos em 2001.

O que se vê no Brasil evidencia a extensão que esse movimento atingiu em apenas um ano. O segundo Fórum Social Mundial é maior, mais complexo, mais sofisticado e mais importante que o primeiro, e também está provando que serviu um pouco de inspiração global. Ele gerou um grande número de reuniões positivas similares em diversos continentes: onde quer que os ativistas se reúnam agora você provavelmente encontra um "fórum social" debatendo caminhos e formas de mudar o mundo. Só no último ano, um Fórum Social Europeu foi organizado na Itália, um Fórum Social Africano na Etiópia e um Fórum Social Asiático na Índia. Minifóruns surgiram em Gênova, Monterrey, no México, Buenos Aires, na Argentina, Durban, na África do Sul, Beirute, no Líbano e em Washington e Nova York, com muitos mais acontecendo em breve. Eles raramente chamam a atenção da mídia, que só se interessa por um bom gás lacrimogêneo e pedras atiradas na polícia — agendas positivas não são tão boas manchetes como "protestos violentos" —, mas eles provavelmente definem o futuro desse movimento como as manifestações de rua de Seattle definiram seu passado.

O evento desse ano em Porto Alegre, como o seu antecessor, opera por princípios que eu quase posso repetir de olhos fechados: a oposição "à dominação do mundo pelo capital", o desejo de construir um mundo baseado nos princípios dos direitos humanos, da democracia e da justiça social, mais do que num "processo de globalização comandado por grandes empresas multinacionais"; e uma pluralidade de participações. Este último ponto significa, é claro, que nenhuma pessoa ou organização é responsável pelo Fórum Social Mundial ou pode falar por ele; que nenhuma "declaração final" será proferida com a qual se espera que todos concordem e que nenhum partido político ou ideologia comum terá permissão de tomá-la para si.[6]

212 UM NÃO, MUITOS SINS

Espero ansiosamente há meses pelo Fórum Social Mundial. Esse evento, para mim, é algo grande, novo e totalmente diferente. Diferente de Seattle, de Gênova e de Praga, Porto Alegre é uma reunião maciça de pessoas que vêm não para protestar contra alguma coisa mais, mas para incentivar uma agenda positiva; para planejar e sonhar. O teste agora é saber do que essa agenda é feita, e como pode me ajudar a responder a certas perguntas que venho acumulando em minhas viagens. Por exemplo, como esse movimento é coordenado; e como ele quer ser coordenado? Que idéias aglutina? E será que são as mesmas que vi se desenvolvendo de Chiapas a Cochabamba e a Soweto? Nesse caso, como podem ser aplicadas em escala global? Como isso poderá harmonizar algumas de suas tensões internas? E como podem se fazer ouvidas, apenas cinco meses depois do 11 de setembro de 2001, num novo mundo de vingança e guerra e futuro incerto?

O *slogan* do Fórum Social Mundial — tão ubíquo que no final da semana eu não queria mais ouvi-lo de novo enquanto vivesse — é um só: "Um outro mundo *é* possível." De início, parece banal. Então, depois de ver por alguns dias essa frase escrita em tudo, de faixas a canecas de café, me ocorre que sua eficácia depende da sua pronúncia. Não "um outro mundo é *possível*", mas "um outro mundo *é* possível". Não uma expressão de desespero, mas de desafio — e de esperança.

Estou sentado numa cadeira de plástico desconfortável no primeiro andar do prédio da universidade, ouvindo um americano, respeitável mestre em administração de empresas e ex-economista de Harvard, explicar como abolir o capitalismo. David Korten — meia-idade, barbado, camisa e gravata — tem uma trajetória profissional tão convencional quanto uma economia tradicional permite ser: Ph.D. e MBA pela Faculdade de Administração da Universidade de Stanford, especialização em "teoria da organização e estratégia de negócios", professor de administração em Harvard. Tudo isso forma a sua crença, urdida por vinte anos de trabalho em projetos de desenvolvimento na Ásia, de que o modelo econômico que lhe ensinaram a promover estava na verdade causando mais problemas do que soluções, problemas esses muito difíceis de serem ignorados. Seu livro de 1995, *Quando as corporações regem o mundo*, provavelmente ainda o melhor resumo dos argumentos contra a economia corporativa, tornou-se desde então uma das cartilhas do movimento. Agora, ele fala a uma platéia intrigada sobre a sua necessidade de pôr de lado tudo em que acreditava.

— Fomos condicionados a acreditar — diz ele, lentamente — que existem apenas dois sistemas econômicos: um sistema socialista de Estado em que os governos possuem todos os bens, ou uma economia "capitalista". "Capitalismo" é uma palavra que surgiu no século XVIII para descrever um sistema em que uns poucos controlam a produção para a exclusão de muitos. O ponto crucial para o entendimento é que capitalismo e economia de mercado não são a mesma coisa. Numa economia de mercado genuína, muitas empresas pequenas, enraizadas em comunidades de verdade, negociam e competem entre si. No capitalismo, empresas transnacionais sem raízes, grandes e sem nenhuma responsabilidade para com ninguém, exceto seus acionistas, destroem as reais economias de mercado e monopolizam a produção. Vamos ser claros aqui: a idéia é precisamente acabar com o capitalismo, e com isso acabar com a forma institucional da empresa de responsabilidade limitada.

O que estou ouvindo é um curioso paradoxo, mas não incomum: uma pessoa que acredita na economia de mercado mas que detesta o capitalismo. Existe um bom número dessas pessoas circulando pelos corredores da universidade em Porto Alegre: gente que acredita que propriedades pequenas, mercados estabelecidos, empresas responsáveis e terra distribuída eqüitativamente constituem a base de economias estáveis, e quem acredita que o modelo atual do suposto "livre" comércio — "livre" de qualquer obrigação ou responsabilidade social — destrói isso com a mesma eficácia de qualquer regime socialista. É uma abordagem interessante — embora muitos dentro do movimento a rejeitem por considerá-la "reformista". Korten está tentando explicar como isso poderia funcionar. Alguém, corretamente, perguntou a ele que estratégia poderia ser adotada para atingir seu objetivo.

— A estratégia — explica ele — ...bem, já existe uma rede de milhares e milhares de comunidades e mercados reais localmente estabelecidos. Sempre houve. Então a estratégia seria fortalecê-los e promovê-los enquanto você afasta as grandes empresas. — Ele levanta a cópia de um relatório que está preparando com algumas das outras pessoas que estão no palanque com ele. Todas são do Fórum Internacional da Globalização (IFG), de San Francisco, um grupo de discussão formado por estudiosos como Korten que gostam de "pensar o impensável" sobre a globalização. O relatório contém algumas sugestões que os delegados do Fórum Econômico Mundial acharão disparatadas.

— Aqui estão algumas propostas ousadas mas factíveis — continua Korten. — O negócio do Banco Mundial é a manutenção da dívida externa. Vamos fechar o Banco Mundial e substituí-lo por um banco de compensações internacionais para nos livrar dessas dívidas. O negócio do FMI é entrincheirar a pobreza por meio de ajustes estruturais. Vamos substituir o FMI por uma organização financeira internacional para ajudar os países a controlar seus fluxos financeiros, manter as balanças comerciais e garantir que os investimentos sejam realmente úteis para as pessoas. O negócio da OMC é regular os governos para que eles não regulem as empresas. Vamos substituí-la por uma organização administrada pelas Nações Unidas para regular as empresas, localizar e processar criminosos corporativos, manter as empresas legal e financeiramente responsáveis e impor um código de conduta obrigatório para todas as transnacionais, que deve incluir uma proibição sobre o envolvimento empresarial em política. Vamos unificar uma governança global sob uma ONU reestruturada e assegurar que as economias trabalhem para atender às necessidades do povo e não outra coisa. Vamos eliminar o bem-estar corporativo, promover a energia limpa, instituir a reforma agrária, promover a agricultura sustentável. Tudo isso é possível, exeqüível e prático.

Trata-se de uma lista de propostas dos diabos, porém, como diz Korten, exeqüível. Como fazer isso acontecer, claro, é outra coisa. Como sempre, tem a ver com vontade política: o que leva a uma luta geral e poderosa por mudanças.

— Essas são mudanças grandes e ousadas — afirma Korten —, mas, com o verdadeiro poder por trás de nossas exigências, elas são práticas e possíveis. E esse poder vem pela construção desse movimento e pela mudança da opinião pública. Tenho trabalhado nessas questões por um longo tempo, e posso ver as coisas mudando. Há dez anos, quando apareci com essas idéias, o pessoal do Banco Mundial ria de mim. Eu estou me reunindo com um grupo deles esta noite para falar por que nós achamos que eles devem ser abolidos, e eles não estão rindo mais. A legitimidade deles aos olhos do mundo está sendo desgastada. E quando se perde a legitimidade, o sistema vai atrás.

Quando deixo a sala, cerca de uma hora depois, me sinto revigorado. Não era preciso concordar com as idéias de Korten para ver que havia um pensamento criativo no ar quando ele o expôs. Depois de tantos protestos e oposições, depois de tolerar tantos disparates dos defensores do *status quo*, é reanimador ver que esse jovem movimento pode ter grandes idéias próprias — é reanimador estar organizando a agenda e não rejeitando-a.

Todavia, será que esse jovem movimento as quer: as Grandes Idéias? Não estão elas supostamente fazendo parte do problema, e não da solução? Uma de minhas preocupações antes de chegar ao Fórum Social Mundial era de que ele fosse usado como plataforma para pessoas e organizações que estavam convencidas de que conheciam O Modo Certo de solucionar todos os problemas da Terra; convencidas de que a saída para a nossa confusão atual só poderia ser uma outra grande iniciativa, uma nova Grande Idéia. Seria o Fórum cooptado, como a velha Internacional o foi, por uma elite intelectual, uma vanguarda de ideólogos empurrando suas visões utópicas nas costas de um movimento de massa?

Essa pergunta me deixou nervoso antes, mas está me deixando cada vez menos nervoso quanto mais vejo as coisas por aqui. Porque o que eu pensei e esperava que fosse verdade sobre esse movimento como um todo parece se confirmar em Porto Alegre: ninguém aqui está querendo mais ser empurrado por ideologias. Se o fantasma de Lenin está aqui, deve estar desapontado.

Todavia, as grandes questões permanecem. Autonomia, independência econômica, democracia local — todas elas poderiam ser o alicerce de uma nova visão de mundo política, mas não podem ser tudo que a constrói. Como vão lidar com a arquitetura financeira global, com os fluxos de comércio, com os conflitos internacionais? Como irão lidar com as mudanças climáticas ou com a destruição ambiental global? Como, em outras palavras, o mais internacional movimento político da história aplicará seus princípios internacionalmente sem perder sua essência, e sem perder a ânsia por diversidade e democracia que faz dele o que é?

A abordagem de Korten dá uma idéia de como isso poderia acontecer: instituições e abordagens que sejam internacionais no escopo e na perspectiva, mas também locais e específicas em muitas de suas aplicações. Uma "Nova Nova Ordem Mundial" que anseie por um mundo de cooperação e internacionalismo, mas que esteja enraizada também na democracia participativa e no controle da comunidade. Isso pode funcionar? Não sabemos; ainda não. Mas idéias como essa — como muitas das idéias que estão surgindo em Porto Alegre — são ao mesmo tempo grandes e pequenas, globais e locais. Mais importante, elas são libertadoras em vez de prescritivas. Assim como as propostas do IFG, por exemplo, não prescrevem um modelo social ou econômico para todos, mas removem o pior dos obstáculos — o poder corporativo ilegítimo, a dívida perversa, condições de comércio distorcidas, o poder dos mercados, a democracia corrompida — posto no caminho do povo, mudando a sociedade para melhor.

Essa, pelo menos, é a teoria. Se o resto do mundo irá apoiá-la, cabe a mim descobrir. Se assim for, posso encontrar o meu caminho.

Felizmente, não estou sozinho. Minha namorada, Katharine, está aqui também, assim podemos sumir juntos. É a manhã seguinte e estamos os dois sentados na grama, numa área do *campus* da universidade que foi cedida para a instalação de depósitos de comida administrados por cooperativas agrícolas que vendem alimentos dos quatro cantos do mundo. Nós chegamos cedo, mas a multidão já está começando a se formar a nossa volta. Há um estudante vestido exatamente como Che Guevara, até a boina com uma estrela vermelha e a barba fina; dois líderes de ONGs, seus crachás sobressaindo na camisa; um jornalista da Indymedia filmando três índias que seguram uma faixa de protesto contra as represas de Narmada; dois trabalhadores rurais belgas; um universitário da Malásia vestindo *jeans* e camiseta; estudantes de direito tagarelando; um francês membro do Parlamento europeu. Estamos tomando o sol da manhã, bebendo suco de laranja natural, agitando os programas impressos e resolvendo como usar nosso dia da forma mais produtiva.

— O que deve ser "a pequena loja do Fisco", e por que está na lista de *workshops*? — eu pergunto a ela.

— Por que você não vai lá e descobre? — responde Katharine.

— Porque me parece bobagem. Parece coisa do Festival de Edimburgo.

O FIM DO COMEÇO 217

— Vamos a esse, então: "Um outro mundo socialista é possível". Devo ter perdido o primeiro. Nós poderíamos perguntar a eles quando foi.

— Ou que tal "Um capitalismo do povo"? Aposto que esse é popular.

— Ou "A interdependência de todos os seres"?

— "Reciclagem de resíduos: uma alternativa para a integração nacional"!

— "Relaxe e multilogue: um espaço de silêncio e de expansão da linguagem?!"

— "Cartografia do novo milênio"! Caramba!

Isso poderia continuar por algum tempo. Uma das maravilhas do Fórum Social Mundial é que qualquer um pode aparecer e fazer uma oficina, reunião ou evento sobre qualquer assunto que queira e ninguém vai tentar impedi-lo. É intencional, multitudinário, é a diversidade trabalhando. Meu coração democrático gosta de ver um espaço sendo criado no qual as pessoas podem, realmente, relaxar e "multilogar" sem serem oprimidas, mas não pretendo aparecer por lá.

Em vez disso, vou a uma coletiva lotada de gente. Noam Chomsky, um simpático professor de Massachusetts, pensador dissidente e dono do que pode ser o maior cérebro do Ocidente, é um dos maiores atrativos do Fórum. Mais tarde, ele quase provocará uma grande confusão quando milhares abarrotarem as salas e corredores da universidade, obrigando a uma mudança de última hora para uma sala maior, que ainda será pequena para acomodar a multidão que quer ouvi-lo expor calmamente suas revolucionárias opiniões igualitárias. Um culto à personalidade perturbador vem cercando Chomsky há anos, mas ele nunca parece notar. Nesta manhã, na prefeitura de Porto Alegre, sob colunas de pedra enormes e pomposas, murais clássicos e pesados lustres, ele está contando para a imprensa o que pensa da "guerra ao terrorismo" de seu governo. Ele está contando também o que pensa do Fórum Social Mundial e do movimento que ele representa.

Um repórter local perguntou a ele se toda essa história de Fórum Social não é meio ilusória. Que alternativas surgiram com ele, e que exemplos o professor pode dar de um país que tenha realmente feito com que elas funcionassem?

— Bem, você poderia ter me procurado dois séculos atrás — responde Chomsky — e perguntado "O senhor pode me dar um exemplo de uma sociedade que funcione sem escravidão, ou com uma democracia parlamentar atuante, ou com direitos plenos das mulheres?", e a minha resposta teria sido não. De onde se conclui que a resposta deveria ter sido "Pois vamos em frente e criemos essas sociedades", e as pessoas o fizeram. Muita gente aqui trouxe programas alternativos propostos de maneira detalhada e clara. Eles podem funcionar e deveriam ser seguidos. Há muita coisa estimulante, se você tiver visão.

Uma jornalista ergue a mão. Qual a situação do movimento antiglobalização atualmente?, ela quer saber. Chomsky franze a sobrancelha.

— Eu acho — diz ele — que deveríamos ser cuidadosos e não chamar a isso de fórum antiglobalização. A meta de todo movimento popular progressista através da história tem sido a de criar um movimento de solidariedade que seja global — no interesse da humanidade. Este encontro diz respeito a modos e meios de transferir a liderança dos centros de poder para a população em geral, e essa é uma ambição global. Na minha visão, este é o único fórum da globalização; existe um fórum antiglobalização acontecendo agora mesmo em Nova York que está tentando evitar essa evolução. Para mim, é improvável que obtenha sucesso.

Poucas horas depois, sentado em uma sala de conferência imensa mas lotada — cheia de refletores, centenas de pessoas usando aparelhos de tradução simultânea, jornalistas da Indymedia filmando toda a movimentação na sala —, percebo que Chomsky não está sozinho: que algo maior está acontecendo em Porto Alegre. Orador após orador, delegado após delegado estão trabalhando para reposicionar o modo como o movimento é visto pelo mundo.

No palanque, dessa vez está acontecendo uma conferência sobre comércio internacional. Oradores da Malásia, da África do Sul, da Bélgica, do México e dos Estados Unidos estão lançando propostas para mudar os termos do comércio internacional, que eles alegam favorecer os ricos. Até aqui, diversas propostas concordavam em diversos pontos: a abolição ou a reformulação total da OMC; a subordinação dos acordos de comércio aos tratados de direitos humanos e do meio ambiente das Nações Unidas; o desenvolvimento de políticas globais para a proteção dos mercados locais e indústrias nacionais; a suspensão de novas rodadas de comércio; a retirada da agricultura dos acordos da OMC para evitar a futura destruição de pequenas fazendas pelos colossais agronegócios. Hector de la Cueva, da Aliança Social Continental do México, fala dos "efeitos desastrosos do neoliberalismo na América Latina" e dos esforços de sua organização para criar uma aliança continental centrada no fim da dívida externa, recusando qualquer outro "ajuste" do FMI ou do Banco Mundial, taxando transações financeiras e protegendo o pequeno agricultor. Martin Khor, da Third World Network da Malásia, e um dos economistas mais proeminentes do movimento global, é ainda mais rigoroso.

— Nós não devíamos estar negociando com a OMC — declara ele simplesmente. — Nós devíamos estar trabalhando para deslegitimá-la e obter o apoio popular para evitar qualquer novo acordo de liberalização do comércio em serviços. Essa organização deveria reduzir os preços, e não negociar.

O orador seguinte é Lori Wallach, uma advogada americana da vigilante organização Public Citizen e a mulher que provavelmente fez mais do que qualquer outro para desmascarar e depois destruir o infeliz Acordo Multilateral de Investimentos, em 1998. Ela é baixinha, loura, de fala rápida e brilhante, e sabe como prender a atenção da platéia. Nas mãos, ela segura um documento muito volumoso.

— Estes — diz ela — são os acordos da OMC. E este — ela ergue um outro grande volume — é o do Nafta. Isto é a base para as empresas processarem os governos em tribunais fechados de comércio. Existem pessoas aqui hoje de todas as Américas... bem, quantos dos seus parlamentares ou representantes sabem que o Nafta e a proposta Área de Livre Comércio das Américas declararão suas leis de zoneamento como barreiras ilegais de comércio? Em outras palavras, que o seu governo poderia ter de *pagar* às empresas pelo direito de *não* depositar lixo tóxico perto de suas escolas? Quantos dos seus representantes sabem que existem mais de dois mil acordos multilaterais no mundo com a intenção de proteger os trabalhadores e o meio ambiente — um imenso corpo de leis de interesse público que coloca as pessoas em primeiro lugar, desde os códigos do Unicef, as leis da Organização Mundial do Trabalho... e que todas essas leis estão subjugadas ao Nafta, ao FMI e à OMC?

Ela está falando numa velocidade perigosa. Murmúrios perturbadores estão vindo de algumas seções da platéia.

— Nós não gostamos disso? — diz Lori. — Não está funcionando? Sem problema. — Com um floreio, ela arremessa por cima dos ombros os dois documentos, que aterrissam no palco. Os murmúrios se transformam em risos. Mas Lori está falando sério.

— Sempre nos disseram — continua ela — que o que eles chamam de globalização é um processo inevitável. O que fizemos enquanto movimento foi demonstrar claramente que não é assim, que a globalização é algo fabricado por um grupo específico de interesses e vendido para nós como algo irresistível. O problema deles é que todas as evidências estão chegando agora, e nós sabemos o que esses acordos fazem, o que esse modelo faz. Essa evidência chega como uma grande dor, mas essa dor é também a força do nosso movimento, porque mais pessoas podem ver o que esse modelo está causando a elas. O neoliberalismo *não funciona*. Eles o experimentaram, ele estancou. Eles prometeram muito e não cumpriram. Os dados estão aí. É hora de caminhar para a frente. O que devemos fazer agora, como movimento, é fazer com que ele siga em frente. Isso significa que temos de ser claros em relação ao que defendemos, devemos deixar claro que somos um movimento positivo. — Chomsky estava dizendo o mesmo, e Lori está conseguindo muitos sinais de aprovação do público presente.

— Duas coisas de que precisamos — ela continua. — Uma estratégia de dois gumes. Devemos criar a necessidade de mudança pelo mundo afora e formar um consenso sobre o que queremos. Quando eu digo mudança, quero dizer mudança real. Este não é um movimento para reformas marginais. O sistema do neoliberalismo é uma gangrena. Um câncer. Há um reconhecimento crescente de que este modelo tamanho único da globalização corporativa não está funcionando. Nós, como movimento, temos o *momentum*. Os defensores do *status quo* sabem disso, e é por isso que eles estão fazendo retaliações. Eles têm uma propaganda de guerra muito clara operando contra nós, e podemos ver os pontos que atingem; eles têm sua própria abordagem de dois gumes. Sua primeira estratégia é dizer que o processo é inevitável, é a evolução, que não se pode ir contra, como se os dez mandamentos tivessem descido o monte Sinai junto com os estatutos da OMC. Se isso não for suficiente para fazer com que todos desistam de resistir, a segunda estratégia deles é dizer que esses manifestantes, esse movimento contra o sistema

O FIM DO COMEÇO   221

deles são apenas parte de um movimento de pessoas de países ricos. Preocupante é o que o Nafta e a OMC estão fazendo agora com o Ocidente, e o FMI e o Banco Mundial vêm fazendo há décadas no Sul, motivo pelo qual esse movimento surgiu primeiramente nessa região. Eles prefeririam que as pessoas não ouvissem essa história. Mas estão com problemas agora, e sabem disso. Mas nós temos que ser claros, também, a respeito dos motivos por que estamos aqui, não podemos cair na armadilha deles.

Lori é uma atriz, e das mais convincentes. Todos os olhos estão fixos nela.

— Nosso movimento é decisivo — prossegue ela. — Eles nos rotulam de que somos "contra" tudo, temos que nos livrar desse rótulo. Nós somos *a favor* da democracia, *a favor* da diversidade, *a favor* da justiça, *a favor* da saúde ambiental. Eles estão presos a um *status quo* falido; eles é que são os "contras". Eles são *contra* a democracia, *contra* o povo. Nós devemos seguir em frente como um movimento pela justiça global. Obrigada. — Ela volta para sua cadeira sem se preocupar em pegar os documentos que atirou ao chão. Os aplausos são longos e calorosos.

É um assunto brilhante e empolgante. Está claro, também, que a posição de Wallach é muito parecida com a de Chomsky, e que ambos estão dizendo alguma coisa que o povo aqui está falando e irá falar durante toda a semana: aquele não é um movimento de "contras" — é um movimento de "prós". Estamos ensaiando os nãos no palco do mundo há três anos, desde Seattle. Agora vamos nos voltar para os sins. Vamos rever aqueles nãos e nos perguntar se eles não podem ser sins também. Afinal, muitas das coisas às quais esse movimento diz não, se insurge contra e tenta evitar são em si mesmas barreiras para o tipo de mundo que ele deseja ver.

Esse é um argumento que a economista Nicola Bullard, da ONG tailandesa Focus on the Global South, me apresentou certa noite durante o Fórum, quando a encontrei no saguão de um hotel apinhado de gente.

— Muitas pessoas aqui estão ensaiando esses argumentos — diz ela — e isso é ótimo. Como movimento, estamos sendo indiscutivelmente positivos. O velho grito de "você não tem alternativas" é uma armadilha semântica. Ele transforma argumentos realmente positivos em negativos. Por exemplo, o cancelamento incondicional da dívida do Terceiro Mundo, que é uma medida específica, a qual se pode chamar de "antidívida", mas que, na verdade, se trata de uma alternativa positiva opressiva. Se isso estivesse para acontecer, criaria um espaço para que muitas alternativas prosperassem. O dinheiro gasto com o serviço dessa dívida poderia ser empregado em assistência básica à saúde, à educação... as economias estariam livres da dependência da exportação, da pressão excessiva do Consenso de Washington. Essa é uma medida positiva, extremamente positiva.

Criar um espaço. Lori Wallach disse isso também. As propostas de David Korten para reformar a economia mundial visavam criar um espaço onde os muitos mundos poderiam florescer. Isso parece muito com o que acontece em Porto Alegre. É uma outra estratégia de dois gumes: reformular a economia global para permitir que as alternativas locais e específicas floresçam sem serem destruídas de cima pelo rolo compressor do poder econômico. Talvez seja uma Grande Idéia afinal, mas uma idéia que, desta vez, estabeleça como premissa dar origem a milhões de pequenas idéias.

Na manhã seguinte minha cabeça dói. Katharine e eu encontramos alguns amigos na noite passada e passamos mais tempo do que seria conveniente bebendo caipirinha num gramado perto do mar, onde foram erguidos um palco, barracas e todos os equipamentos necessários para um minifestival. O resultado foi uma ressaca fenomenal.

Enfim, estou atrasado e me atrasei ainda mais cruzando atalhos, enquanto passava apressado por um dos inúmeros corredores e encontrei alguns velhos amigos: George Dor, Virginia Setshedi e Trevor Ngwane, que seguiam por outro caminho para uma reunião sobre os movimentos sociais africanos. É ótimo vê-los, e passamos uns dez minutos andando e trocando informações. George, assim como eu, está achando tudo muito animador e às vezes desconcertante. Para Trevor, as coisas estão calmas em comparação com o último ano, quando participou de uma videoconferência com o Fórum Econômico Mundial em Davos para travar um fervoroso debate com o financista global George Soros. Virginia continua me perguntando se eu estou planejando dançar. Não estou.

Mais tarde, depois de um rápido café, estou em outra sala ouvindo pessoas falando de outro tema importante do fórum: a privatização. A tomada dos recursos naturais globais por parte das corporações, um dos fatores determinantes do processo de globalização, é um tema de interesse aqui. Da água às sementes, da terra à infra-estrutura, um processo de privatização geral dos recursos públicos e comuns está ocorrendo numa escala sem precedentes. É inerente ao processo de globalização; um pré-requisito necessário para a expansão de um sistema econômico que depende da propriedade privada como um peixe precisa da água. Ativistas dizem que essa tomada dos recursos — que não raro termina como uma redistribuição da riqueza do pobre para o rico — é uma das causas principais da pobreza e da impotência que os defensores da globalização, os globófilos, afirmam que seu sistema irá abolir.

Em especial nessa reunião oradores da Rússia, da França, da Inglaterra, dos Estados Unidos e da Costa Rica estão criticando o tópico da "propriedade intelectual". Novamente, a OMC está na linha de fogo: seu Acordo TRIPS (Aspectos dos Direitos de Propriedade Intelectual Relacionados ao Comércio), que provocou tanta controvérsia no caso dos remédios para a Aids da África do Sul, está também, dizem os oradores, dando sinal verde para o controle corporativo da própria vida. O TRIPS é um dos principais acordos da OMC — e um dos mais controvertidos. Resultado do intenso *lobby* de um comitê de grandes empresas formado pela Monsanto, a DuPont e a General Motors,[7] o acordo pretende apertar o nó corporativo em torno da posse de produtos, processos e da própria informação. Ele requer que todos os países-membros da OMC adotem um severo regime de patentes no estilo americano, o que significa que uma patente ou direito autoral tirado em um país-membro da OMC automaticamente se tornaria válido em todos eles. O acordo é usado por empresas para justificar tudo: impedir o desenvolvimento de *software* barato, negar remédios disponíveis a milhões de doentes desesperados e pessoas pobres, vender direitos autorais e livros caros para escolas do Terceiro Mundo e evitar a expansão de tecnologias básicas que foram tradicionalmente copiadas de indústria para indústria e de país para país como parte do processo de desenvolvimento.

A motivação, como sempre, é simples: o monopólio sobre a informação, assim como sobre produtos, riquezas ou mercados, significa lucros gordos e garantidos imediatamente. Também significa controle. A informação compartilhada, por outro lado, é informação desperdiçada, no que concerne ao mercado; sem lucro, sem finalidade. Curiosamente, a única coisa que os neoliberais deveriam firmemente combater são os monopólios, o que quebra qualquer regra no manual do mercado livre. Mas como aprendi várias vezes em minhas viagens, teoria de mercado e realidade de mercado quase nunca são a mesma coisa.

O aspecto mais discutível do TRIPS, contudo, e que incomoda os participantes hoje, é o seu papel no "patenteamento da vida". O TRIPS permite patentear não apenas produtos e informações, mas também coisas vivas: sementes, novas famílias de plantas e até informações genéticas. As empresas, argumentando que, sob a lei das patentes, uma descoberta é o mesmo que uma "invenção", vêm nos últimos anos registrando patentes de plantas, remédios e alimentos usados por milhares de anos por índios amazonenses, variedades de milho mexicano cultivadas em Chiapas por séculos, sementes desenvolvidas e utilizadas por aldeias em toda a Índia e até mesmo famílias de DNA humano. Há um nome para isso, e hoje todos estão usando: "biopirataria".

Em 1997, talvez no mais notório exemplo de biopirataria registrado, uma empresa sediada no Texas, a Rice Tec Inc., reivindicou a "posse" do arroz *basmati*. A patente sobre o *basmati*, matéria-prima das economias rurais e da culinária nacional na Índia e no Paquistão por séculos antes da chegada dos europeus, teve, oficialmente, o controle concedido à Rice Tec em 22 variedades de arroz, desenvolvidas na Índia e no Paquistão por agricultores locais. A Rice Tec não tinha aparentemente a intenção de comunicar isso àqueles agricultores — muito menos de pagá-los por seu trabalho — e o propósito de comercializar seu próprio *basmati* nos Estados Unidos e em outros lugares mais. Um apelo do governo da Índia, mais tarde, levou a uma modificação na patente, mas não à sua revogação.

O potencial de danos da biopirataria é enorme: ela pode levar, como já acontece em alguns casos, ao patenteamento indiscriminado, por empresas multinacionais, de variedades de sementes e culturas as quais os agricultores terão de comprar de volta. Um jogo lucrativo, mas que não interessa aos conferencistas. As pessoas aqui querem, no mínimo, todas as formas de vida retiradas do acordo TRIPS. E mais outras querem a anulação do acordo. Os oradores estão convocando, por uma questão de princípio, todos os países a desenvolverem sua própria lei de patentes quando ela parecer adequada. O patenteamento da vida é firmemente rejeitado, e crescem os pedidos por regras que assegurem que certas áreas da vida, do conhecimento, da tecnologia e da informação fiquem para sempre livres da pirataria corporativa.

— O TRIPS — diz um orador — é a transferência de riquezas e do conhecimento do Sul para o Norte, do pobre para o rico. É a privatização de tudo que sobrou, e isso deve ser combatido. Isso vai contra tudo que nós valorizamos.

Aqui, novamente, vejo um choque não apenas de pontos de vista, mas também de valores. O TRIPS revolta tantas pessoas porque o seu efeito — e provavelmente o seu intento — é ajudar a eliminar a existência, e talvez até o próprio conceito, de algo que tem estado no coração da grande maioria das sociedades humanas através da história e, para muitos, ainda está: a propriedade comum.

Nas regiões rurais por todo o mundo, assim como em muitas áreas urbanas, a propriedade comum ainda é o alicerce da vida em comunidade. A terra comum, sementes compartilhadas, acesso comum à água, reservas genéticas, terras florestais, espaço público na aldeia e na cidade: tudo isso, sob a lei do capital global, está à venda. As sementes estão prestes a serem geneticamente modificadas, patenteadas e depois revendidas aos agricultores. A terra está prestes a ser cercada, dividida, tomada e depois vendida. A água pública está prestes a ser comprada, florestas, a serem cercadas por grades, animais, plantas e até linhagens genéticas foram reivindicados por aqueles que têm o dinheiro e o alcance para fazê-lo.

Essa é a mercadorização de tudo, e isso é um ponto de debate no cerne do conflito entre os defensores da globalização e aqueles que a ela resistem. A posição dos que aqui — e existem muitos deles — estão fazendo essa resistência é fundamental: riquezas comuns são a herança natural da espécie humana, e as comunidades têm o direito de decidir o que será feito com elas. Existem certas áreas da vida, diz a maioria dos participantes em Porto Alegre — da herança biológica às ondas aéreas, das sementes à água, da atmosfera aos serviços públicos como saúde e educação —, que não podem e não deveriam jamais ser privatizadas ou mercadorizadas. Não é uma barganha, é um princípio, uma linha na areia, um ponto de união — e que, em anos vindouros, poderá vir a definir esse movimento mais e mais.

Aplicar os fundamentos deste princípio, naturalmente, é difícil, mas a conferência sobre propriedade intelectual é apenas uma das tentativas do Fórum para traduzir princípios em propostas. Por toda a semana, ocorrerão outras. Mais tarde, nesse dia, haverá uma intitulada "Água: nossa herança comum", em que participantes, uma representante da *Coordinadora* de Cochabamba entre eles, insistem que "a água é uma riqueza fundamental para a vida e por essa razão é a herança comum para todos (...) ela não pode ser privatizada, nem convertida em produto de mercado". Um manifesto é emitido, assinado por 24 ONGs de todas as partes do mundo, propondo uma moratória sobre a construção de represas destruidoras e o fim da privatização da água, a proibição de certos poluentes químicos e novas e rígidas obrigações legais para as empresas visando à proteção de qualquer fonte de água que utilizem. Para controlar tudo isso, eles sugeriram a criação de um "parlamento mundial da água" que supervisionaria a promoção de sistemas, administrados localmente, de distribuição de água sustentável, acessível a todos.

Enquanto isso, numa outra sala pequena e lotada, um grupo de cientistas, agricultores, economistas e ativistas da biotecnologia de mais de cinqüenta países estão lançando o Tratado de Porto Alegre sobre Comunidade Genética (Porto Alegre Treaty on the Genetic Commons). Ele exige um tratado internacional que proíba a biopirataria e o patenteamento de coisas vivas e reconheça a associação dos genes da terra como um "legado compartilhado" que não pode ser privatizado. Será apresentado, dizem seus proponentes, em parlamentos nacionais em todo o mundo nos próximos anos, como uma tentativa de obter apoio legal. Um de seus proponentes é a física indiana, ambientalista e escritora Vandana Shiva, outra grande militante do movimento. "A biopirataria é moralmente repugnante", insiste ela, para difundir o acordo. "Ela é furto, o rico roubando do pobre. Riquezas genéticas, plantas, as frutas da terra — todos esses são bens comuns e básicos e como tal devem ser protegidos. As empresas não têm direito a nada disso, e nós temos que dizer isso alto e claro. É bem simples: os bens comuns são nossos."

*

O FIM DO COMEÇO   227

Nos dias que se seguiram, os eventos principais do Fórum mantiveram o mesmo padrão. *Workshops*, conferências e seminários (sou eu o único que não sentiu a diferença?) oferecem um extenso *menu* intelectual de propostas de soluções, alternativas e idéias — algumas delas um pouco insensatas, outras não convencem, mas a maioria é bem-pensada e parece aproveitável. O economista filipino Walden Bello, outro intelectual dissidente globalmente conhecido, que jamais consegue resistir a um pouco de agitação, conta para a platéia que "Davos e o Fórum Econômico Mundial estão em decadência" e que "nós estamos testemunhando uma crise de legitimidade da elite global". Afirma ainda que o mundo deveria aceitar esse fato e partir para uma reestruturação de sua economia — extinção da OMC, novas regras sobre o comportamento e a influência das grandes empresas, a reorganização da arquitetura financeira global para evitar a especulação financeira destrutiva.

Surgem argumentos sobre como controlar as corporações: com leis, com a pressão do consumidor ou com ambas? A idéia de um imposto sobre a especulação financeira internacional, que andou circulando durante anos, ganha mais terreno. Todos concordam com a extinção da dívida do Terceiro Mundo. Ambientalistas discutem se o "desenvolvimento sustentável" é um oxímoro: um termo sem sentido usado amplamente por empresas e governos para evitar pelo maior tempo possível enfrentar o fato de como nosso modelo econômico é "não-sustentável". Agricultores e povos indígenas concordam com algumas ONGs de que uma reforma agrária radical é um pré-requisito para a justiça social. Um grupo de militantes da paz esperançosos promove a idéia de um "orçamento de guerra". Eles estão organizando uma "assembléia mundial" para debater os caminhos para o uso dos oitocentos bilhões que o mundo gasta em armamentos a cada ano.

Em outro lugar, economistas estão revendo uma antiga idéia do movimento ambientalista — redefinir o Produto Interno Bruto (PIB), a medida-padrão do crescimento econômico e, conseqüentemente, a riqueza. O PIB, salientam eles, simplesmente mede a quantidade de bens e serviços que uma nação produz num dado ano — e não se produzi-los realmente melhora a sociedade como um todo. Derrubar uma floresta tropical e transformá-la em papel higiênico eleva o PIB. Assim como prolongar um derramamento de óleo, ou aumentar a venda de alarmes contra roubo. O mesmo ocorreu com a compra desenfreada de armas, máscaras de gás e *"kits* de autodefesa" depois do 11 de setembro nos Estados Unidos (só a Wal-Mart viu a venda de suas armas aumentarem cerca de 70%).[8] Tudo isso é "crescimento", mas dificilmente progresso. Se se medir o desenvolvimento por outros meios, sugerem esses economistas, incluindo a saúde ambiental, a coesão social, a igualdade de renda, os índices de pobreza, emprego etc., veremos que o quadro geral — sobretudo nos países "desenvolvidos" — não é de um progresso sem fim, mas de um crescente declínio desde 1970. Ele poderia ser a metáfora do que faz as pessoas virem aqui antes de tudo.

A duração é de seis dias. É útil, importante, talvez até vital; algumas vezes é inspirador, muitas vezes desafiador, vez por outra, excitante. Mas o evento pode chegar a ser um pouco mais do que isso. Existem tantos assuntos para debater, salas de conferências para serem visitadas, corredores por onde você pode vagar perdido, idéias que você pode absorver. Felizmente, para o Fórum, existe mais do que isso. Do lado de fora do circuito oficial de conferência-oficina-palestra existem espaços para quase tudo que você possa querer, muitos deles lembram mais Gênova, Praga ou Seattle do que uma conferência de desenvolvimento das Nações Unidas, e, conseqüentemente, são mais divertidos.

Existem passeatas, naturalmente — quase uma por dia, apoiando os palestinos, opondo-se ao FMI, pela reforma agrária, colorindo as ruas da cidade com bandeiras, faixas, tambores, risos, linguagem bombástica, música e palavras de ordem. Uma das maiores é organizada pela Coordenação Mundial de Pequenos Agricultores, a Via Campesina, que estão aqui aos milhares, acampados num ginásio local com membros do Movimento dos Trabalhadores Sem Terra (MST) do Brasil. Enquanto isso, uma alternativa às opções disponíveis no Fórum principal é o "Acampamento Intercontinental da Juventude Carlo Giuliani", batizado com esse nome depois que o manifestante foi morto em Gênova pela polícia. Esse acampamento, que parece, cheira e soa como um festival brasileiro de Glastonbury, tem centenas de tendas, barracas de alimentos, vendedores ambulantes e sua própria agenda de eventos. Ela é mais simples do que o *menu* principal oferecido pelo Fórum; são exibidos vídeos sobre os protestos em Gênova, oficinas sobre técnicas de ação direta são organizadas, há reuniões para discutir a visão "reformista Fórum, onde são apresentadas alternativas às opções que ele oferece.

Inevitavelmente, está à mostra, aqui, a clássica divisão, com base na questão fundamental de que todo movimento dissidente sempre sofreu e provavelmente sempre sofrerá: reforma ou revolução? Vocês estão perdendo seu tempo, dizem os "revolucionários" para os "reformistas", com desdém. Não adianta negociar com governos, remendar as margens de lucro, reescrever um tratado aqui, regular uma empresa ali — é o sistema que é o problema. O capitalismo precisa acabar! Que cantilena ultrapassada, reagem os "reformistas" — é tempo de crescer. Mesmo que se pudesse "vencer" "o sistema", a história sugere que suas chances de construir o melhor partindo do nada são bem pequenas. O verdadeiro problema é ter vontade política para uma mudança séria. Os "reformistas" muitas vezes ficam ofendidos ao serem chamados de reformistas e se recusam a aceitar que linhas tão claras tenham que ser desenhadas na areia. Os "revolucionários" recusam-se até mesmo a discutir a matéria e, ao contrário, perdem tempo em tendas esboçando a inevitável derrota de tudo. Esse debate — raras vezes útil, geralmente frustrante, muitas vezes artificial, sempre sistêmico e nunca plausível de ser solucionado — continuará.

Mas não é apenas a divisão interna que está à mostra aqui. Há uma outra, que parece mais significativa. Uma demonstração surreal dela veio do acampamento da juventude, onde Katharine e eu, numa certa manhã, estávamos aguardando um amigo que tentávamos encontrar há dois dias. Ele chegou atrasado porque estava discutindo com um homem que vendia camisetas vermelhas estampadas com fotos de Stalin.

— Você sabia — disse ele, apontando para a mercadoria — que esse é o maior assassino em massa do século XX?

— Não me culpe — respondeu o homem. — Eu apenas vendo camisetas.

O homem das camisetas parece ter presumido que, por ser aquele um congresso de dissidentes, deveria haver ali socialistas e/ou comunistas — uma probabilidade não tão equivocada na América do Sul. Como Stalin era comunista, as camisetas pareciam um bom negócio. Infelizmente, o vendedor de camisetas não era o único em Porto Alegre a admitir que mudar o mundo significava desenterrar o pior deixado pelo século XX.

UM NÃO, MUITOS SINS

Durante toda a semana, representantes do que poderia ser chamado de "velha esquerda" perambularam pelos acampamentos e corredores do Fórum Social Mundial. Comunistas da Grécia, socialistas da Espanha, um bando de radicais de esquerda de toda a América Latina e o inevitável tagarelar dos trotskistas da Europa. Existem oficinas sobre "como construir um mundo socialista", muitos gritos e acenos de bandeiras vermelhas, panfletos e conferências explicando que toda essa história de autonomia, democracia radical e controle local é conversa de reformista, que não substitui a revolução dos trabalhadores. Tudo bastante inofensivo em si mesmo, mas representativo de uma tensão que é mais importante do que parece e que atinge o cerne do que esse movimento representa e pretende representar.

Pois ainda que haja muita coisa em comum, existe também uma diferença fundamental entre essa nova política de resistência e a velha política da esquerda revolucionária. É a diferença que Marcos descobriu nas montanhas de Chiapas; trata-se, novamente, do poder e das atitudes em relação a ele. A extrema esquerda tradicional preocupa-se em tomar o poder do Estado, seja por meio de uma revolução, seja pela eleição de um "partido dos trabalhadores". Ela diz respeito à política de vanguarda, é normalmente antidemocrática, e até a classe trabalhadora que ela alega representar está tão mudada desde os dias em que Marx e Engels escreveram suas doutrinas que até mesmo alguns dos seus modernos partidários têm dificuldades em definir quem está dentro e quem está fora.

Os movimentos políticos radicais foram famosos, durante muito tempo, por dissiparem suas energias mais em disputas internas do que atacando seus inimigos comuns. Este movimento, aqui, é bem diferente. Ele teme tanto rachar sua unidade muitas vezes frágil ou desenvolver uma hierarquia que permitiria aos ativistas mais poderosos influenciar todos os outros a sua volta, que há um medo quase patológico de expor diferenças em público e potencialmente "dividir o movimento". Isso explica, por exemplo, por que ele não critica abertamente o Black Bloc, ainda que a maioria das pessoas discorde da atuação desse grupo. A divisão antiga esquerda/novo movimento, no entanto, é diferente; às vezes as lutas podem se tornar muito perversas...

Na Inglaterra, por exemplo, essas discussões abordam a pedra no sapato de todo ativista político, o Partido Socialista dos Trabalhadores, que desenvolveu a fama de prender-se a causas radicais como um parente chato em festa de casamento. Imediatamente após Seattle, em 1999, integrantes da vanguarda do SWP (Socialist Workers' Party — Partido Socialista dos Trabalhadores) estavam convencidos de que ao novo movimento que se desenvolvia faltavam a "direção" e a "liderança" deles. "Movimentos de massa não conseguem a representação política que merecem", escreveu um deles, na revista do SWP, *Socialist Review*, "a menos que uma minoria de ativistas consiga estabelecer uma liderança política, o que significa um partido político... A primeira precondição para influenciar as lutas futuras é estar envolvido com elas — envolvido de modo organizado e profundo... O movimento ainda está em construção e os socialistas podem moldá-lo enquanto fizerem parte dele com sinceridade."[9]

Certamente o que esse movimento fez para "merecer" a liderança do SWP não está claro, mas alguns ativistas estão obviamente menos agradecidos do que deveriam estar. "Deve ser realmente confuso", escreveu um deles, numa carta aberta a um porta-voz do SWP que havia alegado que um movimento de milhões não era um bom substituto à mobilização geral de "forças de classes", "despertar no meio do primeiro movimento global organizado e até mesmo televisado e descobrir que as pessoas nele não usam a sua linguagem política nem compartilham seus dogmas sobre como o movimento deveria ser, quem deveria 'guiar' a luta e pelo que deveriam lutar... Como é possível que vocês tenham descoberto o movimento anticapitalista global somente quando ele se tornou visível para todos? Onde estavam vocês seis, sete ou oito anos atrás quando muitos de nós estávamos organizando esse movimento?"[10]

Em alguns casos, essas divisões viraram batalhas entre grupos dispersos de ativistas e o grupo "anticapitalista" mais visível do Reino Unido, o Globalise Resistance. Este grupo foi fundado antes de Gênova por dois membros do SWP e, desde então, espalhou-se rapidamente como um grupo de esquerda bem organizado, bem consolidado e cada vez mais dominante. Um dos seus fundadores insiste que ele é "constitucionalmente não-ideológico". Entre seus militantes, afirma ele, estão "socialistas, anarquistas, cristãos, ambientalistas e muitas pessoas que não atribuiriam um rótu-

232 UM NÃO, MUITOS SINS

lo a si próprias".[11] Outros ativistas acusam o Globalise Resistance de ser uma espécie de quinta-coluna, projetada para transformar sorrateiramente uma ideologia esquerdista dogmática e hierárquica num movimento ávido para encontrar novas respostas.

Um grupo de influentes anarquistas de Brighton respondeu a isso com um lúcido panfleto intitulado *Monopolise Resistance?* (Monopolizar a Resistência?). "Se foi apenas porque o SWP fez passeatas sem motivo e gritou com a polícia, isso não seria problema", escreveram. "Eles fazem isso há anos e ninguém nota. O problema é que eles são mistificadores... O Globalise Resistance existe só para fortalecer o SWP dentro do movimento anticapitalista." Citam um porta-voz do Globalise Resistance em Gênova: "Lembre-se, nós somos os únicos aqui que possuem uma estratégia global para o movimento anticapitalista. Então, quero cinco pessoas saindo daqui com carteiras de filiação, cinco para vender panfletos e cinco para vender bandanas."[12] (A função das bandanas na estratégia global ainda não ficou clara.)

Qualquer que seja a verdade sobre uma organização que, se não for um filho bastardo do SWP, certamente utiliza o mesmo desenhista de cartazes, essa batalha entre novas e antigas abordagens já teve resultados negativos. O longamente debatido Fórum Social do Reino Unido, por exemplo, nunca decolou, em parte devido ao medo de que o Globalise Resistance, seus aliados socialistas e suas agendas dominassem o evento. E essas não são discussões locais: elas se repetem pelo mundo. Um movimento inspirado no zapatismo e na democracia radical, que adota uma linguagem nova, fomenta novas idéias e não quer nenhum partido ou vanguarda para guiá-lo, talvez nunca faça as pazes com a idéia de estadistas dogmáticos de esquerda "tomando o poder" do Estado em nome dos "trabalhadores".

As discussões, os debates e as idéias à mostra em Porto Alegre representam, quando analisados nesse contexto, algo muito diferente. Uma nova tentativa de um tipo diferente de política, que está lentamente saindo da sombra da esquerda do século XX — retirando a velha mochila ideológica e desembrulhando novas ferramentas. É uma luta difícil; não raro a linguagem e os métodos ainda não estão disponíveis para descrever o que está acontecendo. Esses caminhos, diferentemente das rotas do socialismo estatal ou do comunismo revolucionário, ainda não foram inteiramente tri-

O FIM DO COMEÇO **233**

lhados. Mas a viagem que começou talvez seja mais importante do que muitos imaginam.

No dia seguinte, sou lembrado novamente dessa divisão. O Partido dos Trabalhadores do Brasil — o PT — é um dos organizadores do Fórum e, apesar de prometer que não usaria o evento como um veículo de campanha eleitoral, está achando difícil resistir a isso. Em 2002, o Brasil passará por uma eleição presidencial: no momento, o candidato do PT, um ex-metalúrgico popularmente conhecido como Lula, lidera as pesquisas (em novembro de 2002 ele vencerá as eleições, tornando-se o primeiro presidente de esquerda eleito no Brasil). Esta manhã Lula dirigiu-se ao Fórum para fazer um discurso, aplaudido por um animado grupo de *apparatchiks* comunistas. Convém a Lula ser visto com os pensadores vanguardistas dessa reunião internacional. Ele é, afinal, um político. No salão central, os alto-falantes estão vibrando com as promessas de uma inevitável vitória do povo, e isso está atingindo direto os meus nervos. Não foi para isso que eu vim aqui. A julgar pela multidão do lado de fora, não sou o único.

Mas depois o PT conquistou a minha simpatia. Não que precisassem, já que não posso votar no Brasil. Após algumas horas no salão de conferências do Hotel São Rafael, uma imagem da democracia local em ação me foi dada e que parece oferecer possibilidades intrigantes para o futuro. O PT governa a cidade de Porto Alegre desde 1988, e sua administração promoveu mudanças reais. Em âmbito federal, o PT reagiu de modo consciente contra o que eles abertamente chamam de "modelo neoliberal"; suspenderam as privatizações, garantiram os níveis de fornecimento de serviço público e canalizaram apoio para a agricultura e as microempresas. Estão tentando construir um sistema que chamam de "bem-estar social descentralizado" por meio de movimentos locais de alfabetização, programas de educação de adultos, habitação e cooperativas de trabalhadores. De forma mais interessante, entretanto, na própria Porto Alegre, o PT embarcou numa experiência ambiciosa para retomar algumas das operações do município para os cidadãos.

O "orçamento participativo" de Porto Alegre é proclamado em voz alta pelo PT como um futuro para a democracia urbana e a "economia popular", e eles podem estar a caminho disso. No hotel, uma mulher do governo de

234 UM NÃO, MUITOS SINS

Porto Alegre explica como isso funciona. "A participação do povo na cidade costumava ser restrita ao ato de votar a cada poucos anos", diz. "Agora eles decidem como seu dinheiro é gasto na sua cidade, por meio de um processo democrático." O PT está, naturalmente, entusiasmado em alardear suas conquistas, mas realmente parece que eles têm algo de que se orgulhar; o povo de Porto Alegre controla o modo como seu dinheiro é gasto em sua cidade num grau que não encontrei em nenhum outro lugar.

A representante do governo explica como o processo funciona. Em 1989, o PT tirou dos conselheiros e tecnocratas da prefeitura o poder de decidir sobre o orçamento da cidade e iniciou um processo de consulta popular, que evoluiu anualmente, eliminando os empecilhos no decorrer do processo. Geralmente, prioridades orçamentárias são divididas por temas — meio ambiente, transporte, impostos, saúde, educação etc. — e para cada tema existe uma assembléia popular regular em cada região da cidade. Qualquer cidadão pode participar dessas reuniões, em que se debate quanto dinheiro deve ser gasto em cada tema e como. Cada assembléia elege então um delegado, que apresenta as decisões tomadas por seus eleitores antes de eleger um grupo de conselheiros de orçamento, que designam o orçamento de acordo com as opções feitas pelos cidadãos coletivamente. Por fim, após meses sendo discutido, melhorado e debatido, o orçamento proposto é votado pelos cidadãos — apenas se eles o aprovarem ele irá adiante.

É um processo longo e complexo, não livre de falhas, mas ele dá realmente ao povo de Porto Alegre um grau significativo de verdadeiro controle sobre como é gasto seu dinheiro. De acordo com o PT, o orçamento participativo tem representado mudanças no modo como a cidade é administrada, quando os cidadãos o ajustam para adaptar às suas prioridades. Desde que foi apresentado, dizem eles, foi usado para pavimentar 25 mil quilômetros de estradas, forneceu a 96% das casas água corrente limpa, melhorou consistentemente o sistema de esgoto, abriu clínicas de saúde para as famílias, procurou eliminar o trabalho infantil e expandir o número de escolas para crianças. A idéia, de forma clara, é que o dinheiro seja gasto no que o povo quer — não no que os políticos pensam que ele quer, ou que eles mesmos querem. E está provando ser popular — tanto que o modelo está sendo estendido não apenas para todo os municípios do Rio Grande do Sul, mas a outras cidades brasileiras que o PT governa. Outras cidades pelo mundo estão acompanhando isso de perto, bem como muitas outras pessoas no Fórum Social Mundial. É um exemplo de uma abordagem alternativa que pode ser vista em ação, melhor do que simplesmente vista num palco. E isso funciona. Realmente funciona.

O último dia do Fórum chega ao fim. Amanhã de manhã haverá uma cerimônia de encerramento, e a seguir a multidão começará a se dispersar. Esta noite, vários de nós estamos sentados no gramado perto do mar para um concerto de encerramento; oradores (o carismático Lula está aqui novamente), grupos do mundo inteiro, fogos de artifício, comida, bebida e uma lua cheia no céu negro do Atlântico. Katharine, eu e um grupo de amigos estamos tomando caipirinhas de novo, sentados na grama, festejando as notícias anunciadas recentemente de que o presidente do Banco Mundial, James Wolfensohn, que queria vir ao Fórum e nos falar sobre como o neoliberalismo está acabando com a pobreza, tinha sido dispensado. Eles nos mandaram embora com gás lacrimogêneo e carros blindados tantas vezes; agora nós os mandamos embora com uma recusa refinada. Nós os estamos preocupando e, desta vez, a agenda e o *momentum* são nossos. É um momento de ouro. Enquanto nos divertimos, somos embalados, pela quadricentésima vez nesta semana, com a canção-tema oficial do Fórum Social Mundial. O animado coro entoa: *"Aqui, um outro mundo é possível!"* É muito brega, mas também é mais cativante do que parece e, depois de umas caipirinhas, você não consegue tirá-la da cabeça.

Passaram-se apenas seis meses desde que estive em Gênova; quase dois anos desde Seattle, e agora me parece que alguma coisa já acabou aqui em Porto Alegre, e que alguma coisa mais começou. Tenho a sensação — e várias pessoas com quem falei tiveram a mesma, sem saber explicar o porquê — de que esse movimento alcançou um ponto crítico: que ele chegou ao fim do começo, que de alguma forma, agora, passará para a fase dois. As idéias e a energia que surgiram em Porto Alegre foram assombrosas; mais do que se esperava, e mais animador do que a maioria do mundo parece entender. Esse movimento tem um longo caminho a percorrer, muitas tensões a resolver, muitas rugas a remover, perguntas ainda a serem feitas e respondidas. Onde irá terminar é o que todos querem saber. Mas ele está indo para algum lugar, e parece estar na direção certa.

Quanto a mim, deitado na grama com um drinque na mão, fico olhando os fogos de artifício contornando o farol na praia com as explosões em vermelho, verde e branco. E estou pensando: esta é a hora de ousar. Há alguma coisa no ar; uma mudança de maré, um paradigma se alterando lentamente. Não sei bem o que é isso, mas de algum modo parece que nós, aqui em Porto Alegre, agarramos o futuro em nossas mãos e o tiramos à força dos representantes em Nova York, nós o reivindicamos para nós. E que agora tudo poderá acontecer. E de alguma forma, por alguma razão que novamente desconheço, eu sei que isso será alguma coisa grande.

E bebo a isso.

7 Terra e liberdade

"A mudança social mais drástica e importante ocorrida na segunda metade deste século, e uma das rupturas definitivas com o mundo do passado, é o fim da vida no campo."

ERIC HOBSBAWM, 1994

"Ou o Brasil acaba com os sem-terra, ou os sem-terra acabarão com o Brasil."

PROMOTOR DE JUSTIÇA BRASILEIRO, DENUNCIANDO DOIS SEM-TERRA
POR HOMICÍDIO, 2000

O policial me viu. Eu sabia que ele me veria. Ele me viu e está gritando para que eu pare, vire e retorne para onde ele está. Ele quer saber o que eu tenho na minha sacola, e quer saber agora mesmo.

Não compreendo uma palavra do que diz. Não falo português, e ele não fala inglês. Assim, até onde sei, ele pode estar gritando para outra pessoa. Ou pode estar apenas me dizendo olá. Ou me perguntando as horas. Ou cantando. Continuo andando em direção à cerca. Ser um estrangeiro ignorante tem as suas vantagens.

Do outro lado da cerca, vários agricultores estão reunidos me observando. Eles estão a cerca de dois metros de distância. O policial ainda está gritando; agora mais alto. Continuo sem entender uma palavra. Tudo o que devo fazer é continuar andando, continuar andando, continuar...

A uns setenta centímetros de distância da cerca, quando acho que consegui passar, as mãos do policial pousam firmemente nos meus ombros. Ele me leva de volta para o local de onde comecei, próximo às três patrulhas estacionadas do lado de fora da propriedade rural, que está sendo ocupada pelas pessoas do outro lado da cerca. O policial grita para mim e aponta para a sacola branca que trago na mão. Abro-a e mostro seu conteúdo: bacuri, uma iguaria do norte do Brasil. Ele balança a cabeça e me toma a sacola. Daniella, minha intérprete, chega.

— Diga a ele que a fruta é apenas para mim — peço.

— Tem dez na sacola — diz ela. — Ele não acha que o seu apetite seja tão grande. E não acredita que você não fale nada de português. Estou explicando para ele que os ingleses não se dão o trabalho de aprender outras línguas porque são preguiçosos.

— Muito obrigado.

Enquanto Daniella negocia com o policial, olho para as pessoas reunidas do outro lado da cerca, que ainda estão observando o espetáculo. Elas se inclinam sobre o arame, acompanhando meu progresso: velhos enrugados com chapéus de palha, mulheres de chinelos cuidando de bebês, crianças descalças e barrigudas, rapazes de pele escura, sem camisa, usando *jeans* e sandálias. Encolho os ombros e alguns deles sorriem. Desde que invadiram essa terra, reivindicando-a para si, dizendo não terem mais para onde ir, a polícia tem (ilegalmente) tentado fazê-los morrer de fome, e não vai deixar ninguém levar comida para eles. Mesmo que sejam, como de fato ocorreu, apenas alguns bacuris.

Daniella terminou a negociação com o policial.

— Eles não vão te prender — diz ela —, mas não gostam de você.

— Tudo bem. Também não gosto deles.

— Mas você deve ter feito alguns novos amigos — retruca, apontando para os espectadores. Voltamos para onde eles estavam, do outro lado da cerca, sem a minha sacola de bacuris. As pessoas balançam a cabeça para mim, sorrindo. Um senhor insiste em apertar a minha mão. Alguém afasta a cerca para nós, e nos espremmos para passar.

O estado do Maranhão é um dos mais pobres e corruptos do Brasil, e a terra que essas famílias estão ocupando, como a maioria no estado, é parte de um latifúndio — uma grande propriedade de terra pertencente a um proprietário ausente. Essa terra, dizem as famílias invasoras, não é explorada há anos. Eles, enquanto isso, são pobres e não possuem terras. Logo, por que não podem tê-la para eles? E se eles a tomarem, isso é roubo ou é justiça?

As pessoas que ocupam esse estado não são as únicas a se fazerem essa pergunta. Em todo o Brasil pergunta-se o mesmo, cada vez mais, ao longo dos últimos vinte anos. E em todo o Brasil, durante esses últimos vinte anos, pessoas como essas ficaram sem resposta. Todas essas famílias pertencem ao Movimento dos Trabalhadores Rurais Sem Terra (MST). O MST foi criado em 1984, em resposta à complexa situação de crescimento no número de sem-terra no Brasil. Quase duas décadas depois, o MST assentou cerca de trezentas mil famílias pobres, e quase sempre destituídas, em cerca de 21 milhões de hectares de terra. Seu modelo de reforma agrária de base tornou-se o maior movimento social da América Latina.

Uma razão para a impressionante ascendência do MST é visível. No Brasil, um enorme país que cobre a metade da América do Sul, menos de 1% da população possui quase metade da terra. A maior parte dela pertence a proprietários ausentes, os quais raramente, se é que chegam a fazê-lo, realmente a exploram.[1] Segundo o MST, 60% dos latifúndios brasileiros estão ociosos, ao passo que 25 milhões de agricultores viram-se em trabalhos sazonais no campo e outros milhões passam fome nas favelas das cidades apinhadas do Brasil.[2] O Brasil está no topo das estatísticas — sendo superado apenas pelo Paraguai — como o país com maior desigualdade na distribuição de terra no mundo. E a globalização, ao que parece, está agravando a situação.

O MST pretende mudar tudo isso. E há muito desistiu de pedir permissão a alguém.

Daniella e eu chegamos à fazenda recém-ocupada num comboio de carros e vans que deixou o escritório local do MST, em São Luís, capital do estado, pouco mais de uma hora antes. O comboio veio para trazer comida e apoio às pessoas que ocuparam essa terra 12 dias atrás, bem à vista do governo local, que está ansioso para vê-las partir.

Paramos no portão principal da fazenda, numa nuvem de poeira vermelha. A paisagem é ampla e vazia: um campo aberto e plano; cercas de arame, grama mirrada, terrenos descampados e palmeiras altas e elegantes de babaçu arranhando um céu imenso. Um grupo de carros de polícia pretos e amarelos está estacionado na via empoeirada. A pista principal para os prédios da fazenda foi fechada pelos invasores, que a cercaram com arame farpado e construíram um abrigo temporário com varas e lonas pretas, o qual range suavemente por força de uma brisa quase imperceptível. Do outro lado do portão pende o símbolo do MST — uma bandeira vermelha adornada com um mapa do Brasil grosseiramente desenhado e um homem e uma mulher segurando um facão no alto, num gesto de provocação rural.

Chegando no comboio conosco, entre outros, está Helena Burros Heluy, a única representante do Partido dos Trabalhadores (PT) na Assembléia pelo estado do Maranhão. Pelo menos nesse estado, o PT — exclusivamente representado por Helena — é o único partido que leva o MST e os seus problemas a sério. "Existem três atitudes entre os políticos do estado para com o MST", ela me diz posteriormente. "Uma é ignorá-los; a segunda, opor-se a eles com firmeza; a terceira, denegrir deliberadamente sua imagem para o público em geral — chamá-los de ladrões, terroristas, esse tipo de coisa. O controle dos latifundiários aqui é quase total. Mas o MST é um movimento sério, com preocupações nacionais verdadeiras e credibilidade, e isso não vai funcionar."

Helena sai do carro e caminha pela estrada empoeirada em direção a um dos policiais que guarda a entrada. Ele veste, como seus colegas, um colete à prova de balas preto. Um grupinho desafiador de jornalistas locais se reúne ao seu redor. Eu me junto a eles.

— Eu quero entrar na fazenda para ver como as pessoas estão — diz ela ao policial. — Você vai me deixar entrar? — O policial parece nervoso. Helena é uma mulher bem-vestida, determinada, de meia-idade, com autoridade e não tem cara de quem se deixa enganar.

— Vou ter que perguntar pelo rádio ao meu comandante — responde ele. — Afinal, a senhora é uma deputada estadual, e nós não queremos infringir seus direitos civis.

— Então, se eu não fosse uma deputada, infringir meus direitos civis seria uma atitude aceitável?

O policial sorri, empalidecendo.

— E me diga uma coisa — diz Helena, aproveitando-se da sua situação de vantagem. — Por que você não deixa entrar comida para *essas pessoas*? Sabia que isso é ilegal? — Ele levanta um pouco de poeira ao arrastar os pés.

— Estou apenas cumprindo ordens — responde ele. — Do comandante.

— O comandante da polícia não tem autoridade para dar essas ordens — insiste a deputada. — Diga-me quem realmente deu as ordens. — O policial olha para o chão e pára de arrastar os pés. Ele sabe que perdeu a discussão.

— Elas vieram lá de cima — murmura. — Do governo do estado.

Depois disso, quando o policial está feliz demais para dar vazão à sua impotência em cima de mim, resolvo testar a rigidez do bloqueio à comida e se um estrangeiro ignorante pode conseguir uma brecha. A resposta é não. Mas algumas horas depois da nossa chegada — e, mais propriamente, depois da intervenção de Helena — isso passa a não importar. O bloqueio à comida é suspenso abrupta e misteriosamente, e somos autorizados a levar os alimentos que trouxemos conosco para o assentamento.

TERRA E LIBERDADE 243

Dentro da propriedade, casas de fazenda brancas com cobertura de telha e pórticos azuis de madeira estão em plena atividade. As pessoas estão examinando a terra, testando a sua preparação para o plantio, explorando a extensão do seu novo domínio. Senhores de idade sentam-se em cadeiras sob céu aberto, conversando. Uma mulher ouve rádio enquanto costura em uma das varandas. Crianças descalças, sem camisa e sorridentes, jogam poeira uma na outra, ou me acompanham curiosamente, pedindo que eu tire uma foto delas. As pessoas continuam dando tapinhas nas minhas costas, ou sorrindo para mim quando passam, e dizendo coisas que, segundo Daniella, quase sempre traduzem-se por algo do tipo "E aí, amigo, tem um bacuri?".

No meio do conjunto de casas, dentro de um recinto sem paredes com um telhado de palha novo em folha, aparentemente construído como um mercado bovino mas nunca usado, redes pendem de cada viga. Pessoas passeiam por ali, segurando pratos e garfos, fazendo fila para alcançar as duas panelas quentes de ferro de arroz e de feijão, que serão o seu almoço. Várias pessoas nos convidam a comer, mas eles têm muito pouco para que eu ainda lhes tire uma parte.

Meia hora depois, estou sentado em uma das varandas, numa cadeira de vime, rodeado de pessoas. Bebês engatinham pelo chão rabiscando as telhas com giz perto de uma moça que parece cuidar das crianças da maior parte do acampamento. Outra mulher está sentada numa cadeira, amamentando; ela usa um boné vermelho do MST virado para trás. Na frente da varanda há uma trilha que vai da entrada bloqueada até o interior da fazenda. Há bandeiras do MST penduradas nas cercas brancas e azuis, fincando o seu anseio por essa terra liberta; essa república dos pobres.

Comigo na varanda está Anildo de Morais, um dos coordenadores estaduais do MST. Ele tem cabelos pretos espetados e pele escura, e veste o mesmo que a maioria das pessoas por aqui: chinelos, *short*, uma camiseta e o ubíquo boné do MST.

— Estamos esperando há oito meses que o governo nos diga quais das fazendas nessa área são improdutivas, e se alguma delas nos poderia ser cedida — conta ele. — Durante oito meses, trezentas famílias de sem-terra ficaram acampadas numa estrada aqui perto esperando receber um pedaço de terra, e o governo não deu nada. Então decidimos não esperar mais e tomar essa terra nós mesmos. A ocupação foi bem simples. As famílias entraram em caminhões e ônibus e todos viemos para cá. Havia um vigia de serviço, e ele apenas abriu o portão e nos deixou entrar. Foi pacífico. No dia seguinte, o administrador da fazenda chegou da cidade com cerca de cinqüenta policiais fortemente armados. Eles começaram a nos empurrar e a apontar suas armas para nossos filhos e para os mais velhos, mas não reagimos. O administrador entrou e foi até a casa dele, saiu com algumas malas carregadas e foi embora. Então montamos a cerca de arame farpado para impedi-los de entrar com os carros de polícia, aí eles só ficaram do lado de fora, dia e noite, para nos intimidar. — À nossa volta as pessoas confirmam balançando a cabeça.

— Na terceira noite em que estávamos aqui — acrescenta uma mulher —, eles passaram a noite inteira com a sirene ligada! Muito alta, para a gente não dormir! — Mais cabeças confirmam.

— De qualquer forma — diz Anildo —, o dono da fazenda foi ao tribunal local e ontem o juiz disse que dentro de 15 dias teremos de deixar o terreno, por determinação judicial. Isso quer dizer que temos 15 dias para recorrer da decisão judicial. Temos um advogado trabalhando nisso. Nós temos esperança. Vamos dizer no tribunal o que nós dissemos à polícia: se vocês expulsarem as pessoas dessa terra, para onde elas vão?

Um homem grisalho, apoiado numa cerca a alguns metros de nós, não sabia para onde ir, mas estava feliz por estar ali. O seu nome, me diz ele, é Arnoldo e tem 47 anos. Foi agricultor até 1983, quando uma fazenda maior comprou seu terreno, e ele foi obrigado a se mudar para a cidade em busca de emprego. Odiou ter que fazer isso.

— Eu trabalho na terra — conta. — É tudo o que sei fazer na vida. Eu nunca tive patrão, sempre trabalhei para mim. Ficava preocupado o tempo todo enquanto estava na cidade. Nunca consegui um trabalho lá e não entendo a cidade. Desde que saímos da nossa terra nós sofremos. Então viemos pra cá.

— Parece que aqui não é fácil — comento. — E se vocês forem jogados na rua? E a polícia? Será que vale a pena?

— É arriscado — diz Arnoldo —, mas eu não me preocupo. É uma vida dura, mas é a que eu conheço. E algum dia vamos convencer essas pessoas que não querem que a gente trabalhe em paz na nossa terra; que nos tiram a terra para a gente não trabalhar. Se nos unirmos, vamos evitar qualquer problema. — Ele fala tranqüilamente, de um jeito prosaico. Meninos curiosos se escondem atrás de seus cotovelos, me encarando e depois fingindo olhar para outro lado, dando risinhos, quando eu os pego me olhando.

— Aqui — prossegue Arnoldo — há muita solidariedade. Se tem alguém passando necessidade, a gente ajuda. Já fizemos umas hortas e plantamos um pouco de arroz e milho. Eu deixei a minha mulher e os filhos na cidade até que aqui esteja seguro; aí eles podem vir também e nós poderemos ser uma família de novo. A minha esposa fica preocupada, pois sabe que posso até perder a vida. Mas digo a ela que vale a pena. Desde que fui expulso da minha terra não consegui encontrar a paz de verdade. — Um sorriso irrompe em sua face enrugada e escura sob o seu chapéu de palha de abas largas.

— Aqui — completa — encontrei novamente a paz.

Terra — o que ela produz, quem mora nela, como ela se organiza, o direito de propriedade sobre ela, as culturas que dela surgem — é um dos pilares fundamentais da sociedade humana. Estima-se que cerca de 53% da população mundial seja rural — apesar de estar previsto que, dentro de uma década, pela primeira vez na história da humanidade, o número de habitantes do campo comece a ser superado pelo número de habitantes vivendo em cidades e metrópoles.[3] Mesmo quando isso acontecer, contudo, os cidadãos urbanos serão tão dependentes da terra e do que ela produz como jamais o foram.

Para os que vivem fora do cenário urbano em rápida expansão, agora como no passado, o acesso à terra suficiente para alimentar sua família e/ou para produzir alimento para comercialização sempre foi um dos meios mais eficazes de permitir que as pessoas vivam seguras e independentes. Por outro lado, a perda da terra, assim como a falta de acesso a ela, sempre foi e continua sendo uma das maiores causas da pobreza.

Peter Rosset, um dos diretores do Institute for Food and Development Policy, com sede na Califórnia, é uma das autoridades mundiais pioneiras na questão da terra e da reforma agrária. Ele atualmente vive e trabalha em Chiapas, onde a luta pela terra foi uma questão central tanto para a Revolução Mexicana original quanto para a Revolução Zapatista. De volta a San Cristóbal, cinco meses antes de eu partir para o Brasil, conversei com ele sobre o contexto global do acesso à terra, da reforma agrária, dos direitos à terra.

— Dizemos há décadas que não é possível nenhum tipo de desenvolvimento de caráter extenso ou sustentável que realmente corresponda às questões da pobreza ou da política democrática quando se tem uma distribuição de terra extremamente desigual — diz ele. — Em regiões rurais, os sem-terra e os pequenos agricultores pobres, pessoas que possuem a terra mas esta é muito pequena para sustentar suas famílias, são essencialmente marginalizados da economia nacional. Primeiro porque não dispõem de recursos para alimentar a si próprios e a sua família. Em segundo lugar, essa situação lhes impõe tamanho nível de pobreza que não fazem parte do mercado. E sem fazer parte do mercado ninguém dá atenção às suas necessidades. É a desigualdade que leva a essa situação. Os pobres não têm importância política ou poder econômico.

Por outro lado, continua Rosset, garantir que a terra seja distribuída de forma justa — e comprometer-se com uma reforma agrária radical, se necessário, para se chegar a isso — pode ser um dos melhores meios de melhorar a vida das pessoas.

— Historicamente — prossegue —, os países que tiveram uma distribuição de terra mais igualitária desenvolveram-se mais rapidamente e de maneira mais extensa e inclusiva a longo prazo — ao longo de centenas de anos. A curto prazo, digamos desde o fim da Segunda Guerra Mundial até hoje, os poucos países que conseguiram de fato executar uma expropriação e uma redistribuição das terras produtivas para a maioria dos pobres de verdade são aqueles que operaram milagres econômicos; Japão, por exemplo, Taiwan ou Coréia do Sul.

O Brasil nunca teve esse tipo de revolução que levou a reforma agrária a tantos mexicanos, e nunca passou pela traumática convulsão social do pós-guerra que fez com que o governo japonês ou o coreano tratassem de retomar a terra para o povo. Como resultado, em parte, ele ainda é comandado em grande parte por uma elite de proprietários de terra, e tem a segunda distribuição de terra mais desigual do planeta. Isso não é novidade; o modelo de uma propriedade de terras fortemente concentrada do país é um legado da época do império português. Mas a corrida para ingressar no mercado global está exacerbando a situação.

O Brasil abriu o mercado agricultor para a competição nos anos 1990. Os zapatistas, por exemplo, teriam reconhecido o que aconteceria em seguida. Entraram os produtos subsidiados de fazendas de agronegócios estrangeiras; saiu boa parte do apoio do governo brasileiro à sua própria agricultura. Assim, um grande número de pequenos agricultores, incapazes de competir com algumas das empresas de agronegócios mais ricas e vorazes do planeta, fluiu constantemente para as favelas das cidades. Entre 1985 e 1995, o número de pequenas agriculturas familiares no Brasil despencou um quinto, e o número de empregados na agricultura caiu de 23 milhões para 18 milhões — o maior declínio até hoje em tão pouco tempo.[4]

Aproveitando-se do novo regime, empresas multinacionais começaram a se instalar baseadas em um dos alicerces da agricultura: a semeadura. A produção de sementes é crucial para a agricultura, e qualquer empresa que a controle deixa seus concorrentes — sem falar nos agricultores — sem esperança. Ela também oferece a oportunidade de concentrar a produção em poucas espécies-chave e introduzir novas tecnologias — modificação genética, por exemplo. Realmente, vieram a Monsanto, DuPont, Dow, AgrEvo e outras gigantes da biotecnologia: em 1999, elas controlavam 90% do mercado brasileiro de sementes. "Estamos voltando ao período colonial", observou o economista brasileiro Horácio Martins, "quando a nossa economia era controlada externamente."[5]

O presidente Fernando Henrique Cardoso, o homem no comando do Brasil de 1994 a 2002, gostava de se considerar, ao lado de Tony Blair, Bill Clinton e do chanceler alemão Gerhard Schröder, um dos criadores da "terceira via", a astuciosa tentativa política para manter o equilíbrio entre o ritmo galopante do mercado e as necessidades da sociedade. Não havia, segundo Cardoso, uma alternativa para a globalização.

— É a lei do mercado — declarou o presidente a um líder dos agricultores que apelava para que ele fizesse alguma coisa em relação ao colapso rural do país. — Isso é inexorável.[6]

O futuro agrícola do Brasil seria especializar-se em algumas culturas para exportação, produzidas em larga escala em fazendas bem administradas: soja, café, cana-de-açúcar, algodão. Desse modo, o capital estrangeiro seria atraído para o país, possibilitando que o Brasil saldasse suas dívidas e se desenvolvesse. Em 1999, com essa política em plena atividade, o Brasil arrecadava cerca de cinco bilhões de dólares apenas com as exportações de soja. Infelizmente, outros 7,5 bilhões de dólares eram gastos com a importação de alimentos — em sua maioria arroz, feijão e milho — tradicionalmente cultivados nesse país.

Desde que se tornou um membro da OMC, o Brasil teve, naturalmente, pouca escolha nessa questão. O Acordo sobre Agricultura da OMC exige que os países reduzam continuamente tarifas e subsídios, cumpram níveis mínimos de importação em diversas culturas e não adotem novos tipos de proteção ou apoio aos agricultores. Esta última regra não se aplica, contudo, aos incentivos existentes. Em outras palavras, pelo Acordo da OMC, Europa e Estados Unidos podem continuar subsidiando maciçamente seus agricultores como fazem há décadas, mas os países "em desenvolvimento", como o Brasil, não podem introduzir uma proteção similar.

No Brasil agrícola, como resultado disso tudo, diversas tendências são convergentes. Um grupo reduzido de grandes agricultores beneficiou-se do novo regime de mercado. Cerca de noventa mil deles, pelo que se estima — menos de 2% de todos os agricultores do Brasil — detêm cerca de 60% do orçamento da agricultura. Esses são os grandes exportadores. O resto não tem tanta sorte: milhões deles, de acordo com um dos principais consultores do governo brasileiro, estão em apuros. Cerca de 80% das propriedades rurais do Brasil poderiam sucumbir por causa da globalização. Muitas já sucumbiram; inúmeras pessoas estão sendo obrigadas a abandonar o campo, incapazes de competir. Mais de quatro milhões de pessoas lotaram as cidades só entre 1996 e 1999, quase sempre acabando nas favelas imundas que cercam o Rio de Janeiro, São Paulo e outras megacidades. "Não há meio", avisou o consultor do governo, Guilherme Dias, a seus superiores no ano 2000, "de esses produtores sobreviverem a uma transição tão violenta como a que estamos atravessando... tal é a dimensão do problema social desencadeado por essa transformação que ameaça a estrutura produtiva do país."[7]

Muitos dos lavradores que permanecem precariamente no campo estão reduzidos à condição de mão-de-obra contratada — trabalhadores contratados para produzir sementes para multinacionais americanas, galinhas ou porcos para grandes comerciantes de carne, tabaco para os fumantes europeus. A expansão de vastas monoculturas de soja para suprir a crescente demanda global por esse cultivo, utilizado principalmente para alimentar o gado para consumo do Ocidente, está se alastrando gradualmente para a bacia amazônica, levando parte da maior e mais diversa floresta do mundo com ela enquanto isso.

O resultado mais amargo disso tudo é que a distribuição de terra altamente concentrada do Brasil está se concentrando ainda mais. Entre 1992 e 1998, a proporção de terra absorvida por fazendas de cerca de dois mil hectares aumentou de 39% para 43%, e o número de fazendas de grande porte — cerca de cinqüenta mil hectares — quase dobrou, para abranger cerca de 10% de toda a terra cultivável.[8]

Entra em cena o MST. No início dos anos 1980, quando o que se tornaria o Movimento dos Trabalhadores Sem Terra começou a surgir, o Brasil ainda era governado por uma ditadura militar que havia tomado o poder em 1964. Esse golpe pôs fim às esperanças de que o governo de esquerda deposto pudesse engrenar um processo sério de reforma agrária nacional, começando de cima. Tudo o que restou, ao que parecia, seria dar início a uma reforma de base. Em um regime militar, esse era um negócio arriscado, mas morrer de fome sem terra também era. Mesmo que nessa época a globalização ainda não tivesse começado a causar tantos estragos, a mecanização já obrigava famílias a deixarem suas fazendas e concentrava a terra nas mãos de cada vez menos pessoas.

Em 1979, no Rio Grande do Sul, estado no extremo sul do Brasil, um grupo de famílias sem terra, com a ajuda de simpatizantes da Igreja Católica, decidiu agir. Não tendo nada a perder além da própria vida, invadiram uma propriedade local e a reivindicaram para si. A atenção da mídia em âmbito nacional dificultou o envio de tropas pelo governo e a ocupação, miraculosamente, sobreviveu. Um ano depois, o governo do estado havia cedido a terra formalmente às famílias. Inspiradas nessa conquista, outras pessoas sem terra própria pelo Brasil afora — os chamados *sem-terra*, como passaram a se autodenominar — começaram a invadir terras também. Em 1984, um grupo de cem sem-terra de 13 estados se reuniu com sindicalistas, religiosos e outros para converter esse movimento social moderado em uma força nacional, e assim nasceu o MST. "Terra para quem vive e trabalha nela", dizia seu

250 UM NÃO, MUITOS SINS

lema. Ninguém, inclusive os envolvidos, fazia idéia do que essa nova força política estava prestes a desencadear.

— Há três coisas que todo homem deveria fazer na vida — me diz Sebastião Batista, enquanto percorremos os limites de seu milharal. — Ele deveria escrever um livro, plantar uma árvore e ter um filho. Eu já fiz a segunda e a terceira coisa. Você está fazendo a primeira. E há muitas árvores que você pode nos ajudar a plantar, assim nós dois juntos teremos feito duas das três coisas.

Sebastião é um homem grande e sério, com cabelos pretos curtos, vestindo *jeans*, um blusão azul e botas de cowboy. Tem uma faca presa ao cinto. Ele e sua esposa, Nazaré, estão entre as quase quinhentas famílias de sem-terra que construíram uma vida invejável em um dos primeiros assentamentos do MST, em Itapeva, no estado de São Paulo. Itapeva era uma terra improdutiva quando Sebastião e outros a invadiram em 1984, ano em que o movimento surgiu. Naquela época não havia nada ali. Hoje, é uma lição sobre como a reforma agrária de base pode dar uma nova vida àqueles que não têm nada.

São Paulo fica bem distante da floresta amazônica, mas a chuva, quando vem, parece fazer parte da Amazônia. Ela é abundante, instantânea e nos leva a buscar abrigo. Dentro da modesta casa de madeira de Sebastião, um cachorro ensopado se abriga sob a laje pingando, cheio de culpa, sobre o chão de madeira; um senhor encosta-se na parede e olha para o céu com uma satisfação silenciosa.

— Bom pras plantações — comenta.

Dentro da cozinha, Sebastião se senta e começa a me contar sobre Itapeva.

— Nós chegamos aqui quando o MST estava só começando — conta ele —, mas foi apenas em 1995 que o governo reconheceu formalmente o nosso direito a esta terra. Onze anos de disputa, mas valeu a pena. Eu fui criado numa fazenda aqui perto, depois fui para a cidade e me tornei metalúrgico. Perdi meu emprego e não tinha nada, então decidi voltar para o campo; foi quando me juntei ao MST. Quando tomamos a terra pela primeira vez, passamos um ano vivendo debaixo de uma lona preta. Todos nós: famílias, crianças, velhos. Foi difícil.

Nazaré entra. Ela estava lá fora, na chuva, colhendo ameixas maduras no quintal. Amontoa-as e se senta à mesa diante de nós.

— Agora temos casas boas e muito mais — continua Sebastião, enquanto começamos a comer as ameixas, que estão deliciosas. — Amanhã você vai poder ver. No momento estamos plantando milho, feijão, arroz, soja e trigo. Temos porcos e produzimos mel, queijo e leite. Uma parte nós guardamos, outra vendemos, embora vender esteja muito difícil hoje em dia.

— E a terra! — exclama Nazaré, do outro lado da sala, onde está preparando o jantar. É uma mulher gentil e simpática, com cabelos negros encaracolados, para quem a hospitalidade não tem limites. Insistiu em oferecer comida a mim e a Daniella e em nos acomodar para a noite. — O solo aqui é maravilhoso. Uma linda terra vermelha — tudo o que você planta dá. Em alguns lugares do Brasil a terra é horrível; tudo o que as pessoas conseguem fazer é utilizá-la para pasto. Aqui podemos lançar qualquer semente ao solo, qualquer uma, e ela vai simplesmente crescer!

— O MST — prossegue Sebastião — é muito importante. Ele permite que as pessoas comecem a fazer coisas por elas mesmas. Pelo voto você não consegue mudar nada. A gente poderia ter Jesus Cristo como presidente, e mesmo assim ele teria que fazer todas as negociações que os políticos fazem. Nem ele estaria no controle. Se as pessoas não puderem fazer as coisas para si mesmas e se nós não pudermos mudar o nosso modo de enxergar as coisas, nada vai mudar... no Brasil nem em lugar nenhum.

Ele deixa um caroço de ameixa cair no chão de concreto.

— O MST te ajuda a refletir. Eles ensinam analfabetos a ler e a escrever. Ensinam as pessoas a trabalhar juntas. Nós temos escolas, terra, casas, e tudo isso conseguimos porque resistimos e lutamos. Antigamente, as pessoas da Igreja costumavam dizer que se você era pobre era porque esse era o desejo de Deus. O MST diz: se você é pobre, é porque alguém está te explorando. Uma coisa eu aprendi desde que me filiei: o Brasil é um país riquíssimo, e deveria haver nele um lugar pra todo mundo. Mas se você quer aquele lugar, aquele lugar que você merece, vai ter que lutar por ele.

Ele come outra ameixa.

— Nenhum de nós vai ficar rico aqui — continua ele —, mas a gente tem o que precisa e o que quer. Nós temos o bastante. Todo mundo deveria ter o suficiente no Brasil; e todos teriam chances. Mas eu vou te dizer a coisa mais importante que o MST me deu.

Ele olha no fundo dos meus olhos.

— A coisa mais importante — completa — é a minha dignidade.

Itapeva é um lugar grande: 17 mil hectares de terra, repleta de casas e construções comunitárias. Como outros assentamentos dos sem-terra, é administrado como uma cooperativa, e é uma interessante combinação de terra pública e privada. Os lavradores receberam um pedaço de terra quase do mesmo tamanho — cerca de dezessete hectares cada, pelo que Sebastião me disse. Nenhuma das famílias, entretanto, possui o título de propriedade da terra que ocupa, porque isso permitiria que elas a vendessem e fragmentassem o assentamento. A paisagem, como aquela do Maranhão, é ampla, plana e expansiva.

Na manhã seguinte, me convidam para passear em companhia de Jamil Ramos, um dos coordenadores locais do MST, que está, como não é de surpreender, muito entusiasmado para me mostrar o melhor do assentamento. Jamil é calvo, usa um cavanhaque e veste uma camiseta do MST, e a primeira coisa que ele quer fazer é me mostrar a estação de rádio.

— Rádio Camponesa — explica ele. — Nós mesmos a construímos, transmitimos para a comunidade toda. Tocamos música sertaneja tradicional, que está se perdendo, e transmitimos debates, política, muitas coisas. Tudo o que a gente quiser.

A rádio está instalada num prédio baixo, com uma antena no telhado. Sou levado ao estúdio, que é uma sala pequena e quadrada, com uma grande mesa de mixagem que toma quase o espaço inteiro e cartazes revolucionários na parede atrás dela. Um grupo de pessoas está por ali, não há tranca na porta do estúdio; e, enquanto um rapaz habilidoso atrás dos aparelhos faz a transmissão para a comunidade, crianças brincam pelo chão, mexendo curiosas nos CDs. As mães, indiferentes, conversando na sala ao lado, mandam as crianças calarem-se.

Penso em talvez entrevistar o DJ; perguntar-lhe o que a rádio faz e por quê, e qual o seu significado para a comunidade. No fim das contas, é ele quem quer me entrevistar; por intermédio de Daniella, naturalmente. Ele me passa um grande microfone e me faz perguntas no ar sobre o que eu estou fazendo lá, o que eu acho de Itapeva, se estou gostando do Brasil. "Você tem algum recado para os heróis do MST?", pergunta, para concluir a entrevista, e escuta educadamente enquanto eu gaguejo, na tentativa de dizer algo inspirador, esperando que a tradução de Daniella soe melhor que o original.

A próxima parada é o herbanário. Itapeva tem uma cooperativa de mulheres que fabrica produtos herbáceos com base numa mistura de ervas cultivadas num terreno especial atrás do escritório. "Lúcia, a herbanária", como é conhecida, me leva à plantação de ervas lá fora. Foi regada a manhã toda e, durante uma breve estiada da chuva, ela me mostra o terreno limpinho, apanha uns raminhos para que eu cheire e explica a finalidade. Dentro do escritório-clínica, Lúcia me explica que a principal finalidade do seu trabalho é a assistência médica.

— Não há médicos em Itapeva — explica —, e o mais próximo fica na cidade, bem longe daqui.

Lúcia e as outras nove mulheres da cooperativa suprem muito a falta de assistência médica com as ervas medicinais. Elas têm pomadas para alergia, remédios para dor de cabeça, loções para problemas de pele, desinfetantes e muito mais, tudo feito com as ervas do quintal. Pelo que Lúcia me conta orgulhosa, elas até fazem um tipo de farinha combinada com cálcio, que é usada para preparar pão para crianças pequenas e para pessoas com osteoporose.

— A maioria das pessoas aqui é saudável — conta ela —, e muitos problemas se resolvem dessa forma. — Em seguida, ela me vende uma garrafa de xampu de ervas caseiro e uma receita do MST de repelente para mosquito, que não pude recusar.

Cerca de uma hora depois, terminado o meu passeio, eu me vejo comendo um delicioso queijo caseiro e bebendo um café forte plantado na região, provavelmente mais rápido do que a educação permite, na casa de Ilda Martins de Souza, uma mulher de 56 anos com olhos vibrantes, um sorriso largo e firme e uma casa cheia de netos que correm para dentro e para fora da sala e rolam pelo chão enquanto ela fala. Segundo a própria Ilda, ela foi uma das primeiras ocupantes de Itapeva.

— Durante dois anos — conta ela — nós moramos num acostamento da estrada, antes de conseguirmos esta terra. E valeu muito a pena. Olhe à sua volta. Desde que eu me envolvi com o MST aprendi que não se trata apenas de conquistar terra, mas de compreender como viver num outro tipo de sociedade. Desde que cheguei aqui, vi uma transformação de verdade nas pessoas: pessoas se esforçando, compreendendo que nós podemos viver numa sociedade mais igualitária. Foi isso que fez com que eu me apaixonasse pelo MST, e o que me trouxe para cá. Quanto mais eu me envolvia, mais coisas bonitas eu descobria. — Enquanto ela fala, seus netos Nina e Marco se jogam, não se sabe vindos de onde, no seu colo. Ela remexe seus cabelos e os manda ir buscar mais comida na cozinha.

— É claro — continua ela — que nem tudo é perfeito. O MST não é perfeito, muito menos Itapeva. Ainda há muito trabalho a ser feito, aqui e em outros lugares. É uma luta contínua, e há tensões. Por exemplo, quando estávamos acampados aguardando a terra, havia uma solidariedade geral. Quando conseguimos a terra, quando o governo veio e nos concedeu o título, quando as pessoas conseguiram suas casas... aí foi mais difícil. A opinião das pessoas muda; alguns ficam mais egoístas. Mas, ainda assim, há aqui uma sociedade muito mais fraterna do que eu já vi antes. É por meio dessa luta que chegamos a acreditar que há uma saída para o Brasil; pode haver um novo caminho.

Nina e Marco voltam com mais queijo e café. Lá fora a chuva cai de novo sobre o telhado de folha-de-flandres. Pergunto-lhe como é ser uma mulher no MST.

— Melhor! — responde imediatamente. — No Brasil, os homens mandam. No MST há muito mais igualdade. No início do movimento, as mulheres freqüentavam todas as reuniões antes de uma ocupação. Elas compareciam durante anos e se diziam casadas, mas o marido nunca aparecia aos encontros. Quando elas conseguiam a terra e a casa, a primeira coisa que aparecia era o marido. Isso nos deixava possessas. O governo elaborava o contrato de posse da casa, e este não era dirigido à esposa, mas ao marido! No nome dele! — Ela bufa, com desdém. — Alguns desses homens — continua — tentavam vender a casa, e as mulheres ficavam desabrigadas novamente! Colocamos um ponto final nisso. Atualmente, no MST, a gente não deixa que isso aconteça. O papel da mulher é muito igual. Aqui, as duas pessoas do casal realmente contribuem de uma maneira que eu nunca vi em lugar nenhum antes.

O mais importante, no entanto, na opinião de Ilda, é que o significado do MST pode ser aplicado fora dos assentamentos, talvez até fora do Brasil. Ela defende essa idéia várias vezes, até ter certeza de que entendi o recado.

— Todos devem trabalhar pela própria transformação — explica. — Em geral, as pessoas pensam nisso em termos de consumo: "Há coisas boas lá fora e eu as desejo; tenho que comprá-las." Elas simplesmente se prendem a coisas pequenas e esquecem as grandes coisas da vida. Isso faz com que você dependa de que as pessoas te vendam coisas, ou de que o governo te dê escolas, estradas ou hospitais. A gente tem que perder o medo de lutar, não no sentido de briga ou de violência, mas no sentido de resolver os próprios problemas e de elaborar as próprias respostas. Sozinhos, essa luta não vai funcionar. Aprenda a ser solidário e a lutar junto que funciona. Nós todos já vimos isso. Há muita bondade em todos nós — juntos, podemos espalhá-la. Isso é criar solidariedade.

Ilda tira os netos do colo novamente, levanta-se e atravessa a sala. Fico horrorizado ao notar que devorei dois pratos de queijo em menos de 15 minutos, mas Ilda nem percebe, e talvez nem ligasse se percebesse. Ela olha pela janela; a chuva ainda está desabando, escoando pela estrada vermelha e pelas margens verdes.

— As pessoas morrem — diz ela de repente. — É uma vergonha. Elas vão pro céu, é o que dizem, mas por que você haveria de querer isso? — Ela olha para mim, sorrindo novamente, enquanto a chuva ainda martela no telhado.

— Eu só vou pro céu — diz — se me garantirem que o céu é como isso aqui.

A sede do MST, na enfumaçada megacidade de São Paulo, poderia ser um escritório qualquer num lugar qualquer. Com exceção das fotografias em preto-e-branco emolduradas nas paredes — belas, famosas e perfeitas fotos tiradas pelo fotógrafo Sebastião Salgado da vida em assentamentos no MST —, é um gabinete confortável e excepcional: vasos de plantas, máquinas copiadoras, uma recepcionista, um bebedouro; a milhares de quilômetros do Maranhão e a 270 quilômetros de Itapeva. É uma comparação que os críticos do MST não perdem a oportunidade de fazer: lavradores pobres e maltrapilhos vivendo debaixo de uma lona por sugestão de uma organização comandada por urbanos que não são agricultores e que recebem salários regulares. Alguns acusaram os líderes do MST de manipular os sem-terra para os próprios interesses políticos; uma acusação que pressupõe uma certa falta de inteligência e de malícia por parte das pessoas do campo. É verdade, contudo, que os líderes do MST, alguns dos quais vêem a organização como um projeto político para transformar o Brasil, podem entrar em conflito com sua base popular, para quem a prioridade esmagadora é a rotina diária e a melhoria de sua vida material.

Estou ali para falar com um dos principais representantes do MST, Neuri Rossetto, um homem que não vê contradição entre esses dois objetivos. Neuri é uma das 23 pessoas do diretório nacional do MST, o qual é eleito por representantes dos assentamentos em conferências nacionais regulares. É um homem de meia-idade e óculos, envolvido com o MST há muitos anos e que assistiu à transformação, lenta e às vezes dolorosa, de um movimento pela reforma agrária que Ilda queria que eu reconhecesse em Itapeva: um movimento nacional por mudanças de bases amplas.

Esse, segundo Neuri, é o aspecto mais observado da atuação do MST. E, segundo ele, provavelmente o mais importante para o futuro.

— Pode-se dizer que o MST passou por três fases ao longo do seu desenvolvimento — conta-me ele, enquanto nos sentamos à volta de uma grande mesa de conferências de madeira, tomando café. — A primeira fase, no início dos anos 1980, foi o surgimento do movimento. A segunda, que durou de cerca de 1985 a 1995, assistiu à nossa consolidação e ao nosso crescimento. Estamos agora numa terceira fase, talvez a mais difícil. Eu a chamo de "conflito de modelos". Para explicar de forma bem simples, percebemos que não se pode conceber um modelo tradicional de reforma agrária com o tipo de capitalismo que temos hoje.

Ele dá de ombros, quase imperceptivelmente.

— Queremos que os sem-terra tenham o seu pedaço de terra — declara ele. — Essa foi a razão do nascimento do MST. Mas o problema é que no modelo econômico atual simplesmente não há *necessidade* de pequenos agricultores — não há necessidade de *mais* agricultores. Eles estão sendo punidos pelo mercado, e isso vem se agravando desde 1995, quando o governo realmente começou a introduzir medidas neoliberais no campo. Até mesmo durante a ditadura militar a agricultura era patrocinada pelo governo; o orçamento anual era em torno de 18 bilhões de dólares. Durante o governo Fernando Henrique, esse orçamento foi reduzido a menos da metade dessa quantia.

O resultado, ele explica, foi um ataque sobre os pequenos agricultores e pequenos proprietários vindo de quase todos os lados.

— Houve um grande avanço no controle do agronegócio — explica. — Quatro ou cinco grandes empresas controlam quase todas as nossas agroindústrias. Como os assentamentos podem competir com isso? Dizem-nos que devemos ingressar no mercado, mas, mesmo que quiséssemos, não poderíamos. Três grandes empresas controlam o mercado de laticínios intei-ro, por exemplo. Três dos nossos maiores assentamentos entraram na pro-dução de laticínios por um tempo, mas não havia como eles competirem. Se as indústrias de laticínios que controlavam o mercado não gostassem dos preços, elas simplesmente iriam para outro lugar e não haveria alternativa. Preços muito baixos e a ausência de subsídios inviabilizam boa parte da agri-cultura. Hoje em dia, importa-se tudo neste país: batatas da Bélgica, cocos da Malásia, ração animal, tudo que nós podemos cultivar, que não precisa-mos importar. O neoliberalismo no campo fez tudo isso.

O governo Fernando Henrique estava mais que ciente desse problema, e sua alegação de fazer alguma coisa em relação a isso torna o problema da ter-ra no Brasil ainda mais complexo, e mais interessante. Fernando Henrique e seu aguerrido ministro do desenvolvimento agrário Raul Jungmann gaba-ram-se durante anos de terem instituído "o maior programa de reforma agrária do mundo". As estimativas do governo — amplamente contestadas e debati-das — sustentam que a gestão de Fernando Henrique, entre 1994 e 2001, assentou cerca de quinhentas mil famílias em cerca de 18 milhões de hecta-res de terra, a maioria requisitada de grandes proprietários.[9] Isso custou ao governo por volta de 6,5 bilhões de dólares. O resultado, segundo o ex-con-sultor de Fernando Henrique para reforma agrária, Francisco Graziano, foi "o maior e pior programa de reforma agrária do mundo".[10]

Há muitas críticas dirigidas à política do governo. O MST, segundo Neuri, faz duas críticas cruciais. Primeiro, afirma ele, os números são altamente suspeitos. Essas quinhentas mil famílias, segundo Neuri, eram antigos sem-terra cujos títulos foram concedidos pelo governo — mas entre elas estão muitas das pessoas assentadas em terras ocupadas pelo MST e que receberam os títulos do governo. Em outras palavras, muitas das pessoas a quem o governo alega ter cedido terra receberam, na verdade, terra do MST.

— Algumas pessoas no governo — diz Neuri — utilizaram esses números para argumentar que o MST não deveria existir, que não somos necessários, e que o governo estava distribuindo terra. O oposto é que é verdade: se não tivéssemos pressionado o governo por meio de nossas ocupações, a reforma agrária não estaria ocorrendo. E muito do que eles dizem ter realizado foi na verdade feito pelo MST.

A maior crítica, entretanto, é compartilhada não apenas por reformistas radicais como o MST, mas por críticos que estão em todos os lados do debate. Trata-se, simplesmente, de que dar terra às pessoas, ainda que de forma deficiente, imperfeita e difícil de ser compreendida, torna-se quase sem sentido quando a sua política econômica praticamente impossibilita a sobrevivência. Esse é o problema do governo. Mas também é problema do MST.

— Sim — admite Neuri —, esse modelo econômico não *precisa* de reforma agrária, ele pode viver sem ela. A gente ajuda alguém a lutar por um pedaço de terra e dois anos depois ele percebe que é economicamente inviável e que não consegue manter-se nele. O choque psicológico para as pessoas é imenso. O que se pode fazer diante desse sistema? O que significa reforma agrária nesse mundo, nesse sistema? Como pode Fernando Henrique falar de terra para os sem-terra quando a sua política retira mais gente da terra todo ano do que o número de pessoas para quem o MST e o governo juntos dão terra? Precisamos lidar com esse conflito de modelos. Esse é o desafio do MST no momento. — Ele respira fundo e solta um suspiro bem alto.

— É um desafio muito, muito grande — continua ele —, mas a gente tem que enfrentá-lo. Temos que continuar organizando a população rural para reivindicar a reforma agrária, mas também estamos trabalhando com outras organizações a respeito do que chamamos de um "projeto popular" para o Brasil. Juntos estamos encarando essa questão crucial: como podemos organizar o país de modo que as necessidades básicas da população sejam atendidas?

Esse "projeto popular" poderia ser um importante avanço para o MST. Anunciado pela primeira vez durante o quarto congresso nacional, em 2000, ele proclama a ambição do MST de ser uma força política nacional — e, efetivamente, a conscientização de que uma reforma agrária construtiva sem uma mudança maior, de cunho social, político e econômico, é algo impossível. É o maior desafio da organização até o momento.

— O projeto popular é muito recente — diz Neuri —, mas os seus objetivos são: chegar à raiz dos problemas atuais, elaborar soluções e levar adiante uma organização maciça de pessoas a perseguir essas soluções. Para isso, estamos nos aliando a outros movimentos populares, com sindicatos, com facções progressistas da Igreja, com líderes e outros que queiram fazer parte. Estamos construindo um movimento nacional em massa pela mudança.

Por enquanto, não há um manifesto; mas há alguns objetivos definidos, alguns dos quais o MST traçou no congresso de 2000, quando o projeto foi anunciado. Lá, 11 mil representantes de 23 estados pediram a suspensão do pagamento da dívida externa, o redirecionamento do orçamento público para saúde, educação e agricultura e o não-pagamento de um empréstimo feito recentemente com o FMI, concedido no governo Fernando Henrique para ajudá-lo a atravessar uma crise financeira e permitir que os brasileiros "retomassem as rédeas da política econômica". Essas ações, segundo o MST, levariam em conta uma ambiciosa releitura do modelo agrário do Brasil.

Em primeiro lugar, é claro, o MST deseja uma reforma agrária significativa. Mas, ao compreender que isso não basta por si só, ele se volta para uma nova abordagem da agricultura baseada no provimento das necessidades do país em vez de uma abordagem baseada na exportação. A agricultura familiar deveria se fortalecer por meio de preços garantidos e créditos rurais, cooperativas de agricultura promovidas para facilitar o acesso ao mercado para pequenos agricultores e entidades do governo que lidem com questões rurais reestruturadas. A pesquisa em tecnologia agrária deveria ser deslocada da biotecnologia e de outras soluções corporativas semelhantes para o desenvolvimento de tecnologias compatíveis com o solo do Brasil, paisagem e fazendas familiares.

O efeito geral, segundo manda a teoria, no mínimo, será estimular um modelo de agricultura baseado em fazendas de pequeno e médio porte, as quais irão, por sua vez, estimular a segurança alimentar nacional e a diminuição da pobreza. Isso, acrescenta Neuri, é conhecido como "soberania alimentar".

— Toda nação — afirma ele — tem o direito de plantar o próprio alimento, de decidir como vai cultivar o seu solo, o que será plantado, o que vai importar e exportar. O alimento não é uma mercadoria qualquer, como tênis ou automóveis — ele é parte daquilo que faz a sociedade crescer e sobreviver. A soberania alimentar é um princípio vital. Assim, por exemplo, a agricultura deveria ser retirada da OMC, retirada de todos os acordos de livre mercado, e as nações deveriam decidir os próprios modelos de plantio, com base em suas culturas e necessidades. O MST não está nem um pouco sozinho nesse entendimento — a soberania alimentar é um conceito cada vez mais promovido por agricultores e ativistas no mundo inteiro. No Fórum Social Mundial, o assunto foi debatido durante a metade de um dos dias de conferência, e os representantes concordaram que se tratava de um princípio de aplicação global, e um dos direitos humanos. A questão também era a evidência das vastas ambições políticas do movimento dos sem-terra — o MST foi um dos fundadores do Fórum Social Mundial.

Essas são as ambições de longo prazo do MST — ambições que ele espera que o projeto popular possa apoiar e que, ao que me parece, demonstram uma interessante combinação de praticidade e de pensamento estratégico. Onde pude presenciar a atuação do MST, assim foi: uma organização impressionante, pé-no-chão, que estimula seus membros a pensar grande e pensar além do que eles já alcançaram. Há muito mais a ser feito, mas o processo está em andamento.

Alguns resultados já são visíveis. Além da evidente façanha de distribuir terra e permitir uma vida para milhões que nada tinham, o MST conseguiu, por exemplo, instituir projetos de assistência médica em seus assentamentos, treinando agentes de saúde, desenvolvendo planos de esclarecimento sobre a Aids e promovendo programas de medicina natural como o de Itapeva. Ele tem também um ambicioso programa de educação em curso nos assentamentos. Um pedido inicial para que o governo providenciasse escolas nos assentamentos para as crianças do MST transformou-se num projeto de educação semi-autônomo, no qual o MST treina seus próprios professores e institui educação em massa para a população e programas de alfabetização tanto para crianças como para adultos. Os sistemas estão longe de ser abrangentes ou perfeitos, mas o MST está fazendo progressos na instituição de um novo tipo de educação, com alguma ajuda do governo. O MST alega que 150 mil crianças freqüentam as aulas do ensino fundamental graças a esse trabalho, e que 1.200 educadores treinados pelo MST ensinaram 25 mil adultos sem-terra a ler e a escrever.

E é precisamente essa atuação que realça os objetivos mais amplos do MST — objetivos que eles agora esperam transferir para o cenário nacional.

— No Brasil — diz Neuri —, é inteiramente possível que todas as necessidades da população sejam atendidas se nos organizarmos conjuntamente e criarmos um sistema que funcione para todos. Nós classificamos essas necessidades em quatro grandes categorias: terra, trabalho, moradia e educação, e dizemos que precisamos democratizar todas essas necessidades e torná-las disponíveis a todas as pessoas. Precisamos democratizar a terra, o capital e a educação. Temos que derrubar os muros que envolvem todas essas três coisas. É um desafio imenso e ainda não temos todas as respostas de que precisamos. Mas temos de nos organizar para enfrentá-lo, organizar famílias que participem da tarefa de transformar o modelo.

— Todo homem — diz Osmar Brandão — deveria ter um pedaço de terra.

Ele olha para o extenso milharal que desce morro abaixo desde seu jardim em direção a sua plantação de abóbora, do outro lado do morro. O sol está atravessando seus caules amarelados.

— Um homem sem terra própria é incompleto — afirma ele. — Mas a forma como você lida com isso determina se isso te faz feliz.

Osmar, como tantos outros que conheci nos assentamentos do MST, sorri bastante; ele está claramente feliz. Notei isso em todos os lugares, o que tem sido para mim uma grande revelação. Osmar é um homem louro de olhos azuis, que tem seus trinta anos. Conversamos sentados sob a sombra das altas árvores de seu jardim, enquanto as crianças e seu cachorro hiperativo brincam ao nosso redor. Osmar veio de sua plantação de feijão para conversar comigo.

— Não uso veneno na minha terra — explica. — Não uso produtos químicos. Antes de vir para cá eu costumava usar, mas comecei a conversar

262 UM NÃO, MUITOS SINS

com os técnicos do MST e a aprender sobre os efeitos desses produtos para o solo. E me perguntei: será que eu realmente quero esse veneno sendo levado pelos meus rios? Será que eu quero que meus filhos comam a comida que eu estou plantando com químicas ou quero plantar da forma natural? Agora aderi aos orgânicos.

Ele diz não lamentar a decisão.

— Eu acho realmente que o cultivo orgânico dá mais trabalho — explica. — Tem que capinar muito mais, por exemplo. Mas acho que vale mais a pena, e eu gasto muito menos dinheiro na compra de produtos químicos. Muitas coisas mudam quando você segue a abordagem orgânica. Estou muito mais consciente sobre a terra e como ela funciona do que quando usava *sprays* para tudo, sei dos microrganismos presentes no solo, dos pássaros e criaturas e outros animais e das relações humanas com o solo. Onde eu morava as pessoas utilizavam pesticidas: não se via uma abelha, não se via um só pássaro cantando, e muitos dos meus amigos tinham problemas de saúde... aqui é diferente. Todos nós aqui podemos ver os resultados.

Osmar não está sozinho: os vizinhos do assentamento do MST de Hulha Negra, no Rio Grande do Sul, não muito longe da fronteira do Brasil com o Uruguai, cultivam orgânicos. Eu já dei uma volta pelo assentamento: a loja cooperativa da fazenda; o depósito, com pilhas de fardos de palha, onde fica uma ruidosa debulhadora; os campos extensos limitados por estradas enlameadas; a área de empacotamento, onde um pequeno grupo de adolescentes está selando pacotes de sementes. Outros lavradores me explicaram o modo como vendem as verduras em um novo mercado agrícola do MST na cidade vizinha de Bagé; que estão aprendendo a cuidar de suas vacas com medicamentos caseiros à base de ervas; como a saúde de todos melhorou desde que aboliram o uso de pesticidas. Tal como Osmar, eles são parte de um esforço relativamente novo do MST a fim de encontrar uma solução para os problemas econômicos — e ecológicos — que os agricultores enfrentam no Brasil.

Em seu modesto escritório de concreto, a cerca de trinta minutos da estrada, Artemio Parcianello me explica o porquê. Artemio é coordenador de sementes da cooperativa regional de sementes do MST, a Cooperal. Ele já me mostrou a vasta e caótica coleção de garrafas plásticas apinhada de todo tipo de sementes que toma a maior parte do espaço do seu escritório, e um conjunto de tubos de péssima aparência que ele, cheio de orgulho, me informa: são usados na inseminação de vacas.

Os assentamentos do MST na região de Hulha Negra localizam-se em meio a algumas das melhores terras do Brasil. Todas as grandes empresas de sementes nacionais e muitas multinacionais dedicam-se ao cultivo na região, e quando os assentados do MST aqui chegaram pela primeira vez, nos anos 1980, começaram a cultivar sementes para essas grandes companhias. Não demorou muito para que encontrassem problemas familiares.

— Depois de uns dois anos — explica Artemio —, percebemos que a forma de trabalho das empresas conflitava com os nossos valores. Elas selecionavam certas famílias com quem trabalhar em detrimento de outras, jogavam uns contra os outros, descartavam certos trabalhadores. Isso não combinava com o que o MST defende. E havia outros problemas. Mesmo que quiséssemos, não poderíamos competir nos mercados com a nossa produção, e ficávamos à mercê das empresas.

Entra João Rockett. Conheci Rockett na casa dele, em Bagé, antes de visitar Hulha Negra. Ele é um agrônomo falante e animado, que pode ainda ajudar a transformar o MST; é o homem que apresentou o cultivo orgânico aos assentados de Hulha Negra.

— Eu acredito que o melhor para o MST é aderir ao cultivo orgânico — diz ele. — Há um mercado crescente para esses produtos, o plantio é barato e mais saudável, e permite que os lavradores tenham controle sobre a produção, o que as companhias de sementes não vão permitir. Mas eles estão indo devagar. Muitas pessoas em vários assentamentos querem aderir aos orgânicos. Os líderes, contudo, são mais lentos porque estão sendo pressionados por pessoas na base. Muitos dos que ocupam os postos mais altos do MST são velhos militantes políticos. Há uma certa divisão entre alguns membros do comando e as pessoas da base. Eles acham que a reforma agrária e mudanças políticas, de âmbito nacional, são mais importantes do que uma agricultura sustentável. Mas não há contradição. E o interessante é que os jovens são muito mais interessados no cultivo orgânico do que os mais velhos, e os assentamentos estão pressionando os líderes nessa direção. Por isso eu acredito que as coisas vão mudar.

No que João e Artemio concordam é que a adesão ao cultivo orgânico poderia resolver uma série de problemas para o MST. Em primeiro lugar, ele fornece um produto incomparável para venda — um nicho de mercado, como um economista o chamaria. Eles nunca poderiam competir com as multinacionais em termos de volume, tecnologia, mão-de-obra barata ou força; talvez, antes, eles possam produzir o que as pessoas querem cada vez mais: sementes e alimentos orgânicos. Essa solução econômica é também ecológica; uma solução que rejuvenesce o meio ambiente e a saúde da população, e custa muito menos para os agricultores. A *agroecologia*, como é conhecida, poderia fornecer um modelo alternativo descentralizado, ecológico e não-corporativo para muitos agricultores brasileiros.

A companhia de sementes do MST, a Cooperal, rompeu o seu contrato com as grandes multinacionais há alguns anos, me conta Artemio, e firmou um acordo com uma nova companhia que o MST constituíra e desenvolvera — a Bionatur, uma empresa de sementes orgânicas criada, pertencente e controlada pelo MST. Ela comercializa sementes orgânicas cultivadas pelos assentados para a crescente legião de agricultores de produtos orgânicos. Quando Rockett ajudou a estabelecer a Bionatur, 12 agricultores iniciaram o cultivo de cenouras e cebolas como experiência. Hoje, cerca de cinqüenta famílias cultivam mais de vinte tipos de sementes, as quais são vendidas nacional e internacionalmente.[11] E o projeto está crescendo.

Há um outro lado, também, para o progresso ecológico do MST em Hulha Negra. Muitas das pessoas do escritório de Artemio usam bonés ou camisetas com os dizeres "Não aos transgênicos" e "Eu não sou rato de laboratório" estampados. Como muitos outros mundo afora, os ativistas do MST estão cada vez mais engajados na campanha contra os alimentos geneticamente modificados. Desde 1999, o Supremo Tribunal Federal brasileiro proíbe o cultivo de alimentos geneticamente modificados no Brasil, estando em curso estudos sobre os seus riscos — proibição essa que o governo Fernando Henrique, sofrendo pesado *lobby* da Monsanto e de outras empresas de biotecnologia, há muito queria derrubar. Ironicamente para o governo, a proibição tem sido de fato positiva para o Brasil, mesmo em termos econômicos convencionais. O Brasil é o segundo maior exportador de soja no mundo, e desde que o primeiro e o terceiro maiores exportadores — os EUA e a Argentina — passaram a cultivar soja geneticamente modificada, o Brasil vem conseguindo abastecer a crescente demanda européia e mundial por alimentos não-modificados. A sua parcela do comércio mundial de soja aumentou de 24% para 36% desde a proibição.[12]

Para o MST — que, com o Greenpeace e outros ambientalistas, tomou partido na destruição das produções geneticamente modificadas —, a maior preocupação é, novamente, o controle corporativista. Bem distante dos possíveis perigos à saúde e ao meio ambiente oferecidos por essas produções, elas constituem, como qualquer agricultor pode confirmar, um meio fundamental pelo qual as empresas podem obter controle sobre os agricultores — vendendo "pacotes" de sementes geneticamente modificadas e pesticidas que eles terão de comprar todos os anos; criando dependência e usando as sementes, nas palavras de Artemio, "como um meio de controlar os agricultores". Essa é ainda uma outra razão para muitos lavradores do MST estarem entusiasmados em aderir aos orgânicos; e é uma coisa a mais que os conecta a um movimento global dentro do qual questões ecológicas e econômicas estão entrelaçadas.

Pouco antes de deixar Hulha Negra, sentei-me sob uma frondosa árvore com um velho agricultor chamado Natalino. Ele era magro, bronzeado, usava barba e tinha catarata em um dos olhos. Estávamos tomando chimarrão, uma bebida do sul do Brasil. Natalino contou quanto ele era mais feliz agora do que antes de chegar ali, explicou como ordenhava as vacas, o que ele plantava, como estava aprendendo a ler e quais eram as suas expectativas para o futuro. Ao me responder, usou uma palavra que eu já havia ouvido muitas vezes recentemente: "satisfação". Satisfação, disse Natalino, foi o que ele conquistou desde que ocupou essa terra.

"Paz", disse Arnoldo no Maranhão. "Dignidade", disse Sebastião em Itapeva. "Céu", disse Ilda, sua vizinha. "Satisfação", disse Natalino. E essas palavras podiam ser vislumbradas em seus olhos. Elas expressavam o que economista algum poderia medir e para o qual nenhum ativista poderia fazer campanha — algo impossível de se quantificar, que jamais poderia ser transformado em estatísticas, mas algo que deve ser pelo menos a metade de tudo que fazemos.

Em todos os assentamentos que visitei e com todas as pessoas com quem conversei, aquela satisfação verdadeira e impossível de se fingir — aquela felicidade, aquela nova chance, aquela segurança, aquela dignidade humana — era fácil de ver. A satisfação de pessoas cuja vida tinha claramente melhorado, que redescobriram a independência e o orgulho. E a satisfação, também, daqueles que vivem na terra.

As pessoas que estão realmente preparadas para discutir sobre isso são quase sempre acusadas de romantizar a vida no campo. A discussão sobre globalização, afinal de contas, deveria tratar de estatísticas de pobreza, taxas de desenvolvimento, economias de escala, parágrafos ocultos em tratados internacionais. Deveria ser mensurável, complexa, estatística. Sentimentalismo romântico não tem lugar no mundo moderno. Viver na terra e da terra é difícil, de uma maneira que os urbanos normalmente não conseguem compreender. Deve ser por isso que as pessoas do campo querem abandonar a terra o mais rápido possível; ir para as cidades, limpar o barro debaixo de suas unhas, tomar um café com leite, arrumar um emprego, comprar um terno, *ser como nós*.

É assim que normalmente terminam as discussões sobre globalização. E, aplicando-se à terra, trata-se de um debate reforçado com ironias e contradições. É certamente verdade que, no mundo inteiro, as crianças dos países pobres sonham em deixar a terra e viver como a TV diz que todo mundo no Ocidente vive; um estilo de vida que se aproxima daquele vivido pelo elenco dos seriados americanos. Enquanto isso, no Ocidente, urbanos hipertensos sonham trocar as desanimadoras rotinas de trabalho por um lugar no campo com flores em volta da porta.

Mas há ainda ironias mais obscuras. Defensores do mercado global há muito tempo acusam aqueles que tentam ao menos debater uma alternativa rural para a vida na cidade de sonhadores de classe média, iludidos por uma fantasia bucólica, condenando os "pobres" a dar duro na terra enquanto eles relaxam em suas casas aquecidas. "Nós" negaríamos a "eles" uma escolha — o direito de escolherem ser como nós. E, ainda assim, esse "romantismo", como descobri no Brasil, e como já vira em Chiapas, Papua, e em todos os lugares por onde passei, é o que se expressa na maioria das vezes em relação a todos que vivem na terra — aqueles cuja vida rural é desprezada ou mal compreendida pelos habitantes da cidade, defensores do sonho de um mercado global. Aqueles cujas vozes, como sempre, são ignoradas. Na realidade, é a globalização que nega a escolha às pessoas do campo. Se você não acredita no que estou dizendo, pergunte ao pessoal do MST; eles sabem onde querem estar e quem os impede de chegar lá.

Essa discussão não se restringe ao Brasil. Todos os países estão enfrentando agitações no campo decorrentes da globalização e, em todo o mundo, a população rural está revidando. Nas três Américas, trabalhadores sem-terra, agricultores e camponeses, que passam pelas mesmas pressões, sofrendo as mesmas conseqüências que ocorrem no Brasil, estão se associando por meio do Congresso Latino-Americano de Organizações do Campo (CLOC), no qual o MST é uma peça fundamental. Tal como o MST, o CLOC, em nome de milhões de pessoas, está fazendo campanha contras as medidas neoliberais que estão acabando com os agricultores em todos os lugares. Na Bolívia, que recentemente organizou a sua própria versão do MST, o líder indígena dos plantadores de coca, Evo Morales, perdeu as eleições à presidência em 2002 por uma margem estreita, conduzindo uma onda de ressentimento antineoliberal.*

Na Índia, a Aliança Nacional dos Movimentos Populares, a Associação de Agricultores do Estado de Karnataka e outros grupos, representando dezenas de milhões de agricultores, estão marchando contra o livre comércio, fazendo bloqueios às reuniões do Banco Mundial, derrubando as distribuidoras de *fast-food* e queimando lavouras da Monsanto. O Movimento Camponês das Filipinas representa oitocentos mil lavradores, trabalhadores sem-terra e pescadores em campanha contra o modelo de livre comércio. A África do Sul organizou o seu próprio Movimento dos Sem Terra em 2001, poucos meses antes de minha visita ao país. Lavradores na Coréia, Japão e Bangladesh estão unindo suas lutas, e esse tipo de associação está ocorrendo no mundo todo. A onda de resistência no campo está aumentando em nível global.

Se a globalização for observada a partir de seu contexto histórico, pode-se dizer que o que acontece hoje em dia no mundo inteiro é o último ato de algo que começou no Ocidente há centenas de anos: o *enclosure* (cercamento). Na Grã-Bretanha e em outros países industrializados, atos do Parlamento, a mudança econômica e a pressão dos latifundiários cercaram as terras comuns e expulsaram os lavradores, que se viram obrigados a ir para as cidades, des-

---

*Evo Morales chegou à presidência da Bolívia em 2006. (*N. da E.*)

truíram pequenas propriedades e consolidaram o domínio da terra — um processo que tornou possível o projeto de um livre comércio no século XIX. O mesmo fenômeno está acontecendo atualmente no mundo todo.

Assim também é, contudo, a luta contra isso — pois também nos países ricos os agricultores reagem. A Confédération Paysanne francesa, comandada pelo novo herói popular José Bové, combate o McDonald's e o *"mal bouffe"* (*junk food*). O Sindicato Nacional dos Agricultores do Canadá faz campanha contra sementes geneticamente modificadas. Pequenos produtores nos EUA protestam contra o Nafta e a OMC. E cada vez mais, essas manifestações de resistência de norte a sul associam-se por meio da primeira Coordenação Mundial de Pequenos Agricultores do mundo, a Via Campesina, da qual o MST foi o fundador, para fazer campanha contra o modelo econômico que está destruindo os últimos agricultores livres e elaborar soluções alternativas a ele.

O MST, em outras palavras, não está nem um pouco sozinho; na verdade, ele é parte do que está cada vez mais se tornando uma revolta global de agricultores — uma insurreição rural contra a economia de livre mercado. Como no Brasil, essa luta está lançando sistemas alternativos, idéias e valores: um modelo de agricultura de base, voltada para pequenas propriedades, tradições locais, cultivo ecológico, soberania alimentar e progresso social, em bases amplas, que seja um anátema de tudo que a globalização representa.

Resta saber se o novo presidente do Brasil — o líder do Partido dos Trabalhadores, Luiz Inácio Lula da Silva, eleito em novembro de 2002 — estará disposto a fazer transições tão grandes quanto as que o MST pleiteia; ou se os mercados vão deixá-lo agir. O que observei no Brasil, contudo, me convenceu de uma coisa: essas pessoas — os agricultores, os sem-terra, as classes rurais, aqui e em todo lugar — não vão embora. Por que elas iriam? Não são só salário, empregos e dinheiro que estão em risco, enquanto o comércio global destrói a agricultura da forma como a conhecemos — é um modo de viver que sempre esteve conosco; a cultura da terra e das pessoas que trabalham nela.

Essa nova revolta dos trabalhadores rurais só tende a aumentar, pois esses milhões de pessoas não têm lugar no Admirável Mundo Novo da globalização. O livre comércio quer vê-las mortas. Mas elas têm outras idéias.

8 Sonho californiano

"Espero que esmaguemos, em sua origem, a aristocracia de nossas empresas endinheiradas, que ousam medir forças com o nosso governo e fazem oposição às leis do nosso país."

THOMAS JEFFERSON, 1816

"Não pode haver um controle eficaz das empresas enquanto a sua atividade política continuar. Pôr um fim nisso não será tarefa fácil nem rápida, mas isso pode ser realizado."

THEODORE ROOSEVELT, 1910

Novembro de 1864. Abraham Lincoln, 16º presidente dos Estados Unidos da América, escreve uma carta ao coronel William Elkins, um dos milhares de soldados que estão ajudando a vencer a Guerra Civil Americana para os Estados Unidos de Lincoln. Ao fim de cinco meses, sua vitória será oficialmente confirmada com a rendição confederada. Seis dias depois, Lincoln estará morto. A bala de um assassino privará a América do homem que aboliu a escravatura e privará Lincoln da triste satisfação de ver os temores descritos em sua carta a Elkins — temores quanto à forma e à estrutura da nação pós-guerra — começarem a se tornar realidade.

"Nós podemos nos congratular", escreveu o presidente, "por esta guerra cruel estar chegando ao fim. Custou muito dinheiro e muito sangue... foi realmente um momento difícil para a República. Mas eu vejo, num futuro próximo, uma crise se aproximando que me amedronta e me faz tremer pela segurança do país. Como resultado da guerra, as grandes empresas assumiram o trono, e uma era de corrupção nos altos escalões se seguirá; o poder do país se empenhará em prolongar esse reinado, influindo sobre os preconceitos das pessoas até que toda a riqueza seja reunida nas mãos de poucos e a República esteja destruída. Eu me sinto, neste momento, mais ansioso pela segurança do país do que antes, mesmo que em meio à guerra. Deus permita que minhas suspeitas se provem infundadas."[1]

Janeiro de 2001. George W. Bush, 43º presidente dos Estados Unidos da América, acaba de tomar posse, apesar de perder pelo voto popular. Totalizando mais de 193 milhões de dólares, sua campanha eleitoral foi a mais cara da história americana. Foi também um pesado, mas potencialmente lucrativo, investimento corporativo. A maior parte do dinheiro gasto na campanha de Bush provinha de megacorporações e interesses mercantis: cerca de US$ 2 milhões foram provenientes das companhias de petróleo e gás; US$ 0,5 milhão, das empresas de eletricidade; US$ 4 milhões, do setor de empreendimentos imobiliários; US$ 1,3 milhão, da indústria automobilística; US$

1,3 milhão, dos bancos; US$ 1,6 milhão, das seguradoras; US$ 5 milhões, dos advogados; quase US$ 0,5 milhão, da indústria farmacêutica; cerca de US$ 3 milhões, do setor de títulos e investimentos; US$ 1,1 milhão, do setor de informática... e a lista não pára por aí.[2] Agora, nos impecavelmente limpos corredores do poder, é hora de acertar as contas.

Em Washington, Bush, um milionário empresário do petróleo, conseguiu reunir alguns dos mais ricos e mais influentes atores corporativos da América. O primeiro é o ex-diretor-presidente da Halliburton Energy Corporation, a maior prestadora de serviços do mundo no ramo petrolífero. Defensor da perfuração de petróleo na Reserva Nacional Natural do Ártico e opositor das medidas internacionais de prevenção ao aquecimento global, sua riqueza pessoal é estimada entre US$ 22 milhões e US$ 104 milhões. Há o ex-diretor-presidente da companhia farmacêutica GD Searle, outro milionário (cuja fortuna estima-se entre US$ 62 milhões e US$ 115 milhões) que também dirigiu diversas outras empresas, da Kellogg's ao jornal *Tribune*. Há também o ex-diretor da Gulfstream Aerospace e da America Online (entre US$ 10 milhões e US$ 50 milhões). O ex-presidente da companhia de petróleo e gás Tom Brown, Inc. (entre US$ 10 milhões e US$ 47 milhões); o ex-diretor da Calgene, Inc., fabricante de alimentos geneticamente modificados; o ex-advogado da Delta Petroleum; o ex-diretor da Chevron Oil e da Transamerica Corporation...[3]

Essas pessoas descendem de alguns dos maiores interesses mercantilistas da América. Seria considerado um estratagema para qualquer empresa chegar tão perto do presidente da nação mais poderosa do mundo, portanto a presença delas em Washington agora deve ser vista como um estratagema para acabar com todas elas. Seus nomes são Dick Cheney, Donald Rumsfeld, Colin Powell, Donald Evans, Ann Veneman, Gale Norton e Condoleezza Rice, e Bush acaba de nomeá-los, respectivamente, vice-presidente, secretário de Defesa, secretário de Estado, secretário de Comércio, secretária de Agricultura, secretária de Interior e conselheira de Segurança Nacional. Pelos próximos quatro anos, a segurança da República de Lincoln estará nas mãos deles.

Fevereiro de 2002. Estou sentado na parte mais alta de um rochedo em Humboldt County, norte da Califórnia, observando o vento e as brancas ondas arrebentando sobre as pontas de terra que se estendem por quilômetros de cada lado. Sequóias apontam na costa. Lá embaixo nas pedras, centenas de metros abaixo, leões-marinhos se aquecem no vapor salgado.

— É uma questão de legitimidade — afirma Paul Cienfuegos, piscando muito os olhos por causa do vento. Cienfuegos tem cerca de quarenta anos, uma longa e rebelde barba preta e usa óculos fundo-de-garrafa, um grosso casaco e um chapéu de lã sobre um emaranhado de cabelos negros. Ele me levou a um de seus pontos favoritos em seu carro barulhento para me falar sobre a autoridade corporativa na América moderna e sobre o que ele está fazendo para enfrentá-la.

— Nesta cidade, por exemplo, há anos vem ocorrendo uma desobediência civil maciça contra a derrubada de árvores. Belas e antigas florestas estão sendo cortadas por madeireiras. Passei quatro anos fazendo campanha contra isso. Eu fiz campanha contra a indústria nuclear, a indústria de armamentos, a indústria química. E levei um bom tempo para entender, aos poucos, que, na verdade, eu estava lutando contra os sintomas de alguma coisa, mas não contra a causa original.

Uma onda alta arrebenta nas pedras, causando um estrondo.

— Eu percebi — continua ele — que o verdadeiro problema era que de algum modo essas madeireiras haviam acabado com a autoridade para decidir o que aconteceria a nossas florestas. Bem, onde conseguiram isso? Quem permitiu? E vi que se tratava de uma questão fundamentalmente diferente — tinha mais a ver com governança do que com árvores. E uma luz se acendeu na minha cabeça.

Ele olha para mim, para ter certeza de que estou compreendendo.

— Nós tivemos uma revolução neste país — prossegue. — Apesar de todas as falhas e de ter sido uma revolução dos e para os donos de propriedades, os machos brancos, essa revolução lançou algumas idéias radicais que se transformaram nos princípios básicos dos Estados Unidos. E o mais importante deles é que o poder soberano emana do povo, e que somos Nós, o Povo, que permitimos que as instituições que nos regem governem em nosso nome. Esta é a base fundamental absoluta da nossa democracia.

É uma idéia, diz ele, com que todos os americanos hoje concordam da boca para fora, mas que não está funcionando.

— Foi uma idéia revolucionária excepcional — ressalta —, mas o que aconteceu com ela? Hoje as empresas usurparam completamente essa autoridade, a ponto de as pessoas neste país quase nem questionarem mais. A riqueza possibilitou que os líderes empresariais, por meio do *lobby*, da compra de eleições e tudo o mais, modificassem leis fundamentais que lhes conferem *direitos* reais. Direitos que fundamentalmente mudam a relação entre seres humanos e essas instituições chamadas empresas ou corporações. E isto é tudo o que elas são: instituições subordinadas à lei, ficções legais. É o que essas empresas deveriam ser, segundo as intenções dos pioneiros dos Estados Unidos: instituições criadas para desempenhar certas funções em nome do povo. Nunca se pretendeu que fossem tão poderosas como o são hoje em dia. Agora, essas ficções legais romperam com os compromissos que a democracia lhes determinou e estão desafiando a nossa autoridade para governar.

Ele olha para o mar, os olhos apertados pela claridade.

— Agora — continua ele —, não se tenta apenas interromper um desmatamento, um derramamento de lixo tóxico, uma demissão em massa de trabalhadores — mas desafiamos a própria *autoridade* das empresas para realizar *qualquer* uma dessas coisas. O movimento antiglobalização fala muito sobre os problemas do poder corporativo: essa discussão, contudo, não trata apenas desse poder. Ela diz respeito à *autoridade* corporativa; é uma distinção importante. *Com que autoridade* elas compram o nosso sistema político, poluem nossos rios, reescrevem as nossas leis, dominam a nossa cultura? Numa democracia, pressupõe-se que o povo detenha a autoridade; hoje, ora, espera-se que *peçamos* delicadamente às empresas que se comportem direito; que tentemos *persuadi-las* a serem "responsáveis" e "sustentáveis"; que negociemos com elas. Essas são perguntas erradas, abordagens erradas. Por que nós deveríamos negociar essas *coisas*? Onde elas conseguiram o poder para se representarem como iguais, ou mesmo como mestres das pessoas? A verdadeira questão crucial é: *com que autoridade* essas empresas exercem esse poder e agem dessa maneira? Com base em que autoridade elas até mesmo existem?

As ondas continuam chocando-se contra as pedras. Paul prossegue.

— Nós estamos desafiando essa autoridade — diz ele. — E vamos retomá-la.

Alguns quilômetros em direção à costa, na cidade de Eureka, com suas casas de tábuas caiadas, fica o escritório de Paul Cienfuegos; um termo gentil para o que é, na verdade, um cantinho de um pequeno apartamento que pertence a Kaitlin Sopoci-Belknap, que divide com Paul a direção da organização fundada por ele em 1996: a Democracy Unlimited de Humboldt County. Fui para Humboldt em busca de respostas para algumas questões levantadas pelo domínio das empresas privadas na vida moderna. No Fórum Social Mundial, eu ouvira algumas idéias para regular o poder e a influência das empresas multinacionais em nível internacional. Agora eu queria ver como as pessoas poderiam impor tais limites na prática, em suas próprias comunidades, e que diferença isso faria. Eu ouvi que isso estava começando a acontecer, talvez ironicamente, nos Estados Unidos — o berço da empresa moderna. Mas de que maneira? E será que serviria de modelo para outras pessoas em outros lugares? Paul Cienfuegos é o primeiro da minha lista de pessoas a quem perguntar.

Nesse exato momento, ele está revirando caixas, pastas e pilhas de papéis amontoadas na sala de Kaitlin, procurando documentos que ele acha que eu posso ler. Não parece estar muito certo sobre onde procurar.

— Nós estamos em fase de mudança no momento — explica, remexendo as pastas.

Eu me consolo com a idéia de que as revoluções passadas começaram em circunstâncias menos auspiciosas. Talvez.

— Tomara que não por muito tempo — diz Kaitlin, suspirando.

Ela tem vinte e poucos anos e trabalha com Paul há oito meses apenas. Pareceu-me que ela é que é organizada.

— Você gostaria de beber alguma coisa? — pergunta Kaitlin. — Acho que tenho chá.

Apesar do caos momentâneo, é possível que ações como as da Democracy Unlimited possam representar o futuro do ativismo anticorporativista na América. Cienfuegos não utiliza essas palavras: elas não são anticorporativistas, diz ele; são pró-democráticas. As corporações têm o seu lugar, mas este é o de servir à vontade das pessoas, ficar longe da esfera pública e da arena política. Como quer que seja chamado, o tipo de trabalho que a Democracy Unlimited desenvolve pode ainda vir a se conectar com uma grande e potencialmente poderosa parte do povo americano; pessoas que, tal como a maioria das outras nos países "desenvolvidos" do mundo inteiro, estão se conscientizando da doença que ataca seu corpo político.

O trabalho que Paul, Kaitlin e outros desenvolvem em Humboldt toma diferentes formas. Um dos principais objetivos da Democracy Unlimited, explica Paul, é "iniciar uma discussão nacional sobre o papel das corporações em nossa democracia". Para isso, eles dirigem grupos de estudo nos quais habitantes do local reúnem-se para "ler, refletir e falar sobre coisas as quais desconhecem". Assim, diz Paul, "é como tudo começa — apenas lendo coisas, pensando sobre elas, ajustando a sua abordagem. Foi como eu comecei. De certa forma, repensar toda a relação entre empresas e pessoas é uma piração". Ele ri.

— Ler e aprender sobre essas coisas altera fundamentalmente a sua consciência de um jeito que a maioria dos ativistas pela antiglobalização acha que entende, mas na verdade não entende — explica Paul. — É um salto. Quando você pensa sobre isso de uma maneira fundamental, mudam a sua linguagem e sua maneira de ver as coisas. É como passar do conceito de que o mundo é plano, onde se ultrapassar um certo ponto você cai, para o de que o mundo é uma esfera — é uma mudança fundamental, uma mudança na forma de pensar, uma mudança de paradigma. Essa mudança é tão importante como a outra, e, contudo, diz respeito apenas à governança; diz respeito a mudar de "A empresa é a protagonista na sociedade e nós, meros participantes — trabalhadores ou consumidores", para "Nós, o povo, somos a fonte de toda autoridade, e temos o poder de decidir qual papel essas instituições desempenham em nossas vidas e em nossas comunidades".

Mas isso não é só conversa, nem são só idéias. Numa pequena esquina de Humboldt agora essa é a lei. Em 1998, depois de comandar grupos de discussão por alguns anos, excursionar com seminários sobre "primeiros passos para o desmantelamento do papel das empresas", distribuir jornais e tentar acender o interesse da comunidade, Paul e um grupo de aliados decidiram ver se alguma coisa poderia ser feita para institucionalizar a nova tomada do poder corporativo. A Democracy Unlimited criou uma extensão, a Citizens Concerned About Corporations (CCAC), com sede na cidade vizinha de Arcata, onde Paul estava vivendo. Seu propósito era reescrever a legislação local para tentar assegurar alguns do poderes do povo sobre as empresas privadas que operavam na cidade.

SONHO CALIFORNIANO 277

Sua arma era a inocentemente chamada Medida F, uma iniciativa a ser submetida à votação local. Essas votações são um vestígio do passado constitucional da América, que permite que cidadãos comuns proponham novas leis. Qualquer pessoa ou organização pode propor uma lei — se colherem suficientes assinaturas em apoio, a medida proposta é posta em "votação" para os cidadãos durante a eleição seguinte. Se a maioria votar a favor, a medida torna-se lei. Apenas 24 dos 50 estados americanos permitem essas votações; a Califórnia é um deles, e a CPCC estava prestes a usá-la em seu próprio benefício.

Cienfuegos e seus colegas elaboraram uma votação para as eleições locais de Arcata em 1998. A Medida F, ou, para dar seu nome completo, Ação Consultiva de Arcata sobre Democracia e Empresas, convocou a assembléia da cidade para patrocinar duas reuniões de cidadãos de Arcata para discutir "Será que podemos ter democracia quando megacorporações detêm tanto poder e riqueza em conformidade com a lei?"; e para estabelecer um comitê oficial, planos de ação e programas para "assegurar o controle democrático sobre as empresas que operam na cidade, por quaisquer meios que se façam necessários para garantir a saúde e o bem-estar da nossa comunidade e de seu meio ambiente". Numa arrancada, eles colheram as 1.100 assinaturas de que precisavam, conseguiram a medida na votação, iniciaram um debate local sobre ela e começaram a ganhar amplo apoio local. Em 3 de novembro de 1998, o povo de Arcata foi às urnas e votou, por 60% a 40%, a favor da Medida F. A primeira votação da história dos EUA sobre o desmantelamento do controle corporativo havia se tornado lei.

— Foi fantástico — comentou Paul. — As pessoas realmente passaram a se questionar sobre o papel que as empresas desempenhavam em suas vidas, por que as lojas locais estavam desaparecendo, se era correto as empresas pagarem políticos, e por que estes quase não se manifestavam sobre o papel que as empresas exerciam em sua cidade. Por um tempo, todas as conversas em bares e lojas giraram em torno da Medida F e da atuação das corporações em Arcata. Arcata ainda é uma cidade pequena, porém mais de cinqüenta grandes empresas operam lá; a Medida F apenas determinou que as pessoas deveriam tomar decisões sobre as atividades corporativas. Ela atingiu o objetivo.

O prefeito da cidade e muitos dos seus conselheiros apoiaram a medida. Mensagens de apoio começaram a chegar de outras regiões do país. Cienfuegos foi convidado a dar palestras por todos os Estados Unidos, e grupos de pessoas se reuniram em outras cidades para planejar suas próprias versões da Medida F.

Duas reuniões de eleitores do município foram realizadas e levaram o debate mais além. Hoje o Comitê da Medida F, criado pela nova lei, está levando o debate à frente, discutindo formas e meios de assegurar o controle público sobre as atividades corporativas. Ele está atualmente elaborando uma lei local propondo um limite ao número de cadeias de restaurantes em Arcata, e está levando outros estados e condados a analisar maneiras de assegurar a autoridade sobre as empresas. Tudo isso, diz Paul, está "ajudando as pessoas a resgatar sua soberania — algo que tinha sido perdido na América. As pessoas estão começando a acreditar novamente que o poder *emana* do povo, e que eles podem de fato *exercê-lo*".

Se ficou parecendo que Paul Cienfuegos e seus companheiros de campanha estão exagerando sobre a ameaça posta pelo poder e pela influência das empresas, um breve exame da história dos Estados Unidos deve sugerir o contrário. De muitas maneiras, essa é a história de um conflito entre empresas privadas e instituições públicas pelo direito de governar a América.

A empresa foi para a América do Norte com os primeiros colonizadores ingleses.[4] Elas existiam na Grã-Bretanha desde os tempos dos normandos, mas, em geral, eram organismos não-comerciais — igrejas, escolas, hospitais —, os quais eram "constituídos" pela Coroa para que pudessem realizar certas tarefas: ao se constituir uma empresa, o trabalho de tal organismo poderia ser simplificado e legalizado. Os donos das empresas não podiam se beneficiar de suas atividades, e a Coroa poderia revogar a concessão feita, caso agissem fora dos limites estritos do que ela determinara.

As coisas começaram a mudar com o crescimento do Império. As empresas — a Russian Company, a African Company, a Spanish Company e outras — ganharam a concessão para buscar e controlar o comércio com as outras partes do mundo. Em 1600, a rainha Elizabeth I deu uma Concessão Real à Companhia das Índias Ocidentais, a qual mais tarde se aproveitaria de seu poder crescente e sem precedentes para se libertar das suas obrigações legais e se tornar a primeira multinacional do mundo em geração de lucros. Originalmente licenciada para comercializar na Índia, a Companhia Britânica das Índias Ocidentais tornou-se tão poderosa que acabou governando grande parte da Índia, dirigindo o seu próprio exército, construindo infra-estrutura, controlando os suprimentos de comida e intervindo brutalmente quando alguém se interpunha entre a empresa e a sua busca por recursos e monopólios.

Enquanto isso, na América do Norte, os impostos, a falta de diplomacia e a recusa do governo britânico em conceder uma voz política às colônias americanas eram relacionadas com o poder e a influência das empresas da Coroa. O famoso episódio da Festa do Chá, em Boston [Boston Tea Party], precursor da Revolução, foi deflagrado pelo imposto do chá cobrado dos habitantes das colônias para ajudar a Companhia das Índias Ocidentais a saldar dívidas. Foi o chá da empresa que os cidadãos de Boston lançaram ao mar.

Após a Revolução de 1776, a nova nação começou a elaborar a primeira Constituição do mundo na qual a autoridade suprema está nas mãos do povo (embora esse "povo", na época, fosse constituído de homens brancos donos de propriedades). Atentos a como as empresas tinham conspirado com o governo britânico na opressão das colônias, o novo governo assegurou que as poucas companhias privadas existentes tivessem um papel bem restrito. O poder para conceder alvarás foi dado apenas a legislaturas estaduais eleitas, e tais alvarás eram um privilégio, não um direito. Eram emitidos para um período limitado e para um fim específico. As empresas sofriam restrições em suas atividades, propriedades territoriais e, às vezes, até nos lucros, e não poderiam estar sediadas fora do estado em que se dava a concessão. Eram proibidas de manter envolvimentos políticos, e os acionistas e diretores eram considerados pessoalmente responsáveis pelas dívidas incorridas ou pelos delitos cometidos pelas instituições. Suas concessões poderiam ser revogadas a qualquer tempo se transgredidas.

Mesmo isso não era bastante para muitos americanos, que suspeitavam de qualquer instituição à qual se dessem meios suficientes para potencialmente "escravizar" o povo novamente. "Nós acreditamos", escreveu um grupo de mecânicos independente, ao se opor à criação de uma empresa de car-

280 UM NÃO, MUITOS SINS

ruagens em Massachusetts, "que as entidades reunidas tendem a esmagar todas as [pequenas] empresas e nos compelem a trabalhar para os outros."

Mas esse cerco à atividade corporativa seria aliviado, e finalmente rompido, no século XIX, com a chegada da Revolução Industrial e da Guerra Civil. A Guerra Civil Americana desencadeou uma forte disputa pelo controle entre empresas e instituições governamentais. Líderes empresariais, fortalecidos pela necessidade, gerada pela guerra, de aumentar e dinamizar a produção e pela demanda do pós-guerra por uma reconstrução nacional, tornaram-se mais ricos e autoconfiantes. As companhias ferroviárias, em particular, que monopolizavam esse novo e vital meio de transporte, tornaram-se muito poderosas em poucos anos. Estimulados por tal influência recém-descoberta, os líderes empresariais começaram a exigir mais poder, mais autoridade e — algo que os pioneiros teriam considerado assustador — direitos garantidos por lei.

Após a guerra, os temores de Lincoln de que as empresas fossem "entronizadas" começaram a se concretizar — e o instrumento de sua coroação era o tribunal. Uma série de processos na Justiça, instaurados por empresas com a intenção específica de abrir brechas na lei em seu benefício, revelou juízes concedendo privilégios às empresas ao interpretarem a Constituição de maneira generosa ou claramente suspeita. A mais notória decisão proferida pelos tribunais ocorreu em 1886, quando um processo inocentemente chamado de *Santa Clara County vs. Southern Pacific Railroad* foi interpretado como se a empresa fosse uma "pessoa física" para os efeitos da Constituição. Em função disso, advogados de empresas começaram a argumentar que vários direitos constitucionais elaborados para assegurar as liberdades humanas deveriam agora ser aplicados também às empresas.

As conseqüências dessa decisão foram imensas, e recorre-se a ela até hoje. Uma quantidade ainda maior de casos julgados pelos tribunais confirmou o novo conceito de "pessoa jurídica" e as empresas começaram a reclamar direitos constitucionais. A Corte Suprema determinou que a Décima Quarta Emenda Constitucional, elaborada para garantir direitos iguais a escravos libertos, agora dava às empresas — que são, afinal de contas, "pessoas" jurídicas — o direito de não terem os seus "privilégios ou imunidades" "abreviados". Nenhum estado, diz a emenda, deve "privar qualquer pessoa de sua vida, liberdade ou propriedade sem o devido processo legal...". Em pouco tempo, juízes de todo o país usavam da decisão para derrubar leis locais, estaduais e federais criadas para proteger o cidadão dos abusos corporativos, salientando que, aos olhos da lei, uma empresa tinha tantos direitos quanto um escravo liberto — ou qualquer outro americano.

Dos 307 processos em trâmite nos tribunais sob a vigência da Décima Quarta Emenda entre 1890 e 1910, apenas 19 versavam sobre os direitos dos afro-americanos; os outros 288 foram instaurados por empresas. Em 1876, 12 anos após Abraham Lincoln ter escrito ao coronel Elkins, outro presidente dos Estados Unidos, Rutherford Hayes, lamentava a realização da profecia de Lincoln. "Este não é mais um governo do povo, pelo povo e para o povo", declarou ele. "É um governo das empresas, pelas empresas e para as empresas."[5]

Após o processo de Santa Clara, nada mais tolhia as empresas. Ao longo do século seguinte, os tribunais concederam às "pessoas" jurídicas o direito, com base na Quarta Emenda ("O direito individual de verem preservados sua pessoa, sua casa, documentos, e bens, contra buscas e apreensões infundadas"), de evitar que o governo realizasse inspeções sem mandado. A Décima Quarta Emenda foi usada novamente para derrubar impostos "discriminatórios" das empresas. Com fulcro na Primeira Emenda ("O Congresso não deve elaborar lei alguma... que cerceie a liberdade de expressão"), as empresas reivindicaram, com êxito, que propaganda, contribuições para políticos e dinheiro para influenciar eleições poderiam ser equiparados à "liberdade de expressão". Promulgar leis para impedir quaisquer dessas coisas era, portanto, considerado uma infração inconstitucional aos direitos de liberdade de expressão das "pessoas" jurídicas. Em 1976, a Corte Suprema determinou que estabelecer limites à quantidade de verba que as empresas poderiam doar para as campanhas políticas restringia inconstitucionalmente a liberdade de expressão da empresa.

Legalmente, para a alegria das empresas, tudo isso fazia sentido. Enquanto isso, no mundo real, os efeitos sobre a famosa democracia da América eram altamente desastrosos. Hoje em dia, os resultados são claros. A vida econômica e política nos Estados Unidos é dominada por "pessoas" jurídicas fictícias, que exercem mais poder e influência que qualquer pessoa física poderia

282 UM NÃO, MUITOS SINS

desejar. As empresas financiam eleições, detêm a maior parte da mídia, controlam grande parte da indústria reguladora criada para fiscalizá-las e dominam a economia nacional. Elas se aproveitam do apoio — político e não raro financeiro — do Estado, enquanto afastam muitas de suas leis. Auferem altos lucros enquanto tratam de incorrer nos menores gastos possíveis, seja ao cruzar o mundo em busca de mão-de-obra mais barata, seja ao repassar os custos de limpeza da poluição, que elas próprias geram, à sociedade como um todo. Seus diretores estão protegidos por lei de qualquer responsabilidade por dívidas ou crimes cometidos pelas empresas. Em resumo: poder — e lucro — sem responsabilidade.

Enquanto isso, a população — ou aquela camada que dispõe de recursos para tal, nessa que é a mais desigual das nações industrializadas — é compensada pela compra de sua liberdade com uma gama de bens de consumo que teria assombrado os pioneiros. As chances de essa população se engajar num debate nacional sobre as implicações de tudo isso são mínimas, ao passo que a grande maioria da mídia (de propriedade das empresas) e quase todos os políticos (financiados pelas empresas) sonegam as informações a respeito da questão com a qual o governo da Coréia do Norte poderia aprender um pouco.

De muitas maneiras, ao que parece, o povo americano voltou para onde se encontrava em 1776: suas vidas e seu governo giram em torno dos interesses das gigantes e incontáveis entidades com fins lucrativos, as quais pleitearam para si os direitos personalíssimos — e que estão lentamente sufocando o significado da sua Revolução.

— Pessoas jurídicas — diz Jeff Milchen, pensativo. — É um grande problema. A maioria das pessoas não entende nada disso, mas, pela minha experiência, quando ficam sabendo, não conseguem parar de pensar no assunto.

Ele está revelando algo para *mim*. Quanto mais eu descobria sobre o poder das corporações nos Estados Unidos, mais desanimado ficava. Eu sabia que as empresas influenciavam a vida americana de uma maneira que provavelmente não acontece em nenhum outro lugar da Terra — mas parece que eu não sabia nem metade disso. Agora eu me pergunto se o ideal de Paul

Cienfuegos — de submeter novamente as empresas à vontade das pessoas (seja lá qual for essa vontade) — poderá algum dia ser repensado. Será que pequenas tentativas como a Medida F conseguem derrubar esse gigante? Ou será preciso uma outra revolução para assegurar a vontade do povo?

Jeff Milchen crê que sim; mas ele tem um outro tipo de revolução em mente. Jeff mora em uma pequena casa de madeira em Boulder, Colorado, com a sua parceira e colaboradora, Jennifer Rockne, e com mais dois imensos cães, agitados e adoráveis. Como Paul Cienfuegos, Jeff e Jennifer têm uma visão ambiciosa para o futuro da América e, como Paul, eles estão fazendo algo por isso. Quando se conversa com eles, ouvem-se os mesmos argumentos, e até algumas das mesmas expressões; Jeff, ao que parece, foi um dos inspiradores de Paul. Ouve-se também o mesmo senso histórico — e o mesmo interesse em ressuscitar os direitos originais e conquistados com dificuldade pelo povo americano. A organização de Jeff, reclaimdemocracy.org, também se dedica, localmente, a tentar transformar esse tipo de conversa em realidade.

— Nós preferimos olhar para o papel original das empresas como um projeto — diz Jeff.

Ficamos na sala, tomando uma cerveja. Jeff é magro e falante, possui cabelos negros e uma barba que, diferentemente da de Paul, está sob rígido controle. Os cabelos de Jennifer são longos e castanhos; ela usa óculos e ri rápida e facilmente.

— O que aconteceu neste país há cerca de duzentos anos infelizmente faz muito sentido — prossegue Jeff. — Constituições rígidas, nenhum envolvimento político, cidadãos alienados, tudo isso mantinha as empresas num lugar que os cidadãos queriam que elas estivessem: subservientes, não dominantes. As empresas deveriam ser mantidas numa caixinha e nunca saírem de lá. A Reclaim Democracy nasceu de uma tentativa de se criar uma longa campanha. Nosso trabalho é gerar demanda por uma longa e sistêmica mudança política: reescrever o relacionamento entre as pessoas e esses interesses econômicos altamente dominantes chamados empresas.

O que eu gostaria de saber de Jeff é como se espera que isso ocorra. Na América corporativa do século XXI, isso é algo que parece estar a quilômetros de distância. As empresas são grandes, muito poderosas e dominantes. A maioria das pessoas parece suspeitar delas; algumas devem até concordar com Jeff sobre os problemas que elas causam. Mas o que pequenas organizações como a Reclaim Democracy poderão fazer em relação a isso? Jennifer ri.

— A grande pergunta — diz ela.

— Isso é parte do problema — admite Jeff. — O que nós buscamos é uma mudança sistêmica duradoura, e é difícil fazer com que as pessoas se concentrem nisso. Elas só reagem diante de crises imediatas, do ataque ao World Trade Center ao desmatamento que acontece em seu estado. Não é que essas lutas não sejam importantes, mas é preciso ser mais estratégico, pensar a longo prazo. Se você analisar a história, contudo, poderá encontrar precedentes. Um exemplo é o movimento de abolição da escravatura. Em 1820, quando o movimento abolicionista começou, houve gente que disse que não seria realista *abolir* a escravatura; que uma imensa parcela da nossa economia dependia dos escravos, que as pessoas dependem deles; que devíamos promulgar leis que declarassem que os escravos deveriam receber um tratamento humano, que deveria haver um código de conduta para os senhores de escravos a ser obedecido. Hoje em dia existem ativistas com abordagens parecidas: eles dizem que deveríamos lutar pela "responsabilidade social das empresas" ou exigir que a Agência de Proteção Ambiental proteja o meio ambiente para nós; tentando basicamente fazer com que as empresas causem menos prejuízo e tentando regulamentar a sua conduta. A abordagem é parecida.

Ele toma um gole de cerveja.

— Não concordamos com essa abordagem — diz ele. — Vemos a empresa como uma máquina, e, como qualquer máquina, ela também é desenvolvida para realizar uma tarefa específica: maximizar o retorno para os acionistas à custa de tudo o mais; crescer indefinidamente, transferir os custos para a sociedade como um todo, minimizar o retorno para os funcionários. Presumir que ela faça algo diferente disso é como esperar que uma torradeira faça algo completamente diferente de uma torrada. Querer que uma máquina seja "socialmente responsável" é uma grande perda de tempo.

Jeff fez uma observação relevante. Nos últimos anos, surgiu uma tendência para convencer as empresas a serem "socialmente responsáveis", tendência essa apoiada por todos, desde políticos a ativistas "reformistas", e até os próprios executivos de empresas, interessados em aceitar por bem ten-

SONHO CALIFORNIANO **285**

tativas voluntárias do que serem forçados pela lei a agir de forma diversa. Ainda assim, gente como Jeff e Paul rejeita essa abordagem quase tão firmemente quanto rejeita a própria autoridade corporativa. Uma "ficção legal", como Paul Cienfuegos a chamaria, é incapaz de tomar decisões morais; ela não pode ser "responsável". Uma empresa não pode ser moral ou imoral; ela é amoral, uma máquina programada para seguir estritamente a pauta do lucro financeiro. Tentar persuadi-la a se comportar, eles enfatizam, não leva ninguém a lugar algum.

— Por fim — continua Jeff —, os militantes do movimento abolicionista resolveram que seria necessário tomar uma posição firme: dizer, simplesmente, que a "escravidão era inaceitável". Quando o fizeram, quando adotaram a desobediência civil e decidiram ignorar a lei e mudar o paradigma existente, foram bem-sucedidos e alteraram a Constituição em sua essência. Eles transformaram o paradigma, bem como a lei, e mudaram os rumos da história americana.

Jeff é visivelmente um homem ambicioso.

— Nós queremos empreender uma mudança de paradigma semelhante — diz ele, confirmando as minhas suspeitas —, e persuadir outras pessoas a fazerem o mesmo. Ser audacioso e dizer, simplesmente: "Isto é o que é certo, isto é o que precisa ser feito, agora nós temos que descobrir como chegar lá."

Descobrir como chegar lá é, naturalmente, a parte difícil. A Reclaim Democracy resolveu que o ponto de partida é uma base local. Os supostos agentes da mudança de paradigmas da cidade de Boulder, como os de Humboldt, seguem o caminho pela intuição, porque ninguém lhes deu um mapa. Ainda assim, conforme Jeff e Jennifer me explicam durante o jantar, a distância percorrida em apenas alguns anos já é impressionante.

— Se você trabalha há trinta, quarenta anos, como nós — diz Jeff —, chegou a hora de mudar aos poucos a atitude de um grande número de pessoas. Não basta apenas trabalhar no seu pequeno segmento ativista, é preciso trabalhar com o povo, através do espectro político. Isso interessa tanto às pessoas de direita quanto às de esquerda.

Jeff e Jennifer têm diversas formas de trabalhar para fazer com que isso aconteça. Ele escreve artigos para qualquer um que os publique e dá palestras pelo país. Assim, existem várias iniciativas nacionais que emanam dessa casinha que fica no sopé das montanhas Rochosas: campanhas para tirar as empresas das escolas, para abrir os debates presidenciais nacionais a candidatos que não sejam dos dois principais partidos financiados pelas empresas (há um adesivo no carro raramente usado de Jeff que diz: "Eleitor não arrependido de Nader"), para apresentar leis que permitam o encerramento das atividades de empresas que cometam infrações graves.

Mas existem, naturalmente, as leis. Como os bons cidadãos de Arcata, a legislação é uma das vias que os agentes da mudança de paradigma de Boulder trilham. A iniciativa da Reclaim Democracy de reunir empresários locais e outros cidadãos em 2000 apoiou-se no Community Vitality Act (Lei da Vitalidade Comunitária). Como as iniciativas de Humboldt, essa lei procurava garantir o direito de as pessoas darem forma à própria comunidade. A lei iria exigir que a Câmara Municipal instituísse uma "preferência de compra local", garantindo que o dinheiro da cidade fosse gasto preferencialmente em empresas cujos donos fossem da cidade; assegurar que propriedades comerciais pertencentes ao município fossem arrendadas somente por empresas locais; e — a cláusula mais controversa — colocar um freio no número de cadeias de lojas em Boulder.

— Tudo o que queríamos era colocar um freio. Hoje, centenas de cadeias estão operando nesta comunidade, mas há também inúmeras empresas pequenas e comunitárias... a média está boa, foi o que dissemos, está certo, agora vamos pôr um freio, ver se as pessoas concordam que deveríamos parar por aqui. Isso provocou muita controvérsia e despertou muito interesse na cidade...

— Foi divertido! — ri Jennifer. — Alguém publicou um anúncio de página inteira em um dos jornais explicando por que a lei era uma má idéia. Nós adoramos aquilo. O nível de polêmica que gerou foi imenso.

— Foi divertido — admite Jeff. — É bom que o outro lado proteste contra a sua pauta para variar, em vez do contrário. Foi uma visão proativa e despertou o interesse do público de forma incrível. Um dos membros da Câmara Legislativa que está lá há 25 anos disse que foi, de longe, a maior manifestação pública que eles já haviam recebido a respeito de uma questão. O assunto realmente incomodou.

O debate desencadeado pela Lei da Vitalidade Comunitária de Boulder, tal como o pontapé inicial dado pela Medida F em Arcata, me impressiona como demonstração fascinante de quanta paixão pode ser inflamada por uma incursão ainda que leve no poder corporativo. A lei, afinal de contas, não foi criada para derrubar o castelo corporativo, mas por outro lado parece revelar como um ataque desses pode ser popular. O debate, como em Arcata, atingiu pelo menos parte do objetivo:

— Mesmo que num nível mais básico, ele fez as pessoas pensarem sobre como elas gastavam seu dinheiro e sobre quem estava tomando as decisões sobre a configuração da sua comunidade — diz Jeff.

No final, a Lei da Vitalidade Comunitária não decolou.

— A câmara a dissecou — explica Jennifer. — Mas eles também decidiram ver o que poderiam fazer para incorporá-la ao plano qüinqüenal da cidade... de modo que alguma coisa ainda pode resultar disso.

— Mesmo que não dê em nada, Boulder agora está pensando seriamente sobre as questões que Jeff, Jennifer e seus aliados levantaram. Lá no centro da cidade, notam-se as evidências.

Também se nota contra o que Jeff e Jennifer lutam. Na manhã seguinte, Jeff me levou à Pearl Street, centro comercial de Boulder. Em menos de uma década, de acordo com moradores, ele foi transformado. Lojas fecharam, cadeias se multiplicaram; e, como resultado, menos dinheiro é revertido para a comunidade por cada dólar gasto, as pessoas precisam ir mais longe atrás de produtos básicos, as empresas aumentaram o controle sobre os hábitos de compra locais e o lugar está começando — ainda que apenas começando — a se parecer com todos os outros lugares. Nesse ponto, Boulder está apenas trilhando o caminho que vem sendo seguido pela maioria das pequenas cidades dos Estados Unidos. Desde 1990, por exemplo, mais de 11 mil farmácias independentes fecharam suas portas no país. A participação de mercado das livrarias independentes caiu de 58% em 1972 para 15% hoje. Cinco empresas agora respondem por um terço de todas as vendas de comestíveis; duas respondem por um terço de todas as vendas de *hardware*; duas, por um quarto de todas as vendas de livros. A videolocadora Blockbuster responde por um em cada três filmes alugados; a Wal-Mart controla 7% do gasto nacional dos consumidores.[6] E a consolidação segue em frente.

288 UM NÃO, MUITOS SINS

Jeff e eu andamos pela Pearl Street enquanto nuvens azuladas anuncian-do chuva se concentram sobre as montanhas no horizonte, a oeste. Passa-mos por uma Sunglass Hut, uma loja de roupas caras e modernosa, por uma cafeteria, um bar, uma cafeteria, uma loja, uma cafeteria, uma Body Shop, uma Ben & Jerry's, uma Häagen-Dazs, uma cafeteria. Uma epidemia de cafeterias parece ter descido das montanhas. Muitas delas são Starbucks, dis-putando entre si quem derrota a concorrência local. O interessante é que as cafeterias locais reagiram oferecendo um produto diferenciado: mocha de chocolate branco, o qual tratei de tomar o máximo possível nos dias seguin-tes. É duro, mas eu me sinto preso ao dever de apoiar a economia local.

— Cinco anos atrás — diz Jeff —, este lugar era cheio de lojas onde as pessoas podiam comprar coisas *úteis*. — Ele olha desapontado para a rua em direção à filial da Banana Republic que fica na esquina. — Naquela época havia fazendas entre Boulder e Denver. Hoje há *shopping centers*. Estamos vi-rando um subúrbio.

Ele não está exagerando. Viajei de San Francisco a Denver, em um trem da Amtrak, por um cenário estonteante: os picos de Sierra Nevada; as areias brancas do deserto de Utah; o estreito pedaço de terra por sobre a água pelo qual passam os trilhos rumo a Salt Lake City; túneis e atalhos cortando as extensas montanhas Rochosas; homens pescando nos desfiladeiros do rio Colorado centenas de metros abaixo. Em Denver, peguei um ônibus que me levou por uma avenida de cerca de oito quilômetros de asfalto e néon, cheia de Taco Bells, Wal-Marts, McDonald's e Home Depots, até Boulder. Eu fi-quei de mau humor até a manhã seguinte.

Jeff, contudo, não é um sujeito inclinado a ver essas coisas sem fazer nada, e em 1998, com um pequeno grupo de empresários locais, fundou uma or-ganização com o propósito de reagir a essa situação. A Boulder Independent Business Alliance (BIBA), uma aliança de empresas locais, nasceu do traba-lho que ele estava realizando com a Reclaim Democracy, e significava uma outra maneira de restringir a influência das grandes redes na cidade. A BIBA começou com poucos membros e agora possui 150, de livrarias a cafeterias, de bares a videolocadoras; e até um pequeno banco. Caminhe pela Pearl Street e observe atentamente as vitrines: várias delas possuem adesivos com o logo BIBA. As empresas locais estão no páreo de novo.

SONHO CALIFORNIANO **289**

— Nós queríamos — explica Jeff — criar um modelo de empresas locais e independentes que possam interromper e, quem sabe, inverter o processo das cadeias nacionais e transnacionais, dando força a empresas independentes centradas na comunidade; quem sabe não seria também uma fonte de inspiração para outras comunidades no mundo. Criar a BIBA significava trabalhar com pessoas reais: gente comum, empresários, não "ativistas". E o interessante é que ela atrai gente muito diferente. Resistir a uma cadeia nacional que pode abrir uma filial onde quer que deseje sem a participação da comunidade local é uma idéia que seduz as pessoas, seja qual for sua crença política. Esse tipo de idéia realmente atrai muita gente diferente. Quase todos dizem: "Nossa, é isso mesmo, nós temos o direito de dizer não às corporações — elas não têm o direito de fazer isso com a gente. Quem disse que não temos o direito de definir como nossa comunidade deve ser?"

A BIBA deu certo, e ainda está crescendo. Seus membros formam cooperativas de compradores que desejam obter melhores negociações, trabalham com a assembléia municipal para promover as empresas locais e fazem campanha para afastar mais cadeias, produzem um catálogo de empresas locais e cartões de desconto para clientes habituais. Quatro anos depois, a organização tem duas equipes trabalhando em tempo integral, e Jeff deixou de dirigi-la para levar sua idéia para o país. A BIBA foi, até onde ele sabe, a primeira aliança comercial independente nos EUA. Inspiradas nela, outras se espalharam pelo país. Quando cheguei à cidade, Jeff havia acabado de receber os documentos que oficializavam a existência de um próximo passo em seu projeto de restaurar a América das pequenas cidades: a AMIBA, a American Independent Business Alliance.

— Gosto de me manter ocupado — esclarece.

No apoio à BIBA, Jeff é quem supre o entusiasmo, mas é David Bolduc quem entra com o dinheiro. Bolduc é dono da Boulder Bookstore, na Pearl Street. Ele é alto e lento ao falar. Possui a barba costumeira dos agentes da mudança de paradigmas. Fui encontrá-lo em meio aos *displays* e às ofertas especiais.

— Muitas cadeias de livrarias começaram a vir para cá há uns seis ou sete anos — conta ele —, o que serviu de estímulo para mim. Nós nos juntamos e perguntamos: "O que podemos fazer? O que nos faz diferentes deles?" A resposta evidente foi o fato de sermos do lugar, mas precisávamos raciocinar sobre como isso era importante, e o que realmente significava. Acho que uma cidade, um lugar, uma região tem uma espécie de identidade da qual as pessoas gostam, que as faz se sentirem orgulhosas de viver ali, que elas desejam preservar ou, pelo menos, querem definir como essa identidade deve mudar e em que termos. Mas, francamente, se eu não fosse lá e apostasse o meu dinheiro nisso, e se outros como Jeff não tivessem feito o mesmo, nada teria acontecido. Nada acontece por si mesmo, se as pessoas dão valor a alguma coisa do lugar onde moram, precisam agir, pois ninguém mais vai fazer isso por elas.

A Boulder Bookstore existe há cerca de 28 anos. A filial local da Borders — uma das duas maiores cadeias de livrarias nos EUA — instalou-se há menos de cinco anos. Desde a criação da BIBA, e desde o debate acerca da Lei da Vitalidade Comunitária, algo estranho aconteceu — a receita de Bolduc, apesar da presença da Borders, aumentou.

— A idéia de uma nação de lojistas — me diz ele, enquanto caminha pela loja apontando diversos livros que ele acha que devo comprar — foi uma parte historicamente muito importante da visão original americana; uma nação de donos de pequenas propriedades e comerciantes locais independentes. Numa cidade como Boulder, pode-se falar dessas coisas que as pessoas compreendem; as pessoas conversam com você sobre isso. A BIBA e o debate sobre a Lei da Vitalidade Comunitária fizeram uma verdadeira diferença para as atitudes locais. A Borders inaugurou sua loja na rua há uns cinco anos, e não parece ter me afetado. Possivelmente, até me ajudou. Não consigo imaginar outra cidade em que isso pudesse acontecer. E é só um boato, mas ouvi dizer que a filial da Borders na cidade é uma das que apresentam pior desempenho no país. — Por um instante, ele reflete sobre as conseqüências disso. — Sabe — diz, inexpressivo —, isso me faz sentir muito mal.

— Em algum ponto — diz Jan Edwards —, a gente tem de fazer mais do que sair em passeatas ou fazer fantoches. Quer dizer, é muito divertido, mas, num dado momento, se você deseja realmente promover uma mudança, é preciso alguém sentar e ler tudo sobre legislação. — Ela dá um suspiro. — Eu simplesmente não acredito que esse alguém tenha que ser eu.

Tive que alugar um carro para achar Jan. Não há outro jeito de chegar àquela casa de madeira, clara e ventilada, rodeada por bosques de pinheiros e bétulas, onde ela vive com o marido, Bill Meyer, na costa agreste do norte da Califórnia. Paul Cienfuegos me disse que eu devia visitar Jan e Bill, um encantador casal de seus quarenta e poucos anos que se autodenominava anarquista e que havia abraçado a mudança de paradigma corporativo. Jan tem cabelos negros e está de muletas — fraturara o tornozelo. Bill usa barba. Assim como o amigo, Doug Hammerstrom, que lá estava quando cheguei. Doug se parece um pouco com Donald Sutherland e veste uma camiseta azul com uns sapos estampados. Estou atrasado, mas ninguém se importou. Afinal, estamos na Califórnia.

— Quer um biscoito? — pergunta Jan. — Acabei de fazê-los. Ainda estão quentinhos. — Parecia rude recusar, então aceitei o biscoito e um copo de leite. Podem me chamar de contra-revolucionário burguês, mas esse é meu tipo de anarquismo.

Bill, Jan e Doug também são membros da dispersa, porém crescente, tribo de americanos que se preocupam com o lugar ocupado pelas empresas na sociedade. Amigos de Paul Cienfuegos e Jeff Milchen e de outros como eles, também comparam seu trabalho ao abolicionismo, comparam empresas a torradeiras e usam a palavra "paradigma" de cabeça erguida. Também discutem questões jurídicas específicas, detalhes constitucionais e como mudar a lei. Jan, Bill e Doug, especialmente Jan, são o tipo de amadores corajosos que impulsionam quase acidentalmente a mudança social por séculos, diante do escárnio dos especialistas. Jan diz que esse pensamento é que a faz continuar.

— Encontrei coisas na Constituição que nem os advogados se deram conta — diz ela, enquanto nos sentamos em torno de uma grande mesa redonda de madeira. Vemos as bétulas balouçando suavemente através das janelas. — Subterfúgios e outras coisas. Tenho muito menos formação do que esses aí — acrescenta, apontando para Bill e Doug.

— No sentido acadêmico formal — corta Bill, apressadamente.

— Pois é, não sou advogada. Na verdade, eu trabalhava em teatro, mas isso já significa que não vejo as coisas da mesma maneira que todo mundo. Isso pode ajudar. Comecei a me envolver quando ouvi no rádio alguém falando sobre pessoas jurídicas. Mergulhei no assunto, fiquei indignada, pus um anúncio no jornal para ver se mais alguém se sentia injuriado e Doug respondeu. Na verdade, ele foi o único que respondeu ao anúncio.

— Eu? — pergunta Doug surpreso.

— Bem, essencialmente. Começamos a reunir pessoas para ver se havia algo que pudéssemos fazer por aqui para desafiar esses privilégios das pessoas jurídicas. Durante muito tempo eu me preocupei com as corporações e refleti sobre o que podia ser feito para controlar suas atividades. Percebi que não podíamos atacá-las porque elas eram como nós, eram pessoas, por Deus, pessoas que tinham os mesmos direitos que nós! É claro que não podíamos atacá-las. Pensamos então em conseguir criar uma lei, na eleição local, para revogar a pessoa jurídica, mas descobrimos que isso não era possível, não é legal votar para tirar os direitos de uma pessoa! — Ela ri.

— O que é uma coisa boa também — comenta Bill —, senão certas pessoas tentariam retirar os direitos de algumas partes da comunidade bem rápido...

— E eu não era muito favorável à criação de uma lei — diz Doug. — Não acho que as pessoas estivessem prontas para isso ainda. Eu preferia algo simbólico, e foi a isso que acabamos chegando.

— Embora não seja totalmente simbólico — adverte Bill. — Mesmo não tendo sido transformado em lei, é posição oficial da cidade o fato de que as empresas não devem ter os mesmos direitos que as pessoas.

Os três falavam a respeito da resolução da cidade de Point Arena sobre pessoas jurídicas, que era ignorada pela cidade, graças a Bill, Jan, Doug e várias outras pessoas, em abril de 2000. Seguindo o padrão agora familiar de apresentar uma proposta local, deflagrar um debate acalorado e depois torná-la oficial, eles persuadiram a Câmara Municipal da cidade vizinha de Point Arena a aprovar a resolução declarando que, na visão da cidade, as empresas não eram, afinal, "pessoas" subordinadas ao direito. Eles citaram o parecer de um juiz da Corte Suprema que dissera o mesmo em 1938. A resolução, tal qual a Medida F de Arcata, também resolvia que a Câmara "incentivaria uma discussão pública sobre o papel das empresas na vida das pessoas e estimularia outras cidades a promover debates públicos semelhantes".

A resolução de Point Arena foi o primeiro instrumento a rejeitar a pessoa jurídica em qualquer parte dos Estados Unidos, e não parece ter sido o último; outras cidades no país estão levando em consideração movimentos parecidos. Embora Bill diga que a resolução seja "basicamente desdentada", ela foi, como sempre, uma ferramenta educativa para a comunidade local, que não fazia idéia de que as empresas eram "pessoas" ou por que isso importava tanto.

Jan, que estava remexendo em um arquivo, me entrega uma folha de papel.

— Isto aqui é uma lista que nós fizemos relacionando o que realmente mudaria se não tivéssemos pessoas jurídicas — diz ela.

"Nós" vem a ser um respeitável grupo de ativistas da Women's International League for Peace and Freedom — WILPF (Liga Internacional de Mulheres pela Paz e Liberdade), criada no início do século XX para lutar pelos direitos da mulher, cuja filial nos Estados Unidos adotou a abolição da pessoa jurídica como uma de suas campanhas nacionais. A WILPF está tentando fazer com que cinqüenta cidades americanas adotem resoluções como a de Point Arena, em 2005, e transformem a pessoa jurídica num tema nas eleições presidenciais de 2004; ainda que Osama bin Laden possa ter acabado com as chances de incluir o tema na agenda nacional por algum tempo.

Revogar a pessoa jurídica, alega a lista de Jan, permitiria que as esferas de governo municipal, estadual e federal tomassem certas providências que as empresas atualmente alegam ser uma violação de seus direitos constitucionais. Proibir a atividade política, por exemplo; cassar os alvarás por referendo popular; permitir que os órgãos do governo inspecionem as instalações das empresas sem avisar; acabar com os anúncios publicitários de produtos perigosos, como armas ou cigarros (hoje em dia protegidos pela "liberdade de expressão"); evitar as fusões prejudiciais ou limitar o porte e o escopo das empresas. O potencial, diz ela, é imenso.

E Jan é uma pessoa otimista. Ela passou os últimos cinco anos pesquisando profundamente o tema da pessoa jurídica (já vi o bastante para saber que este é um tipo de assunto que obceca todas as pessoas envolvidas nele). Ela leu processos, dissecou a Constituição, escreveu artigos, compilou histórias; e acha que a luta para acabar com a pessoa jurídica, embora demorada, pode ser vencida. Ela existe, ressalta Jan, por causa da interpretação da Constituição feita por alguns juízes da Corte Suprema. Mas foi uma outra interpretação da Corte Suprema dessa mesma Constituição que decidiu que as mulheres não podiam votar; e outra ainda que determinou que a segregação racial era constitucional. Ambas foram derrubadas por campanhas populares maciças, conta Jan; esta também pode ser.

— Isso faria diferença — diz. — Faria, sim. Tudo bem, temos as leis internacionais também, os acordos da OMC, o Nafta, e todos eles cultuam o poder corporativo. Mas se começar a ser derrubada nos Estados Unidos, que é a pátria da corporação moderna, começa-se a dar corpo a algo incrivelmente importante. Certo, tudo o que fizemos aqui foi aprovar uma resolução municipal. Mas tudo começa em algum lugar. Gosto de ver Point Arena como um ponto vulnerável na casca da América corporativa; uma rachadura que podemos começar a abrir. O anarquismo começa em casa! — Ela dá um largo sorriso. — Pegue mais um biscoitinho.

Se Point Arena — e Humboldt e Boulder — são realmente pontos fracos na armadura da América corporativa, não são as únicas. De fato, as rachaduras parecem estar aumentando. Nas poucas semanas que passei nos Estados Unidos, descobri algumas outras em Santa Cruz, outra cidade da Califórnia, ao sul de San Francisco, onde conheci Lois Robins, uma mulher determinada, de seus setenta anos, que reunira um grupo de pessoas otimistas para tentar mudar a lei estadual. Conversei com ela em sua sala de estar, onde vários moradores do local estavam discutindo um plano para introduzir uma nova lei que regulamentasse o crime corporativo. Eles haviam se apropriado da linguagem dos políticos de direita que, nos últimos anos, popularizaram a idéia de uma lei para criminosos do tipo "três golpes e você está fora", ou seja, se alguém fosse pego três vezes cometendo o mesmo crime, estava ferrado. Lois e sua turma queriam uma lei assim para o crime corporativo.

Segundo a lei proposta por eles, se uma empresa com sede na Califórnia "violasse a lei" três vezes, num período de dez anos, seu alvará seria cassado e a empresa, fechada. Estarrece-me que se tal lei existisse no Texas provavelmente as atividades da Enron teriam sido interrompidas há muito tempo. O crime corporativo, explicava Lois, custa à população muito mais do que o crime cometido por um indivíduo, e é muito mais provável que permaneça impune.

— Se um guarda parar você na rua — disse-me Len, um dos ativistas —, ele pode transmitir por rádio seu nome e o número de sua placa e obter detalhes sobre tudo que você fez até a última infração. Mas se uma empresa estiver despejando lixo tóxico na baía e você quiser saber se já fizeram isso antes, terá de revirar as gavetas de arquivos durante vários meses. Não há um banco de dados de crimes corporativos, e quase nenhum controle. As empresas têm as vantagens legais de pessoas sem as responsabilidades legais correspondentes.

Estes ativistas de Santa Cruz terão de reunir 175 mil assinaturas de apoio à idéia deles apenas para incluí-la nas votações californianas; para isso, diz Lois, precisarão de muito tempo e dinheiro, e isso antes mesmo de pensar em promovê-la. Ainda que isso aconteça, o conceito já inspirou outras pessoas. Em Sacramento, capital do estado da Califórnia, Nancy Price e Ben Sher me disseram que gostaram da idéia, mesmo sem muita certeza quanto à sua praticabilidade. Nancy e Ben dirigem a filial da Alliance for Democracy (Aliança pela Democracia), uma organização nacional fundada em 1996 que se autodescreve como um "movimento neopopulista" que visa obter apoio popular para acabar com "a dominação de nossa economia, nosso governo, nossa cultura, nossos meios de comunicação e nosso meio ambiente pelas grandes corporações".[7] Existem mais de trinta filiais espalhadas pelo país, entre elas uma em Point Arena dirigida por Jan e Bill. A Alliance for Democracy, como todas as outras que conheci, mesmo voltadas para a política e a influência das corporações na vida dos americanos, também se vê como parte de um movimento global, de uma tendência global. Representantes da Alliance for Democracy estiveram no Earth Summit de Johannesburgo, em 2002, denunciando grandes empresas e realizando debates sobre como controlar o poder corporativo em nível global; debates esses que pessoas como Jeff Milchen e Paul Cienfuegos esperam que ajudem a repensar o relacionamento entre as pessoas e as corporações.

A quase cinco quilômetros dali, em Cape Cod, Massachusetts, conheci Mary Zepernick e Virginia Rasmussen, que trabalham para a organização que inspirou todas as campanhas a que assisti nos Estados Unidos. O Poclad — Programme on Corporations, Law and Democracy — é a instituição responsável por boa parte do trabalho intelectual que pessoas como Paul Cienfuegos e Jeff Milchen estão realizando. Virginia descreve parte desse trabalho como "treinamento de treinadores". Mary o vê como um plano para se concluir o trabalho iniciado pela Revolução Americana: instaurar a verdadeira democracia.

— Essa era a promessa — diz ela —, mas nunca foi cumprida. Poclad trata apenas de contestar a autoridade das corporações para governar: não é nem anticorporativo.

Por todos os Estados Unidos, esse "debate democrático" prossegue em níveis cada vez mais altos.

Fiquei intrigado, e até impressionado, com muito do que vi nos Estados Unidos. Realmente parece possível que se comece no mínimo a desafiar o poder corporativo em nível local, e a engajar as pessoas no debate sobre democracia, autoridade e poder privado. É algo que pode acontecer, de diferentes modos, em alguma parte do mundo. Mas ainda há questões difíceis a serem levantadas e há, me parece, falhas nesse modelo de ação. A maior parte das leis e das resoluções sancionadas, por exemplo, é em princípio simbólica. Mesmo que não fosse, como uma empresa reagiria? Ela muito provavelmente reagiria, digamos, à iniciativa dos "três golpes" da californiana Lois Robins transferindo sua sede da Califórnia para outro lugar. Por mais forte que uma lei local seja, não será suficiente. Depois há a rede internacional de regras comerciais, a maioria redigida com influência das próprias empresas e favorecendo as multinacionais. Mesmo sem a "pessoa" jurídica que muitos ativistas americanos desejam abolir, a OMC, o Nafta e vários outros acordos de comércio, oficiais ou não, continuariam confinando a América e o mundo a um modelo corporativo de livre comércio. O comércio global baseia-se em empresas gigantes. Cerceá-las alteraria esse modelo de forma drástica: uma boa idéia, a maioria dos ativistas parecem concordar; mas muito difícil de implementar, e com graves implicações.

Mas também me parece que tudo isso, embora verdadeiro, vai perder um pouco a importância. Pois o valor de tudo que Jeff, Paul, Lois, Bill, Doug, Jan, Mary, Virginia e tantos outros nos Estados Unidos estão fazendo não está tanto nas mínimas mudanças de leis, resoluções, alianças comerciais e tudo o mais, mas no debate público que elas trazem e no apoio que conquistam por onde passam. Como já disse tantas vezes, essa é uma campanha de longo prazo para deslegitimar a autoridade corporativa — o começo da energia que desencadeará a mudança. Pode ou não funcionar — ainda que funcione, pode tornar-se algo diferente do que os ativistas de hoje imaginam. Entretanto uma coisa parece certa: a construção de uma base popular será sua pedra angular. Sem o apoio popular, nada de muito significativo irá mudar. Com ele, tudo parece possível.

Com o apoio popular tudo pode acontecer. Não seria a primeira vez, pois os Estados Unidos têm uma tradição populista oculta mas forte. E a última vez que ela veio à tona e tomou o poder corporativo em escala nacional foi no final do século XIX, quando um movimento chamado Farmers' Alliance (Aliança dos Agricultores) espalhou-se pelo país com a intenção de destruir os monopólios industriais e agrícolas, derrubando o poder dos ricos financistas no interior e devolvendo a democracia ao nível local, num país cada vez mais dominado por "pessoas" jurídicas recém-legalizadas. A essa altura, a Aliança dos Agricultores possuía 1,5 milhão de membros, com uma organização paralela, a Colored Farmers' National Alliance (Aliança Nacional dos Agricultores Negros), que contava com outros dois milhões de agricultores afro-americanos comprometidos com um objetivo que parece contemporâneo: "Proteger nosso povo dos abusos onerosos e vergonhosos que as classes industriais estão sofrendo nas mãos dos arrogantes capitalistas e das poderosas empresas."

Nos anos 1890, a Aliança dos Agricultores vinculou-se a democratas desiludidos e outros para formar o terceiro partido mais influente da história americana — o Partido Populista, dedicado à reforma política, ao controle das empresas e à proteção da agricultura. Nas eleições de 1890, os populistas elegeram senadores e representantes; em 1892, seu candidato à presidência obteve mais de um milhão de votos.[8]

O partido acabou, mas muitas de suas idéias sobreviveram e ainda vivem. Várias pessoas que conheci alegaram inspirar-se nos populistas. Se algo semelhante a ele acontecesse de novo, as ondas de seu impacto, emanando da fonte do poder econômico mundial, certamente seriam globais.

Hoje, com a população americana aparentemente persuadida pelos ataques terroristas e um desejo de unidade nacional incentivado pelo mais venal governo corporativo já visto em décadas, o sucesso desse movimento popular contra o envolvimento corporativo na democracia pode parecer mais remoto do que nunca. Mas não será. As iniciativas que vi na Califórnia e no Colorado, por exemplo, não são os únicos sinais estimulantes de resistência local ao controle corporativo da República. Quanto mais você procura, mais será capaz de ver.

298 UM NÃO, MUITOS SINS

Em 1993, a pequena cidade de Greenfield, em Massachusetts, foi às urnas contra o plano de construção de um supermercado Wal-Mart na cidade. O mentor da campanha, o ex-jornalista Al Norman, fundou um movimento nacional, o Sprawl-Busters, voltado para o fortalecimento das comunidades em todo o país contra o canibalismo das megacadeias varejistas. Mais de trinta cidades rejeitaram a Wal-Mart e outras grandes cadeias. Carmel e Solvang, duas cidades da Califórnia, baniram todas as cadeias de restaurantes. Palm Beach, na Flórida, e Santa Cruz, na Califórnia, decretaram leis limitando as operações das cadeias. Plymouth, em Massachusetts, proibiu as *box stores*, ou atacadões, em partes da cidade. E nove estados adotaram leis proibindo as empresas de se envolverem na agricultura. Haverá mais, sem dúvida.

E não é só em âmbito local: cada vez mais o descontentamento atinge proporções nacionais. Em 1999, por exemplo, algo notável aconteceu. Uma senhora de 89 anos, Doris Haddock — ou Granny D (Vovó D), como logo ficou conhecida — começou a viajar pelos Estados Unidos para protestar contra o envolvimento das grandes empresas na política. Apesar da idade, do enfisema e da artrite, essa senhora percorreu cerca de cinco quilômetros da Califórnia a Washington DC fazendo campanha por uma legislação que impedisse que o dinheiro das empresas fosse usado na política. Ela fez discursos em vilarejos e cidades ao longo do caminho, atraindo milhares de pessoas. Congressistas participaram da caminhada com ela e por toda parte pessoas expressavam o apoio a seu intento. Uma pesquisa de opinião da ABC News, realizada em setembro de 2000, foi sintomática: constatou que 63% dos americanos acreditavam que "as grandes corporações possuem poder demais para o bem do país".[9] Quando Doris chegou a Washington, milhares foram felicitá-la. Ela disse a eles, assim como a outros, que seu objetivo era "combater a ganância e a corrupção que se interpuseram entre nós e nossa autogovernança".[10]

As empresas, segundo a Vovó D, são "porcos na gamela pública". Milhares de pessoas surgiram para apoiá-la. Em março de 2001, enquanto o Congresso debatia um projeto de lei para pôr fim a pelo menos uma parte do dinheiro corporativo que inunda a política americana, Vovó D marchou em torno do Capitólio continuamente durante sete dias. Para tristeza da administração Bush, o projeto de lei foi aprovado.

O que é fascinante, e peculiarmente americano, nisso tudo é que está baseado no apelo ao patriotismo — às idéias originais da Revolução. Liberdade, autogoverno, independência e democracia: o governo do povo, pelo povo e para o povo. Um apelo assim pode unir, e une, direita e esquerda, jovens e velhos, numa luta por uma nova democracia americana, fundamentada no melhor espírito democrático de 1776. Assim, também, utiliza os instrumentos daquela democracia — leis locais, votações etc. — para alterar, ou talvez restaurar, a essência do relacionamento entre cidadãos e empresas. Para reposicionar o povo como autoridade e as empresas como postulantes, em vez do contrário, como é o caso hoje em dia. Será que um novo movimento populista surgirá na América? Se a resposta for sim, ele certamente brotará dessas sementes, plantadas no cerne do domínio corporativo e cultivadas por seus supostos beneficiários.

9 A tempestade iminente

"Primeiro ignoram-te, depois riem-se de ti, a seguir tentam combater-te, até que por fim tu vences!"

MAHATMA GANDHI

"Pelo que vemos agora, nenhuma reforma no mundo político deve ser considerada improvável. É uma era de revoluções, deve-se esperar de tudo."

THOMAS PAINE, 1791

Quarta-feira, 12 de junho de 1381 — o dia estava ensolarado. Em Blackheath, uma antiga faixa de terra a uns oito quilômetros a sudeste da Londres medieval, os pássaros cantavam. Era véspera de Corpus Christi, e nos gramados uma multidão de camponeses ingleses estava reunida. Alguns ouviam o sermão pregado por um padre chamado John Ball. Ball ensinava mais do que os evangelhos — ele falava de revolução, recomendando às massas reunidas para "livrarem-se de todos os senhores, arcebispos, abades e priores",[1] abolir o feudalismo e a servidão e tomar as terras da Coroa e da Igreja.

À volta dele, camponeses de Kent, Essex e mais além afiavam as adagas e preparavam os arcos. Havia mais de cem mil deles, irritados, exaustos e impacientes. Eram os camponeses, os servos feudais; escravos virtuais no último degrau da hierarquia feudal. Agora eles se insurgiam contra seus senhores.

Era uma revolta sem precedentes e completamente inesperada. Mas não sem uma razão. Durante décadas, os camponeses foram oprimidos por leis que restringiam seus salários, por punições extremas para crimes menores, pela corrupção e a ganância da Igreja e da elite, e por um desinteresse deliberado em seu infortúnio por parte do rei e do governo. A gota d'água havia sido um "imposto de capitação" cobrado deles por um Parlamento ávido por dinheiro. Em maio de 1381, os camponeses de Essex começaram a atacar os cobradores. Daí por diante, o movimento espalhou-se rapidamente para Kent, Norfolk, Lincolnshire e outros lugares. Em poucos dias, exércitos de camponeses marchavam para a cidade enforcando advogados e cobradores de impostos e queimando as casas do clero e dos bem-nascidos. Juntos, eles partiram para Londres.

Quando alcançaram os arredores da capital, os rebeldes tinham um líder — "um certo Watt Tyler de Maidstone" —, possuíam armas e eram muitos, e já haviam varrido tudo que encontraram pela frente. Suas queixas iniciais haviam evoluído para uma análise radical da situação em que se encontravam

— alimentada pelas pregações revolucionárias de John Ball e a autoconfiança de Watt Tyler. Agora eles queriam mais do que a diminuição dos impostos e a justiça — eles queriam o fim da servidão, o rompimento com a Igreja, uma mudança radical nas relações sociais e na organização econômica.

Em Blackheath, os Comuns procuraram o rei. O exército camponês pedia uma audiência com o monarca recém-coroado, Ricardo II, com apenas 14 anos de idade. Eles tinham exigências a fazer — e acreditavam que ele as atenderia. Apesar de tudo que falavam a respeito de uma mudança radical, apesar de não simpatizarem com a elite dominante nem com os ministros corruptos, confiavam em seu rei. O sistema estava desgastado, eles sabiam, mas o rei tinha poder para restaurá-lo. Ele fora eleito por Deus para ser seu mestre legítimo. Eles achavam que se pudessem expor-lhe a questão, o rei os ouviria e compreenderia a razão — e recolocaria o sistema nos trilhos novamente.

Mas o rei não apareceu. Ofendidos, os camponeses tomaram Londres de assalto, avançando pelos portões e lançando fogo nas ruas da cidade murada. Durante três dias eles queimaram as casas dos ricos, invadiram igrejas e templos, mataram clérigos, advogados e conselheiros reais e libertaram prisioneiros. Arrancaram o arcebispo de Canterbury de suas orações e o decapitaram. Depois cercaram o rei-menino e seus aterrorizados ministros na Torre de Londres e se recusaram a sair enquanto não fossem ouvidos.

Contudo, a multidão reunida fora do palácio de Ricardo ali chegara não para enterrá-lo, mas para salvá-lo — salvá-lo de conselheiros corruptos e dos erros de seus ministros, de um sistema que não estava mais funcionando. Por fim, eles não queriam uma revolução, mas uma reforma. Queriam uma Inglaterra melhor e mais justa, e confiavam no rei para libertá-la. Isso era, enfim, o que se supunha que o feudalismo fosse: a nobreza cumprindo seu dever com as classes inferiores. Esse era o acordo. Eles acreditavam que o rei persistiria nisso. E essa convicção foi o que os arruinou.

O rei concordou em se reunir com os rebeldes em Smithfield, nos arredores da cidade. Watt Tyler percorreu os milharais para encontrá-lo. "Por que vocês não voltam para o campo?", perguntou Ricardo. Eles não voltarão, respondeu Tyler, até que o rei lhes dê o que desejam. Eles queriam a supressão das leis criadas para reprimir os pobres; o fim da ilegalidade; a abolição de todos os senhores e bispos, exceto o rei e um arcebispo. Queriam que todos os bens e as terras da Igreja fossem divididos entre o povo e que todas as terras dos senhores e dos barões se tornassem propriedade pública. Finalmente, queriam o fim da servidão — pois "todo homem deve ser livre".

A resposta do monarca foi simples: ele concordava. Os rebeldes tinham a sua palavra, disse ele, suas exigências seriam atendidas. O sistema seria restaurado e o rei promoveria a reforma. Afinal, era interesse de todos que os poderosos cumprissem suas responsabilidades. Agora, completou o rei, Tyler podia levar seu povo de volta para casa.

Tyler foi pego de surpresa. Não esperava que o rei concordasse em atendê-los. O soberano o chamou para um brinde e lhe ofereceu um copo de cerveja, que ele bebeu "de maneira rude e vil diante do rei". Um dos valetes de Ricardo o insultou por seu comportamento grosseiro. Deu-se uma briga. Tyler portava uma pequena adaga. Os homens do rei sacaram suas espadas. Em poucos segundos, um deles atravessou Tyler com sua espada. Watt Tyler estava morto.

Quando viram o que tinha acontecido, os camponeses entraram em pânico. Com o líder morto, ficaram perdidos. Alguns pegaram seus arcos e começaram a atirar no destacamento real. Sem pestanejar, o jovem rei partiu na direção dos plebeus amotinados. Tyler, ele gritou, traiu vocês; ele era um traidor. Agora eles tinham um novo líder — o próprio Ricardo. "Eu serei vosso rei, vosso comandante e vosso líder", exclamava.[2] E os camponeses acreditaram nele. A multidão caiu de joelhos em sinal de gratidão, implorando o perdão de seu senhor por terem duvidado dele. A rebelião chegava ao fim.

Os milhares de camponeses voltaram para casa e se prepararam para a vida melhor prometida pelo rei. Mas Ricardo não atendeu a nenhum de seus apelos. Ao contrário, mandou soldados prender os líderes da rebelião e os enforcou. Meses de sangüinária represália assolaram Kent e Essex. O que parecera, poucos dias antes, uma irresistível ascensão dos marginalizados contra a elite dera em nada. "Essa manifestação", escreveu um historiador, "assumiu grandes dimensões, espalhou-se por todo o horizonte, varreu o interior do país com a violência de um tufão, tornou-se uma ameaça geral de destruição e então, de repente, acabou tão inexplicavelmente quanto surgira."[3] A tempestade passara. O feudalismo estava a salvo.

*

Hoje, no início do século XXI, estou em minha escrivaninha pensando nos lugares onde estive e no que vi. Estou pensando em uma nova revolta dos marginalizados; uma nova tempestade ameaçando lá fora, longe do alcance dos radares dos poderosos. Blackheath, os bispos e os barões parecem, hoje, muito distantes — eu, também, me sinto muito distante, diante de uma tela de computador, em meio a um inverno inglês. Daqui, sem muito esforço da imaginação, pode parecer igualmente improvável mudar a maneira como o mundo funciona. Mas creio ser possível. Na verdade, acho que já está acontecendo.

O que eu presenciei, nos cinco continentes, foi um movimento popular em crescente evolução, conduzido pelos pobres dos países "em desenvolvimento" e agora nos países ricos. Trata-se de um movimento de pessoas que se sentem excluídas. Excluídas da riqueza que outros esbanjam, pelas forças econômicas sem rosto. Excluídas de uma função em seu próprio governo, pelo poder privado ilegítimo. Excluídas de sua própria terra, de seus recursos tradicionais, de seu modo de viver, por leis comerciais ditadas no outro hemisfério. Excluídas de qualquer outro significado que não seja o dinheiro e de qualquer outra meta que não seja o crescimento, por um consumismo ilimitado.

Para essas pessoas — milhões e milhões —, globalização é exclusão. É um sistema, um processo, que exclui mais e mais pessoas a cada ano; um sistema que se desenvolve afastando crescente número de pessoas do que elas precisam, desejam ou valorizam. É essa exclusão que cria esse movimento, e que está se intensificando à medida que a raiva se espalha e a resistência continua a crescer.

Começou uma nova marcha em direção à capital. E quanto mais eu penso sobre isso, mais vejo semelhanças entre 1381 e 2003; as lições que talvez possam ser tiradas da intempérie enfrentada — apenas — pelo rei Ricardo II e que está atualmente sendo nervosamente confrontada pelos novos governantes do mundo. Talvez elas sejam as lições que esse movimento já está aprendendo.

A confiança no líder, por exemplo, pode ser fatal: se Tyler estiver morto, o que você faz? Revoltas espontâneas podem ser muito eficazes; e também podem desaparecer com notável velocidade se não forem bem organizadas, focadas e persistentes. Quando um rei ou uma empresa promete trabalhar para você pelo bem geral, preste atenção aos sinais. Quando marcha para a cidade, você não pleiteia — exige. É a única maneira de fazê-los parar para ouvir.

A lição mais importante, contudo, é a mais antiga de todas: o poder nunca é concedido, ele é sempre conquistado. Você pode reunir uma infinidade de gente, derrubar palácios, arrasar a capital, clamar por mudanças radicais — mas se espera alcançar essa mudança crendo em um sistema inerentemente injusto, que prospere pela desigualdade, é bem provável que fique desapontado.

Se isso soa como um discurso revolucionário, não vou me desculpar. Escrevi no início deste livro que se tratava de uma revolução e não apenas de uma figura de linguagem. Talvez não uma revolução no sentido ensinado pela história recente: não uma série de conquistas do poder por guerrilheiros ou "Partidos do Povo" munidos com Grandes Idéias para uma Nova Utopia. Mas uma revolução apesar de tudo. Quando ela acontecerá? Já está acontecendo. Em Soweto e Porto Alegre, Jayapura e La Garrucha, Itapeva e Point Arena. Está aumentando em velocidade, tamanho e ambição. Mesmo quando estou em minha escrivaninha, ouço sussurros dela — ouço a máquina ranger e as ferramentas sendo usadas. As coisas estão se movendo lá fora. E apenas começou.

Eis aqui uma seleção aleatória de eventos que ocorreram enquanto eu escrevia este capítulo:

Situação A: Escolha do consumidor

No Equador, um novo presidente de esquerda, Lucio Gutiérrez, foi eleito, vencendo amplamente seu rival, um empresário bilionário, e incluindo outro país ao crescente número de Estados latino-americanos que estão atravessando uma forte reação antineoliberal. Nos meses que antecederam a eleição, milhares de pessoas tomaram as ruas da capital, Quito, para protestar sobre a Área de Livre Comércio das Américas (Alca), um plano orientado pela Casa Branca para estender o Nafta a todos os países do continente. No início de novembro de 2002, dezenas de nativos e outras pessoas foram para Quito, entoando *"Sí a la vida, No al Alca"*.

Situação B: VIAGEM AO FUNDO DO MAR

O *Prestige*, um navio-tanque construído há 25 anos, encalhou, partiu-se ao meio e naufragou no Atlântico com setenta mil toneladas de petróleo a bordo, cobrindo a costa nordeste da Espanha com toneladas do óleo bruto. A embarcação liberiana, comentou o *Observer*, "fora fretada pela subsidiária suíça de um conglomerado russo registrado nas Bahamas, pertencia a um grego e possuía um certificado de boas condições de navegação expedido pelos americanos. Quando foi reabastecido, manteve-se distante do porto de Gibraltar para escapar à inspeção. Cada aspecto de suas operações foi calculado para evitar o pagamento de impostos, as obrigações legais e os exames dos órgãos reguladores".[4]

Situação C: UNIÃO EUROPÉIA

Vinte e cinco mil pessoas reuniram-se em Florença, na Itália, para o Fórum Social Europeu, e 750 mil tomaram as ruas da mesma cidade para expressar sua rejeição a um provável ataque ao Iraque. Os organizadores do Fórum Social Mundial, a ser realizado novamente em Porto Alegre, anunciaram que estavam esperando pelo menos cem mil pessoas em 2003 — quase o dobro do número de participantes do ano anterior.

Situação D: GERAÇÃO DE RIQUEZA

Jean-Pierre Garnier, diretor-executivo da GlaxoSmithKline, uma das principais empresas farmacêuticas do mundo, exigiu um aumento salarial. Garnier, que vive na Filadélfia, explicou que o pacote em vigor, valendo cerca de 7 milhões de libras, não era bastante. Ele requereu um novo acordo estimado em 24 milhões de libras para manter-se motivado. A GlaxoSmithKline recentemente revelou uma queda de 25% nos lucros.

Situação E: A EXPERIÊNCIA QUE NÃO DEU CERTO

Na Argentina, trabalhadores inativos, desempregados por causa da lamentável situação econômica do país, começaram a reabrir fábricas falidas, administrando-as como cooperativas. Eles fazem parte de uma rebelião quase desconhecida que está ocorrendo no país. No final de 2001, a economia da Argentina desmoronou de forma extraordinária. Dívidas gigantescas, décadas de privatizações, austeridade e cortes de gastos impostos pelo FMI, e o colapso da "confiança do mercado" destruíram em poucas horas a vida de milhões de pessoas em um país apresentado como um exemplo de sucesso do modelo neoliberal. Hoje, em Buenos Aires e em outras partes, as pessoas estão formando "assembléias populares" na rua para administrar seus bairros e seus assuntos econômicos, e se recusando a ouvir as críticas de mercados ou políticos. *Que se vayan todos* (fora com eles) tornou-se um grito genuíno em uma nação que fez tudo conforme os globalizadores mandaram e agora paga o preço.

Situação F: NÃO SE PODE ENCARAR O MERCADO

O Morgan Stanley, um dos principais bancos de investimento dos Estados Unidos, recomendou que seus clientes não investissem em empresas com sindicatos ativos ou planos de aposentadoria decentes. "Procure a marca do sindicato... e fuja no sentido contrário", aconselhava o banco, explicando com toda a franqueza que a "rigidez nos custos de mão-de-obra, processos e pedidos de aposentadoria, ainda que talvez benéfica para os empregados, pode ser nociva para os acionistas."[5]

Situação G: ALGUÉM PERGUNTOU A VOCÊ?

O Fórum Econômico Mundial divulgou os resultados de uma pesquisa global por ele conduzida sobre o tema da "confiança". O ambicioso projeto coletou as opiniões de 36 mil pessoas em 47 países de cinco continentes, que disseram representar as opiniões de 1,4 bilhão de pessoas. Dois terços dos entrevistados não acreditam que seu país seja "governado pela vontade do povo". Mais da metade não confia nem no Parlamento nacional nem nas grandes empresas para "operarem nos melhores interesses da sociedade". A Organização Mundial do Comércio (OMC), o Banco Mundial e o Fundo Monetário Internacional (FMI) são menos confiáveis que as Nações Unidas, as ONGs ou mesmo que as Forças Armadas. "A confiança em muitas instituições essenciais caiu em proporções críticas", foi uma queixa registrada no Fórum.[6]

Talvez você esteja ouvindo agora um ruído surdo, lento e distante, aumentando constantemente à medida que você presta atenção nele. É o som da mudança, e ele está indo na sua direção — na nossa direção —, gostemos ou não. O mundo não vai continuar do jeito que está: com os 20% mais ricos rolando nos 86% de riqueza e os 20% mais pobres lutando por 1,3%. Não pode e não vai, e a ascensão desse movimento é somente um sinal de como essa mudança provavelmente se fará notar.

Antes de partir para minhas viagens, eu tinha duas perguntas em mente. O que, em suma, esse movimento representa? E como podemos construir um novo mundo com base nesses princípios? Agora, depois de tudo que vi, acho que posso começar a respondê-las.

O que representamos?

Esse é um movimento imenso e caoticamente diverso, cheio de pessoas apaixonadamente determinadas. É impossível resumir tudo que cada pessoa ou grupo representa, especialmente porque um contradiz o outro. Contudo, é possível extrair uma lista dos princípios e valores que perpassam boa parte desse movimento.

Ele defende a redistribuição — tanto de riqueza quanto de poder. Defende a igualdade — um mundo em que todos têm sua parcela de riqueza material, de representação, de influência. Defende a autonomia e a democracia genuína, ambas participativas e representativas. Defende um modelo de organizar as coisas que repudia, na maioria dos casos, as hierarquias tradicionais e, da mesma forma, rejeita o antigo modelo de esquerda do líder e seus seguidores, de vanguarda liderando as massas. Defende a política do faça você mesmo, uma disposição e uma vontade de agir por si próprio, de ganhar as ruas, de fazer em vez de perguntar. Defende a independência econômica, o anticonsumismo e uma redefinição dos próprios conceitos de "crescimento" e "desenvolvimento". Ele busca um mundo onde existam limites rígidos aos valores de mercado e ao poder privado, onde a vida não seja uma mercadoria, onde as propriedades públicas sejam redefinidas e recuperadas, onde ecologia e economia caminhem de mãos dadas. Ele repudia os modelos criados de cima para baixo e as abrangentes "Grandes Idéias". E defende, talvez acima de tudo, o resgate e a redefinição do próprio poder.

Nos meus oito meses de viagem, passei por várias revelações, várias epifanias: o bastante para sobreviver pelos anos à frente. Descobri coisas que não sabia, abandonei algumas convicções, conservei outras, adotei novas. Mas minha maior revelação, o principal nexo, a compreensão mais importante que tive foi, de muitas maneiras, a mais simples: de que tudo isso se resume em uma só coisa: *poder*.

É ele, acima de tudo, que interliga todos os movimentos que conheci. As batalhas que todos estão travando não são, fundamentalmente, pelo comércio, pelos tratados, pela agricultura, pelo consumo ou pelas empresas. Não mesmo. São manifestações da velha luta pelo poder — uma luta em que "globalização" é apenas a última palavra. É uma batalha atemporal, internacional para decidir quem comanda o espetáculo; quem exerce o poder e como, e com que autoridade o faz. E o que descobri enquanto viajava foi que quase tudo, em quase todos os lugares, converge para duas perguntas admiravelmente simples:

1. Quem é o responsável?
2. Por quê?

Quando se descobre isso, tudo o mais começa a se encaixar. Fica mais fácil ver por que esse movimento começou pelo Sul, pelos países pobres, os excluídos pelo sistema e seus beneficiários. Torna-se claro, também, por que aqueles que acreditam que esse não seja propriamente um movimento de resistência, mas, antes, uma coalizão de negociadores bem-educados, empenhados em "fazer a globalização funcionar melhor" ou a persuadir as empresas a se "comportarem de forma responsável", estão longe da verdade. Esse é um movimento concebido para construir e contestar o poder —

questionar, e reivindicar, a legitimidade. E é exatamente isso que ele está fazendo.

Também fica mais fácil compreender por que esse movimento insiste em tentar, conforme avança, redefinir o significado do poder, e como este é usado. Ele busca, crescentemente, fazer duas coisas com o poder. Primeira, lutar para tirá-lo das elites cada vez mais distantes e ilegítimas e distribuí-lo nas camadas mais elementares. Segunda, redefini-lo — tratar de descentralizá-lo, em vez de, como tantos radicais no passado, arrancá-lo de uma elite e entregá-lo a outra.

O movimento também compreende que enquanto o poder estiver concentrado em empresas, Bolsas de Valores, salas de negociações, palácios presidenciais e na alçada das cúpulas, o resultado é o constante e implacável confisco dos bens públicos para ganhos privados. O poder, em outras palavras, está sendo usado para excluir e monopolizar. Se isso estiver no cerne de uma luta pelo poder, trata-se de uma luta, também, contra o monopólio: contra o furto do público pelo privado. É uma luta para retomada de espaço.

Em Chiapas, os zapatistas declararam zonas autônomas, recuperando seu espaço político e físico das garras do "mau governo" do México. Os cidadãos de Cochabamba lutam pela inclusão de seus recursos hídricos. Ativistas em Gênova tentam retomar as ruas incorporadas pela Zona Vermelha. Os habitantes de Soweto religam sua própria luz. O reverendo Billy lamenta em público o espaço comunitário furtado pelas cadeias de lojas. O MST arranca as cercas de terras não-cultivadas e as reivindica para o povo. O povo de Boulder reclama para si suas ruas em favor dos comerciantes locais. Em toda parte, uma luta pelo poder; em todo lugar, uma briga por espaço.

Esse é, portanto, um movimento sem precedentes, internacional, a reunião de resistências políticas, criado para contestar o poder e lutar por uma ordem mundial muito diferente baseada em valores diferentes daqueles nos quais se assenta a globalização. Esses valores podem, penso eu, ser resumidos em cinco princípios fundamentais: democracia, diversidade, descentralização, soberania e acesso. Se os relacionar agora, com seus pólos opostos, você verá por quê:

A TEMPESTADE IMINENTE   313

O que queremos	O que nos dão
DEMOCRACIA Política e econômica. Mais genuíno poder de decisão local sobre o uso dos recursos, sobre a educação e o "desenvolvimento". Extinção do controle de mercado sobre a governança.	**DITADURA** De mercados, empresas e seus aliados e postulantes nos governos nacionais. Elites políticas gerenciando os governos, com "esquerda" e "direita" cada vez mais indistinguíveis, e a sociedade guiada por valores de mercado.
DIVERSIDADE Cultural, geográfica, ecológica, política e econômica — um mundo feito de muitos mundos.	**MONOCULTURA** Das culturas agrícolas às roupas e às idéias: um *shopping center* global, o desaparecimento da diferença, a descoloração do arco-íris humano em nome do mercado global.
DESCENTRALIZAÇÃO Das decisões a respeito do cultivo de alimentos às de planejamento, tudo deve ser feito a partir da base; redefinindo o poder, disseminando-o até as camadas inferiores.	**CONCENTRAÇÃO** Da propriedade e, conseqüentemente, do poder. As decisões são tomadas no nível mais alto por políticos comprados, representantes comerciais não-eleitos e corretores super-remunerados.
SOBERANIA Autodeterminação, autonomia, liberdade — pessoas decidindo de forma ativa e independente seu próprio destino, e o de sua comunidade e de sua nação.	**DEPENDÊNCIA** Um mundo de consumidores em vez de cidadãos, que confiam em empresas, governos e tecnologias avançadas alheias e distantes para suprirem suas necessidades.
ACESSO Acesso às terras comuns, aos recursos, aos serviços públicos e a um genuíno domínio civil; áreas definidas de vida nas quais os valores de mercado não se impõem.	**MONOPÓLIO** O controle privado dos recursos, da terra à energia elétrica e às linhagens genéticas; um mundo no qual os interesses privados compram o mundo e o revendem para nós, com lucro.

O que fazemos?

Considerando que esses são os princípios fundamentais do movimento, como seria o mundo baseado neles? Repito, é possível reunir algumas respostas e traçar pelo menos os primeiros passos de uma estratégia. Já perdi a conta do número de vezes que disse, nestas páginas, que esse movimento não possui um manifesto e que, por diversas razões, isso é bom. Significa que não há "uma fórmula" a ser seguida; significa que "um não e muitos sins" pode ser a base para uma série de princípios práticos, em vez de apenas um lema. Não pretendo mudar de idéia agora, e o que vem a seguir não é um plano prescrito, inequívoco e, desnecessário dizer, uma Grande Idéia. Mas é um caminho pelo qual podemos chegar aonde queremos; e se baseia em idéias e princípios que vi surgirem do movimento atual.

A globalização provoca a exclusão, a divisão e a dependência. Em cada nível ela se interpõe entre as pessoas e sua autogovernança, as pessoas e seus recursos, as pessoas e suas comunidades, as pessoas e a natureza, as pessoas e o controle de sua economia, as pessoas e os verdadeiros valores humanos. A mudança, então, deve vir em duas etapas. A primeira tarefa é acabar com todas essas instituições, leis, idéias e sistemas que se interpõem entre nós e nossas necessidades e aspirações; derrubar os monumentos de dinheiro que encobrem o sol. Somente quando os obstáculos forem superados a segunda etapa — construir novos mundos, valores e sistemas baseados em um novo paradigma — poderá tomar forma adequadamente.

Duas etapas, portanto:

Etapa 1: Arar o solo

Neoliberalismo, poder corporativo, materialismo exacerbado pelo mercado de massa, a busca irrefletida do "crescimento" estreitamente definido — esses são cânceres consumindo pessoas e o próprio planeta. São barreiras que se põem entre nós e o mundo que desejamos ver. Precisamos destruí-las e desenvolver sistemas e controles fortes a fim de assegurar que não se ergam novamente. Precisamos, em outras palavras, reformular a política e a econo-

A TEMPESTADE IMINENTE 315

mia com base em princípios diferentes: princípios que favoreçam as pessoas e não o poder, medir o "crescimento" de várias maneiras diferentes e valorizar de forma sistêmica o que as pessoas valorizam individualmente.

Não há tempo para medidas provisórias ou reformas paulatinas. Precisamos varrer o chão e recomeçar. Veja a seguir algumas propostas globais que poderiam ajudar a mudança:

ABOLIR A OMC, O FMI E O BANCO MUNDIAL

O acordo pós-guerra de Bretton Woods como um todo foi corrompido, dominado por interesses corporativos e tornou o mundo um lugar pior em vez de melhor. Essas três instituições deveriam ser descartadas e novas deveriam ser criadas, com base em valores diferentes. Um bom ponto de partida seriam as sugestões apresentadas no Fórum Internacional sobre Globalização durante o Fórum Social Mundial. Livrar-se do Banco Mundial e do Fundo Monetário, abolir os princípios de "ajuste estrutural" que exigem que os países aniquilem seus serviços sociais em nome de mercados "eficientes" e substituí-los por instituições democráticas sob os auspícios das Nações Unidas, concebidas para pagar a dívida do Terceiro Mundo, limitar os fluxos financeiros internacionais e assegurar que o pobre alcance sua parcela dos recursos do mundo. Quanto à OMC: vamos substituí-la por uma organização cujo propósito seja regulamentar o comércio estritamente segundo os interesses de proteção ambiental, redução da pobreza e direitos iguais de acesso. Vejamos o exemplo da dra. Caroline Lucas, membro do Parlamento europeu pelo Partido Verde, que propôs trocar os acordos da OMC por um "Acordo Geral de Desenvolvimento Sustentável", atribuindo desse modo um novo foco à estrutura de comércio global. Em vez de basear o desenvolvimento em regras no estilo da OMC, que promovem o comércio acima de tudo, o Acordo permitiria que os governos fomentassem as indústrias locais e nacionais mais uma vez, abolissem o Acordo sobre a Propriedade Intelectual (TRIPS) e seus similares, promovessem a agricultura sustentável e a atividade econômica local, enquadrassem a proteção ambiental dentro da estrutura econômica global e, assim, recolocassem a economia no rumo certo.

RESTRINGIR AS FINANÇAS GLOBAIS

— Eu sou solidário — declarou o economista John Maynard Keynes em 1933 — com todos aqueles que podem minimizar, em vez de aumentar, os obstáculos econômicos entre as nações. Idéias, conhecimento, ciência, hospitalidade, viagens — são coisas que por sua natureza devem ser internacionais. Mas que os produtos sejam fabricados em casa sempre que for razoável e conveniente e, acima de tudo, que as finanças sejam principalmente nacionais.

Keynes foi um dos fundadores do Banco Mundial e do FMI, nos tempos em que essas instituições pretendiam ser progressistas em vez de destrutivas, e ele sabia muito bem que quando o capital financeiro escapa da mão, ele devora as necessidades humanas. Hoje em dia, os sistemas bancários internacionais e os fluxos abertos de investimentos estão mantendo governos eleitos como reféns. Eleitos para realizar uma mudança sistêmica em seu país? Se ela não agradar aos mercados, estes destruirão sua economia em poucas horas. Isso é incompatível com todos os princípios da democracia — se essa palavra deve significar alguma coisa de novo, as finanças precisam ser controladas. Impostos sobre as especulações financeiras internacionais, nova regulamentação de bancos internacionais e reintrodução de controles cambiais são todos métodos propostos de se controlarem as finanças. Uma ordem mundial completamente nova deveria se basear nas necessidades reais de pessoas reais em lugares reais, não na satisfação imediata de negociantes, investidores e acionistas, desvinculados de qualquer responsabilidade pelos efeitos de suas decisões no mundo real.

REPROGRAMAR AS CORPORAÇÕES

Uma empresa é uma máquina programada para realizar duas tarefas: gerar lucro e continuar crescendo. Hoje em dia, as máquinas ultrapassaram as fronteiras estabelecidas por seus senhores e estão cada vez mais destruindo o que atravesse seu caminho: o meio ambiente, os direitos humanos, as diferenças culturais, outros valores que não os de mercado — como os robôs loucos num filme B dos anos 1950. Muitas regulamentações novas e compromissos voluntários para com a "responsabilidade social" não são suficientes para combater esse problema. As empresas precisam ser reinventadas; reprogramadas, como aqueles robôs, com regras radicalmente novas, concebidas para torná-las servas, não senhoras. O modelo original de organização empresarial nos Estados Unidos pode oferecer apenas uma idéia de quais poderiam ser essas regras. Alvarás expedidos para fins específicos e com renovação regular. Empresas forçadas a pagar impostos progressivos e sujeitas a prestar contas em um país. Proibição de envolvimento político. Diretores e acionistas com responsabilidade financeira e jurídica por crimes ou contravenções cometidos pela empresa. A isso, poderíamos acrescer outras censuras: novas leis exigindo que as empresas absorvam os custos que atualmente transferem para a sociedade. Por exemplo, forçar as companhias petrolíferas a assumirem responsabilidade legal e financeira pelas mudanças climáticas provocadas; exigir que as empresas florestais incluam em seus balanços patrimoniais os maciços custos associados à perda de biodiversidade; impor que os fabricantes de automóveis, em vez de a sociedade como um todo, paguem pela despoluição do ar, resolvendo os congestionamentos e amparando pessoas que sofreram acidentes automobilísticos. As comunidades deveriam ter o direito de decidir se as empresas podem operar no local e como. Deveríamos impor controles rígidos à propriedade dos meios de comunicação e acabar com os subsídios do governo e isenção de impostos para as empresas. Tudo isso junto mudaria o mundo da noite para o dia.

RECRIAR AS NAÇÕES UNIDAS

Fortalecer e democratizar as Nações Unidas — não é um processo simples nem fácil, mas provavelmente vital — poderia oferecer meios justos pelos quais as medidas antes mencionadas poderiam ser realizadas. Os governos já aderiram a inúmeras e várias leis internacionais, desde proteger os direitos trabalhistas até evitar as mudanças climáticas, os quais se espera que as Nações Unidas administrem, com escassos recursos e um orçamento insuficiente. Normalmente, seus esforços são minados pela OMC, por empresas, investidores e pelos próprios governos, que priorizam as demandas imediatas do comércio em vez de metas de longo prazo, como proteger a diversidade biológica ou evitar a exploração dos mais fracos. Portanto, vamos fortalecer as Nações Unidas, financiá-la adequadamente e dar-lhe o que a OMC já tem — o poder de sustentar suas leis e punir aqueles que as descumprem. Vamos subordinar as regulamentações comerciais e financeiras às Nações Unidas, criando instituições como as sugeridas anteriormente. Estas, assim como todos os acordos internacionais, deveriam se basear em alguns princípios fundamentais: que toda atividade econômica global deveria proteger o meio ambiente, promover a igualdade, reduzir a pobreza e ser responsável pelas pessoas afetadas, e que as leis destinadas a defender o meio ambiente, a democracia e os direitos humanos teriam sempre prioridade sobre o comércio. Para fazer isso tudo é preciso uma democratização radical das Nações Unidas — concedendo aos países pobres o mesmo direito de falar que os ricos têm, baseando a influência na população em vez de na riqueza e recusando das empresas ou interesses comerciais qualquer participação na tomada de decisões global.

REPENSAR O BEM PÚBLICO

Vamos também institucionalizar uma reconsideração radical da relação entre bens públicos e privados. A tendência da globalização é privatizar tudo e transformar tudo em mercadoria; um processo que acrescenta números aos balanços patrimoniais, mas esvazia o sentido da vida. Portanto, eis outra tarefa para o organismo reformado das Nações Unidas: definir, proteger e desenvolver as propriedades públicas. Vamos defender os bens e os locais públicos e acabar com a monopolização dos interesses públicos. Vamos defender o domínio do cidadão e da coisa pública novamente e assegurar, por meio de leis internacionais, que certas instituições e certos bens fiquem livres para sempre da incursão privada e dos valores de mercado. As terras comuns, conforme definido pelas comunidades. Serviços públicos — educação, saúde, radiodifusão, museus, bibliotecas e muito mais. A própria vida, das linhagens genéticas às variedades de culturas. A água, o espaço, a atmosfera — tudo que proporcione o bem comum às pessoas como um todo deve ser protegido por normas rígidas que garantam o acesso público e evitem a incursão privada.

UM DEBATE GLOBAL

Por fim, vamos armar o cenário para um debate global sobre para onde o mundo está indo e o que queremos dele. O que é democracia e como fazê-la funcionar? O que entendemos por "crescimento" ou "desenvolvimento"? Estamos satisfeitos com o rumo que o mundo está seguindo? Será que existem valores humanos universais e, em caso afirmativo, como os transformamos em ações? Como equilibrar necessidades locais e exigências globais? O que mais pode ser feito para redistribuir a riqueza e o poder em nível global e assegurar que isso se mantenha desse modo? Como são tomadas as decisões, e nós queremos mudá-las? O mundo avança mais rapidamente do que no passado, mais do que nunca, e ninguém, mesmo os detentores do poder, parece saber bem onde ele vai dar. É hora de instituir um debate democrático global sobre isso; um debate em que, de uma vez por todas, o pobre seja tão ouvido quanto o rico, e as pessoas, não interesses particulares, sejam o alvo.

Etapa 2: Semear

Esta, segundo os padrões da época, é uma lista ambiciosa. Mas é um requisito mínimo para o tipo de mundo que esse movimento deseja ver. Há um longo caminho a percorrer a fim de eliminar os principais obstáculos que hoje impedem as pessoas e as comunidades de definirem seu próprio relacionamento entre si e com o mundo em que vivem, resgatando sua soberania. Um espaço se abriria, no qual alternativas genuínas poderiam florescer — um espaço no qual esses muitos sins poderiam ser realizados.

A globalização pressupõe a retirada do controle da mão das pessoas. Para transformar o mundo em um mercado e as pessoas em consumidores, é preciso criar dependência econômica e mental. Idéias como as mencionadas

320 UM NÃO, MUITOS SINS

anteriormente dizem respeito a deixarmos de ser dependentes para resgatarmos nossa soberania — o controle na mão do povo, de acordo com suas necessidades. Idéias para debelar o subdesenvolvimento e expor o novo à luz.

Mas essas idéias são apenas um começo. O que acontecerá depois dependerá de nós. Mundos melhores não se criam por si mesmos. Com os obstáculos eliminados e o poder ilegítimo refreado, o resto virá em sua esteira. Isso significa que as pessoas precisam agir, em nível local e internacional, para que as mudanças aconteçam: juntar-se a organizações, criar suas próprias organizações, lutar pelas comunidades, fazer campanhas para sensibilizar os que estão no poder, juntar-se a outras pessoas para fazer as coisas acontecerem (o Apêndice deste livro, "Postos de Ação", contém alguns pontos de partida). Se quisermos um mundo com muitos mundos dentro dele, ninguém pode dizer ao certo quais serão os resultados — cada lugar irá se desenvolver a seu próprio modo, dentro de uma comunidade global de iguais. Entretanto, algumas idéias para esse renascimento são universais. A verdadeira democracia local, por exemplo, com a significativa devolução dos poderes às comunidades, inclusive o controle sobre os recursos naturais e o uso da terra, devolveria a governança para as pessoas às quais se espera que ela pertença. Uma tendência sistêmica em favor de negócios locais, dos direitos da comunidade de definir a atividade econômica de sua região, de partidos políticos que, embora antagônicos, sejam capazes de propor alternativas nacionais autênticas sem serem esmagados pelos mercados — tudo isso e muito mais que não conseguimos nem imaginar poderia florescer em um mundo reconstruído. Milhares de sistemas poderiam brotar.

Nada disso é prescritível. Muitas pessoas, dentro e fora do movimento, certamente discordarão pelo menos de algumas dessas idéias. As etapas 1 e 2 não funcionam isoladamente; elas podem acontecer de modo recíproco; elas já estão acontecendo. Mas o que está claro — tão claro para mim agora quanto quando escrevi as primeiras palavras — é que nada disso — nada mesmo — acontecerá plenamente se não agirmos. Não haverá mudança para valer sem que haja um movimento popular mundial com apoio maciço e um número cada vez maior de pessoas capazes de exigi-la. Isso já está ocorrendo, mas é preciso que continue crescendo — em tamanho, força, popularidade e

A TEMPESTADE IMINENTE **321**

alcance. O poder nunca é concedido tranqüilamente, e a verdadeira mudança não virá se a pedirmos com educação. Reivindicações em massa são a única coisa que farão a mudança acontecer.

Há mais coisas, entretanto — mesmo reivindicações enérgicas ou visíveis não bastam. Isso é algo que todas as pessoas, em todos os lugares em que estive, sabiam bem. Nenhuma delas pretendia sentar-se educadamente para esperar que seus representantes eleitos surgissem com as promessas cumpridas. Esse é um movimento que, por meio da prática e dos princípios, está fazendo por si próprio o que outros não farão por ele. Ele retoma espaços, religa os fios, declara autonomia, cria suas próprias alternativas sem pedir permissão a ninguém. Essa é a sua grande força. Não é um desfile de lobistas, é uma massa de pessoas que já estão promovendo a mudança onde vivem, do seu próprio jeito. E enquanto pedem por mudanças sistêmicas maiores, que irão permitir que seus sonhos se tornem realidade, elas prosseguem trabalhando em nível local, criando elas próprias essas realidades. Enquanto agem, recriam sua própria soberania, emergem da crisálida do consumo para se tornarem cidadãos de novo. Depois disso, é um caminho sem volta. É a transformação.

Por toda parte eu vi pessoas que não esperam, que não podem esperar, pessoas criando seus próprios mundos sem pedir permissão. E à medida que esse movimento cresce e se espalha, à medida que mais pessoas compreendem que democracia não quer dizer marcar um X num pedaço de papel a cada cinco anos, mas definir sua própria comunidade e criar seu próprio mundo, mais ele se fortalece. E conforme ele cresce, assim como cresce o número de ativistas também, não haverá escolha para os donos do poder a não ser começar a fazer as mudanças também; verdadeiras mudanças. Enquanto isso, a mudança já está se processando — de baixo para cima, não de cima para baixo. Não demorará muito para que os governantes do mundo tenham de enfrentar uma questão delicada: quantas pessoas precisam abandonar nosso sistema antes que ele deixe de ser um sistema?

Estamos vivendo um momento único na história. E ele é mais frágil do que parece. Nosso conceito de democracia está desmoronando, o poder privado está sendo entrincheirado, velhos sistemas não conseguem atender às novas necessidades. Pode ser que, no futuro, os historiadores contemplem esse

322 UM NÃO, MUITOS SINS

momento, e esse movimento, e vejam os primórdios de uma nova revolução democrática — um novo estágio na marcha da democracia. Pode ser que, no futuro, as pessoas considerem a nossa idéia atual de "democracia", ou seja, a escolha de uma elite governante entre dois grupos rivais, como um anacronismo histórico tão difícil de compreender quanto a adesão à escravidão ou à monarquia absolutista. Pode ser que o modelo atual de "democracia" seja apenas um ponto de partida para a verdadeira democracia. Pode ser que esse movimento nos ajude a seguir ainda mais neste último caminho.

Entretanto, há algumas considerações a serem feitas. Um mundo frágil pode sucumbir, também, ao canto da sereia da extrema direita, que foi o repositório de soluções fáceis sempre que a mudança, bem como a desestabilização gerada por ela, chega muito rápido. Os governos podem reprimir, como já começaram a fazer, dissidentes pacíficos e legítimos, sob o grande e abrangente estandarte do "antiterrorismo". O próprio terrorismo, quase sempre se alimentando das inseguranças geradas pela globalização, pode se mostrar mais poderoso e duradouro do que o esperado, e abafar reivindicações pacíficas por uma transformação justa.

E depois ainda há o movimento em si. Ele está longe de ser completo e perfeito. Será que ele vai unir em torno de si um só chamado de mudança, adotar um manifesto, eleger representantes para colocarem sua causa no palco do mundo? Se isso acontecer, ele sobreviverá como algo novo e significativo? Será que ele vai se dividir sucessivamente, e essas divisões serão importantes? Permanecerá democrático? Desenvolverá uma identidade mais clara aos olhos do mundo? Conseguirá manter seu ímpeto? Atrairá mais pessoas e continuará progredindo, como tem sido até então, com sucesso? Perguntas difíceis. Ainda não sabemos as respostas.

Mas eu não posso deixar de ser otimista, e meu otimismo origina-se das respostas que encontro para algumas questões simples. Já houve um movimento dessa magnitude antes? Já se viu antes tamanha diversidade de forças descentralizadas e igualitárias, numa escala global? Algum movimento liderado pelos pobres e excluídos já existiu no hemisfério Sul sem que fosse aproveitado por intelectuais demagogos ou por políticos oportunistas como se vê nesse movimento, tanto por seus princípios como por seus métodos de organização? Como alcançamos tanto em tão pouco tempo? O mundo está disposto a ouvi-lo? Estamos indo na direção certa? Estamos ganhando impulso? Consegui a resposta certa para cada uma dessas perguntas, e cada uma dessas respostas a ajuda a responder a uma outra: o mundo ainda pode se permitir ignorar esse movimento?

Acima de tudo, passei a ver que acreditar numa mudança verdadeira e duradoura é o primeiro passo para realizá-la. Para qualquer lado que olhemos, nos dizem que a globalização é irreversível, que a história acabou, que o capitalismo triunfou, que tudo acerca do modo como o mundo está atualmente configurado é essencial e inevitável se desejamos "crescimento", "progresso" e "desenvolvimento". Esse tipo de discurso é supostamente realista. Não é nada disso: é um fracasso da imaginação disfarçado de opinião política.

Pois se há uma coisa que a história nos ensina é que os sistemas mudam — eles sempre mudaram e sempre mudarão. Impérios caem, valores mudam, o poder se extingue e na maioria das vezes o ímpeto vem de baixo. Em 1381, preso na Torre de Londres por multidões de seu próprio povo que bradava, Ricardo II, desesperado diante daquela fúria inesperada e poderosa, temeu que "a herança e o domínio da Inglaterra estivessem quase perdidos".[7] Seu destino foi morrer prisioneiro. Mas esta é a lição da história: que a mudança radical, longe de ser uma exceção, é quase uma norma; que nada é inevitável; que os sistemas podem ser, e quase sempre são, varridos por sua própria ilegitimidade, não raro de forma repentina diante de seus próprios defensores. Aconteceu com os Romanov, depois com os soviéticos. Um exército de camponeses pacíficos expulsou a Inglaterra da Índia, o Muro de Berlim foi derrubado sem um tiro disparado, Nelson Mandela ganhou sua liberdade e acabou no palácio presidencial e ninguém conseguira prever esses acontecimentos poucos anos antes de acontecerem. Por que, então, não pode acontecer assim agora?

Tenho idade suficiente para me lembrar de quando os marxistas comemoraram a histórica inevitabilidade do comunismo global, mas agora eu ouço, no mundo todo, exatamente o mesmo argumento sendo usado pelo sistema diametralmente oposto. A reivindicação é igualmente falsa. Nada é inevitável na história. Tudo isso irá mudar, porque precisa mudar, e quando acontecer, as mudanças serão extensas, ousadas e belas. Nossa tarefa é torná-las realidade — e ser radicais e visionários enquanto agimos. Por que não podemos abolir a OMC, o Banco Mundial, o FMI? Por que não podemos redistribuir a terra, acabar com a dívida externa, devolver o poder ao povo? Por que não podemos alimentar o mundo, acabar com a pobreza? Por que não podemos redefinir o poder, colocar as corporações e os mercados em seu devido lugar, fazer com que a democracia faça o que sempre nos prometeram que faria, gostem ou não as elites? Nós podemos: os recursos estão aí; e também a capacidade. O que falta é a disposição para usá-los. O que falta é a visão, a coragem, a vontade política, a disposição para enfrentar aqueles que se beneficiam da injustiça — e se esse movimento tem algum propósito, este é o de suprir essas faltas.

Eis a nossa tarefa: sermos ousados. E não tentar costurar remendos, esperar que as empresas se tornem ecologicamente responsáveis, ficar tagarelando sobre "sustentabilidade", propor metas voluntárias, publicar panfletos, conformarmo-nos com qualquer coisa porque é melhor do que nada, ficarmos educadamente catando as migalhas que nos dão. Nossa tarefa, agora, é exigir tudo que desejamos, clamando o mais alto que pudermos — e continuar exigindo até conseguirmos. Quem sabe podemos até nos surpreender. Certamente iremos surpreender o mundo. E se não formos nós, quem será? E se não for agora — quando será?

APÊNDICE

POSTOS DE AÇÃO

Se este livro serviu para motivá-lo a agir em relação a quaisquer questões aqui abordadas, a envolver-se em qualquer uma das campanhas ou a apoiar uma das organizações citadas, ele cumpriu seu papel. Veja a seguir uma breve relação dos *sites* contendo algumas das principais fontes de informação e ação mencionadas neste livro, além de algumas idéias de outros lugares a visitar se você quiser descobrir mais coisas sobre as questões ou entrar em contato com ativistas. Naturalmente, é apenas um ponto de partida — o resto é com você.

1. "Abrindo uma fenda na história"

EZLN — todos os comunicados e publicações dos zapatistas *on-line*:
www.ezln.org

Global Exchange — campanhas, fontes, *links* e outras informações de Chiapas:
www.globalexchange.org/campaigns/mexico/chiapas/

Indymedia Chiapas — as últimas notícias sobre o EZLN e a situação em Chiapas:
www.chiapas.indymedia.org/

326 UM NÃO, MUITOS SINS

2. Na barriga do monstro

Peoples' Global Action — agenda de manifestações de protesto, catálogos de outros grupos e manifestações no mundo inteiro:
www.agp.org

3. *Apartheid*: a seqüela

Alternative Information and Development Centre — ações, campanhas e notícias da luta na África do Sul. É também o ponto de contato com o Comitê da Crise Energética de Soweto:
www.aidc.org.za

Johannesburg Anti-Privatisation Forum (Fórum Antiprivatização de Johannesburgo) — notícias e ações solidárias:
www.apf.org.za/

4. Uma igreja contra o consumismo

Reverendo Billy — dicas, roteiros e conselhos sobre como fazer campanhas divertidas contra as cadeias de lojas em sua cidade:
http://revbilly.com

The Biotic Baking Brigade — como e onde fazer tortas, fazedores de torta em sua área — e algumas grandes receitas:
www.asis.com/~agit-prop/bbb/

Adbusters — fontes e *links* para fazer sabotagem cultural (*culture jamming*), além de idéias para comemorar o Buy Nothing Day (Dia de Não Comprar) no lugar onde você mora:
www.adbusters.org/home/

Indymedia — notícias não-corporativas de todo o mundo, além de acesso a *sites* nacionais e locais da Indymedia:
http://indymedia.org

Mediachannel — notícias, críticas e ações para desafiar a mídia corporativa, além de um diretório de 1.000 organizações similares em todo o mundo:
www.mediachannel.org

5. A revolução das *kotekas*

West Papua News Online — últimas notícias da resistência, e como você pode ajudar na luta pela liberdade. Cada nova voz que se levanta em apoio aos papuas faz uma grande diferença para eles; por favor, faça o que puder:
www.westpapua.net

Presidium Council — *homepage* e contatos do PDP, além de *links* para OPM, Demmak e outros ativistas populares e pedidos de ajuda internacional:
www.westpapua.org.uk/pdp/

OPM Support Group — ações no Reino Unido e notícias em apoio à causa papua:
www.eco-action.org/opm/
e-mail: opmsg@eco-action.org

6. O fim do começo

Fórum Social Mundial — *website* do evento de Porto Alegre, além de outros fóruns sociais no mundo:
www.forumsocialmundial.org.br/home

Fórum Internacional da Globalização — fontes, livros e publicações sobre globalização:
www.ifg.org

Global Trade Watch — página útil da Public Citizen sobre comércio e globalização:
www.citizen.org/trade

7. Terra e liberdade

MST — últimas notícias e como ajudar a luta brasileira pela terra:
www.mstbrazil.org

Food First — boas fontes sobre a terra e os sem-terra, sobre campanhas nacionais e internacionais pela terra e por comida:
www.foodfirst.org

8. Sonho californiano

Democracy Unlimited of Humboldt County e **Reclaim Democracy** — informações e campanhas concentradas nos EUA sobre o poder e a responsabilidade corporativa:
www.monitor.net/democracyunlimited/
http://reclaimdemocracy.org

POCLAD — fontes e informações sobre o poder corporativo nos EUA:
http://poclad.org

e outros mais..

APÊNDICE: POSTOS DE AÇÃO   329

A seguir, algumas organizações que oferecem idéias, ações e campanhas acerca das questões tratadas neste livro.

World Development Movement — campanhas contra a globalização injusta em nível nacional:
www.wdm.org.uk

Green Party — Partido Verde: notícias, campanhas e alternativas para a globalização:
www.greenparty.org.uk

Schnews — um jornal excelente, com notícias irreverentes e próximas campanhas no Reino Unido:
http://schnews.org.uk

Corporate Watch — investiga e promove campanhas contra as multinacionais e a estrutura econômica que as sustenta:
www.corporatewatch.org.uk

New Economics Foundation — grupo que desenvolve alternativas para o modelo econômico atual:
www.neweconomics.org

Common Ground — organização inspiradora que defende a diversidade local e provê recursos e idéias para a sua campanha:
www.commonground.org.uk

NOTAS

1. "Abrindo uma fenda na história"

1. Relato completo em inglês da revolta de 1º de janeiro pode ser encontrado no excelente livro de John Ross, *Rebellion from the Roots: Indian Uprising in Chiapas* (Monroe, ME: Common Courage Press, 1995), a partir do qual extraí o meu em parte. Outros relatos parciais podem ser encontrados em Tom Hayden (org.), *The Zapatista Reader* (Nova York: Thunder Mouth Press, 2002); Elaine Katzenberger (org.), *First World, Ha, Ha, Ha!* (San Francisco: City Lights, 1995); e subcomandante Marcos, *Our Word is our Weapon* (Nova York: Seven Stories Press, 2001).
2. "Notes on the Economy in Chiapas in 1999", originalmente publicado em *La Jornada*, Chiapas, 6 de outubro de 1999: veja http://flag.blackened.net e www.struggle.ws/mexico/reports/chiapas_econ_99.html.
3. Weinberg Bill, *Homage to Chiapas* (Londres: Verso, 2000).
4. Howard, Philip, e Thomas Homer-Dixon, *Environmental Scarcity and Violent Conflict: The Case of Chiapas, Mexico*, Projeto sobre Meio Ambiente, População e Segurança, American Association for the Advancement of Science, Universidade de Toronto, janeiro de 1996.
5. "Notes on the Economy in Chiapas in 1999", *op. cit.*
6. *A Storm and a Prophecy*, comunicado do subcomandante Marcos, agosto de 1992.
7. Weinberg, *op. cit.*
8. Collier, George A., e Elizabeth Lowery Quaratiello, *Basta! Land and the Zapatista Rebellion in Chiapas* (Chicago: Food First Books, 1999).
9. Galeano, Eduardo, *As veias abertas da América Latina*, citado em Weinberg, *op. cit.*
10. *Private Rights, Public Problems: A Guide to Nafta's Controversial Chapter on Investor Rights* (Winnipeg: International Institute for Sustainable Development, 2001).
11. "Down on the Farm: Nafta's Seven-Year War on Farmers and Ranchers in the US, Canada and Mexico", Global Trade Watch Public Citizen, EUA, junho de 2001. Ver www.citizen.org.
12. Citado em *The Zapatistas: A Rough Guide* (Bristol: Chiapaslink, 2000).
13. Citado em John Ross, *The War Against Oblivion: Zapatista Chronicles*, 1994-2000 (Monroe, ME: Common Courage Press, 2000).

332 UM NÃO, MUITOS SINS

14. Citado em Ross, *Rebellion from the Roots, op. cit.*
15. *The Retreat is Making us Almost Scratch the Sky*, comunicado do subcomandante Marcos, fevereiro de 1995.
16. *The Majority Disguised as the Untolerated Minority*, comunicado do subcomandante Marcos, maio de 1994.

Parte 1: Um não

2. Na barriga do monstro

1. *Press-release* do grupo "Anti-Statist Black Bloc", Independent Media Center of Philadelphia, 9 de agosto de 2000; ver www.phillyimc.org.
2. Este, e mais, ao longo das mesmas linhas, pode ser encontrado em "Black Blocs for Dummies" no *site* www.infoshop.org/blackbloc.html. Para ser justo, nem todos os ativistas do Black Bloc são tão entusiastas assim.
3. O *website* Peoples' Global Action relaciona tais eventos pelo mundo nos muitos dias globais de ação desde 1998: www.nadir.org/nadir/initiativ/agp/en/index.html.
4. Lockwood, Christopher, "Swiss Thwart Forum Protest", *Daily Telegraph on-line*, 30 de janeiro de 2000.
5. *Vital Signs 2001*, Worldwatch Institute, Nova York, EUA.
6. *Human Development Report 1999*, Programa de Desenvolvimento das Nações Unidas.
7. *World Development Report 2000-2001: Attacking Poverty*, Banco Mundial.
8. *Human Development Report 2001*, Programa de Desenvolvimento das Nações Unidas.
9. *World Development Report 2000-2001, op. cit.*
10. *Human Development Report 2001, op. cit.*
11. George, Susan, "A Short History of Neoliberalism", discurso proferido na Conferência sobre Soberania Econômica em um Mundo Globalizante, Bangcoc, 24-26 de março de 1999.
12. Jenkins, David, *Market Whys and Wherefores*, citado em James Bruges, *The Little Earth Book* (Bristol: Alasdair Sawday Publishing, 2000).
13. *Human Development Report 2001, op. cit.*
14. *Invisible Government: The World Trade Organization — Global Government for the New Millennium?* (San Francisco: International Forum on Globalization, 1999).
15. "Network guerrillas", *Financial Times*, 30 de abril de 1998.
16. Langman, Jimmy, "Neoliberal Policies: Big Loser in Bolivian Elections", Americas Program of the Interhemispheric Resource Center, 5 de julho de 2002.

NOTAS 333

17. Um excelente relato da "Water War", a guerra da água em Cochabamba, feito por um jornalista local, Jim Schultz, pode ser encontrado no *website* do Democracy Center: www.democracyctr.org/waterwar/index. htm.

3. *Apartheid*: a seqüela

1. "Eskom v. Soweto: The Battle for Power", revista *Focus*, África do Sul, março de 2002.
2. Bond, Patrick, *Elite Transition: From Apartheid to Neoliberalism in South Africa* (Londres: Pluto Press, 2000).
3. "Structure of the South African Economy: Challenges for Transformation", Partido Comunista Sul-Africano, artigo apresentado na SACP Special Strategy Conference, setembro de 1999.
4. Bond, *op. cit.*
5. *The Reconstruction and Development Programme*, 1994. Texto integral disponível em www.polity.org.za.
6. Bond, Patrick, *Against Global Apartheid. South Africa Meets the World Bank, IMF and International Finance* (Cape Town: University of Cape Town Press, 2001).
7. Jeter, Jon, "South Africa Weighs a Welfare State", *Washington Post* Foreign Service, 9 de julho de 2002.
8. *Focus*, 2002, citado por Patrick Bond, correspondência pessoal.
9. McDonald, David A., *The Bell Tolls for Thee: Cost Recovery, Cutoffs, and the Affordability of Municipal Services in South Africa*, Queens University, Canada/Municipal Services Project, março de 2002. Ver www.hst.org.za/local/lgh/docs/MSPreport.doc.
10. Pravasan Pillay e Richard Pithouse, "The Durban march on the UN Conference on Racism: An eyewitness report", *New Internationalist on-line*, set. 2001. Ver www.newint.org.
12. Desai, Ashwin, *The Poors of Chatsworth* (Johannesburgo: Madiba, 2001).
13. Friedman, Thomas, *The Lexus and the Olive Tree* (Nova York: Farrar, Straus & Giroux, 2000).

4. Uma igreja contra o consumismo

1. Fatos compilados pelo Shape Up America (www.shapeup.org) e a New Road Map Foundation (www.ecofuture.org).
2. Lasn, Kalle, *Culture Jam: The Uncooling of America* (Nova York: Eagle Brook, 1999).
3. New Road Map Foundation, *op. cit.*
4. Casey, Allan, "Make your school an ad-free zone". *Adbusters*, n. 28, 2000.
5. Bollier, David, "The Grotesque, Smirking Gargoyle: The Commercialising of America's Consciousness", agosto de 2002: ver www.tompaine.com.

334 UM NÃO, MUITOS SINS

6. Beder, Sharon, "Marketing to Children", retirado de um artigo apresentado em uma conferência em Sidney, em 1998. Disponível em: www.uow.edu.au/arts/sts/sbeder/children.html.
7. Bollier, *op. cit.*
8. Halvorson, Todd e Yuri Karash, "Russia Takes the Lead in Space Age Advertising" www.space.com, 31 de maio de 2002.
9. New Road Map Foundation, *op. cit.*
10. Blanchflower, David G. e Andrew J. Oswald, "Well-being Over Time in Britain and the USA", artigo, Dartmouth College e Warwick University, 1999.
11. Lasn, *op. cit.*
12. Citado em Edward Goldsmith, "Development as Colonialism", em Mander e Goldsmith (orgs.), *The Case Against the Global Economy* (San Francisco: Sierra Club Books, 1996).
13. "Is Globalisation Doomed?", *The Economist*, 27 de setembro de 2001.
14. Katharine Ainger, "Empires of the senseless", *New Internationalist*, abril de 2001.
15. Ver www.billboardliberation.com.
16. Uma galeria recomendada de subversões recentes e clássicas pode ser encontrada em www.subvertise.org.
17. *Adbusters*, n. 40, 2002.
18. Ver www.fanclubbers.org.
19. Ainger, Katharine, "From the streets of Prague", *New Internationalist on-line*: ver www.newint.org/streets/prague.htm.
20. Ver www.rtmark.com.
21. Citado em "Filtering the news", *New Internationalist*, abril de 2001.
22. Lasn, *op. cit.*
23. Citado em Kim Masters, *The Keys to the Kingdom: How Michael Eisner Lost His Grip* (Nova York: Morrow, 2000).
24. Hickey, Nail, "Unshackling Big Media", *Columbia Journalism Review:* ver www.cjr.com.
25. Citado em Ainger, "Empires of the Senseless", *op. cit.*
26. Ibid.
27. Arnison, Matthew, "Open Publishing is the Same as Free Software", junho de 2002: ver www.cat.org.au/maffew/cat/openpub.html.

5. A revolução das *kotekas*

1. Essa estimativa é amplamente citada por defensores dos direitos humanos, entre eles John Rumbiak, chefe da principal organização de direitos humanos de Papua Ocidental, a ELS-HAM.
2. O jornalista suíço preso Oswald Iten escreveu sua experiência e a tortura que ele testemunhou no jornal suíço *Neue Zürcher Zeitung* em 22 de dezembro de 2000.

NOTAS **335**

3. Em todo este capítulo, as pessoas citadas tiveram suas identidades preservadas por razões óbvias.
4. De acordo com "Executive PayWatch" do sindicato AFL-CIO. Ver www.aficio.org.
5. Muitos desses fatos e números podem ser encontrados no relatório do Project Underground de 1998, *Risky Business: The Grasberg Gold Mine — An Independent Annual Report on PT Freeport Indonesia* (disponível em www.moles.org). Outros podem ser encontrados em Abigail Abrash; Danny Kennedy, "Repressive Mining in West Papua", em *Moving Mountains: Communities Confront Mining and Globalisation* (Londres: Zed Books, 2001); no *site* da Freeport McMoran's (www.fcx.com) e no relatório anual de 2001 da empresa.
6. McBeth, John, "Bull's eye", *Far Eastern Economic Review*, 4 de dezembro de 1997, citado em *Risky Business*, ibid.
7. *Van Zorge Report on Indonesia*, 1º de maio de 2001.
8. Presidente Harry S. Truman, discurso de posse, 20 de janeiro de 1949.
9. Rosenberg, Emily, *Spreading the American Dream: American Economic and Cultural Expansion, 1890-1945* (Nova York: Hill & Wang, 1982).
10. "Trifungisi: The Role of the Indonesian Military in Business", palestra de Lesley McCulloch na International Conference on Soldiers in Business, Jacarta, 17-19 de outubro de 2000. Disponível em www.bicc.de.
11. Ibid.
12. *Risky Business, op. cit.*, p. 7.

Parte 2: Muitos sins

6. O fim do começo

1. Legrain, Philippe, *Open World: The Truth About Globalisation* (Londres: Abacus, 2002).
2. "A different manifesto", *The Economist*, 27 de setembro de 2001.
3. Fischer, Stanley, "What I learned at the IMF", *Newsweek*, dez.2001-fev. 2002.
4. Ver o *site* do Fórum Econômico Mundial, www.weforum.org.
5. Smith, Adam, *A riqueza das nações*, Livro 1, Capítulo 10.
6. "Carta de Princípios do Fórum Social Mundial", disponível no *site* do Fórum em www.forumsocialmundial.org.br/home.asp.
7. Madeley, John, *Hungry for Trade: How the Poor Pay for Free Trade* (Londres: Zed Books, 2000).
8. Citado no filme de Michael Moore, *Tiros em Columbine* (2002).
9. Rees, John, "The battle after Seattle", *Socialist Review*, edição 237, jan. 2000.

336 UM NÃO, MUITOS SINS

10. "Goblin", carta ao socialista britânico sobre os movimentos anticapitalistas, 26 de maio de 2001. Disponível em www.commoner.org.uk.
11. Taylor, Guy, correspondência pessoal, 18 de setembro de 2002.
12. Citado em "Monopolise Resistance? How Globalise Resistance Would Hijack Revolt" *Schnews*, setembro de 2001.

7. Terra e liberdade

1. Instituto Nacional de Colonização e Reforma Agrária (Incra), citado no *Relatório nacional sobre a situação dos direitos humanos e a reforma agrária no Brasil*, Centro de Justiça Global, Brasil, 17 de maio de 2000.
2. Ver www.mstbrazil.org.
3. UN Population Fund, 2001.
4. Branford, Sue e Jan Rocha, *Cutting the Wire: The Story of the Landless Movement in Brazil* (Londres: Latin American Bureau, 2002). Este é tranqüilamente o melhor e mais abrangente livro sobre o MST no Brasil.
5. Ibid.
6. Ibid.
7. Ibid.
8. Ibid.
9. Instituto Nacional de Colonização e Reforma Agrária (Incra).
10. "A Plot of Their Own", *Newsweek*, 21 de janeiro de 2002.
11. Branford e Rocha, *op. cit.*
12. Lean, Geoffrey e Sue Branford, "GM-free Nations Fall to Monsanto", *Independent*, 31 de março de 2002.

8. Sonho californiano

1. Shaw, Archer H., *The Lincoln Encyclopaedia* (Nova York: Macmillan, 1950). Citado em Rick Crawford, "What Lincoln foresaw", em www.ratical.org/corporations/Lincoln.html.
2. Center for Responsive Policies, EUA. Ver www.opensecrets.org/2000elect/select/AllCands.htm.
3. Números da riqueza pessoal de Thomas B. Edsall, "Bush Has a Cabinet Full of Wealth", *Washington Post*, 18 de setembro de 2002. Conexões empresa-gabinete do Center for Responsive Policies, *op. cit.*
4. Essa breve história da empresa baseia-se sobretudo em duas excelentes fontes: *Who's in Charge?*, de Daniel Bennett, publicada por POCLAD UK; e "The Short History of Corporations", de Jeffrey Kaplan, publicada em *Terrain*, EUA, 1999. Entre as outras fontes

estão Richard Grossman; Frank T. Adams, *Taking Care of Business* (POCLAD USA, 1993), e *Timeline of Personhood Rights and Powers*, compilada por Jan Edwards para WILPF, EUA.

5. *Hear Ye, Hear Ye,* Democracy Unlimited of Humboldt County, 1999.
6. Mitchell, Stacy, "Homegrown Economics", *Orion Afield*, EUA, 2001.
7. Ver www.afd-online.org.
8. De "An Outline of American History" (http://odur.let.rug.nl/ ~usa/H/1994/chap8.htm) e "The Short History of Corporations" , *op. cit.*
9. ABC News, 13-17 de setembro de 2000. Ver www.pollingreport.com/ bnews2.htm.
10. Ver http://grannyd.com.

9. A tempestade iminente

1. Este relato da Revolta dos Camponeses, exceto quando indicado, foi retirado de *Anonimalle Chronicle,* geralmente aceito como a fonte contemporânea mais confiável, reimpresso em R. B. Dobson, *The Peasants' Revolt of 1381* (Londres: Macmillan, 1970).
2. Com base no relato de Thomas Walsingham, em Dobson, *op. cit.*
3. Charles Oman, *The Great Revolt of 1381* (Oxford: OUP, 1969).
4. Hutton, Will, "Capitalism Must Put its House in Order", *Observer*, 24 de novembro de 2002.
5. Denny, Charlotte, "US Bank in Hot Water After Telling Clients to Pull Out of Unionised Firms", *Guardian*, 25 de novembro de 2002.
6. "Voice of the People Survey 2002", Fórum Econômico Mundial. Ver www.weforum.org.
7. Froissart, Jean, *Chroniques X*, em Dobson, *op. cit.*

ÍNDICE

11 de setembro, 86

Aberta, publicação, 161

Acampamento Intercontinental da Juventude Carlo Giuliani, 228

Acordo de San Andres, 27, 28, 30, 43

Acordo Geral de Comércio dos Serviços, 155

Acordo Geral do Desenvolvimento Sustentável, 315

Acordo Multilateral de Investimentos (AMI), 84, 219

Adbusters, 139, 144, 153, 326

adivasi, tribo, 173

África do Sul, 95-127, marcha anti-OMC em Johannesburgo, 117-120; condições no distrito de Chatsworth e protestos contra, 106, 108-111; política de drogas, 114-115, 223; e Gear, 99-101, 102, 103, 105, 122; desigualdade, 96, 98, 101; Movimento da População Sem-Terra, 267; oposição e descontentamento com as políticas econômicas do CNA, 101-105, 106, 111, 112, 120; mudanças pós-*apartheid*, 98-101; Programa de Reconstrução e Desenvolvimento (RDP), 98; "guerra aos pobres" pelo governo CNA, 96, 109, 112, 117; *ver também* CNA

Agricultura orgânica: e estabelecimento do MST no Brasil, 261-264

agricultura: no Brasil *ver* Brasil; efeitos do Nafta sobre a mexicana, 26; e soberania alimentar, 260; e OMC, 248

agroecologia, 264

água, 226

Aliança Estudantil de Papua (AMP), 183

Aliança Social Continental, 219

Aliança Nacional dos Movimentos Populares, 267

Alliance for Democracy, 295

alimento geneticamente modificado, 264

Alternative Radio, 155

amazônicas, tribos, 173

American Independent Business Alliance (AMIBA) 289

Amunggur, 172, 173, 174, 201

Amungme, tribo, 184

Anti-Billboard Brainwashing Action (ABBA), 144

anúncios: retrabalho dos, 144

apartheid, 92

Apple, agente, 147, 148-151

Arcata, 277

Área de Livre Comércio das Américas, 307

Argentina, 72, 308-309

Arnison, Matthew, 161

Arnoldo, 244

Artigo 27, 24, 25

340 UM NÃO, MUITOS SINS

Associação de Agricultores do Estado de Karnata, 267

Bagdikian, Ben: O monopólio da mídia, 156
Ball, John, 303, 304
Banco Mundial, 19, 72, 77-78, 214, 221; abolição da proposta, 214, 315; e Bolívia, 88; e África do Sul, 96, 100
Bangladesh, 173
Barbie Liberation Front, 146
Barcelona: protestos contra a Cúpula da União Européia, 159
Barsamian, David, 155-158, 160
Batista, Nazaré, 250, 251
Batista, Sebastião, 250-252
Bechtel Enterprises, 88, 89
Bello, Walden, 227
Berlusconi, Silvio, 62, 70
Billboard Liberation Front, 144
Billy, reverendo, 131-136, 139, 312, 326
Bionatur, 264
biopirataria, 224, 226
Biotic Baking Brigade (BBB), 147, 148-149, 326
Black Bloc, 65, 67, 230
Blair, Tony, 62, 73
Bohmke, Heinrich, 106-107
Bolduc, David, 289-290
Bolívia, 267; sindicato dos plantadores de coca, 85-86; economia, 88; desigualdade, 88-89; PGA, conferência ativista global, 80-82, 85-88, 89-92; "Guerra da Água" em Cochabamba, 87, 89, 312
Bond, Patrick, 97-100, 120-121
Bougainville, 191
Boulder Independent Business Alliance (BIBA), 288-289, 290
Boulder, 287-290; Lei da Vitalidade Comunitária, 286-287, 290

Bové, José, 64, 268
BP, 178, 179, 180
Brandão, Osmar, 261-262
Brasil, 233, 239-268; proibição aos alimentos geneticamente modificados, 264; crítica à reforma agrária do governo, 258; declínio na agricultura e problemas para pequenos agricultores, 247, 248-249, 256; propriedade da terra pela elite, 240, 241, 247, 249; e MST ver MST; empresas multinacionais e a produção de sementes, 247; e orçamentos participativos, 234-235
Brown, Willie, 149
Browne, John, 179
Bullard, Nicola, 221
Bush, George W., 62, 146, 158; empresas e campanhas eleitorais, 271-272

California Department of Corrections, 143
Camdessus, Michel, 102
camisa-de-força dourada, 126
Campanha contra o Neoliberalismo na África do Sul (Cansa), 102
Canadá, 268
capitalismo, 75; e crise de superprodução, 142; Korten na abolição do, 212-215
Cardoso, Fernando Henrique, 247, 257, 258
CBS, 153
Centro de Desenvolvimento e Informação Alternativa (Alternative Information and Development Centre) (AIDC), 101, 113, 117, 326
Chatsworth, distrito de (África do Sul), 106-110
Che Guevara, 39
Cheney, Dick, 272
Chiapas (México), 20, 23, 245, 312; dizimação das comunidades, 26; declaração

das "municipalidades autônomas" por aldeões e sobrevivência das, 29-30, 312; descrito, 23; educação nas regiões autônomas, 34; *Encuentro* (1996), 46-47, 82; Global Exchange's "reality tours", 29, 31-36; observadores da paz vivendo em aldeias zapatistas vulneráveis para impedir ataques do governo, 42-43, 45-46, 49-50; pobreza, 23; *ver também* rebelião zapatista; crianças zapatistas: e consumismo, 137

Chirac, Jacques, 62

Chomsky, Noam, 73, 217-218, 221

Chrétien, Jean, 62

Cienfuegos, Paul, 273-276, 278, 282-283, 291, 295

Citizens Concerned About Corporations (CCAC), 276

Clean Air Act, 79

CNA (Congresso Nacional Africano), 97, 121-125, 179; mudanças iniciadas pelo governo do, 98-100; chega ao poder, 98; e globalização, 123-125, 126; oposição e descontentamento com, 101-105, 106, 110, 112, 120; "Guerras aos pobres", 96, 109, 117

Coca-Cola, 137, 141, 153

cocaleros, 85

Cochabamba (Bolívia), 72, 80-81; conferência do PGA, 80-82, 86-88, 89-92; "Guerra da Água", 89, 312

Colored Farmers' National Alliance, 297

Colosio, Luis Donaldo, 16

comércio: propostas do Fórum Social Mundial para a mudança, 218-219; *ver também* WTO tratados, internacional, 77

Comissão Federal de Comunicações, 154, 158

Comitê da Crise Energética de Soweto, 95, 103, 116, 119

Comitê Indígena Revolucionário Clandestino, 38

Companhia das Índias Ocientais, 278

Companhia Holandesa das Índias Orientais, 167

comunismo: colapso do, 74, 76

comuns, 226, 318

Confédération Paysanne, 268

Congresso Latino-Americano de Organizações do Campo (CLOC), 267

Consenso de Washington, 222

consumismo, 136-143; atividades contra, 143-146; e propaganda, 137; e crianças, 137; reação empresarial ao aumento de atividades contra, 146; cruzada de protestos do reverendo Billy, 132-136; aumento do, 140; e homogeneização de culturas, 141, 142; nos EUA, 136-139

Coordinadora, 89, 226

Coréia do Sul, 246

corporações, 213, 271-299; e propaganda, 137, 138, 153; autoridade das, 274; na Inglaterra, 278; e campanha eleitoral de Bush, 271-272; desafiando a autoridade das, e Alliance for Democracy, 295; e Boulder Independent Business Alliance (BIBA), 289, 290; CCAC e Medida F, 275-277, 328; mudanças feitas se a pessoa jurídica fosse revogada, 293; e Democracy Unlimited, 275-277, 328; e "Vovó D", 304; planos para introduzir a lei "três golpes e você está fora" para acabar com o crime corporativo, 294; e Poclad, 296, 328; e Reclaim Democracy, 283-287, 328; Resolução de Point Arena sobre pessoas jurídicas, 292 294; para ser "socialmente responsável", 284; história de conflito com instituições públicas nos EUA, 279-282; controle crescente sobre os hábitos

342   UM NÃO, MUITOS SINS

de compra locais, 287; e Lincoln, 271; propriedade da mídia, 153-158, 162; poder e influência das, 77, 274, 281-282; reprogramando, 316-317; reação ao aumento de ações contra o consumismo, 146; e TRIPS, 224; meios de controlar, 227; e OMC, 79

Cosatu, 98, 102, 107

Cueva, Hector de la, 219

culturas: homogeneização das, 141, 142

culture jamming, 140

cybersquating, 84

de Klerk, F. W., 98

Délhi, 72

Demmak, 184, 190

Democracy Unlimited, 275-277, 328

Desai, Ashwin, 106-108, 111-113, 125

desenvolvimento, 188

desenvolvimento sustentável, 227

desigualdade: aumento da, 77; na África do Sul, 96-98

"Dia do Não Compre Nada", 144

Dias, Guilherme, 248

Díaz, Porfirio, 21

Diesel, 147

Disney Corporation, 154, 156

Disney Store (Nova York), 135

dívida, Terceiro Mundo, 221, 227

Dor, George, 101, 104, 113, 114, 115-116, 117, 222

Dozy, Jean-Jacques, 181

DuPont, 223

Durban, 105; e distrito de Chatsworth, 106, 110

Earth First!, 148

Earth Summit (2002), 103

Ecologist, 20

economia: proposta de Korten para mudança, 212-215, 222; finanças que precisam ser refreadas, 316

Economist, The, 73, 208

Edwards, Jan, 290-292, 293

Eisner, Michael, 154

ejido, 24, 25

Elisabeth I, rainha, 278

ELS-HAM, 179

Eluay, Theys, 176

Encuentro (Chiapas) (1996), 46-47, 82

Enron, 285

Equador, 307

escravidão: movimento de abolição, 284

Eskom, 95, 96

espaço: comercialização do, 138-139

Estados Unidos: e iniciativas de votação, 277; e Clean Air Act, 79; comércio de mídia, 153; consumismo, 136-139; figuras de destruição, 137, 138; corporações *veja* corporações; sanções após ataque terrorista de 11 de setembro, 86; propriedade de mídia, 153-155; guerra contra as drogas, 85-86

Esteva, Gustavo, 52-55

estratégia Drácula, 84

Evans, Donald, 272

EZLN (Exército Zapatista de Libertação Nacional) *ver* Zapatistas

Fan clubbers, 145

Far East Economic Review, 183

Farmers' Alliance (Aliança dos Agricultores), 297

Filipinas, 267

Fischer, Stanley, 209

FMI (Fundo Monetário Internacional), 19, 72, 78, 221; abolição da proposta, 214, 315; e Bolívia, 88; e África do Sul, 102

Food First, 328
Fórum Antiprivatização (APF) (Johannesburgo), 119, 326
Fórum Econômico Mundial, 72, 210, 227; Davos (2000), 72; Davos (2001), 211; Nova York (2002), 211; sobrevivendo ao truste, 309
Fórum Internacional de Globalização (IFG), 214, 216, 315, 328
Fórum Social Africano, 211
Fórum Social Asiático, 211
Fórum Social Europeu, 211
Fórum Social Mundial (2002) (Porto Alegre), 207-8, 209-10, 211, 212-236; e Chomsky, 217; conferência sobre soberania alimentar, 260; conferência sobre água, 226; discussões sobre comércio, 218-221; discussão sobre TRIPS, 223-225; propostas de Korten para reformar a economia mundial, 212-14, 221; marchas, 228; e representantes da antiga esquerda, 229-230; e o problema da privatização, 222; e Wallach, 219-221
Fórum Social Mundial, 327; (2001), 210; (2003), 308; concepção do, 210; princípios, 211; como resposta ao Fórum Econômico Mundial, 210, 211; *slogan* do, 212
Fox, Vicente, 21, 27
Free Papua Movement *ver* OPM
Freeport, 178, 179, 181, 182-183, 184-186, 189
Friedman, Milton, 76, 149
Friedman, Thomas, 73, 126
fronteiras, 290
Fundo Monetário Internacional *ver* FMI

G-8: manifestação contra em Birmingham (1998), 83; manifestação contra em Gênova (2001), 61-70, 159, 160, 312
Galeano, Eduardo, 25

Galile, 166-167, 174, 183, 185, 189, 198-200
Gap, 146
Garnier, Jean-Pierre, 308
Gear (Geração de Emprego e Redistribuição), 99-103, 105, 122
General Electric, 156
General Motors, 77, 223
Geração de Empregos e Redistribuição *ver* GEAR
Giuliani, Carlo, 69, 228
Giuliani, Rudolph, 134
Global Exchange, 28, 325
Globalise Resistence, 232
globalização, 75, 79, 266, 319; negação de escolha para a população de área rural, 267-268; como exclusão, 306, 314; e aumento da desigualdade, 77; e privatização, 222; impacto social e econômico da, 74-75
Goodfellow, Walter, 180, 181
Grã-Bretanha: primeiras empresas, 279; desigualdade, 77; movimento de protesto nas estradas, 19
Gramsci, Antonio, 140
Granny D (Doris Haddock), 298
Graziano, Francisco, 257
Greenfield (Massachusetts), 298
Guerra da Água (Cochabamba), 81-82, 312
Guerra Civil Americana, 271, 280
Gutiérrez, Lucio, 307

hacienda system, 24
Halliburton Energy, 2722
Hammerstrom, Doug, 291, 292
Hart, Daniella, 239-240
Hayes, Rutherford, 281
Heluy, Helena Burros, 241
Holanda, 167, 168
Hurwitz, Charles, 148-149

344 UM NÃO, MUITOS SINS

Igreja do Parar de Comprar, 133-136
Índia, 173, 267; e posse do arroz *bastami*, 224
Indonésia, 167, 175; resistência comunitária
  às operações internacionais de minera-
  ção, 187; e Papua Ocidental *ver* Papua
  Ocidental
Indymedia, 160-162, 327
Indymedia Chiapas, 325
iniciativas de votação, 277
Institute for Food e Development Policy, 245
Internet, 84
Irlanda, 144
Itapeva (Brasil), 250

Japão, 79, 246
Jayapura (Papua-Nova Guiné), 170-2
Johannesburg Anti-Privatisation Forum *ver*
  Fórum Antiprivatização
Johannesburgo, 97, 101-102
jornalismo, 157, 158
Jungmann, Raul, 257

Keynes, John Maynard, 316
Khor, Martin, 219
Koisumi, Junichiro, 62
Korten, David, 212-15, 222
Kuala Kencana, 185

La Garrucha, 42, 43, 44, 48-52
Lasn, Kalle, 140, 143
Lego, 165
Legrain, Philippe, 208
Lei da Vitalidade Comunitária (Community
  Vitality Act), 286-287, 290
Lei das Áreas de Grupo, (1950), 108
Lei Revolucionária das Mulheres, 35
Levin, Gerry, 155
liberalismo, 75
Lincoln, Abraham, 271, 280

Lucas, Caroline, 315
Lula da Silva, Luiz Inácio, 233, 268

Macacões Brancos, 66
Mandela, Nelson, 96, 98, 323
Mandowen, Willy, 176-178
Marcos, subcomandante, 17, 18, 19, 20, 23,
  24, 30, 37-41, 42, 47-48
María, major Ana, 17
Martins de Souza, Ilda, 253-255
Martins, Horácio, 247
Marx, Karl: *Manifesto comunista*, 75
Mayans, 26
Mbeki, Thabo, 100
Medida F, 277, 287, 292
Mediachannel, 327
mercado livre, 76, 77
Metalclad, 26
México, 15-55; derrota do PRI, 21; expulsão
  de estrangeiros, 28; reforma agrária pro-
  tegida pelo Artigo 27 e revogação, 24, 25;
  e Nafta, 16-17, 25-26; história política,
  21; rejeição dos direitos dos indígenas
  pelo governo, 27-28, 50; e Acordo de
  San Andres, 27-28, 30, 42; *ver também*
  rebelião zapatista, Zapatistas
Meyer, Bill. 291, 292
Milchen, Jeff, 282, 288-289, 295
mídia, 152-153; comércio nos EUA, 153;
  corporações e controle nos EUA, 153-
  155, 156, 157-158, 162; criação pelo
  movimento de resistência, 159-162; Indymedia, 160-161, 327; não representando o movimento propriamente, 159;
  vista como ameaça à democracia, 155,
  156-157, 158
Mitsubishi, 77
Moffert, "Jim Bob", 182
Monsanto, 223

Morais, Anildo de, 243-244

Morales, Evo, 267

Morgan Stanley, 309

Movimento Camponês (Filipinas), 267

Movimento dos Sem Terra, 267

Movimento dos Trabalhadores Rurais Sem Terra *ver* MST

movimento global de resistência, 221; e contestação do poder, 311-312, diversidade como característica de, 83-84; crescimento do, 43-44; e assuntos indígenas, 173; antiga esquerda / novo movimento de divisão, 229-232; organização, 84; princípios e valores, 310-313; estratégia, 314-321; Global Trade Watch, 328

Mphenyeke, Dudu, 116-117

MST (Movimento dos Trabalhadores Sem Terra), 240-241, 243, 312, 328; realizações, 260, objetivos, 260; e Bionatur, 264; e Cooperal, 262, 264; crítica à política agrária do governo, 258, crítica ao, 256; dificuldade em estabelecer a luta, 257; e educação, 260; aparecimento do, 240, 249-250; felicidade e contentamento no estabelecimento da luta, 257; sede do, 255; modelo de reforma agrária, 241; e Neuri Rossetto, 256-261; ocupação de terra, 241-245, 250, 257; oposição ao alimento geneticamente modificado, 265; estabelecendo agricultura orgânica em Hulha Negra, 261-264; projeto popular, 259, 260; razões do aparecimento do, 241; estabelecimento em Itapeva, 250-252; atitudes dos políticos para com, 241; mulheres no, 254

multidões, 84

Nafta (North American Free Trade Agreement), 16, 26, 77, 219, 220, 307

Natalino, 265

NBC, 153

neoliberalismo, 75, 220, 223

New Advertising Standards Authority (Nasa), 144

Ngwane, Trevor, 119-120, 222

Nigéria, 173

Nike, 146

Norman, Al, 298

Norton, Gale, 272

Nova Ordem Mundial, 24

Oaxaca City, 52

Ocosingo, 43

Olivera, Oscar, 88-90

OMC (Organização Mundial do Comércio), 68, 77, 113-116, 214, 219, 220; acordos para agricultura, 247-248; e corporações, 79; demonstrações contra, Seattle (1999), 71-72, 84, 85, 160; e União Européia, 79; marcha contra Johannesburgo (2001), 105, 117-121; encontro em Qatar (2001), 105; razões para a criação da, 78; TRIPS *ver* TRIPS

Open World (Legrain), 208

"Operation Khanyisa", 95

OPM (Movimento Papua Livre), 175, 176, 178, 183, 188, 190-197, 327

Organização das Nações Unidas (ONU), Conferência sobre Comércio e Desenvolvimento (Davos) (2000), 72; recriação, 317-318; Conferência Mundial sobre Racismo (Durban) (2001), 105

organização militar, 38; filosofia, crenças e atitudes no poder, 31, 38, 41-42, 48; e Acordo de San Andres, 27; e Sociedade de Mulheres pela Dignidade, 34; *souvenir*

346 UM NÃO, MUITOS SINS

vendidas para turistas, 37; uso de máscaras, 33; posição da mulher na comunidade, 35
Organização para Cooperação e Desenvolvimento Econômico, 84

Pacific Lumber Co., 148
PAN (Partido da Aliança Nacional), 21
Papua Council, 175-80
Papua Ocidental, 165-200; campanha de controle feita pelos indonésios, 168-9; envolvimento das corporações nas greves, 178-80; exploração pelas corporações, 169; mina Freeport's Grasberg, 182-3, 185, 188-190; Freeport's megasdesenvolvimento Teambagapura, 190; história, 167-9; importância de porcos para as culturas papua 186; envolvimento das corporações com o Conselho Papua, 178-80; cidade-modelo de Kuala Kencana para empregados da Freeport; 185-7, resistência, 172, 174-5, 200; contra a mina Freeport, 182-183, 191; demanda para independência, 175-6; e Demmak, 184, 190; idéias de Mandowen, 177-80; atrocidades militares contra os separatistas, 188-189; e OPM, 175, 176, 178, 183, 188, 190-196, 327; questionando o desenvolvimento, 187-188; criação do Conselho Papua, 175-6; transmigração da Indonésia, 171; visitando a vila *highland*, 165-7, 197-200
Papuas *ver* Papua Ocidental
Paraguai, 241
Parcianello, Artemio, 262-263, 264
Partido Comunista da África do Sul, 98, 102
Partido da Aliança Nacional (PAN), 21-22
Partido dos Trabalhadores, Brasil (PT), 210, 233-234, 241-242, 317-318

Partido Populista, 297
Partido Revolucionário Institucional (PRI), 21
Patentes, lei das, 226; e TRIPS, 224
Peasants' Revolt (1381), 303-307
PepsiCo, 137, 141
PGA (People Global Action), 81-83; reunião na Bolívia (2001), 80-82, 85-88, 90-92; diversidade de, 83; e Internet, 84; e ação direta de não-violência, 91; organização de, 83
Pinochet, Augusto, 76
Pizza Hut, 138
população rural: negação de escolha, 267; e resistência, 267-268
população tribal, 172-173
Porto Alegre: e orçamento participativo, 327-329; Fórum Social Mundial em *ver* Fórum Social Mundial
Porto Alegre, Treaty on the Genetic Commons, 226
Powell, Colin, 272
Powell, Michael, 154
Presidium Council, 176, 177, 178, 179-80, 327
Prestige (oil tanker), 308
Price, Nancy, 295
privatização, 223, 225, 318
Produto Interno Bruto (PIB): redefinição de, 227
Programa de Reconstrução e Desenvolvimento (RDP), 98
Programme on Corporations, Law and Democracy (Poclad), 295, 328
propaganda, 152; e empresas, 137, 138, 153
propriedade intelectual, 223; *ver também* TRIPS
protestos em Gênova (2001), 61-70, 159, 160
protestos em Seattle (1999), 71-72, 84, 85, 160

ÍNDICE 347

Public Citizen, 219
Publicação aberta, 161
Putin, Vladimir, 62

Qatar: encontro da OMC (2001), 105

Radio Shack, 138
Rádio: e Alternative Radio, 155
Ramos, Jamil, 252
Rasmussen, Virginia, 295
Rawling, Cecil, 180
Reagan, Ronald, 76
Rebelião Zapatista (1994), 15-16, 17, 21, 27,
    29, 38, 43, 72, 245; razões para, 25-27
Reclaim Democracy, 283-287, 328
Redistribuição, 54
reformistas: e revolucionários, 228-229
Resolução de Point Arena, 292
Revolução russa (1917), 75
revoluções: início do século XX, 75
Rhodes, Cecil, 142
Ricardo II, rei, 304-306, 323
Rice, Condoleezza, 272
Rice Tec, 224
Rio Tinto, 191
riqueza, 76
Robins, Lois, 294
Rockett, João, 263
Rockne, Jennifer, 283, 286-287
Rosenberg, Emily, 187
Rosset, Peter, 246
Rossetto, Neuri, 256-261
RTMark, 146
Rumbiak, John, 179
Rumsfeld, Donald, 272

Sachs, Michael, 121-125
Sacramento, 295
Salinas, Carlos, 16, 25, 27

San Cristóbal de las Casas, 15-16, 22, 37, 41
Sangogo (Coalizão Nacional de ONGs da
    África do Sul), 102
*Santa Clara Country vs Southern Pacific Railroad
    (1886)*, 280
Santa Cruz, 294
Schengen Agreement, 63
Schröder, Gerhard, 62
Setshedi, Virginia, 103, 222
Shapiro, Robert, 148
Shell, 173
Sher, Ben, 294
Shiva, Vandana, 226
Short, Clare, 73
Sierra Club, 149
Sindicato Nacional dos Agricultores (Cana-
    dá), 268
Smith, Adam, 210
soberania alimentar, 260
Socialist Worker's Party (SWP), 231, 232
Sociedade de Mulheres pela Dignidade, 34
Sopoci-Belknap, Kaitlin, 275
Soros, George, 222
Soweto, 113, 117, 312; restaurando eletrici-
    dade pelos "religadores", 95-96, 103
Sprawl-Busters, 298
Suécia, 144
Suharto, Kemusu, 169, 175, 188
Sukarno, Achmed, 169, 175
Sukarnoputri, Megawati, 175
Surveillance Camera Players, 145

Tabuni, Goliar, 190, 191-196
Tailândia, 72
Taiwan, 246
Thatcher, Margaret, 76, 77
Tembagapura, 190
Terapia de choque, 78
terceira via, 248

348 UM NÃO, MUITOS SINS

terra, distribuição igualitária e melhora na qualidade de vida da população, 246; nenhum ou pouco acesso como causa da pobreza da população, 245; *ver também* Brasil
terrorismo, 322
Third World Network, 219
Timika (Indonésia), 183, 188
TRIPS (Trade-Related Intellectual Property Rights), 114, 115, 224, 315
Truman, Harry S., 187
Tyler, Wat, 304, 305

União Européia: e importação de banana, 79; Summit (Barcelona), 159; e OMC, 79

Veneman, Ann, 272
Via Campesina, 228, 268
Villa, Pancho, 21

Wallach, Lori, 219
Wal-Mart, 77, 145, 146, 228, 287, 298
websites, 160; e Indymedia, 160; postos de ação, 325-329

West Papua News Online, 327
"Whirl-Mart", 145
Wilson, Forbes, 181
Wolfensohn, James, 235
Wollaston, dr. Alexander, 180
Women's International League for Peace and Freedom (WILPF), 293

Zapata, Emiliano, 18, 21
zapatistas, 67; objetivos, 18; e zonas autônomas, 29-30, 312; base comum dos, 30-31; declaração escrita de Marcos, 47-48; e *Encuentro* (1996), 46-47, 53; inspiração para o nascimento do PGA, 82; inspiração para Revolta Global das Massas, 149; apoio internacional, 53-54; e Internet, 84; e Marcos, 17, 18, 23-24, 30, 37-41, 42, 47-48
Zapatour, 28
Zedillo, Ernesto, 27, 38
Zepernick, Mary, 295
Zinn, Ryan, 28-29, 32, 36
Zoellick, Robert, 86

Este livro foi composto na tipologia Aldine401 BT,
em corpo 11/15, e impresso em papel off-white $80g/m^2$,
no Sistema Cameron da Divisão Gráfica
da Distribuidora Record.

Seja um Leitor Preferencial Record
e receba informações sobre nossos lançamentos.
Escreva para
RP Record
Caixa Postal 23.052
Rio de Janeiro, RJ – CEP 20922-970
dando seu nome e endereço
e tenha acesso a nossas ofertas especiais.

Válido somente no Brasil.

Ou visite a nossa *home page*:
http://www.record.com.br